LES
PRISONS DE PARIS
SOUS
LA RÉVOLUTION

L'auteur et l'éditeur déclarent se réserver les droits de traduction et de reproduction à l'étranger.

Cet ouvrage a été déposé au ministère de l'intérieur (section de la librairie) en avril 1870.

L'ANCIEN PRÉAU DES FEMMES A LA CONCIERGERIE.

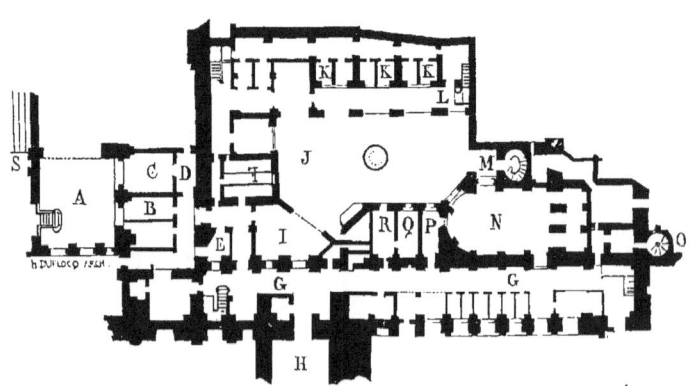

PLAN DE LA CONCIERGERIE.
Voir l'explication de la légende dans la partie du livre consacrée à la description de la Conciergerie.

LES
PRISONS DE PARIS

SOUS

LA RÉVOLUTION

D'APRÈS

LES RELATIONS DES CONTEMPORAINS

AVEC DES NOTES

ET

UNE INTRODUCTION

PAR

C. A. DAUBAN

OUVRAGE ENRICHI DE ONZE GRAVURES
VUES INTÉRIEURES ET EXTÉRIEURES DES PRISONS DU TEMPS

PARIS
HENRI PLON, IMPRIMEUR-ÉDITEUR
10, RUE GARANCIÈRE
—
1870
Tous droits réservés

INTRODUCTION.

L'*Histoire des années* 1793 *et* 1794 *à Paris* a pour complément l'*Histoire du tribunal révolutionnaire* et celle des *Prisons*. Les actes du tribunal révolutionnaire ont été exposés par M. Campardon dans un livre que lui seul peut-être était en situation d'écrire. Nous reproduisons aujourd'hui le tableau des prisons fourni par les relations que nous ont laissées les contemporains. Après avoir vu au milieu de quelles circonstances, dans quel esprit et dans quel but les lois révolutionnaires ont été faites et comment elles furent appliquées, il restait à raconter le sort des victimes et à les montrer aux prises avec l'adversité. C'est l'objet principal de ce livre.

Les prisons de Paris offrent, à l'époque de la Révolution, un spectacle unique dans l'histoire : celui de la confusion de tous les partis, de toutes les conditions sociales et de tous les âges dans un milieu où il ne manque que *le crime*, pour lequel il est fait.

A qui veut connaître cette partie de la société française que la Révolution a trouvée livrée à toutes les dissipations de la vie, il faut ouvrir le monde des prisons. Dans les rues houleuses, dans les campagnes abandonnées, dans les camps en armes, on ne voit que la Révolution, là, paralysant les âmes par la terreur, ailleurs, les électrisant par son inspiration et par son audace. — Mais ce silence morne est aussi bien que ce délire sublime l'effet d'une crise extraordinaire. On peut comparer la nation dans cette période aiguë de sa transformation à la fonte qui sous le feu du fourneau devient liquide, rouge et crépitante. Certes, il est difficile de reconnaître dans la lave bouillonnante le métal, gris et opaque, que la flamme a transformé. Pour l'étudier, prenez-le hors du creuset du fondeur.

Les relations que les contemporains nous ont transmises sur leur séjour dans les prisons ne sauraient être suspectes de partialité contre les prisonniers, ayant été écrites par eux. Comme peinture des mœurs et des occupations du monde dont elles retracent la vie, elles offrent donc des garanties d'exactitude et de véracité parfaite. Elles montrent les gens tels qu'ils sont. Dans la vie privée, on se cachait; dans la vie publique, on se fardait; la crainte de la persécution pouvait faire recourir à toutes sortes de dissimulations d'opinions, de goûts ou d'habitudes. Mais quand on se voyait atteint par cette persécution, les précautions cessaient, on redevenait libre derrière les murs de la prison, dans la communauté de malheurs que la tyrannie y avait établie. On ne se gênait pas pour qualifier des épithètes les plus outrageantes les hommes sous qui tout tremblait au dehors; l'approche de la mort, l'inutilité d'une résistance et d'efforts prolongés donnaient cette sorte d'impassibilité ou de résignation sereine que nous trouvons dans l'Arabe fataliste lorsque, pris les armes à la main après un combat, il est condamné et conduit au supplice. Les rapports de la vie de prison n'étant réglées ni par l'étiquette, ni par le respect humain, ni par les conventions sociales, créaient un milieu aussi sincère, aussi peu gêné et apprêté que la vie du collége. Chacun s'y montrait avec ses goûts, ses défauts, ses travers, tout en observant ceux de son voisin; on ne consultait, pour se rapprocher, que les affinités de caractère; on se distrayait comme on pouvait. Les prisonniers enfermés dans les tristes cours des anciens colléges du Plessis et de Louis le Grand reprenaient les parties de balle que quelques années d'existence mondaine et d'agitations politiques avaient interrompues. On se montrait fort tendre; tendre en amour, tendre en amitié. Il n'y avait pas de femmes détenues aux Madelonnettes : aussi la jeune épouse du concierge y était saluée comme un ange, comme une déesse; à Port-Royal, où il y en avait beaucoup, elles sont toutes adorées. A force de se fondre et de s'amollir dans les épanchements intimes, le cœur, même chez les vieillards, perdait jusqu'aux plus excusables préjugés de l'éducation : « Ma fille, — disait à son héroïque enfant le marquis de Sombreuil, en lui montrant un artisan qui avait contribué à le sauver de la mort, — si cet honnête homme n'était pas marié, tu n'aurais pas d'autre époux. » Le sentiment qui se développe le plus dans la vie de prison est celui qui domine dans la vie de collége, l'amitié. Dans le monde, l'homme se trouve séparé de l'homme par sa fonction, quand il ne l'est pas par la femme et la famille. La prison ramène à ce sentiment primordial des sociétés, et fait disparaître les barrières que les conventions sociales ont établies. Et puis quel rappel à l'égalité que le triangle d'acier qui brille à tous les yeux et menace toutes les têtes !

Il semble que cette menace du supplice aurait dû avant tout rappeler à la gravité, au recueillement et à la prière; mais c'est principalement dans les prisons qu'apparaît l'incurable frivolité de cette vieille société saisie à la gorge par la Terreur. Pour le plus grand nombre de ceux que leur détention expose à une condamnation capitale, le sentiment religieux n'existe pas. Quand l'heure matinale n'a pas apporté la sentence de mort, le reste du jour est assuré, et on veut en jouir. Arrière les soucis et le repentir! Cette insouciance était-elle apparente ou réelle? et si elle n'était pas feinte, comment l'expliquer? Tient-elle au temps? tient-elle à la nature de l'homme lorsqu'il se trouve sous l'empire de certaines circonstances? Dans la placidité stoïque qui attend avec résignation le coup mortel, sans protestation contre les hommes et sans recours apparent vers Dieu, comme s'il était absent de l'univers, on peut voir le témoignage implicite d'une entière confiance dans sa justice. Pourquoi craindre celui qui ne punit que l'iniquité? Que le moribond soit dans son lit saisi de frayeur : il trouve la main de Dieu dans l'action mystérieuse qui l'écarte de la vie, en dépit des efforts de la science; mais l'innocent ne sent, dans son malheur, que la main des hommes, et lorsqu'il tourne ses regards vers le ciel, il n'y rencontre que la justice divine, indulgente aux opprimés.

Le plus souvent on ne s'arrêtait pas à ces pensées. Nous avons sous les yeux à Port-Libre une société presque païenne, tout entière à la préoccupation du plaisir, dansant, versifiant, chantant, s'enguirlandant et faisant l'amour, en narguant la mort. Vous voyez un prisonnier s'absorber dans la méditation : peut-être retourne-t-il par la pensée aux heures riantes de sa vie; peut-être fait-il le compte de ses erreurs et de ses fautes, au seuil de l'inconnu qui l'attend. Mais, plus vraisemblablement, il s'efforce de faire entrer le récit de ses malheurs, la plainte de ses regrets ou de ses amours, dans le rhythme savant et cadencé du vers. Il en donnera le soir lecture au salon, et l'intérêt de sa gloire poétique le préoccupe uniquement. Riouffe, au fond du noir cachot où il a été jeté entre un assassin et un faussaire, chante les beautés de la *moisson*. Madame Lachabeaussière, traitée avec une rigueur qui arrache des larmes à ses codétenus, compose une romance *sur la naissance de sa petite fille en prison* (p. 351). « Voici, dit l'auteur de la relation sur les *Prisons de la Mairie, de la Force et du Plessis* (p. 447), la romance que j'avais faite en me disposant à la mort. » On aurait pu laisser ces morceaux de poésie à la prison où ils sont nés : on s'en est bien gardé. Certes, Roucher était un parfait honnête homme, le modèle des vertus bourgeoises; lisez ses lettres à sa fille; le ton en est excellent de raison, de bonté, de douceur résignée; on voit que la botanique, que la poésie, les littératures française et anglaise sont l'objet de ses études; mais le nom de Dieu n'y paraît pas. De Dieu on ne dit rien; c'est une vieille superstition! Il n'y a plus que l'Être suprême.

On célèbre la fête de l'Être suprême à Port-Libre; on compose des hymnes patriotiques [1], on se réjouit des

[1] Il est merveilleux d'assister à la transformation des prisons en école de sans-culottisme. Nous avons trouvé aux Archives la mention d'une lettre du citoyen et de la citoyenne de Mouchy demandant humblement des égards pour leur grand âge et sollicitant le triage de leurs titres de propriété d'avec leurs titres de noblesse. Il était très-naturel d'ailleurs de tenir plus à ses biens qu'à ses titres, ne fût-ce que par sollicitude pour ses enfants. Voici une lettre bien curieuse de la citoyenne de Fontanges se défendant d'être noble et racontant les causes incroyables de son arrestation. Nous avons rencontré un assez bon nombre de lettres dont les signataires s'efforçaient de prouver qu'ils étaient *peuple* au prix de l'honneur de leur mère. Nous reproduisons la lettre de Caroline, avec des fautes d'orthographe nombreuses qui pouvaient paraître aux yeux de Fouquier des signes prononcés d'aristocratie. Les arguments invoqués par elle

victoires de la République; mais surtout on s'amuse. La relation de Coittant nous rappelle ces propos égrillards du Décaméron tenus dans une villa voisine de Florence pendant que la peste frappe à toutes les portes. Ce ne sont que madrigaux, bouts-rimés, billets galants, tendres œillades, rendez-vous *sous l'acacia* :

> Arbre chéri, dont la feuille légère
> Aux amants réunis sous tes rameaux nombreux
> Prête son ombre tutélaire,
> Arbre chéri, que ton sort est heureux!
> L'Amour, pour préparer ses larcins et ses jeux,
> Choisit ton trône de verdure, etc.

Si le sort de l'acacia, témoin impassible des larcins de l'amour, est digne d'envie aux yeux du poëte, il est permis de croire que celui des captifs n'est pas à plaindre, surtout lorsqu'on a lu le séduisant portrait que

---

n'ont rien de honteux, mais ils sont plaisants. Caroline ne fut pas guillotinée à cause des deux petits *sabres* (ou poignards) trouvés sur elle, nous la voyons mettre en liberté le 17 vendémiaire an III (8 octobre 1794).

« La citoyenne Caroline Fontanges, née dans le département de l'Allier, a été accusée d'avoir sur elle deux petits sabres que le maire de la commune avoit ottorisé le fourbisseur de faire pour elle, devant aller faire un petit voyage dans des propriétés en Auvergne, le chemain dans ce temps étoient couvert de volleurs, elle n'avait ces armes que pour sa propre deffence, et celle de ses frères.

« Elle a été acquittée par le représentant Martel qui étoit alors juge de paix de son canton.

« Elle ne peut savoir où son ses frères puisqu'elle est en prison depuis quatre mois et que depuis quelque temps elle n'avoit aucune correspondance avec qui que ce soit.

« Elle peut être regardée de la classe des sans-culottes puisqu'elle gémis dans le besoin de tout et qu'elle professe des sentiments d'une vraie republicquaine.

« La liberté sera sa seule fortune puisqu'en sortant de prison, elle sera obligée de travailler de ses mains pour gagner sa vie.

« Elle a été interrogée, son deffenseur est le citoyen Tronçon du Coudray. »

trace de tant de jeunes beautés la plume émue du citoyen Aymerie :

> Sous la fenêtre, au lever de l'aurore,
> Arrivent de tous les côtés
> Des groupes de divinités
> Des mortels aimant la présence, etc.

Les salons du faubourg Saint-Germain sont fermés, mais le salon de Port-Libre est ouvert : c'est Fouquier-Tinville qui en est le recruteur et l'ordonnateur; c'est la gaieté qui y règne, l'urbanité, la galanterie. Le poëte à la mode, Vigée, en fait les frais, et les belles dames n'ont rien à y regretter.

Cependant la plume du narrateur est restée discrète : elle laisse les médisances à la chronique scandaleuse. Le journal de Port-Libre ménage les personnes qu'il nomme : Coittant ne veut pas gâter l'encens qu'il leur prodigue : et puis sa morale est trop bonne fille pour s'offusquer de bagatelles amoureuses. On trouve plus d'élévation, plus d'esprit philosophique dans Beaulieu, Beugnot, et dans l'auteur anonyme auquel est due la peinture de l'intérieur de la prison du Luxembourg. Les pages que reproduit ce livre fournissent les détails les plus singuliers. Ici, c'est une présidente qui se *dédommage avec usure de quelques années d'abstinence forcée;* un amant qui s'introduit dans la prison et s'unit à sa maîtresse; là, c'est une femme qui obtient de la vénalité des geôliers la faveur de passer, dans les bras d'un homme plus jeune qu'elle, la nuit trop courte à laquelle succédera pour tous deux la nuit éternelle. Les ombres propices favorisent les rendez-vous; le bruit des baisers et des soupirs amoureux parvient jusqu'au fond des corridors sombres de la Conciergerie, qui n'ont encore entendu que des sanglots; il y a bien entre le préau des femmes et la prison des hommes des grilles et des barreaux, mais des barreaux *qui n'étaient pas tellement resserrés qu'un Français n'eût jamais qu'à désespérer* : c'est un témoin oculaire qui le dit. Comment expliquer cet incroyable abandon? L'approche d'une destruction inévitable, et à heure fixe, jette-t-elle dans les veines de la créature pleine de force et de vie, avec une furie de luxure, comme une protestation de la nature révoltée? On voit une jeune femme acheter du bourreau la tête de son amant et l'emporter toute sanglante dans un mouchoir, pour aller se repaître une dernière fois du spectacle de ces yeux et de ces lèvres décolorées. Dans les défaillances de la pudeur, dans les embrassements des mourants, il y aurait à faire la part de la peur. La loi révolutionnaire épargnait la femme grosse pendant la durée de la gestation : la vie innocente qui se trouve liée à une existence condamnée l'enveloppait, la protégeait. La peur a commis, en ce temps-là, des méfaits plus hideux que ceux de la prostitution.

Soyons justes. La Révolution en élevant la femme à l'échafaud politique fut pour elle une terrible occasion de manifester les plus généreuses qualités de sa nature. Si on la voit maintes fois fléchir dans l'accomplissement des devoirs qui dérivent de sa condition civile, observatrice assez molle et relâchée des conventions qui la lient, elle est admirable par le courage et l'abnégation, toutes les fois que le cœur est intéressé.

Velleius Paterculus racontant les effets de la Terreur triumvirale vers la fin de la République romaine (43 av. Jésus-Christ), écrivait : « Il y eut beaucoup de fidélité chez les femmes, assez dans les affranchis, quelque peu chez les esclaves, aucune dans les fils, tant l'espoir une fois conçu, il est difficile d'attendre. » La Terreur de la démagogie nous montre la fidélité chez les domestiques rare, chez les fils tiède, et chez les femmes le dévouement ardent et absolu, soit pour l'amant, soit pour le mari. Les femmes sont au moment de la mort ce que cette religion dont elles ont abandonné les pratiques les a faites, et on retrouve en elles quelque chose de ce qui est l'œuvre chrétienne par excellence : la sœur de charité. Nous ne rapporterons pas ici des traits d'abnégation et d'intrépidité qui prouvent qu'aux époques de convulsion sociale les femmes sont capables, comme les hommes, de tous les genres d'héroïsme. Nous nous bornerons à rappeler le témoignage de deux des écrivains qui avaient vécu dans les prisons : « Les femmes, dit l'un, ont retrempé leurs âmes dans le désordre commun ; elles ont tout bravé pour donner consolation à l'infortune et asile à la proscription. » (Page 442.) Beaulieu est plus explicite encore : « Il serait difficile de montrer plus de constance, plus de courage, plus de pertinacité à consoler, à secourir les objets de leur tendresse ; elles se sont élevées au-dessus des hommes dans cette dangereuse circonstance..... Les femmes seules ont tout bravé. » (P. 211.)

Ce mépris de la mort dont tant de femmes donnent l'exemple en ce temps-là est un des spectacles les plus extraordinaires de l'histoire : l'antiquité, qui nous montre de très-grands caractères de femme, ne nous offre rien d'analogue : c'est le droit des femmes de pleurer, de se lamenter, de se tordre devant le bourreau ; c'est leur droit d'être lâches et pusillanimes sous le glaive. La Révolution nous les fait voir usurpant le droit des hommes : calmes et stoïques comme eux. Beaucoup ont dû cette force, sans en avoir conscience, à la religion qui les avait formées, qu'elles avaient abandonnée peut-être, et qui accoutume de bonne heure l'âme à la pensée de la mort.

Il y avait d'abord, au moment de l'arrestation, la résignation à la destinée qui semble inévitable. On se laisse conduire par le gendarme qui vient vous appréhender au corps, comme par le bourreau même. Abattu et résigné, on arrive à la prison, dont on franchit le guichet, *en levant le pied et en baissant la tête;* on est poussé dans ces corridors fétides où la clarté de la lampe fumeuse lutte avec la vague lueur d'un jour lointain. Ces êtres qui circulent ne sont pas des vivants; ce sont des ombres, et on se croit dans le vestibule des enfers. Quelle nuit que cette première nuit de la prison! toute remplie des visions de la fièvre. Voici le tribunal au-devant duquel Fouquier-Tinville, assis, semble mesurer sa proie du regard; le public ricane en la regardant, le juré bâille sur son banc, un homme prononce une sentence si vite et si négligemment qu'on n'a pas entendu ce qu'il disait; mais le bourreau arrive qui se charge de l'expliquer; la charrette attend à la grille, les murmures et les cris de la foule impatiente arrivent jusqu'à vous : *Un homme à la guillotine!* comme autrefois criaient les païens des cirques : *Les chrétiens aux lions!...* Tels sont les rêves que le jour, si longtemps attendu, vient dissiper. Il est donc vrai qu'on vit encore? Des compagnons d'infortune vous adressent la parole, et on leur répond. Le jour s'écoule : un jour de gagné! puis un autre, moins triste. On se laisse aller à croire au lendemain. De la mort, vue de loin, on se moque hautement, on en prend même un avant-goût, en jouant, comme Riouffe, à la guillotine. Après tout, ce supplice, qu'est-ce? *une chique-*

naude sur le cou. Des amitiés se forment, des amours tardifs — comme ces bourgeons qui reparaissent aux arbres, après la chute des feuilles, prenant la tiède haleine de l'automne à son déclin pour les chauds baisers du printemps — de tardifs amours se produisent, audacieux et pressants. Cependant, un beau matin, l'huissier apporte l'acte d'accusation ; il faut se tenir le cœur à deux mains pour pouvoir le lire. Mais la lecture est achevée, et peu à peu le sang revient aux joues qu'il avait abandonnées, le sourire aux lèvres ; l'œil est rayonnant. Elle est si évidemment absurde, si monstrueusement invraisemblable, cette pièce qui a la prétention de vous tuer ! On ne trouvera personne pour oser soutenir de pareilles faussetés. Oui, le triomphe est assuré ! on monte au tribunal, tranquille, confiant dans la justice de sa cause...

Bien peu surent se défendre de cette dernière illusion, et la reine Marie-Antoinette elle-même y céda. On ne le croirait pas, si le témoignage de son défenseur, Chauveau-Lagarde, n'était formel : (*Notice historique sur les procès de Marie-Antoinette et de Madame Élisabeth,* p. 46.)

« Nous fûmes ramenés par les gendarmes, au milieu desquels la Reine put encore nous apercevoir en arrestation, pour être présents à la lecture qu'on allait lui faire de l'épouvantable arrêt qui la condamnait.

» Nous ne pûmes l'entendre sans en être consternés ; la Reine seule l'écouta d'un air calme, et l'on put seulement s'apercevoir alors qu'il venait de s'opérer dans son âme une sorte de révolution qui me parut bien remarquable. Elle ne donna pas le moindre signe ni de crainte, ni d'indignation, ni de faiblesse. Elle fut comme anéantie *par la surprise.* Elle descendit les gradins [1], sans proférer aucune parole, ni faire aucun geste, traversa la salle comme sans rien voir ni rien entendre ; et lorsqu'elle fut arrivée devant la barrière où était le peuple, elle releva la tête avec majesté... »

Presque toutes les femmes ont passé par cette terrible épreuve de l'espérance, et presque toutes, comme la reine Marie-Antoinette, après avoir été anéanties par la surprise, arrivant devant le peuple, relevaient la tête avec majesté.

Je rapporterai un autre exemple de ce courage merveilleux, pris dans une région bien inférieure, mais cependant en pleine société française. Je ne connais rien de plus saisissant que le rapprochement de la vie de plaisirs, de voluptés et de galanterie, avec la mort soudaine telle que la Révolution l'avait inventée.

Il est impossible de se rendre compte exactement de ce que la politique pouvait avoir à démêler avec mesdames de Saint-Amaranthe. Elles habitaient au Palais-Royal, n° 50. Leur salon était fréquenté par des acteurs du Théâtre-Français et par des grands seigneurs; c'était l'image de cette société relâchée du dix-huitième siècle dont les prisons offrent le tableau en raccourci. Coittant, Lachabeaussière sont des gens de théâtre qui vivent dans la familiarité des grandes dames. Les hautes courtisanes de la scène rencontraient chez madame de Saint-Amaranthe leurs adorateurs attitrés. On jouait des jeux de hasard, le trente et un et le biribi. Les partisans de Robespierre représentent cette maison comme un impur foyer d'intrigues, une sorte de mauvais lieu, envahi

---

[1] Remarquons en passant que la Reine avait dû prendre place sur les gradins, comme les condamnés ordinaires. On n'avait pas voulu faire pour elle une exception. L'estampe de Casenave, faite d'après un dessin de Bouillon, daté de 1794, qui représente la Reine debout dans le prétoire, est donc inexacte en ce point.

par le jeu et la débauche ; d'autres écrivains en parlent comme du dernier salon de Paris ouvert au plaisir et à la bonne compagnie. Entre ces assertions contradictoires, il est difficile de se prononcer. Un roué du temps, le comte de Tilly, a consacré quelques pages de ses *Mémoires* aux dames de Saint-Amaranthe. L'homme capable des confidences qu'elles renferment, des accusations qu'elles portent contre de pauvres créatures qui avaient eu le malheur de l'admettre dans leur intimité, un tel homme ne mérite pas d'être cru sur parole. Cependant, il y a dans son récit des traits curieux, l'immoralité inconsciente d'un monde dont Tilly fut le héros. Le portrait des femmes est vraisemblable : est-il ressemblant? Nous ne saurions le dire; mais le narrateur se peint au vif sans s'en douter, et il est étonnant d'insolence et de fatuité. Avant de suivre mesdames de Saint-Amaranthe en prison, entrons donc dans leur intérieur où Tilly nous introduit, et laissons-le conter ses méchantes histoires, en ne faisant des propos du libertin que le cas qu'ils méritent.

« Qui n'a pas connu mademoiselle de Saint-Amaranthe et sa mère, deux fois fameuse par ses désordres et par sa famille[1]? Cette mère, fille de qualité (mademoiselle de Saint-Simon d'Ar-

[1] Jeanne-Françoise-Louise de Damier de Saint-Amaranthe, née à Saintes, habitait tour à tour Paris et Cercy, département de Seine-et-Oise, quand on l'arrêta en 1794 avec sa fille et son fils, comme complices de la *faction de l'étranger*. Un scélérat, nommé Annaud, qu'elle feignit de ne pas connaître lorsqu'elle fut emprisonnée, se vengea de ce dédain en la faisant comprendre avec ses deux enfants sur la liste des prétendus complices de l'assassinat de Collot-d'Herbois, membre du comité de salut public. Tous les détenus furent attendris des transports de ces deux enfants, lorsqu'ils apprirent qu'ils étaient portés sur la même liste de mort que leur mère. « Ah! maman, lui disaient-ils en la pressant dans leurs bras, nous allons mourir avec toi! » Ils furent tous les trois condamnés à mort comme conspirateurs et complices de l'assassinat de Collot-d'Herbois; on les conduisit au supplice en chemises rouges. (*Note de l'éditeur des Mémoires de Tilly.*)

pajon), avait été mariée au sieur de Saint-Amaranthe, fils d'un receveur général des finances. Il était de sa personne capitaine de cavalerie, et fort riche ; ce qui ne lui aurait pas suffi, peut-être, pour obtenir la main de mademoiselle de Saint-Simon, si elle n'avait pas fait de très-bonne heure je ne sais trop quelle fredaine, dont madame sa mère lui avait donné l'exemple dans la ville de Besançon, où elles vivaient. On voit que c'était une succession de modèles.

« M. de Saint-Amaranthe était un fou, qui avait, ainsi que je l'ai dit, une fortune considérable, qui l'était trop peu pour ses goûts. Il amena sa femme à Paris, et fut ruiné en peu de temps par ses amis, qu'il ne prenait pas dans la meilleure compagnie, et par ses maîtresses, qu'il prenait à l'Opéra. Elles vinrent à bout de lui très-lestement, et l'envoyèrent mourir *cocher de fiacre* à Madrid, où Fénelon m'a dit l'avoir trouvé à la porte d'une église. Il le reconnut, lui donna la préférence, se laissa mener par lui (ce qui était hardi), et lui fit de plus l'aumône. Sa femme, plus jolie que belle, et plus désirable que jolie, avait eu des amants distingués, nommément feu M. le prince de Conti, qui s'était conduit fort noblement avec elle ; j'en connais beaucoup d'autres qu'il serait aussi superflu que déplacé de nommer ici. Il en avait résulté qu'elle avait vécu tour à tour dans l'opulence et dans la plus étroite gêne, dans toutes les fluctuations enfin d'une vie d'intrigues. La meilleure compagnie, et à côté de cela une société fort mêlée, avait vécu constamment chez elle. En général, je lui ai reconnu un talent plus difficile qu'on ne croit, celui de forcer l'amitié à survivre à l'amour. Je m'en suis d'autant plus étonné, qu'avec peu de solidité dans le caractère, peu d'élévation dans le cœur, elle ne semblait avoir rien de bien attachant à jeter dans un commerce moral et désintéressé. Mais pour rendre un jugement tout à fait correct sur ce sujet, il faudrait avoir été son amant, et je n'ai jamais eu cet honneur-là. J'avais été toujours, de loin en loin, chez elle, où m'avait mené, dès ma première jeunesse, le vicomte de Pons. Celui-ci, après avoir passé avec elle la plus grande partie de sa vie (autant que les habitudes de la cour et les devoirs du monde le lui avaient permis), trouva la mort à la même heure qu'elle, sous le glaive inventé par le docteur Guillotin, cet honnête médecin qui, pensant que son art n'avait pas tué assez de monde, donna du laconisme à la destruction, et attacha son nom même à la plus homicide des découvertes.

« Au reste, bien des gens sont morts plus à plaindre que le vicomte de Pons. Il est assez joli de sortir de la vie justement avec les personnes qu'on aime.

« Madame de Saint-Amaranthe avait une fille citée depuis, dans Paris, comme un ange de beauté, et qui, célèbre par ses appas, rendit sa mort fameuse par son courage, dans un temps où il était difficile de se faire remarquer, tout le monde s'étant arrangé pour mourir comme les gladiateurs à Rome, en attitude, j'ai presque dit avec grâce. Je l'avais admirée enfant, et ne l'avais plus revue pendant quelques années. Au retour de mes derniers voyages, ces dames tenaient la maison de jeu la plus brillante et la plus fréquentée. Le plus habile cuisinier, des fonds énormes dans une banque de *trente et un*, la réunion de tout ce qu'on connaissait en hommes, à une époque surtout où il y avait moins de maisons d'un certain ordre, et moins de points d'appui dans un certain monde, un ton presque aussi décent que si l'on n'eût pas joué, les charmes des deux maîtresses de la maison (car la mère, éclipsée par sa fille, ne laissait pas que d'avoir encore son prix), d'autres femmes, dont je ne pourrais précisément assigner la classe et désigner les vertus, mais dont le plus grand nombre étaient jolies ; tout, dis-je, concourait à faire de cette maison une galerie charmante, où l'on entrait plusieurs fois dans un jour. Pour moi, je vis mademoiselle de Saint-Amaranthe, et ne remarquai véritablement qu'elle. Je fus pourtant obligé de faire attention aussi à ce que me disait le vicomte de Pons, qui, après m'avoir avoué dans l'enfance de la jeune personne, qu'elle était sa fille, me soutenait qu'elle ne l'était pas, depuis qu'elle avait dix-huit ans[1]. J'espère pour lui que s'étant fait les illusions de la pater-

---

[1] Qui ne connaît l'estampe de Larmessin faite d'après un tableau de Lancret? Deux élégants, *les deux amis*, se montrent une belle jeune fille dont l'un d'eux a pris le menton :

    Peux-tu disconvenir d'avoir aimé sa mère?
    — Et toy, l'aimois-tu pas? La fille est ton portrait.
    — Ah! c'est plustost le tien : te voilà trait pour trait...
    Chacun d'eux l'aime trop pour s'en dire le père.

La fille, immobile, semble attendre que le débat lui ait donné un

nité, il en était venu à en reconnaître très-précisément le néant; car ses vues étaient sérieuses : il en voulait faire sa maîtresse. Je l'en plaisantai; mais, le trouvant très-sérieusement dépaternisé, je n'en parlai plus; je me contentai d'en causer très à fond avec la petite. Après lui avoir recommandé le secret, je lui dépeignis pathétiquement l'énormité d'un inceste. Je la trouvai disposée à en concevoir la plus profonde horreur, et j'obtins la promesse qu'elle allait s'appliquer tout de bon à considérer quels sentiments je méritais d'elle, pour mon zèle et pour mes avis. Le vicomte me suivait de l'œil, était très-jeune et très-défiant. Il cachait mal son humeur, dont je n'avais pas l'air de m'apercevoir; mais exerçant une influence illimitée sur l'esprit de la mère qui en avait plus que lui, il me peignait comme l'homme le plus dangereux de son salon : celle-ci aurait passé un amant à sa fille, mais n'aurait pas voulu que ce fût moi. La voilà interrogée, tourmentée, prévenue contre mes *machinations infernales;* mes affaires, et c'était naturel, en avancèrent. Autant la bile du vicomte m'aurait réjoui, autant la colère de la belle maman m'effraya; il n'était pas encore temps d'en rire. Je parlai donc à cet ange, tout juste autant que la politesse l'exigeait; mais nous nous passions des billets : je la prévins que j'allais faire l'amour, jusqu'à un certain point, à sa maman. Cette idée la divertit immodérément. J'avais un double but, de lui montrer combien il eût été facile de réussir avec celle qui n'était si sévère que pour sa fille, et de piquer la jalousie de celle-ci pour amener le dénoûment. La femme la mieux avertie que c'est un jeu, ne voit qu'avec défiance celui qu'elle aime à une sorte de *répétition* avec sa rivale. Effectivement mes soins, qui réussissaient à m'effrayer, et qui valurent au vicomte de Pons le reproche d'avoir la vue courte, commencèrent par divertir mademoiselle de Saint-Amaranthe et lui causèrent bientôt une humeur marquée. Tous les jours je lui remettais une lettre. Rien n'aiguise un amour contrarié comme ce petit manége. Les

---

maître en lui enlevant un de ses pères. Que la question de paternité soit éclaircie ou plutôt reste obscure, elle sera la maîtresse *des deux amis* peut-être. Qu'a-t-elle besoin de deux pères, ou d'un seul? Celui-ci s'est-il jamais enquis d'elle? Et quelle mère elle a!... C'est avec les *Mémoires* qu'il faut commenter les estampes, ces vives et authentiques représentations des mœurs.

miennes étaient écrites avec du sang, résultat d'une légère piqûre; elle y répondit avec du rouge délayé dans de l'eau. Je m'aperçus de la tricherie, et boudai; on ne m'écrivit plus qu'avec de l'encre, et je repris toute ma bonne humeur. N'habituons que le moins possible un sexe artificieux et malin à se moquer de nous, dans les bagatelles; l'objet d'une mauvaise plaisanterie l'est bientôt d'un mépris raisonné. Elle m'enjoignit à son tour, très-décidément, de laisser en repos le cœur de madame sa mère, et me déclara que cette petite guerre et ses simulacres l'ennuyaient. Je dis alors à celle-ci que j'avais mal à la poitrine et que j'allais me mettre au lait. Mais y dinant souvent, et d'un appétit qu'on eût pu citer, elle vit que je me moquais d'elle et se fâcha; ce fut alors que la beauté que j'encensais en silence comprit (comme je l'avais prévu) qu'il fallait se décider, et donner un peu plus tôt ce qu'elle avait résolu d'accorder plus tard, puisqu'il était possible que sa mère plaçât dans notre chemin de nouveaux obstacles.

« B..., qui a été fort connu pour ses ridicules regrets de ne pas être un homme de qualité, inconvénient dont cent mille écus de rente auraient dû le consoler, même dans ce temps-là, avait un appartement dans la maison, pour s'y habiller, ou même pour y passer une nuit accidentellement. Il m'en prêta la clef. Après un opéra qui me parut éternel, et où j'avais accompagné mesdames de Saint-Amaranthe dans leur loge, dont je sortis avant la fin, Amélie [1], fidèle à sa promesse, vint en rentrant me trouver dans l'obscurité où je l'attendais; elle arriva le cœur battant, quand je commençais à désespérer d'elle :

Odoratos nexa capillos,
. . . . . . vestis tenuissima, cultus amantis.

« Le signal convenu, trois coups furent légèrement frappés à la porte, j'ouvris, et reçus Flore dans mes bras; c'était la déesse des jardins, véritablement plus fraîche que le bouquet qu'elle portait sur son sein. De trop rapides instants s'étant écoulés, elle redescendit au salon, je l'y suivis plus tard, en vainqueur modeste qui veut dérouter le soupçon et laisser à la pudeur le temps de reprendre un maintien. Madame de Saint-Amaranthe,

[1] Elle s'appelait Charlotte-Rose-Émilie.

émue d'une sympathie maternelle qui la magnétisait sans doute à son insu, ne m'avait jamais témoigné de si tendres attentions. Elle me demanda, d'une voix caressante, d'où j'arrivais si tard?

« D'une visite indispensable, lui dis-je, où je n'ai eu de dé-
« dommagement que de penser incessamment à vous.

« — C'est bien poli, dit-elle, mais il n'y a rien d'indispen-
« sable dans ce monde que de s'ennuyer; quant à des visites,
« on n'en fait plus.

« — La mienne, répondis-je, est du petit nombre de celles
« qu'on a faites depuis la création du monde, et qu'on fera
« jusqu'à sa fin.

« — Je n'en veux pas savoir davantage, minauda-t-elle en
« détournant la tête.

« — Vous êtes la personne du monde à qui j'ai le plus de
« plaisir à obéir. »

« Elle fut toute la soirée d'une humeur charmante; c'était une poule un peu fâchée transformée en colombe. Quelques-uns de ses atomes m'environnaient encore, j'étais le fils de son instinct malgré les antipathies de sa raison.

« Pour son aimable fille, la céleste Amélie, elle était comme une rose qu'on a agitée sur sa tige, et dont la nuance de pourpre est plus vive, après que le zéphyr a mollement entr'ouvert ses feuilles.

« Rien n'est voilé pour longtemps. Elle avait un frère, assassiné depuis à l'âge de seize ans par Fouquier-Tinville; que ne remarque pas cet âge? il soupçonna nos rendez-vous. Il fit le guet à la porte, il la vit sortir de la chambre de B..., ne quitta point son poste qu'il ne m'eût vu descendre aussi, et révéla, dès le même soir, tout à sa mère.

« On peut supposer que l'explication que j'eus avec elle fut orageuse; elle ne m'épargna point les épithètes de monstre, de *corrupteur;* la dernière m'affectait peu, j'étais sûr de ne pas la mériter, instruit qu'un autre, protégé par madame de Saint-Amaranthe elle-même, s'était chargé de ce soin-là. Il me fut signifié d'avoir à ne pas remettre le pied dans la maison, et que sa fille irait expier son crime dans un couvent. J'admirais l'éloquence de sa fureur et la moralité de ses emportements. C'était la vertu qui n'a point d'intérêt à broncher, prêchant le vice pris sur le fait. Quand elle eut *débagoulé* sa colère, je répliquai

INTRODUCTION.

bien doucement que je doutais qu'elle eût le droit de mettre au couvent sa fille, pour avoir choisi un amant de son goût, après le tort d'en avoir accepté un qui n'en avait pas été; que sur tout le reste, je prendrais les ordres de mademoiselle de Saint-Amaranthe et jamais les siens. Après ce peu de mots, je me retirai au bruit des injures, des portes fermées avec fracas et des porcelaines brisées dans sa furie.

« J'informai Amélie de ce qu'elle aurait bien appris sans moi; je lui marquai que l'instant de nous séparer était arrivé, si le caractère et quelque énergie ne venaient pas à son secours; je lui rappelai qu'elle m'avait souvent promis d'en faire preuve si nous étions découverts. Elle surpassa mon attente : sa femme de chambre vint chez moi dès l'après-midi, m'assurer que sa maîtresse, après une entrevue très-animée avec sa mère, m'attendait à sept heures du soir. Je ne me fis pas attendre, elle me raconta tous les emportements, toutes les prières même qu'elle avait eu à braver; que sa réponse invariable avait été : qu'elle avait acquis par le passé le droit de disposer du présent, qu'elle était résolue à tout, même à sortir de la maison, plutôt que de se laisser tyranniser; qu'aidée par moi, qu'elle avait instruit *de tout* ce qui la touchait depuis son entrée dans le monde, elle ne manquerait pas des moyens de recouvrer sa liberté; que le luxe, les superfluités dans lesquels elle nageait, ne contribuaient que très-peu à son bonheur, qu'il ne lui fallait que l'aisance avec celui qu'elle préférait, que je serais en mesure de subvenir à ses besoins; et que d'ailleurs, dix mille louis déposés chez M. Tr.., notaire [1], étaient sa propriété, et plus qu'il ne fallait pour le genre d'existence qui serait le plus de son goût.

« Tant et de si bons arguments, soutenus par des larmes, effrayèrent tellement madame de Saint-Amaranthe; l'idée surtout que j'avais son secret, la consterna si profondément, qu'elle convint avec sa fille de se dépouiller ce jour-là même de son autorité, de ne la regarder que comme une sœur qui n'avait plus que des conseils à espérer d'elle; ses souhaits allaient se borner à ne la voir jamais se repentir d'avoir secoué de si bonne heure le joug de sa prudence. Le premier avis qu'elle lui donna

---

[1] Ce ne peut être que Trubert, notaire, rue Montmartre, 169, ou Trutat, rue de Condé, 15.

fut de m'engager à venir sur-le-champ apprendre mon bonheur de la bouche même d'Amélie; quand j'en sortis, elle m'invita à commencer par sa maman ma visite du lendemain.

« J'y consentis sans peine.

« Je trouvai un mouton, le mouton le plus traitable. Il ne tint qu'à moi de croire que j'étais son fils, elle me pria d'en avoir les sentiments; elle ajouta qu'elle était persuadée que je ne compromettrais jamais sa fille, comme je devais l'être, qu'elle userait de toute son influence pour éterniser une liaison dont la constance et le temps seraient la justification et l'excuse. J'étais le premier amour d'Amélie, elle se flattait que j'allais lui consacrer les dernières affections d'un cœur qui ne s'était point assez fixé. Elle voulut s'expliquer sur le sujet le plus délicat; elle me nomma le séducteur (je le connaissais) qui avait acheté au poids de l'or les faveurs de la beauté et de l'innocence sacrifiées. Amélie n'avait jamais été contrainte, elle avait dû épouser celui qui avait abusé de sa candeur; elle pouvait me protester avec sincérité qu'elle s'était si peu mêlée de tout ce *tripotage,* qu'elle avait même dédaigné de s'instruire des raisons qui avaient empêché ce mariage, ainsi que des motifs de l'aversion qu'elle avait conçue pour celui qu'elle avait d'abord choisi, etc. Je la laissai parler tant qu'elle voulut, ayant l'air d'acquiescer par quelques signes rares, d'un air assez incrédule cependant pour la tenir dans ma dépendance et pour ne plus retomber dans la sienne. La haine dans le cœur, elle me prodigua les serments d'une immortelle amitié; je lui jurai qu'elle était ce que j'aimais le mieux au monde après sa fille; je la trompais, mais je ne la haïssais pas. J'essayai de lui persuader que c'était spécialement mon estime qu'elle avait conquise; comme c'était ce qu'il y avait de moins vrai, j'appuyai, à mon tour, cette assertion par tous les serments dont un mensonge peut s'étayer.

« Je la trouvai peu crédule.

« Quand je sortis de son cabinet, nous étions précisément au même point que lorsque j'y étais entré. Mais quelle différence dans les formes et dans tout ce qui tient à l'extérieur? Réconciliation, égards, harmonie, délicates attentions, voilà tout ce qu'on pouvait discerner. J'y dînai, je surpris ses yeux me lançant la mort; elle me serra la main en sortant de table pour me remercier de n'avoir pas regardé une seule fois Amélie. Il était impossible, observa-t-elle, de déguiser si naturellement la possession. De mon côté, je la remerciai, l'éloge était flatteur; c'était celui d'un maître. J'aurais pu néanmoins objecter que, pour une femme si exercée, elle se trompait; car la Bruyère, je crois, a remarqué avec raison, que se regarder toujours, ou ne se regarder jamais, faisait soupçonner la même chose.

« Nous nous aimions depuis trois mois, croyant que ce n'était que depuis un jour, ou quelquefois que nous n'avions fait autre chose toute notre vie. Mais trois mois de bonheur sont un long terme dans la plus longue carrière. Combien d'hommes sont morts sans avoir été trois mois heureux! Un essaim d'*épouseurs* se présenta. L'un avait un nom assez beau, une figure qui ne l'était guère; l'autre était le fils d'un ancien ministre du roi, et c'était tout; un troisième enfin, dont le père avait été beaucoup trop ministre aussi, Sartines, se mettait sur les rangs déjà, quoiqu'il n'ait fait que plus tard ce funeste mariage qui l'a mené avec elle à l'échafaud : destinée qu'il aurait bien subie tout seul, puisqu'il était aussi commun alors d'être décapité que de s'enrhumer.

« Pour moi qui ne voulais point épouser, mais conserver ce que tous les maris du monde peuvent tout au plus obtenir, je devins morose, inabordable et d'une jalousie concentrée qui me rendit couleur de souris. L'orage à la fin éclata, les querelles succédèrent aux querelles. J'avais gagné, je l'ai déjà dit, une somme très-considérable; j'en répandis la plus grande partie dans cette maison même, écueil où ma tranquillité et mon bonheur allaient se briser. On n'est point aimable quand on est jaloux devant tant de spectateurs. Les femmes ont un tact unique pour saisir un ridicule et s'en dégoûter; elles ont aversion du malheur qu'elles ont causé.

« L'idée de se marier après avoir un peu fait ce qu'il fallait pour ne le pouvoir plus, devint une idée fixe dans la tête de mademoiselle de Saint-Amaranthe; sa mère l'encouragea, et je ne puis l'en blâmer. L'espoir de quelque considération se glissa dans son cœur; elle crut qu'avec un mari de plus elle pourrait encore y prétendre, puisqu'elle avait de la fortune. C'était connaître un siècle dont la devise pourrait être : ***Laissons là les parchemins,... nous parlerons un autre jour de vos vertus; montrez-moi de l'or.***

« Quoi qu'il en soit, la sensible Amélie, bien catéchisée, me pria de l'écouter avec l'attention qu'Auguste obtint de Cinna; elle me fit part de la résolution qu'elle avait formée de se marier; elle était trop sûre de mon cœur pour imaginer que je voulusse y mettre obstacle. Elle me conjurait de ne pas revenir de quelque temps chez elle, et de répondre comme un homme d'honneur aux questions que la malignité pourrait m'adresser sur son compte; elle était pour moi dans le fond de son cœur ce qu'elle avait toujours été depuis l'instant qui nous avait unis; *je la retrouverais,* la mort seule pouvait détruire les sentiments qu'elle m'avait voués. Elle se résuma, comme beaucoup d'autres avant elle, par redemander un portrait qui n'était pas assez ressemblant, et des lettres trop peu spirituelles pour que j'y tinsse beaucoup.

« Je reçus ce congé mielleux avec assez de stoïcisme; j'y étais préparé, et me sentis plus qu'à la hauteur de la circonstance. Je la remerciai d'avoir assez bien présumé de moi pour être sûre qu'aucun sacrifice ne me coûtait quand il s'agissait du destin de toute sa vie; je lui dis sans détour que je m'interdisais sa maison *à jamais;* que mes indiscrétions ne flétriraient point la couronne de l'hymen, mais que son portrait lui ressemblait trop peu, comme elle l'avait très-judicieusement jugé, pour qu'il fût digne de lui être rendu, et pourtant trop, pour qu'il ne me fût pas pénible de le voir passer dans d'autres mains. Elle m'offrit de le briser, je répondis que j'étais assez superstitieux pour répugner à ces destructions en peinture, présages souvent sinistres et vérifiés de destructions plus réelles. Quant à ses lettres, j'avais promis à ma première maîtresse, et à l'un de mes grands parents, à l'article de la mort, de n'en jamais rendre; qu'à ce système d'ordre général en cette partie se joignait, pour elle en particulier, un intérêt plus tendre, un sentiment indéfinissable qui me rendait impossible de me dessaisir de témoignages à la fois si flatteurs et si instructifs, qui, me retraçant sa fidélité, me feraient illusion sur son inconstance.

« Je lui baisai la main avec le respect de l'indifférence; elle me reconduisit comme une visite.

« Je ne dissimulerai pas que je fus longtemps et sincèrement affligé; j'eus soin qu'elle ne le sût pas. »

Tilly affligé sincèrement?... nous n'en croyons rien ; pas plus que nous ne croyons aux efforts qu'il aurait faits, dit-il, pour sauver mesdames de Saint-Amaranthe. Le seul service qu'il eût été en son pouvoir de rendre à ces victimes de la Terreur, eût été de ne pas écrire les pages qu'on vient de lire, et qui souillent leur mémoire. Nous nous garderions bien d'ailleurs d'en garantir la véracité, et nous ne jurerions pas que mademoiselle de Saint-Amaranthe a été la maîtresse de Tilly; mais ces détails méritent d'être notés, parce qu'ils nous peignent une certaine partie de la société française, que nous retrouverons dans les prisons, où il y aura un véritable intérêt à l'étudier. Mesdames de Saint-Amaranthe peuvent être regardées comme des types de cette catégorie de femmes mondaines et dissipées.

Elles furent comprises dans l'obscure et incompréhensible fournée dite *conspiration de l'étranger*, et traitées en complices du baron de Batz. De quels personnages puissants s'étaient-elles attiré l'inimitié? Menaçaient-elles de corrompre les *purs* de la Montagne? Avaient-elles reçu des confidences indiscrètes de Robespierre aîné ou de Robespierre jeune? Furent-elles les victimes d'une jalousie d'acteur, d'une vengeance d'amant? Il est impossible de se prononcer sur ces questions. Peut-être les envoya-t-on à la guillotine uniquement parce qu'on s'amusait trop chez elles, qu'on y faisait trop bonne chère, que les femmes y étaient trop jolies et trop aimables. Il y avait là un scandale de dépenses, de jeux et de plaisirs bien fait pour irriter les comités. D'ailleurs madame de Saint-Amaranthe voyait beaucoup d'aristocrates, et elle avait marié sa fille au fils de l'ancien lieutenant de police, M. de Sartines.

On les condamna à mort : la mère, âgée de quarante-deux ans; la fille, âgée de dix-neuf ans; Sartines, âgé de trente-quatre ans, et un tout jeune homme, presque un enfant, frère de madame de Sartines, âgé de dix-sept ans. L'interrogatoire fut très-sommaire : le dossier, conservé aux Archives, ne renferme aucune pièce particulière, aucun éclaircissement. On sait que ce jour-là, en même temps que les quatre membres de cette famille, cinquante personnes, associées par la plus étrange fantaisie judiciaire, furent envoyées au supplice, entre autres Admiral, Cécile Renault, Rohan-Rochefort, Laval-Montmorency, Sombreuil père et fils, le vicomte de Pons, le comte de Fleury, Marino, Froidure, Soulès, etc.

Fouquier-Tinville n'avait pas encore eu une aussi fructueuse journée. Mais il paraît que de tant d'infortunes, celle dont se délectait le plus son cœur de tigre était le sort des dames de Saint-Amaranthe. Envoyer ces rieuses à la guillotine, promener ces éclatantes beautés, les cheveux coupés, le cou nu, les mains liées, à travers les rues, au milieu de la populace; livrer ces corps superbes et mutilés au charnier de Sanson et aux curiosités de ses valets; frapper en même temps, sous les yeux les uns des autres, la mère et l'enfant, la jeune femme et le jeune époux, c'était vraiment un coup de maître, à rendre Satan jaloux. L'accusateur public ne put y tenir; il avait joui de la terreur produite par le tribunal, pendant que requérait son substitut Liendon, et de l'effet du prononcé du jugement, il voulut jouir de l'agonie. Il alla se placer à une fenêtre qui donne sur la petite cour de la Conciergerie, à laquelle on adossait la charrette : ses regards pouvaient plonger de là jusqu'au fond du corsage des femmes, et compter les palpitations de leur sein. Mesdames de Saint-Amaranthe parurent, traversèrent d'un pas ferme la cour, montèrent dans la charrette, s'y assirent, et promenèrent autour d'elles un regard tranquille et assuré. C'est ainsi que savaient mourir les femmes, même celles qui avaient le plus abusé des jouissances de la vie. Ce n'est pas ce que Fouquier était venu voir. On lui volait le supplice, le vrai supplice, l'agonie. Il poussa un cri de rage : « Voyez ces coquines, dit-il à ses greffiers, comme elles sont effrontées! Il faut que j'aille les voir monter sur l'échafaud, pour m'assurer qu'elles conserveront ce caractère, quand je devrais en manquer mon dîner. »

L'histoire de Fouquier ne renferme pas un mot plus expressif que celui-là : manquer son dîner! Jamais sa férocité ne lui fit trouver une formule plus éloquente.

Quand au milieu des imprécations de tout un peuple, l'ancien accusateur public fut à son tour porté à la guillotine, on l'entendit répondre aux invectives qui pleuvaient sur lui : « Tas de meurt-de-faim! je vais à la guillotine le ventre plein, et vous, vous avez le ventre vide. » C'était sa consolation.

Nous ne chercherons pas à expliquer le courage dont firent preuve tant de victimes. Bornons-nous à dire qu'il échappa à la plus dangereuse des épreuves par le fait même de la précipitation avec laquelle les jugements criminels étaient exécutés.

Le supplice de la guillotine a pour effet probable de produire la mort la plus rapide et la moins douloureuse. Du moins, telle était l'opinion des contemporains de la Terreur[1], et particulièrement de ces curieux qui allaient

---

[1] C'est l'opinion de Cabanis, l'ami des Girondins. Il faut lire dans ses œuvres (tome II de ses Œuvres complètes, en 5 vol. in-8°) une note où il

assister régulièrement aux sanglantes tragédies de la place de la Révolution, et qu'on pouvait prendre pour des amateurs insatiables; mais plus d'un venait simplement assister aux répétitions de la scène où il appréhendait de se voir appelé un jour à jouer le rôle principal. Si expéditif que soit le supplice par lui-même,

soutient que dans le supplice de la guillotine il n'y a pas perception de la douleur pour le patient. Il réfute complétement Süe, dont l'opinion fut partagée par un certain Auberive, auteur des *Anecdotes sur les décapités*, 25 brumaire an V. La date du livre d'Auberive fait penser tout d'abord que l'auteur va nous entretenir des nombreuses décapitations dont il a pu être témoin. Mais sa dissertation aurait pu être écrite un siècle plus tôt; elle ne fait aucune allusion aux événements contemporains qui se rapportent au sujet qu'il traite. « Un anatomiste si habile qu'il soit, dit-il, ne m'aura pas démontré que le même coup qui divise les parties, rompt aussitôt l'incompréhensible nœud qui unit les deux substances. Or, ce doute est suffisant pour proscrire irrévocablement le détestable instrument des fureurs de nos modernes tyrans. Ils l'ont préféré, parce qu'il était moins lent à assouvir la rage inhumaine qui les dévorait. Plus barbares que Tomyris, c'était avant la mort qu'ils plongeaient la bouche et les yeux de leurs victimes dans des flots de sang. Puisse-t-il, cet odieux instrument avec son horrible appareil, et le nom des monstres qui l'employèrent, être à jamais enseveli dans les abîmes de l'oubli ! »

M. Auberive n'appuie son opinion sur aucun exemple moderne, et il accepte dans les auteurs, sans aucune critique, les histoires les plus absurdes à l'appui de sa thèse.

De toutes les expériences faites sur les décapités, et elles ont été nombreuses, il n'en est pas une qui ait produit la moindre présomption en faveur de l'opinion de Süe. Au moment où la tête tombe sous le couteau, les traits deviennent immobiles : si les yeux étaient ouverts, ils restent ouverts. Il existe à Paris une suite très-intéressante de moulages pris sur la tête des morts fameux à différents titres. Lorsque vous entrez dans le vaste magasin de l'anatomiste M. Vasseur, rue de l'École de Médecine, vous apercevez à votre gauche, rangés sur l'entablement de grandes armoires, une suite de bustes plus affreux les uns que les autres, des têtes défigurées par des souffrances atroces, portant la trace des dernières convulsions. De l'autre côté, à votre droite, sont des bustes paisibles, calmes, souriants; nulle souffrance, nulle contraction, nul signe de la lutte de la vie avec la mort victorieuse. Volontiers vous diriez des premiers : *voici les damnés;* et des seconds : *voici les bienheureux.* Eh bien ! ceux-là sont les masques des grands hommes moulés sur leurs têtes glorieuses, ceux-ci sont les masques des scélérats moulés sur leurs têtes frappées du glaive de justice... Après avoir vu cela, on ferme l'oreille à des arguments plus ou moins spécieux et ingénieux, on est convaincu.

cependant c'est la mort, la mort qui pour nous trouver soumis doit venir inaperçue, et contre laquelle se révolte tout notre être, dès qu'elle prétend nous signifier son jour et son heure. Réduire les préliminaires, supprimer la longue anxiété, paralyser l'imagination en ne lui laissant pas le temps d'évoquer un cortége de tristes pensées et d'éveiller tous les instincts de la nature, c'est abréger le vrai supplice, le supplice moral. La justice révolutionnaire n'a pas eu d'autre avantage dans le cours de ses foudroyantes iniquités.

Mais nous touchons à une thèse qui nous éloigne beaucoup du sujet de ce livre et du point de vue auquel nous nous étions placé. Nous cherchions quel est le côté le plus instructif du tableau des prisons de Paris pendant la Terreur : l'étude du cœur humain sous l'empire des plus cruelles infortunes; l'observation des mœurs, des habitudes, des croyances d'une fraction de la société du dix-huitième siècle. Le trouble des dissensions civiles, le fracas des armes, la voix du canon ont étouffé tous les autres bruits; les orateurs jouent leur tête à la tribune, les clubs hurlent, les ateliers forgent et fabriquent, le sol tremble sous la marche pressée des volontaires de la liberté. La vieille société ne chante plus, ne danse plus, ne marivaude plus. Est-elle morte? Pas encore. Ce que la Révolution en a épargné vit, comme il lui plaît de vivre, dans les prisons, ces réserves de la guillotine. Vienne le soleil de thermidor : que les prisons s'ouvrent, vous verrez en sortir les belles dames et les beaux esprits; vous entendrez les chansons et le violon; alors reparaîtra dans l'*Almanach des Muses* le bataillon éprouvé, mais encore respectable, de ses rédacteurs, aimables épicuriens; quelques-uns ont passé de Paphos sur la cime de la Montagne, Carnot, Dorat-Cubières, Berger Sylvain, etc.; d'autres ont disparu dans la tourmente. Les victimes échappées au couteau donnent le ton, font la mode, mènent le branle, une valse furieuse; on assiste à un débordement incroyable de folie et de matérialisme.

Cette société du dix-huitième siècle trouve aujourd'hui des partisans dont l'admiration va jusqu'à nier ses vices et ses travers. A les entendre, on voyait fleurir alors le dévouement au devoir, le respect du rang consacré, l'obéissance au Roi et à la Loi, mais surtout les croyances religieuses. Que la démocratie ait ses laideurs : qui pourrait ne pas le reconnaître? Tout n'a pas été progrès dans l'œuvre de la Révolution : la famille a perdu en cohésion et en discipline, l'autorité paternelle a reçu de graves atteintes et s'affaiblit de jour en jour.

Mais les croyances religieuses avaient-elles sur nos pères cette influence admirable qu'on leur attribue et qui prépare une bonne mort comme le couronnement d'une belle vie? Nous voudrions l'admettre et trouver dans l'exemple fourni par le spectacle de tant de vies tranchées odieusement un argument de plus contre la sécheresse un peu hautaine et froide du rationalisme. Il eût été consolant de pouvoir dire : « A côté de ces orgueilleux qui acceptent la mort tranquillement, comme une extrémité naturelle de la vie, ne paraissant rien regretter ni rien désirer, Bayards raisonneurs qui se croient sans peur et sans reproche, voyez ces chrétiens, humbles et généreux, humbles par le sentiment profond de leur fragilité, généreux par l'émotion de leur charité et l'exemple du Sauveur. Qu'il est beau de trouver en eux cette douceur et ce recueillement! Ils marchent au supplice, souriant à la pensée des joies célestes qui les attendent, et le bonheur de cet affranchissement des grossièretés de l'existence terrestre suffirait pour leur faire pardonner aux bourreaux leur mort inique, lors même que leur religion ne leur commanderait pas l'oubli et le pardon des injures. » Oui, nous voudrions pouvoir tenir ce langage. Mais malheureusement les croyances religieuses avaient, dans la seconde moitié du dix-huitième siècle, moins de force peut-être qu'elles en ont aujourd'hui. Ceux qui n'avaient reçu du christianisme que le baptême se trouvaient plus faibles que les philosophes. Tandis que les uns se laissaient conduire au supplice tranquilles et le front haut, commentant l'immortalité de l'âme comme Socrate, ou le Phédon comme Caton, — les autres, arrachés soudainement aux frivolités de la vie, sans point d'appui contre les anxiétés de la mort, les subissaient passivement, et allaient de l'anéantissement moral par la stupeur à l'anéantissement physique par le glaive.

La société thermidorienne est un regain de la vieille société ; elle donne le signal d'une violente réaction vers les mœurs corrompues de ce monde sur lequel avaient principalement frappé les lois de proscription ; en attendant le rétablissement de la monarchie qu'on regrettait, on revenait aux vices de la cour. Quant à la nouvelle société, fille des idées de la Révolution, elle ne fait que de naître. Son importance augmentera à mesure que disparaîtront les générations auxquelles on devait 89, entraînées dans le mouvement général de la Révolution ; tour à tour enfiévrées, ruinées, maltraitées et exaspérées par elle. C'est seulement vers la fin de l'Empire que son rôle devient prépondérant. Par la plus étrange des coïncidences, le triomphe de cette société issue des principes et de l'esprit de 1789 se manifeste au moment où les arrière-descendants de Louis XIV croient remonter sur le trône par le droit divin de leur race, tandis qu'ils vont s'asseoir, humbles serviteurs de ce peuple foulé par leurs aïeux, sur un vieux fauteuil dédoré, dont la Charte a mal rajusté les pieds brisés.

LES

PRISONS DE PARIS

SOUS

LA RÉVOLUTION

LES
PRISONS DE PARIS
SOUS
LA RÉVOLUTION.

LES PRISONS DE PARIS AVANT LA RÉVOLUTION

(Extrait d'un manuscrit inédit).

Ce manuscrit, qui fait partie des collections de la Bibliothèque impériale, a pour titre : *Projet concernant l'établissement des nouvelles prisons dans la capitale, par un magistrat* (1776). C'est un aperçu rapide d'une situation qui, quinze ans plus tard, avait peu changé. Le petit Châtelet, le Fort-l'Évêque avaient été détruits, il est vrai; on avait fait une nouvelle prison à l'hôtel de la Force pour les prisonniers civils, plus vaste que les anciennes, mais tout ce que l'auteur du manuscrit dit en 1776 de la Conciergerie était encore exact en 1793. Cette voix inconnue, qui s'adresse au Roi et à la Reine, et qui constate que les regards de la belle Marie-Antoinette, alors dans tout l'éclat de sa jeune royauté, ont déjà pénétré dans la Conciergerie, fait entendre des paroles si étranges et si prophétiques, que nous n'avons pu nous défendre de les recueillir dans les premières pages de ce livre, ne fût-ce que pour montrer la terrible solidarité qui existe entre les plus élevés et les derniers des hommes. A l'époque où un magistrat adressait au Roi et à la Reine de France ces supplications en faveur des pauvres prisonniers, il eût été bien insensé celui qui eût pu supposer que la Reine pourrait avoir quelque intérêt personnel à adoucir le régime auquel ils étaient soumis. Les temps marchent cependant, la royauté est ébranlée, les révolutionnaires triomphent. Roland devient ministre de l'intérieur, et une des réformes de l'administrateur économe porte sur la somme affectée à l'entretien des prison-

niers qu'il réduit de moitié. C'est presque la veille du jour où sa femme entrera à Sainte-Pélagie pour éprouver la rigueur des mesures récentes! Ainsi les faits se touchent, les situations s'enchevêtrent, conduites par une fatalité mystérieuse et irrésistible.
— Un seul homme, s'il vivait alors, avait le droit de ne pas être étonné; c'est le magistrat qui, plein de doute dans la justice des hommes, avait écrit en 1776 :

QUEL HOMME PEUT, MALGRÉ LA PURETÉ DE SON AME, ASSURER QU'IL N'HABITERA POINT UN JOUR LA DEMEURE DESTINÉE POUR LES CRIMINELS, ET QUE SES MAINS INNOCENTES NE SERONT POINT CHARGÉES DES CHAÎNES PRÉPARÉES POUR LES SCÉLÉRATS?

« On ne peut s'empêcher en entrant dans nos prisons de se rappeler ces affreuses latomies dont parle Cicéron, où les tyrans de la Sicile, et Verrès après eux, faisaient périr les malheureuses victimes de leur avarice et de leur cruauté. Comme eux on dirait que confondant le soupçon avec la certitude, assimilant l'accusé au coupable, nous regardons la prison comme un supplice anticipé, et cherchons à nous délivrer de tous les citoyens que l'on dénonce à la justice; mais trop de monuments déposent en faveur de notre humanité pour ne pas repousser une pensée aussi odieuse. Si les prisons, peut-être trop vastes du temps de nos pères, sont insuffisantes aujourd'hui; si les prisonniers s'y infectent par leur nombre, s'ils contractent dans les cachots souterrains des maladies inconnues au reste des hommes, c'est à l'inexécution de nos ordonnances, c'est à l'accroissement successif de la capitale qu'il faut s'en prendre, et non à des principes que nos rois et la nation entière désavoueront toujours. Nous abhorrons le crime par vertu, nous le punissons par justice; et soit qu'on place la source des forfaits dans les passions, dans le fatalisme de nos institutions sociales, ou (ce que je suis éloigné de penser) qu'on les attribue à la dépravation naturelle du cœur de l'homme, rien ne peut autoriser à traiter inhumainement un citoyen dans les liens de l'accusation et des décrets. Il faut des prisons, je le sais, mais il faut que les prisons soient saines, que l'air y soit pur, il faut qu'elles soient fournies des secours nécessaires à la santé et à la vie de ceux qu'on y renferme. Il faut que la force veille au dehors et que l'humanité règne dans l'intérieur. Il faut enfin que l'innocent puisse dire en sortant de ces terribles lieux : « Mon respect pour les lois, ma vénération pour leurs ministres, se sont augmentés par ma captivité même : si elle fut injuste, le soupçon, l'erreur, l'accusation l'ont rendue nécessaire; si elle fut longue, au moins elle a été douce, et les lois que je n'avais point outragées n'ont jamais cessé de veiller sur moi. »

Le moyen, au contraire, que les malheureux jetés dans les prisons conservent quelque sentiment pour la vertu, lorsqu'on viole à leur égard jusqu'aux droits les plus saints de la justice et de la miséricorde ! Quel est le prisonnier qui, dans les horreurs d'un ténébreux et humide cachot, ne roule dans son esprit les plus noirs projets de la rage et du désespoir ? Dévoré par les alarmes d'une procédure criminelle, enflé par tout le corps, en proie tout vivant aux animaux qui rongent les cadavres, quel accusé ne pousse en expirant, vers le ciel, des cris faits pour attirer sur nos têtes le poids de sa colère et ne demande vengeance de sa mort à Dieu, seul témoin de ses infortunes ? Le meurtre d'un coupable dans la prison est perdu pour l'exemple ; celui d'un innocent est le plus grand de tous les attentats.

Ne craignons point de tracer aux yeux des puissants le tableau succinct de nos prisons, il achèvera de leur démontrer la nécessité d'en construire de nouvelles.

Le Fort-l'Évêque [1] peut avoir quarante à cinquante pieds de profondeur sur à peu près autant de largeur ; encore cette largeur n'est-elle pas égale dans toutes les parties ; celle qui donne sur le quai n'a guère que quinze à vingt pieds.

---

[1] Cette prison, située rue Saint-Germain l'Auxerrois, était réservée aux détenus pour dettes, aux comédiens récalcitrants, etc. Elle ne fut démolie que dans les premières années de ce siècle et remplacée par « la maison qui porte le n° 65 dont les caves sont formées des anciennes oubliettes ». (Girault de Saint-Fargeau.)

La cour ou préau n'a que trente pieds de long, sur huit de large, et c'est dans cet espace étroit que l'on renferme quelquefois jusqu'à quatre et cinq cents personnes. Cette prison se trouve d'ailleurs dominée de tous côtés par des bâtiments d'une hauteur considérable, qui ne permettent pas à l'air d'y circuler, ni de la purger des miasmes putrides qui s'exhalent nécessairement d'un aussi grand nombre d'hommes réunis.

Les cellules destinées aux malheureux qui n'ont aucune faculté sont plutôt des trous que des logements; celles qui sont sous les marches de l'escalier ont six pieds carrés; on y place cinq prisonniers. Ces antres, où l'on peut à peine se tenir debout, ne reçoivent de jour que celui de la cour; l'odeur en est infecte: ils font horreur.

Les chambres qu'on appelle communément *la pistole* sont aussi trop petites; mais ce qu'il n'est pas possible de voir sans un soulèvement général de tous les sens, ce sont les cachots souterrains! Ces cachots sont au niveau de la rivière; la seule épaisseur des murs les garantit de l'inondation, et toute l'année l'eau filtre à travers les voûtes. C'est là que sont pratiqués des réceptacles de cinq pieds de large sur six de long, dans lesquels on ne peut entrer qu'en rampant, et où l'on enferme jusqu'à cinq hommes même en été: l'air n'y pénètre que par une petite ouverture de trois pouces percée au-dessus de l'entrée, et lorsqu'on passe vis-à-vis, l'on est frappé comme d'un coup de feu. Ces cachots n'ayant de sortie que dans les étroites galeries qui les environnent, ne reçoivent pas plus de jour que ces souterrains où l'on n'aperçoit aucun soupirail. En général, tout le bâtiment est dans un état de délabrement et de vétusté qui menace d'une ruine prochaine. On y renferme les débiteurs et généralement tous ceux que la police fait arrêter pour fautes légères.

Le grand et le petit Châtelet, que leur solidité semble mettre à l'abri des outrages du temps, sont encore plus horribles et plus malsains. Ces bâtiments, n'ayant presque point d'ouverture extérieure, ne reçoivent de l'air que par en haut,

LES MADELONNETTES.

(Se trouvaient sur le tracé de la rue de Turbigo, ont été démolies à l'époque où l'on a fait la rue.

UN CACHOT DE LA CONCIERGERIE

(Voir le cachot R sur le plan général de la Conciergerie.)

LE CHATELET.

PETITE FORCE.
Rue Pavée.

ce qui n'établit pas un courant, mais seulement une colonne à peine suffisante pour ne pas étouffer. Ils ont, au reste, le même inconvénient que le Fort-l'Évêque, c'est-à-dire que l'enceinte en est trop petite, ainsi que le préau; les murs sont trop élevés et les cachots souterrains pour le moins aussi abominables. —

Le petit Châtelet fut démoli en 1782. Sur son emplacement, on a agrandi les bâtiments de l'Hôtel-Dieu et établi la place du petit Pont. — Nous avons pensé que nos lecteurs nous sauraient gré d'avoir fait reproduire une vue du grand Châtelet, véritable type des vieilles prisons-forteresses [1]. Le grand Châtelet, dont l'emplacement est occupé par la place du Châtelet, ne fut démoli qu'en 1802. On y égorgea en septembre 1792 deux cent seize prisonniers.

— La seule prison qui puisse raisonnablement subsister, et dont l'habitation ne soit pas mortelle, est la *Conciergerie* du palais. Je n'ai pu m'empêcher en y entrant de faire quelques réflexions sur les étranges changements que la révolution des temps apporte quelquefois à la destination des édifices.

Bicêtre a servi de maison de plaisance à François Ier. La Conciergerie faisait autrefois partie du palais de nos rois. Cette prison a l'avantage singulier de n'avoir pas de cachots souterrains, demeure toujours malsaine et inutile pour la sûreté des prisonniers. Le préau, qui forme un carré long, est vaste et aéré.

Les cachots clairs qui sont autour, quoique petits, reçoivent au moins un air plus épuré; pour les cachots noirs ils sont aussi grands et aussi sains qu'il est possible de le désirer; la plupart sont placés dans les deux tours appelées *de Montgommery* et *la Conciergerie*. Cinquante hommes pourraient se promener facilement dans chacun de ces cachots; la hauteur en est prodigieuse. Ils sont d'ailleurs si secs que les pièces de bois qui ont servi à attacher l'infâme Ravaillac sont encore entières. Les cachots, pratiqués dans l'endroit qui servait de cuisines au roi saint Louis, auraient

[1] Cette gravure a été tirée hors texte dans une des planches de l'ouvrage.

besoin d'un écoulement pour les immondices; les logements des femmes sont trop petits, et, au moment que j'écris, il y en a le double de ce qu'ils devraient contenir. L'infirmerie est très-malsaine, elle ne consiste que dans une salle fort basse; les malades, presque dépourvus de toute assistance, y sont quatre ou cinq dans chaque lit. C'est un prisonnier qui volontairement prend soin de la desservir et de l'approprier; il y est mort dans cette dernière année soixante à quatre-vingts personnes.

Tel est l'état actuel des prisons de la capitale; on peut assurer que celles de tout le royaume ne sont pas plus saines ni mieux construites.

La bonté du Roi, connue par des traits éclatants, fait espérer qu'enfin *il abaissera ses regards sur ces mêmes prisons, où ses bienfaits et ceux de notre auguste Reine ont déjà pénétré.* Avant et depuis leur avénement au trône, des actes répétés de bienfaisance et de justice ont rétabli la confiance et relevé les courages abattus. On se croit arrivé à ces temps si rares marqués pour la régénération des peuples et la consolation des âmes patriotiques.

La certitude où je suis qu'on déplaît à des hommes vertueux en les louant en face, m'impose silence et m'interdit tout éloge à l'égard des ministres qui les conseillent et partagent avec eux les hommages de la reconnaissance publique. En général, leurs contemporains les flattent, la postérité les juge; mais le magistrat, dans tous les temps, doit se contenter d'admirer ceux qu'il croit dignes de son estime et tâcher de les imiter.

L'humanité, la justice, l'honneur de la nation, exigent que l'on s'occupe enfin de cette partie si négligée de notre administration. Chaque particulier même y est intéressé. Quel homme, en effet, peut, malgré la pureté de son âme, assurer qu'il n'habitera point un jour la demeure destinée pour les criminels, et que ses mains innocentes ne seront point chargées des chaînes préparées pour les scélérats?... »

LES MASSACRES DE SEPTEMBRE A L'ABBAYE.

MON AGONIE DE TRENTE-HUIT HEURES, PAR JOURGNIAC SAINT-MÉARD.

Bien que les massacres de septembre appartiennent à l'histoire de la Révolution, dont ils ont été le plus grand crime, plutôt qu'à l'histoire des prisons, nous craindrions de laisser une lacune dans ce livre si nous n'en parlions pas.

Nous reproduirons donc le récit qu'a laissé Jourgniac Saint-Méard. Il produisit une grande sensation dans le temps où il parut, presque au lendemain de l'événement, et personne n'en contesta l'exactitude.

Jourgniac devint presque célèbre. C'était un joyeux vivant, plus homme de plaisir qu'homme d'esprit. M. Audot, l'éditeur, qui a aujourd'hui quatre-vingt-sept ans, nous racontait, il y a quelques jours, qu'étant allé voir Jourgniac, comme tout le monde, pour le faire parler de ce qu'il avait vu à l'Abbaye, celui-ci le reçut à merveille, causa longuement, fit boire à son visiteur un petit verre de cassis, et au moment où celui-ci allait prendre congé de lui, l'invita à le suivre dans un cabinet voisin de la pièce où il se tenait. Là, M. Audot se trouva en présence de trois femmes nues vues de dos, et le chevalier Jourgniac, qui était alors presque un vieillard, s'adressant au jeune M. Audot, tout surpris, lui dit en riant : « Choisissez et prenez celle que vous préférez : c. pomme, c. poire, c. abricot. »

Tel était le chevalier Jourgniac Saint-Méard, un compagnon jovial, un grand amateur d'histoire naturelle, comme on voit, et un poëte. Il avait publié force madrigaux, rondeaux, lettres en belle prose rehaussée de petits vers. Les massacreurs ne pouvaient épargner personne qui fût plus disposé à tirer bon et joyeux parti de la grâce qu'ils lui avaient faite. Jourgniac, après être miraculeusement sorti de l'Abbaye, continua sans doute à jouir, au moins en peinture, car j'oubliais de dire que les trois femmes nues mises sous les yeux du jeune

Audot étaient des tableaux, de la pomme, de la poire et de l'abricot. Mais il arriva que pour ce royaliste du 10 août le triomphe fut plus funeste que la défaite. La période des massacres et de la Terreur avait fait la gloire de Jourgniac; la Restauration, ce merveilleux retour auquel il assista, le trouva misérable et dédaigné. Il se plaignit de l'ingratitude des *revenants* dans deux opuscules dont voici les titres : « Pétition présentée à S. Exc. Mgr le maréchal duc de Béthune, par Jourgniac Saint-Méard. — *Paris, chez l'auteur, qui en fait présent, et chez les libraires, etc., qui le vendent au profit d'un père de famille malheureux;* 1822, in-8°. »

« Ainsi soit-il! ou *Nec plus ultra* du vieux royaliste Jourgniac Saint-Méard. — Paris, chez l'auteur, 1824. — *Amen*, ou supplément à ma brochure intitulée : « Ainsi soit-il! » (Signé : JOURGNIAC SAINT-MÉARD). Paris, 1824. — Le tout en un vol. in-8°. »

Les plaintes de Jourgniac ne furent point entendues. Nous indiquerons encore à ceux qui seraient curieux d'étudier sa biographie : *Épitaphe ou portrait de Jourgniac Saint-Méard.* (*Signé*: P. P.) *Paris* (S. D.), in-4° [1]. — Quant à nous, nous n'avons à nous occuper ici que de la relation si poignante et si curieuse qu'il a laissée.

---

[1] Cette épitaphe nous tombe sous la main; nous la transcrivons :

PORTRAIT HISTORIQUE.

Bon ami, bon sujet, royaliste dans l'âme,
Toujours galant, conteur et grand parleur,
Querelleur, férailleur, brétailleur, tirailleur,
Même avec ses bourreaux railleur et gouailleur,
En tous les genres bonne lame;
Avec ses ennemis, ses amis et sa dame,
Il fut également un parfait enf.....

Chevalier de la vieille roche,
Il vécut et mourut sans peur et sans reproche.

P. P.

MON AGONIE DE TRENTE-HUIT HEURES.

SOMMAIRE.

Arrivée des voitures de victimes à l'Abbaye. — Les massacres. — Cazotte sauvé par sa fille. — Un officier blessé arraché de son lit. — Dernière prière de l'abbé Lenfant. — Observations sur la manière la moins douloureuse de se faire massacrer. — Maussabré fou de terreur. — Jourgniac se fait un protecteur. Il en obtient une bouteille de vin. — Il comparaît au guichet devant le tribunal septembriseur. — Sa défense courageuse. — Ses juges. — Il est acquitté et reconduit chez lui.

... Le dimanche 2 septembre, notre guichetier servit notre dîner plus tôt que de coutume; son air effaré, ses yeux hagards, nous firent présager quelque chose de sinistre. A deux heures il rentra; nous l'entourâmes; il fut sourd à toutes nos questions; et après qu'il eut, contre son ordinaire, ramassé tous les couteaux que nous avions soin de placer dans nos serviettes, il se retira brusquement.

A deux heures et demie, le bruit effroyable que faisait le peuple fut épouvantablement augmenté par celui des tambours qui battaient la générale, par les trois coups de canon d'alarme et par le tocsin qu'on sonnait de toutes parts.

Dans ces moments d'effroi, nous vîmes passer trois voitures, escortées par une foule innombrable de femmes et d'hommes furieux, qui criaient : « A la Force ! à la Force[1] ! » On les conduisit au cloître de l'Abbaye, dont on avait fait des prisons pour les prêtres. Un instant après nous entendîmes dire qu'on venait de massacrer tous les évêques et autres ecclésiastiques qui, dit-on, avaient été parqués dans cet endroit.

Vers quatre heures, les cris déchirants d'un homme que l'on hachait à coups de sabre nous attirèrent à la fenêtre de

[1] Nous ne savions pas encore que ces mots : « à la Force », étaient l'avertissement qu'on donnait quand on envoyait des victimes à la mort. Ailleurs, dans les autres prisons, on disait : « à l'Abbaye ». (Note de Jourgniac.)

la tourelle, et nous vîmes vis-à-vis du guichet de notre prison le corps d'un homme étendu mort sur le pavé; un instant après on en massacra un autre... ainsi de suite.

Il est de toute impossibilité d'exprimer l'horreur du profond et sombre silence qui régnait pendant ces exécutions; il n'était interrompu que par les cris de ceux qu'on immolait, et par les coups de sabre qu'on leur donnait sur la tête. Aussitôt qu'ils étaient terrassés, il s'élevait un murmure renforcé par des cris de *Vive la nation!* mille fois plus effrayants pour nous que l'horreur du silence.

Dans l'intervalle d'un massacre à l'autre, nous entendions dire sous nos fenêtres : « Il ne faut pas qu'il en échappe un seul; il faut les tuer tous, et surtout ceux qui sont dans la chapelle, où il n'y a que des conspirateurs. » C'était de nous dont on parlait; et je crois qu'il est inutile d'affirmer que nous avons désiré bien des fois le bonheur de ceux qui étaient renfermés dans les plus sombres cachots.

Tous les genres d'inquiétude les plus effrayants nous tourmentaient et nous arrachaient à nos lugubres réflexions : un moment de silence dans la rue était interrompu par le bruit qui se faisait dans l'intérieur de la prison.

A cinq heures, plusieurs voix appelèrent fortement M. Cazotte. Un instant après nous entendîmes passer sur les escaliers une foule de personnes qui parlaient fort haut, des cliquetis d'armes, des cris d'hommes et de femmes. C'était ce vieillard, suivi de sa fille, qu'on entraînait. Lorsqu'il fut hors du guichet, cette courageuse fille se précipita au cou de son père. Le peuple, touché de ce spectacle, demanda sa grâce et l'obtint. Mais, quelques jours après, il périt sur l'échafaud.

Vers sept heures, nous vîmes entrer deux hommes dont les mains ensanglantées étaient armées de sabres; ils étaient conduits par un guichetier qui portait une torche et qui leur indiqua le lit de l'infortuné Reding[1]. Dans ce moment

---

[1] C'était un officier suisse criblé de blessures au 10 août.

affreux, je lui serrais la main et je cherchais à le rassurer. Un de ces hommes fit un mouvement pour l'enlever, mais ce malheureux l'arrêta en lui disant d'une voix mourante : « Eh! monsieur, j'ai assez souffert; je ne crains pas la mort; par grâce, donnez-la-moi ici. » Ces paroles le rendirent immobile; mais son camarade, en le regardant et en lui disant : « Allons donc! » le décida; il l'enleva, le mit sur ses épaules et fut le porter dans la rue, où il reçut la mort..... J'ai les yeux si pleins de larmes que je ne vois plus ce que j'écris.

Nous nous regardions sans proférer une parole; nous nous serrions les mains; nous nous embrassions..... Immobiles, dans un morne silence et les yeux fixes, nous regardions le pavé de notre prison, que la lune éclairait dans l'intervalle de l'ombre formée par les triples barreaux de nos fenêtres... Mais bientôt les cris des nouvelles victimes nous redonnaient notre première agitation et nous rappelaient les dernières paroles que prononça M. Chantereine[1] en se plongeant un couteau dans le cœur : « Nous sommes tous destinés à être massacrés. »

A minuit, dix hommes, le sabre à la main, précédés par deux guichetiers qui portaient des torches, entrèrent dans notre prison et nous ordonnèrent de nous mettre chacun au pied de nos lits. Après qu'ils nous eurent comptés, ils nous dirent que nous répondions les uns des autres, et jurèrent que s'il s'en échappait un seul nous serions tous massacrés, sans être entendus par M. le président. Ces derniers mots nous donnèrent une lueur d'espoir, car nous ne savions pas encore si nous serions entendus avant d'être tués.

Le lundi 3, à deux heures du matin, on enfonça à coups redoublés une des portes de la prison : nous pensâmes d'abord que c'était celle du guichet qu'on enfonçait pour venir nous massacrer dans nos chambres; mais nous fûmes un peu rassurés quand nous entendîmes dire sur l'escalier que

---

[1] Il s'était poignardé le 22 août à l'Abbaye.

c'était celle d'un cachot où quelques prisonniers s'étaient barricadés. Peu de temps après nous apprîmes qu'on avait égorgé tous ceux qu'on y avait trouvés.

A dix heures, l'abbé Lenfant, confesseur du roi, et l'abbé de Chapt-Rastignac parurent dans la tribune de la chapelle qui nous servait de prison, et dans laquelle ils étaient entrés par une porte qui donnait sur l'escalier. Ils nous annoncèrent que notre dernière heure approchait et nous invitèrent de nous recueillir pour recevoir leur bénédiction. Un mouvement électrique qu'on ne peut définir nous précipita tous à genoux, et, les mains jointes, nous la reçûmes. Ce moment, quoique consolant, fut un des plus cruels que nous ayons éprouvés. A la veille de paraître devant l'Être suprême, agenouillés devant deux de ses ministres, nous présentions un spectacle indéfinissable. L'âge de ces deux vieillards, leur position au-dessus de nous, la mort planant sur nos têtes et nous environnant de toutes parts, tout répandait sur cette cérémonie une teinte auguste et lugubre; elle nous rapprochait de la Divinité; elle nous rendait le courage; tout raisonnement était suspendu, et le plus froid et le plus incrédule en reçut autant d'impression que le plus ardent et le plus sensible... Une demi-heure après, ces deux prêtres furent massacrés, et nous entendîmes leurs cris...

Quel est l'homme qui lira les détails suivants sans que ses yeux se remplissent de larmes? Quel est celui dont les cheveux ne se dresseront pas d'horreur?

Notre occupation la plus importante était de savoir quelle serait la position que nous devions prendre pour recevoir la mort le moins douloureusement quand nous entrerions dans le lieu du massacre. Nous envoyions de temps à autre quelques-uns de nos camarades à la fenêtre de la tourelle pour nous instruire de celle que prenaient les malheureux qu'on immolait et pour calculer, d'après leur rapport, celle que nous ferions bien de prendre. Ils nous rapportaient que ceux qui étendaient leurs mains souffraient beaucoup plus longtemps, parce que les coups de sabre étaient amortis avant de porter sur la tête; qu'il y en avait même dont les mains et les bras tombaient avant le corps, et que ceux qui les plaçaient derrière le dos devaient souffrir beaucoup moins..... Eh bien, c'était sur ces horribles détails que nous délibérions..... Nous calculions les avantages de cette dernière position, et nous nous conseillions réciproquement de la prendre quand notre tour d'être massacrés serait venu!.....

Vers midi, accablé, anéanti par une agitation plus que surnaturelle, absorbé par des réflexions dont l'horreur est inexprimable, je me jetai sur un lit et je m'endormis profondément. Tout me fait croire que je dois mon existence à ce moment de sommeil. Il me sembla que je paraissais devant le redoutable tribunal qui devait me juger; on m'écoutait avec attention, malgré le bruit affreux du tocsin et des cris que je croyais entendre. Mon plaidoyer fini, on me renvoyait libre. Ce rêve fit une impression si bienfaisante sur mon esprit qu'il dissipa totalement mes inquiétudes, et je me réveillai avec un pressentiment qu'il se réaliserait. J'en racontai les particularités à mes compagnons d'infortune, qui furent étonnés de l'assurance que je conservai depuis ce moment jusqu'à celui où je comparus devant mes terribles juges.

A deux heures on fit une proclamation que le peuple eut l'air d'écouter avec défaveur; un instant après, des curieux ou bien peut-être des gens qui voulaient nous indiquer des moyens de nous sauver, placèrent une échelle contre la fenêtre de notre chambre; mais on les empêcha d'y monter en criant : « A bas! à bas! c'est pour leur porter des armes. »

Tous les tourments de la soif la plus dévorante se joignaient aux angoisses que nous éprouvions à chaque minute. Enfin notre guichetier Bertrand parut seul, et nous obtînmes qu'il nous apporterait une cruche d'eau : nous la bûmes avec d'autant plus d'avidité qu'il y avait vingt-six heures que nous n'avions pu en obtenir une seule goutte. Nous parlâmes de cette négligence à un fédéré, qui vint avec d'autres personnes faire la visite de notre prison; il en fut indigné au point qu'en nous demandant le nom de ce guichetier, il nous assura qu'il allait l'exterminer : ce ne fut qu'après bien des supplications que nous obtînmes sa grâce.

Ce petit adoucissement fut bientôt troublé par des cris plaintifs que nous entendîmes au-dessus de nous. Nous nous aperçûmes qu'ils venaient de la tribune; nous en avertissions tous ceux qui passaient sur les escaliers. Enfin on entra dans cette tribune, et on nous dit que c'était un jeune officier qui s'était fait plusieurs blessures dont pas une n'était mortelle, parce que la lame du couteau dont il s'était servi étant arrondie par le bout n'avait pu pénétrer. Cela ne servit qu'à hâter le moment de son supplice.

A huit heures, l'agitation du peuple se calma, et nous entendîmes plusieurs voix crier : « Grâce ! grâce pour ceux qui restent ! » Ces mots furent applaudis, mais faiblement. Cependant une lueur d'espoir s'empara de nous; quelques-uns même crurent leur délivrance si prochaine, qu'ils avaient déjà mis leur paquet sous le bras; mais bientôt de nouveaux cris de mort nous replongèrent dans nos angoisses.

J'avais formé une liaison particulière avec le sieur Maussabré, qu'on n'avait arrêté que parce qu'il avait été aide de camp de M. de Brissac. Il avait souvent donné des preuves de courage; mais la crainte d'être assassiné lui avait comprimé le cœur. J'étais cependant parvenu à dissiper un peu ses inquiétudes, lorsqu'il vint se jeter dans mes bras en disant : « Je suis perdu ! je viens d'entendre prononcer mon nom dans la rue. » J'eus beau lui dire que c'étaient peut-être des personnes qui s'intéressaient à lui; que d'ailleurs la peur ne guérissait de rien, qu'au contraire elle pourrait le perdre : tout fut inutile. Il avait perdu la tête au point que ne trouvant pas à se cacher dans la chapelle, il monta dans la cheminée de la sacristie, où il fut arrêté par des grilles qu'il eut même la folie d'essayer de casser avec sa tête. Nous l'invitâmes à descendre; après bien des difficultés, il revint à nous; mais sa raison ne revint pas. C'est ce qui a causé sa mort, dont je parlerai dans un moment.

Le sieur Émard, qui, la veille, m'avait donné des renseignements pour faire un testament olographe, me fit part des motifs pour lesquels on l'avait arrêté ; je les trouvai si injustes, que pour lui donner une preuve de la certitude où j'étais qu'il ne périrait pas, je lui fis présent d'une médaille d'argent en le priant de la conserver pour me la montrer dans dix ans : et en effet il échappa au massacre.

A onze heures, plusieurs personnes armées de sabres et de pistolets nous ordonnèrent de nous mettre à la file les uns des autres et nous conduisirent dans le second guichet, placé à côté de celui où était le tribunal qui allait nous juger. Je m'approchai avec précaution d'une des sentinelles qui nous gardaient et je parvins peu à peu à lier une conversation avec lui. Il me dit, dans un baragouin qui me fit comprendre qu'il était Provençal ou Languedocien, qu'il avait servi huit ans dans le régiment Lyonnais. Je lui parlai patois ; cela parut lui faire plaisir, et l'intérêt que j'avais de lui plaire me donna une éloquence gasconne si persuasive, que je parvins à l'intéresser au point d'obtenir de lui ces mots, qu'il est impossible d'apprécier quand on n'a pas été dans la position où j'étais : « Né té cougneichi pas, me pertant né peinsi pas qué siasqué un treste ; au contrairi, té crési un boun gouyat (Je ne te connais pas, mais pourtant je ne pense pas que tu sois un traître : au contraire, je pense que tu es un bon enfant). » Je cherchai dans mon imagination tout ce qu'elle pouvait me fournir pour le confirmer dans cette bonne opinion ; j'y réussis, car j'obtins encore qu'il me laisserait entrer dans le redoutable guichet pour voir juger un prisonnier. J'en vis juger deux, dont un fournisseur de la bouche du Roi, qui étant accusé d'être du complot du 10 août, fut condamné et exécuté ; l'autre qui pleurait et qui ne prononçait que des mots entrecoupés, était déjà déshabillé et allait partir pour la Force lorsqu'il fut reconnu par un ouvrier de Paris, qui attesta qu'on le prenait pour un autre. Il fut renvoyé à un plus amplement informé. J'ai appris depuis qu'il avait été proclamé innocent.

Ce que je venais de voir fut un trait de lumière qui m'éclaira sur la tournure que je devais donner à mes moyens de défense. Je rentrai dans le second guichet, où je vis quelques prisonniers qu'on venait d'amener du dehors. Je priai mon Provençal de me procurer un verre de vin. Il allait le chercher, lorsqu'on lui dit de me reconduire dans la chapelle, où je rentrai sans avoir pu découvrir le motif pour lequel on nous avait fait descendre; j'y trouvai dix nouveaux prisonniers qui remplaçaient cinq des nôtres précédemment jugés. Je n'avais pas de temps à perdre pour composer un nouveau mémoire. J'y travaillais, bien convaincu qu'il n'y avait que la fermeté et la franchise qui pouvaient me sauver, lorsque je vis entrer mon Provençal, qui, après avoir dit au guichetier : « Ferme la porte seulement à la clef, et attends-moi en dehors, » (je traduis tout son patois provençal, inintelligible à la plupart de mes lecteurs), s'approcha de moi et me dit après m'avoir touché la main : « Je viens pour toi. Voilà le vin que tu m'as demandé : bois ». J'en avais bu plus de la moitié, lorsqu'il mit la main sur la bouteillle et me dit : « Mon ami, comme tu y vas ! j'en veux pour moi : à ta santé ! » Il but le reste d'un trait, et nous eûmes ensemble la conversation suivante :

« Je ne peux pas demeurer longtemps avec toi, reprit-il; mais rappelle-toi de ce que je te dis; si tu es un prêtre ou un conspirateur du château de M. Véto, tu es flambé; mais si tu n'es pas un traître, n'aie pas peur; je réponds de ta vie. — Eh! mon ami, je suis bien sûr de n'être pas accusé de tout cela; mais je passe pour être un peu aristocrate. — Ce n'est rien que cela ; les juges savent bien qu'il y a d'honnêtes gens partout : le président est un honnête homme qui n'est pas sot. — Faites-moi le plaisir de prier mes juges de m'écouter : je ne leur demande que cela. — Tu le seras; je t'en réponds. Or ça, adieu, mon ami, du courage. Je tâcherai de faire venir ton tour le plus tôt qu'il me sera possible. Embrasse-moi; je suis à toi de bon cœur ». Nous nous embrassâmes, et il sortit.

Il faut avoir été prisonnier à l'Abbaye le 3 septembre 1792 pour sentir l'influence qu'eut cette petite conversation sur mes espérances, et combien elle les ranima.

Vers minuit, le bruit surnaturel qu'on n'avait pas discontinué de faire depuis trente-six heures commença à s'apaiser ; nous pensâmes que nos juges et leur pouvoir exécutif, excédés de fatigue, ne nous jugeraient que lorsqu'ils auraient pris quelque repos. Nous étions à arranger nos lits, lorsqu'on fit une nouvelle proclamation, qui fut huée généralement. Peu après un homme demanda la parole au peuple, et nous lui entendîmes dire très-distinctement : « Les prêtres et les conspirateurs qui restent, et qui sont dans cette prison, ont graissé la patte des juges : voilà pourquoi ils ne les jugent pas. » A peine eut-il achevé de parler, qu'il nous sembla entendre qu'on l'assommait.

L'agitation du peuple devint d'une véhémence effroyable. Le bruit augmentait à chaque instant, et la fermentation était à son comble lorsqu'on vint chercher M. Défontaine, ancien garde du corps, dont bientôt après nous entendîmes les cris de mort. On vint ensuite arracher de nos bras deux de nos camarades, ce qui me fit pressentir que mon heure fatale approchait.

Enfin le mardi, à une heure du matin, après avoir souffert une agonie de trente-sept heures qu'on ne peut comparer même à la mort ; après avoir bu mille et mille fois le calice d'amertume, la porte s'ouvre, on m'appelle ; je parais, trois hommes me saisissent et m'entraînent dans l'affreux guichet.

A la lueur de deux torches, j'aperçus le terrible tribunal qui allait me donner ou la vie ou la mort. Le président, en habit gris, un sabre à son côté, était appuyé debout contre une table sur laquelle on voyait des papiers, une écritoire, des pipes et quelques bouteilles. Cette table était entourée par dix personnes, assises ou debout, dont deux étaient en veste et en tablier ; d'autres dormaient étendus sur des bancs. Deux hommes en chemise teinte de sang, le sabre à la main, gardaient la porte du guichet ; un vieux guichetier avait la main sur les verrous. En présence du président, trois hommes tenaient un prisonnier qui paraissait âgé de soixante ans.

On me plaça dans un coin du guichet; mes gardiens croisèrent leurs sabres sur ma poitrine et m'avertirent que si je faisais le moindre mouvement pour m'évader ils me poignarderaient. Je cherchais des yeux mon Provençal, lorsque je vis deux gardes nationaux présenter au président une réclamation de la section de la Croix-Rouge en faveur du prisonnier qui était vis-à-vis de lui. Il leur dit que ces demandes étaient inutiles pour les traîtres. Alors le prisonnier s'écria : « C'est affreux! votre jugement est un assassinat. » Le président lui répondit : « J'en ai les mains lavées. Conduisez M. Maillé.... » Ces mots prononcés, on le poussa dans la rue, où je le vis massacrer par l'ouverture de la porte du guichet.

Je me suis trouvé souvent dans des positions dangereuses, et j'ai toujours eu le bonheur de savoir maîtriser mon âme; mais dans celle-ci, l'effroi inséparable de ce qui se passait autour de moi m'aurait fait succomber, sans ma conversation avec le Provençal, et surtout sans mon rêve, qui me revenait toujours à l'imagination.

Le président s'assit pour écrire, et après qu'il eut sans doute enregistré le nom du malheureux qu'on expédiait, j'entendis dire : « A un autre ! »

Aussitôt je fus traîné devant cet expéditif et sanglant tribunal, en présence duquel la meilleure protection était de n'en point avoir, et où toutes les ressources de l'esprit étaient nulles si elles n'étaient pas fondées sur la vérité. Deux de mes gardes me tenaient chacun par une main et le troisième par le collet de mon habit.

Le président m'adressant la parole : « Votre nom, votre profession? » — Un des juges : « Le moindre mensonge vous perd. — On me nomme Jourgniac Saint-Méard; j'ai servi vingt-cinq ans en qualité d'officier, et je comparais à votre tribunal avec l'assurance d'un homme qui n'a rien à se reprocher, qui, par conséquent, ne mentira pas. — C'est ce que nous allons voir, reprit le président : un moment. » Il regarda les écrous et les dénonciations, qu'il fit ensuite passer aux juges. On détournait souvent leur attention, à mon grand regret. On leur parlait à l'oreille, on leur portait des lettres; une entre autres qu'on remit au président et qu'on avait trouvée dans la poche de M. de Valcroissant, maréchal de camp, adressée à M. Servant, ministre de la guerre. « Savez-vous, poursuivit le président, quels sont les motifs de votre arrestation? — Oui, monsieur le président, et je peux croire, d'après la fausseté des dénonciations faites contre moi, que le comité de surveillance de la commune ne m'aurait pas fait emprisonner sans les précautions que le salut du peuple lui commandait de prendre. On m'accuse d'être rédacteur du journal antifeuillant intitulé : *De la cour et de la ville*. La vérité est que cela n'est pas. C'est un nommé Gautier, dont le signalement ressemble si peu au mien que ce n'est que par méchanceté qu'on peut m'avoir pris pour lui, et si je pouvais fouiller dans ma poche..... »

Je fis un mouvement inutile pour prendre mon portefeuille; un des juges s'en aperçut et dit à ceux qui me tenaient : « Lâchez monsieur. » Alors je posai sur la table les attestations de plusieurs commis, facteurs, marchands et propriétaires de maisons chez lesquels il a logé, qui prouvaient qu'il était rédacteur de ce journal et seul propriétaire. Un des juges : « Mais enfin il n'y a pas de feu sans fumée; il faut dire pourquoi on vous accuse de cela. — C'est ce que j'allais faire. Vous savez, messieurs, que ce journal était une espèce de tronc dans lequel on déposait les calembours, quolibets, épigrammes, plaisanteries bonnes ou mauvaises qui se faisaient à Paris et dans les quatre-vingt-trois départements. Je pourrais dire que je n'en ai jamais fait pour ce journal, puisqu'il n'existe aucun manuscrit de ma main; mais ma franchise, qui m'a toujours bien servi, me servira encore aujourd'hui, et j'avouerai que la gaieté de mon caractère m'inspirait souvent des idées plaisantes que j'envoyais au sieur Gautier. Voilà, messieurs, le simple résultat de cette grande dénonciation, qui est aussi absurde que celle dont je vais parler est monstrueuse. On m'accuse d'avoir été sur les frontières, d'y avoir fait des recrues, de les avoir conduites aux émigrés.....» Il s'éleva un murmure général qui ne me déconcerta pas, et je dis en haussant la voix : « Eh! messieurs, messieurs, j'ai la parole, je prie monsieur le président de vouloir bien me la maintenir : jamais elle ne m'a été plus nécessaire. » Presque tous les juges dirent en riant : « C'est juste, c'est juste : silence. » — « Mon dénonciateur est un monstre, je vais prouver cette vérité à des juges que le peuple n'aurait pas choisis, s'il ne les avait pas crus capables de discerner l'innocent d'avec le coupable. Voilà, messieurs, des certificats qui prouvent que je ne suis pas sorti de Paris depuis vingt-trois mois. Voilà trois déclarations des maîtres de maisons chez lesquels j'ai logé depuis ce temps qui attestent la même chose. »

On était occupé à les examiner, lorsque nous fûmes interrompus par l'arrivée d'un prisonnier qui prit ma place devant le président. Ceux qui le tenaient dirent que c'était encore un prêtre qu'on avait déniché dans la chapelle. Après un fort court interrogatoire, il fut envoyé à la Force. Il jeta son bréviaire sur la table et fut entraîné hors du guichet, où il fut massacré. Cette expédition faite, je reparus devant le tribunal.

Un des juges : « Je ne dis pas que ces certificats soient faux; mais qui nous prouvera qu'ils sont vrais? — Votre réflexion est juste, monsieur; et pour vous mettre à même de me juger avec connaissance de cause, faites-moi conduire dans un cachot jusqu'à ce que des commissaires, que je prie monsieur le président de vouloir bien nommer, aient vérifié leur validité. S'ils sont faux, je mérite la mort ».

Un des juges qui pendant mon interrogatoire parut s'intéresser à moi, dit à demi-voix : « Un coupable ne parlerait pas avec cette assurance. » Un autre juge : « De quelle section êtes-vous? — De la Halle au blé. » Un garde national qui n'était pas du nombre des juges s'écria : « Je suis aussi de cette section. Chez qui demeurez-vous? — Chez M. Teyssier, rue Croix des Petits-Champs. » Le garde national : « Je le connais ; nous avons même fait des affaires ensemble, et je peux dire si ce certificat est de lui..... » Il le regarde et dit : « Messieurs, je certifie que c'est la signature du citoyen Teyssier. »

Avec quel plaisir j'aurais sauté au cou de cet ange tutélaire! Mais j'avais des choses si importantes à traiter, qu'elles me détournèrent de ce devoir; et à peine eut-il achevé de parler que je fis une exclamation qui rappela l'attention de tous : « Eh! messieurs, d'après le témoignage de ce brave homme, qui prouve la fausseté d'une dénonciation qui pouvait me conduire à la mort, quelle idée pouvez-vous avoir de mon dénonciateur? » Le juge qui paraissait s'intéresser à moi : « C'est un gueux! et s'il était ici, on en ferait justice. Le connaissez-vous? — Non, monsieur; mais il doit être au comité de surveillance de la commune, et j'avoue que si je le connaissais, je croirais rendre service au public en l'avertissant, par des affiches, de s'en méfier comme d'un chien enragé. »

Un des juges : « On voit que vous n'êtes pas faiseur de journal et que vous n'avez pas fait de recrues. Mais vous ne parlez pas des propos aristocrates que vous avez tenus au Palais-Royal, chez des libraires. — Je n'ai pas craint d'avouer ce que j'ai écrit; je craindrai encore moins d'avouer ce que j'ai dit et même pensé. J'ai toujours conseillé l'obéissance aux lois et j'ai prêché d'exemple. J'avoue en même temps que j'ai profité de la permission que me donnait la constitution pour dire que je ne la jugeais pas parfaite, parce que je croyais m'apercevoir qu'elle nous plaçait dans une position fausse. J'ai dit aussi que presque tous les nobles de l'Assemblée constituante, qui se sont montrés si zélés patriotes, avaient beaucoup plus travaillé pour satisfaire leurs intérêts et leur ambition que pour la patrie ; et quand tout Paris paraissait engoué de leur patriotisme, je disais : « Ils » vous trompent! » Je m'en rapporte à vous, messieurs; l'événement a-t-il justifié l'idée que j'avais d'eux? Il y a longtemps que je prévoyais une grande catastrophe, résultat nécessaire de cette constitution, revisée par des égoïstes qui, comme ceux dont j'ai déjà parlé, ne travaillaient que pour eux, et surtout du caractère des intrigants qui la défendaient. Dissimulation, cupidité et poltronnerie étaient les attributs de ces charlatans. Fanatisme, intrépidité et franchise formaient le caractère de leurs ennemis. Il ne fallait pas des lunettes bien longues pour voir qui devait l'emporter. »

L'attention qu'on avait à m'écouter et à laquelle j'avoue que je ne m'attendais pas, m'encourageait, et j'allais faire le résumé de mille raisons qui me font préférer le régime républicain à celui de la constitution monarchique; j'allais répéter ce que je disais tous les jours chez M. Desenne, lorsque le concierge entra tout effaré pour avertir qu'un prisonnier se sauvait par une cheminée. Le président lui dit de faire tirer sur lui des coups de pistolet, mais que s'il s'échappait le guichetier en répondrait sur sa tête. On tira contre lui quelques coups de fusil, et le guichetier voyant que ce moyen ne réussissait pas, alluma de la paille. La fumée le fit tomber à moitié étouffé : il fut achevé devant la porte du guichet.

Je repris mon discours en disant : « Personne, messieurs, n'a désiré plus que moi la réforme des abus..... Je ne suis ni jacobin ni feuillant..... » Un juge, d'un air impatienté : « Vous nous dites toujours que vous n'êtes pas ça ni ça : qu'êtes-vous donc? — J'étais franc royaliste. » Il s'éleva un murmure général, qui fut miraculeusement apaisé par le juge qui avait l'air de s'intéresser à moi, qui dit mot pour mot : « Ce n'est pas pour juger les opinions que nous sommes ici; c'est pour en juger les résultats. » A peine ces précieux mots furent-ils prononcés, que je m'écriai : « Je n'ai jamais entendu parler des complots que par l'indignation publique. Toutes les fois que j'ai trouvé l'occasion de secourir un homme, je l'ai fait sans lui demander quels étaient ses principes. J'ai toujours été aimé des paysans de la terre dont j'étais seigneur, car dans le moment où l'on brûlait les châteaux de mes voisins, je fus dans le mien, à Saint-Méard : les paysans vinrent en foule me témoigner le plaisir qu'ils avaient de me voir, ils plantèrent un mai dans ma cour. Je sais que ces détails doivent vous paraître bien minutieux ; mais, messieurs, mettez-vous à ma place, et jugez si c'est le moment de tirer parti de toutes les vérités qui peuvent m'être avantageuses. Je peux assurer que pas un soldat du régiment d'infanterie du Roi, dans lequel j'ai servi vingt-cinq ans, n'a eu à se plaindre de moi ; je peux même me glorifier d'être un des officiers qu'ils ont le plus chéris. » Quand je prononçai le nom du régiment du Roi, il me sembla qu'on me marchait sur le pied, pour m'avertir apparemment que j'allais me compromettre. Mais j'étais sûr du contraire.

Nous en étions là lorsqu'on ouvrit une des portes du guichet qui donne sur l'escalier, et je vis une escorte de trois hommes qui conduisaient M. Margue..., ci-devant major, précédemment mon camarade au régiment du Roi, et mon compagnon de chambre à l'Abbaye. On le plaça, pour attendre que je fusse jugé, dans l'endroit où l'on m'avait mis quand on me conduisit dans le guichet.

Je repris mon discours : « Après la malheureuse affaire de Nancy, je suis venu à Paris, où je suis resté depuis cette époque. J'ai été arrêté dans mon appartement, il y a douze jours. Je m'attendais si peu à l'être que je n'avais pas cessé de me montrer comme à mon ordinaire. On n'a pas mis les scellés chez moi parce qu'on n'y a rien trouvé de suspect ; je n'ai jamais été inscrit sur la liste civile ; je n'ai signé aucune pétition ; je n'ai eu aucune correspondance répréhensible ; je ne suis pas sorti de France depuis l'époque de la révolution. Pendant mon séjour dans la capitale, j'y ai vécu tranquille ; je m'y suis livré à la gaieté de mon caractère, qui, d'accord avec mes principes, ne m'a jamais permis de me mêler sérieusement des affaires publiques et encore moins de faire du mal à qui que ce soit. Voilà, messieurs, tout ce que je peux dire de ma conduite et de mes principes. La sincérité des aveux que je viens de faire doit vous convaincre que je ne suis pas un homme dangereux. C'est ce qui me fait espérer que vous voudrez bien m'accorder la liberté que je vous demande et à laquelle je suis attaché par besoin et par principes. »

Le président, après avoir ôté son chapeau, dit : « Je ne vois rien qui doive faire suspecter monsieur ; je lui accorde la liberté. Est-ce votre avis? » Tous les juges approuvèrent cette décision.

A peine mon sort fut-il décidé, que tous ceux qui étaient dans le guichet m'embrassèrent. J'entendis au-dessus de moi applaudir et crier *bravo*. Je levai les yeux, et j'aperçus plusieurs têtes groupées contre les barreaux du soupirail du guichet; et comme elles avaient les yeux ouverts et mobiles, je compris que le bourdonnement sourd et inquiétant que j'avais entendu pendant mon interrogatoire venait de cet endroit.

Le président chargea trois personnes d'aller en députation annoncer au peuple le jugement qu'on venait de rendre. Pendant cette proclamation, je demandai à mes juges un résumé de ce qu'ils venaient de prononcer en ma faveur; ils me le promirent. Le président me demanda pourquoi je ne portais pas la croix de Saint-Louis, dont il savait que j'étais décoré. Je lui répondis que mes camarades prisonniers m'avaient invité à l'ôter. Il m'observa que l'Assemblée nationale n'ayant point défendu encore de la porter, on paraissait suspect en faisant le contraire. Les trois députés rentrèrent et me firent mettre mon chapeau sur la tête; ils me conduisirent hors du guichet. Aussitôt que je parus dans la rue, un d'eux s'écria : « Chapeau bas ! citoyens : voilà celui pour lequel vos juges demandent aide et secours. » Ces paroles prononcées, le pouvoir exécutif m'enleva, et, placé au milieu de quatre torches, je fus embrassé de tous ceux qui m'entouraient. Tous les spectateurs crièrent : « Vive la nation ! » Ces honneurs, auxquels je fus très-sensible, me mirent sous la sauvegarde du peuple, qui, en applaudissant, me laissa passer, suivi des trois députés que le président avait chargés de m'escorter jusque chez moi. Un d'eux me dit qu'il était maçon et établi dans le faubourg Saint-Germain ; l'autre était né à Bourges et apprenti perruquier ; le troisième, vêtu de l'uniforme de garde national, me dit qu'il était fédéré. Chemin faisant, le maçon me demanda si j'avais peur. « Pas plus que vous, lui répondis-je. Vous devez vous être aperçu que je n'ai point été intimidé dans le guichet : je ne tremblerai pas dans la rue. — Vous auriez tort d'avoir peur, poursuivit-il, car actuellement vous êtes sacré pour le peuple, et si quelqu'un vous frappait, il périrait sur-le-champ. Je voyais bien que vous n'étiez pas une de ces chenilles de la liste civile ; mais j'ai tremblé pour vous quand vous avez dit que vous étiez officier du Roi. Vous rappelez-vous que je vous ai marché sur le pied ? — Oui, mais j'ai cru que c'était un des juges. — C'était, parbleu, bien moi ; je croyais que vous alliez vous fourrer dans le haria, et j'aurais été fâché de vous voir mourir. Mais vous vous en êtes bien tiré ; j'en suis bien aise, parce que j'aime les gens qui ne boudent pas ». Arrivés dans la rue Saint-Benoît, nous montâmes dans un fiacre qui nous porta chez moi.

Le premier mouvement de mon hôte, de mon ami, en me voyant, fut d'offrir son portefeuille à mes conducteurs, qui le refusèrent et qui lui dirent en propres termes : « Nous ne faisons pas ce métier pour de l'argent. Voilà votre ami ; il nous a promis un verre d'eau-de-vie, nous le boirons et nous retournerons à notre poste. » Ils me demandèrent une attestation qui déclarât qu'ils m'avaient conduit chez moi sans accident. Je la leur donnai, en les priant de m'envoyer celle que les juges m'avaient promise, ainsi que mes effets que j'avais laissés à l'Abbaye et que je n'ai jamais reçus.

Le lendemain, un des commissaires m'apporta le certificat dont voici copie : « Nous, commissaires nommés par le peuple pour faire justice des traîtres détenus dans la prison de l'Abbaye, avons fait comparaître, le 4 septembre, le citoyen Jourgniac Saint-Méard, ancien officier décoré, lequel a prouvé que les accusations portées contre lui étaient fausses et n'être jamais entré dans aucun complot contre les patriotes : nous l'avons fait proclamer innocent en présence du peuple, qui a applaudi à la liberté que nous lui avons donnée. En foi de quoi nous lui avons délivré le présent certificat à sa demande. Nous invitons tous les citoyens à lui accorder aide et secours. »

Signé Poir.... Ber....

A l'Abbaye, l'an quatrième de la Liberté, et le premier de l'Égalité.

Après quelques heures de sommeil, je m'empressai de remplir les devoirs que l'amitié et la reconnaissance m'imposaient. Je fis imprimer une lettre par laquelle je fis part de mon heureuse délivrance à tous ceux que je savais avoir pris quelque part à mon malheur. Je fus le même jour me promener dans le jardin du palais de l'Egalité, ci-devant palais d'Orléans ; je vis plusieurs personnes se frotter les yeux pour voir si c'était bien moi ; j'en vis d'autres reculer d'effroi, comme si elles avaient vu un spectre. Je fus embrassé, même de ceux que je ne connaissais pas ; enfin ce fut un jour de fête pour moi et pour mes amis.

QUELQUES SOUVENIRS DE M. AUDOT.

Nous avons, avant de donner la relation de Jourgniac Saint-Méard, rapporté un des souvenirs de M. Audot. Le lecteur nous saura gré peut-être de reproduire ici la substance d'un long entretien que nous avons eu avec ce vieillard aimable, enfant de Paris, qui a assisté en observateur curieux à tous les grands événements, dont cette ville a été le théâtre depuis quatre-vingts ans, et qui a conservé particulièrement des scènes de la Révolution, contemporaines de sa jeunesse, des impressions d'une vivacité extraordinaire. Comme il arrive souvent aux personnes d'un grand âge, la mémoire de M. Audot, infidèle pour les faits de la veille, retrouve l'image du passé le plus éloigné, comme s'il revenait devant ses yeux. C'est mieux qu'un récit, c'est une vision à laquelle l'auditeur participe, tant l'expression est pittoresque, le détail précis! Nous n'avons pas la prétention de rendre ici le relief, la vie, le mouvement de cette parole qui sort des profondeurs du passé comme la parole de la pythonisse sortait des mystères de l'avenir, violentée par la puissance du Dieu; nous n'avons cherché à mettre dans les notes recueillies immédiatement après notre entretien, que les faits eux-mêmes qui peuvent éclairer l'historien. Ce sont donc des notes rapides et absolument incolores, mais elles empruntent de l'intérêt à la source où nous les avons puisées.

Nous avions demandé à M. Audot quelle avait été la part prise par la multitude au spectacle des principaux événements dont il avait été le témoin. On appelle ces événements *populaires,* lorsque le peuple semble accourir pour les saluer ou les marquer des témoignages bruyants de son approbation. Il nous répondit longuement, au fur et à mesure que les souvenirs se présentaient, sans que nous fussions tentés de le rappeler à plus de méthode. Il faut accepter les caprices de la mémoire d'un octogénaire, si on ne veut pas s'exposer à la rendre tout d'un coup rétive et muette. Nous donnons nos notes telles quelles.

« Le plus ancien souvenir que j'aie conservé de la Révolution se rapporte à une fête donnée à Saint-Cloud. C'était, je crois, le 7 septembre 1791. C'est là que j'ai vu pour la première fois le Roi et la Reine. J'ai même pris d'abord pour le Roi un de ses officiers, car on était peu galonné et doré à cette époque. — Je me souviens également de la fête de la Fédération. Oh! alors, autant qu'un enfant peut juger de ces choses, il y avait un véritable enthousiasme. C'était fort beau; il m'a semblé que les hommes de ce temps étaient superbes. — Un jour, il y avait grande foule sur le pont Neuf. Pourquoi? je ne sais. On parlait beaucoup de M. Necker; on acclamait son nom. Chacune des voitures qui passaient sur le pont était arrêtée par le peuple, et il fallait que ceux qui y avaient pris place en descendissent pour aller saluer la statue de Henri IV [1].

» J'habitais carrefour Bussy, chez mon père, qui était miroitier. Il faisait partie de la garde nationale à l'époque de la mort

---

[1] Ce souvenir est le plus ancien. Il doit se rapporter à l'année 1788.

de Louis XVI. Il fut témoin de l'exécution. Le peuple n'en paraissait pas ému. Il l'était si peu qu'une famille de notre voisinage, la femme, deux petites filles de mon âge, avec lesquelles je jouais habituellement, allèrent voir l'exécution. Elles étaient accompagnées d'une femme de chambre qui revint en portant une feuille de papier tachée de sang. Elle avait recueilli ce sang royal le long d'un des madriers de l'échafaud.

» En général, les grands événements de la Révolution attiraient peu de monde, je ferai exception pour le 10 août 1792. Tout Paris était dans la rue. J'ai vu depuis bien autrement de foule et de tumulte, surtout en 1848, où la réapparition du bonnet rouge m'a fait un mal affreux. Lors du supplice des *chemises rouges*, j'étais au coin de la rue de la Juiverie. Il y avait peu de monde. Cependant on apercevait une file de charrettes et de victimes. Cette chemise rouge était tout bonnement un morceau de calicot qui enveloppait le haut du corps. Les figures des condamnés exprimaient l'indifférence, notamment celle d'une femme de soixante ans, aux cheveux crépus, que je vois encore. — Je me trouvais sur le trottoir du pont au Change au moment du passage, au milieu de la chaussée, de la charrette qui portait Madame Élisabeth. Il n'y avait presque personne, et cependant c'était un événement. Elle était seule sur la charrette, je n'ai pas vu de prêtre.

» Le jour du 2 septembre, les boutiques étaient fermées. Il y avait une raison à cela. C'était sans doute un dimanche; vous vérifierez dans les livres[1]. Je vis quelques fiacres remplis de prêtres passer carrefour Bussy. Des hommes, armés de sabres, les escortaient et semblaient de temps en temps larder les prêtres avec la pointe de leurs armes. Je me souviens avoir vu le peuple porter en triomphe un grand homme sec, d'une belle figure, mais pâle comme celle d'un mort; il était vêtu d'un habit vert-pomme; on criait : *Vive la République!* Peu de temps après, cet homme fut ramené par d'autres bandes, et je le vis encore; on le conduisait à l'Abbaye, où on le massacra. C'était le père Lenfant, confesseur de Louis XVI, qu'on avait d'abord acquitté sans savoir ce qu'on faisait. J'allai à l'Abbaye dans le jour, j'arrivai dans une cour principale où il y avait des hommes rangés en

---

[1] C'était bien un dimanche.

cercle, mais pas de foule. Le cercle s'ouvrit devant moi, car une voix avait dit : *Il faut laisser l'enfant voir.* Je vis des cadavres qu'on avait jetés les uns sur les autres. Les prêtres qui avaient traversé le carrefour Bussy étaient là, entassés, les corps coupés en morceaux ; on avait, dans une autre cour, formé d'autres tas avec des cadavres qui avaient été traînés par les pieds ; de sorte que le pavé avait été couvert de sang et qu'il avait fallu le laver à grande eau. Les ruisseaux roulaient une eau rouge. J'ai vu cela comme je vous vois. Je pourrais vous montrer encore les endroits où étaient les tas. Ailleurs, en allant du côté de la Force, j'ai rencontré des charrettes pleines de cadavres sur lesquels on avait jeté quelques couvertures. Le peuple ne paraissait pas le moins du monde ému, et je ne l'étais guère. Peu de foule à ces grands spectacles ; peu d'empressement et d'émotion. Paris y semblait presque étranger, ou du moins l'émotion s'y concentrait dans les quartiers qui en étaient le théâtre.

» Cependant, voici une circonstance où il me sembla que tout Paris était sur ma route. Peu de temps après ma confirmation, que j'avais préparée avec un prêtre de l'Abbaye de Saint-Germain des Prés, qui réunissait les fidèles dans une grande chapelle, les églises furent dépouillées, les vases sacrés, de grands anges d'argent au repoussé, des ostensoirs, ciboires, etc., furent portés processionnellement à la Convention. Ce jour-là, ah ! il y avait foule. On m'avait donné un des vases sacrés à porter. Nous allâmes à la Convention et de là à la Monnaie. Mais je n'ai plus cette mauvaise action sur la conscience : le prêtre m'en a donné l'absolution. J'avais onze ans.

» Il n'y avait que les fêtes publiques qui attirassent toute la population : elles étaient fort belles. Mais je n'ai pas vu un seul événement de la Révolution qui fit sortir la foule dans la rue, comme, par exemple, la promenade du bœuf gras. Il n'y avait pas foule au 10 thermidor, où mon père me mena voir le supplice de Robespierre. J'étais placé près du ministère de la marine, trop loin pour distinguer l'expression de la physionomie des condamnés... »

CARON DE BEAUMARCHAIS.

Avant d'entrer dans les prisons, nous devons montrer à l'œuvre la justice révolutionnaire ; non pas cette justice plus ou moins régulière, qui fonctionne dans les tribunaux en fondant ses arrêts sur des textes, mais la justice *irrégulière,* bien autrement terrible, qui dicte ses volontés aux juges et aux jurés. En temps de révolution, la loi vivante, c'est le peuple ; loi mobile, agitée, violente, contradictoire, comme les passions et les impressions populaires.

La tyrannie démagogique avait essayé en 1792 une hiérarchie. Son conseil suprême fut, après le 10 août, le comité insurrectionnel siégeant à l'hôtel de ville, celui qui fit place, après le 2 juin 1793, au fameux conseil de la Commune, le véritable maître de Paris, et, par Paris, de la Convention, par la Convention, de la France. Sous son inspiration fonctionnaient les comités de sections, les comités révolutionnaires, liés les uns aux autres comme les mailles d'un immense filet étendu sur la nation.

En dehors de cette savante organisation, la multitude a des élans qui lui sont propres, et tantôt par un mouvement spontané, tantôt docile instrument, sans le savoir, d'une action plus ou moins occulte, elle se fait justice elle-même, selon son expression favorite.

Beaumarchais faillit l'éprouver : il a raconté ses infortunes ou plutôt ses terreurs dans une lettre curieuse écrite à sa fille. Nous la reproduisons.

On verra que le citoyen Beaumarchais en fut quitte pour la peur. Les choses auraient-elles pu aller plus loin ?

Certainement, si ses contemporains avaient su tout ce que nous savons. Nous n'écrivons pas une biographie ; nous nous contentons de rapporter un épisode qui est à notre connaissance particulière, et qui concerne une individualité dont l'existence a été racontée par plusieurs historiens.

LA MORALITÉ DE BEAUMARCHAIS.

(Documents inédits.)

L'auteur du *Mariage de Figaro*, l'écrivain hardi, spirituel et cynique, qui a donné une si prodigieuse impulsion à l'esprit révolutionnaire, était, personne ne l'ignore, un homme d'affaires consommé. Il attaquait les priviléges comme un obstacle ou une impertinence qui pouvait gêner les jouissances d'un bourgeois riche et épicurien; il était impitoyable aux abus, à ceux du moins dont il ne devait rien retirer. Peu scrupuleux sur les moyens, ardent au but, la fortune, qu'il poursuivait résolûment par la plume, par l'intrigue, par le scandale, Beaumarchais aurait mérité d'être *des nôtres;* son esprit eût convaincu notre temps, sa verve l'eût ébloui, son immoralité en eût tout obtenu. Il s'entendait merveilleusement à toute chose : la galanterie, la politique, la corruption, la spéculation. Il spéculait, spéculait, spéculait, et il n'aurait pas été inférieur à tel grand seigneur de notre époque qui a laissé une si grande réputation d'habileté et une fortune plus belle encore que sa gloire.

Voici une des spéculations de M. de Beaumarchais.

La Bibliothèque du Roi avait alors parmi ses bibliothécaires un certain abbé de Gevigney, docteur en théologie, âgé de cinquante-cinq ans, garde des titres et généalogies du département des manuscrits. Le cabinet de titres est un des arcanes les plus explorés de la grande Bibliothèque, et encore aujourd'hui, en ce temps d'égalité et de suffrage universel, il n'est pas de jour où quelque noble ne vienne y fourbir ses armes, où quelque vilain n'y cherche une savonnette. On voudrait, sous son nom obscur, retrouver la trace d'un nom sonore et ancien, et on en gratte de toutes ses forces la rouille révolutionnaire. Nous connaissons quelqu'un qui pourrait faire collection de lettres conçues toutes à peu près en ces termes : « Monsieur, je voudrais faire des recherches sur ma famille. J'ai tout lieu de croire que ma grand'mère a été élevée au Parc aux cerfs. Combien je vous serais reconnaissant si vous pouviez m'aider à établir l'illustration de mon origine, etc. — *Signé* Louis ou de France. » La collection s'enrichit chaque jour. Jugez si du temps de l'abbé de Gevigney, où la rage de s'ennoblir n'était pas une manie ridicule, mais un moyen de s'assurer toutes sortes d'avantages et d'immunités, la charge de garde du cabinet des titres pouvait être lucrative pour un malhonnête homme! Il ne paraît pas que l'abbé de Gevigney ait été bien scrupuleux ; il trafiqua de tout, au point que la police fut avertie des infidélités du fonctionnaire par le garde même de la Bibliothèque du Roi, l'abbé Bignon. Le commissaire Chenon reçut ordre du lieutenant de police, M. Lenoir, d'interroger le bibliothécaire suspect. Les interrogatoires ont été conservés aux Archives de l'Empire. On demande à l'abbé ce que sont devenus tels et tels portefeuilles précieux, dont on lui indique la place qu'ils avaient occupée à la Bibliothèque du Roi. — Il répond : « La plupart de ces portefeuilles étaient pourris et remplis de vers. On a extrait ce qui pouvait être conservé..., *le surplus a été abandonné comme pourri.* » Eh bien, le surplus avait été vendu à des Anglais, et forme aujourd'hui l'un des joyaux de la bibliothèque Bodléienne d'Oxford. Une perquisition fut faite au domicile de Gevigney, et amena la découverte, lisons-nous dans une note écrite de la main de Chenon, *d'une quantité immense de vieux titres et de parchemins.* Ordre fut donné de les réintégrer à la Bibliothèque. Gevigney, tremblant, écrivait au commissaire : « L'abbé de Gevigney a l'honneur de faire ses compliments à M. le commissaire Chenon ; il le prie que l'enlèvement des papiers *se fasse sans éclat.* On pourra faire entrer la voiture dans la cour ; il faudrait une ou deux voitures couvertes ou des paniers couverts. Il s'en remet à sa prudence. Il ne faudra que deux hommes *qui ne soient pas du quartier.* » Mais cette *immense quantité* de vieux titres et de parchemins n'était qu'une petite partie des objets détournés de la Bibliothèque du Roi. Des perquisitions furent faites chez les individus auxquels on supposait que ces objets avaient été donnés ou vendus. Elles amenèrent la découverte de parchemins pour l'emmagasinement desquels Beaumarchais avait loué deux vastes magasins, aux Capucins et aux Jacobins. A cette occasion, le grand redresseur d'abus écrivit à M. Lenoir la lettre suivante, dont nous respectons l'orthographe :

« Paris, ce 12 may 1785 [1].
» Monsieur,

» J'ai l'honneur de vous adresser mon neveu et l'un de mes commis porteurs des clefs des magazins chez les Capucins et les

[1] Inédite.

Jacobins. Ils recevront vos ordres pour le jour de la levée des scelez. Alors ils commenceront le travail de transport et de pezée avec toute la diligence possible.

» S'il n'y a pas dans le nouveau dépôt de lieu propre à établir les fortes balances de la pezée, elle se fera dans les magazins actuels, avant le départ des voitures. J'ai chargé mon neveu de prendre et de payer les hommes de journée nécessaires à ces travaux. Il ne faut de votre part qu'une seule personne pour la réception, ou qui se réunisse à celles que je vous envoye pour aller plus vite, s'il en est besoin. *Je vous supplie seulement que cet enlèvement puisse être ignoré de tout le monde*, si cela est possible, *à cause des conséquences du bruit*. Mes deux préposez sont très-discrets et ne nomeront ni choses ni personnes.

» Je suis avec le plus respectueux,

» Monsieur,

» Votre très-humble et très-obéissant serviteur,

» Caron de Beaumarchais.

» Vous voudrez bien faire dire aux deux gardiens des couvents par le commissaire que les marchandises sont à la disposition de ceux qui les ont déposés chez eux, sans nommer personne. »

Les parchemins ayant été en conséquence transportés nuitamment à la Bibliothèque du Roi, furent vérifiés par l'abbé Coupé, garde des titres, et réintégrés au département des manuscrits, après avoir été pesés. Les pesées donnèrent les chiffres suivants, qui, à eux seuls, suffiraient pour prouver que l'auteur du *Mariage de Figaro* entendait la spéculation en grand, et méritait les regrets que nous avons exprimés plus haut : — 12,380 livres; — 15,527 l.; — 11,566 l.; — 13,557 l.; — 10,227 l.; — 7,817 l. — En tout 71,082 livres de parchemins provenant de l'abbé de Gevigney.

M. de Beaumarchais était, on le voit, un homme sans préjugés. L'argent pour lui était l'argent, et il sentait toujours bon.

Mais revenons à son incarcération et au récit qu'il en a laissé. — Nougaret, dans son *Histoire des prisons*, fait précéder ce récit de quelques lignes qui nous ont paru bonnes à reproduire comme expression de l'opinion des contemporains sur le Crésus des gens de lettres. Rappelons seulement trois dates : le *Mariage de Figaro* est de 1784, Nougaret écrivait en 1797, Beaumarchais est mort en 1799. Quand il faisait représenter le *Mariage de Figaro*, il avait cinquante-deux ans, et cinquante-trois l'année de sa lettre à M. Lenoir.

LA VISITE DOMICILIAIRE

CHEZ CARON DE BEAUMARCHAIS.

Cet homme de lettres, cet habile négociant, aussi fameux chez Apollon qu'au palais de Plutus, va raconter lui-même ses terreurs, son incarcération. Mais avant de mettre sous les yeux de nos lecteurs son récit curieux et touchant, nous croyons devoir extraire une lettre non moins intéressante, antérieure de quelques jours à son emprisonnement, lettre qu'il écrivait à sa fille, et qui retrace des événements douloureux, qu'amenèrent la tyrannie de Marat, digne précurseur de Robespierre.

« Samedi 11 août 1792, dit Caron-Beaumarchais, vers huit heures du matin, un homme est venu m'avertir que les femmes du port Saint-Paul allaient amener tout le peuple, animé par un faux avis qu'il y avait des armes chez moi dans les prétendus souterrains..... Sur cet avis, j'ai tout ouvert chez moi, secrétaires, armoires, chambres et cabinets, enfin tout, résolu de livrer et ma personne et ma maison à l'inquisition sévère de tous les gens qu'on m'annonçait. Mais quand la foule est arrivée, le bruit, les cris étaient si forts, que mes amis troublés ne m'ont pas permis de descendre, et m'ont conseillé tous de sauver au moins ma personne.

» Pendant qu'on bataillait pour l'ouverture de mes grilles, ils m'ont forcé de m'éloigner par le haut bout de mon jardin; mais on y avait mis un homme en sentinelle qui a crié : « Le voilà qui se sauve ! » et cependant je marchais lentement. Il a couru par le boulevard avertir le peuple assemblé à ma grille d'entrée. J'ai seulement doublé le pas; mais les femmes, cent fois plus cruelles que les hommes dans leurs horribles abandons, se sont toutes mises à ma poursuite.

» Il est certain, mon Eugénie, que ton malheureux père eût été déchiré par elles, s'il n'avait pas eu de l'avance; car la perquisition n'étant pas encore faite, rien n'aurait pu leur ôter de l'esprit que je m'étais échappé en coupable. Et voilà où m'avait conduit la faiblesse d'avoir suivi le conseil donné par la peur, au lieu de rester froidement comme je l'avais résolu.....

» J'étais entré chez un ami dont la porte était refermée; dans une rue qui, faisant angle avec celle où les cruelles femmes couraient, leur a fait perdre enfin ma trace, et d'où j'ai entendu leurs cris.....

» Pendant que j'étais enfermé dans un asile impénétrable, trente mille âmes au moins étaient dans ma maison, où, des greniers aux caves, des serruriers ouvraient toutes les armoires; où des maçons fouillaient les souterrains, sondaient partout, levaient les pierres jusque sur les fosses d'aisances, et faisaient des trous dans les murs, pendant que d'autres piochaient le jardin, jusqu'à trouver la terre vierge; repassant tous vingt fois dans les appartements; mais quelques-uns disant au grand regret des brigands qui se trouvaient là par centaines : « Si l'on ne trouve rien ici qui se rapporte à nos » recherches, le premier qui détournera le moindre des meu- » bles, une paille, sera pendu sans rémission, puis haché en » morceaux par nous..... »

» Enfin, après sept heures de la plus sévère recherche, la foule s'est écoulée, aux ordres de je ne sais quel chef. Mes gens ont balayé près d'un pouce et demi de poussière; mais pas un binet de perdu..... Une femme au jardin a cueilli une giroflée : elle l'a payée de vingt soufflets; on voulait la baigner dans le bassin des peupliers.

» Je suis rentré chez moi. Ils avaient porté l'attention jusqu'à dresser un procès-verbal guirlandé de cent signatures qui attestaient qu'ils n'avaient rien trouvé de suspect dans ma possession.....

» Me voilà parvenu à la terrible nuit dont je vous ai déjà parlé ; en voici les affreux détails :

» En nous promenant au jardin sur la brune, le soir de ce même jour déjà si effrayant, l'on me disait : « Ma foi, mon-
» sieur, après ce qui est arrivé, il n'y a aucun inconvénient
» que vous passiez la nuit ici. » Et moi je répondais : « Sans
» doute. Mais il n'y en a pas non plus que j'aille la passer
» ailleurs ; et ce n'est pas le peuple que je crains ; le voilà
» bien désabusé, mais cet avis que j'ai reçu d'une associa-
» tion de brigands pour me piller une de ces nuits, me fait
» craindre que dans la foule qui s'est introduite chez moi ils
» n'aient étudié les moyens d'entrer la nuit dans ma maison ;
» car on a entendu de terribles menaces. Peut-être y en a-t-il
» quelques-uns de cachés ici. Enfin j'ai grande envie d'aller
» passer une bonne nuit chez notre bon ami de la rue des
» Trois-Pavillons. C'est bien la rue la plus tranquille qui soit
» au tranquille Marais. Pendant qu'il est à la campagne,
» va, François, va mettre une paire de draps pour moi. »

» J'ai soupé, ma fillette ; heureusement j'ai peu mangé ; puis je suis parti sans lumière pour la rue des Trois-Pavillons, m'assurant bien, de temps en temps, que personne ne me suivait.

» Mon François retourné chez moi, la porte de la rue barrée et bien fermée, un domestique de mon ami enfermé tout seul avec moi, je me suis livré au sommeil. A minuit, le valet en chemise, effrayé, entre dans la chambre où j'é- tais : « Monsieur, me dit-il, levez-vous : tout le peuple vient
» vous chercher ; ils frappent à enfoncer la porte. On vous a
» trahi de chez vous ; la maison va être pillée. » En effet, on frappait d'une façon terrible. A peine réveillé, la terreur de cet homme m'en donnait à moi-même. « Un moment, dis-je,
» mon ami ; la frayeur nuit au jugement. » Je mets ma re- dingote, en oubliant la veste ; et, mes pantoufles aux pieds, je lui dis : « Y a-t-il quelque issue par où l'on puisse sortir
» d'ici ? — Aucune, monsieur ; mais pressez-vous, car ils
» vont enfoncer la porte. Ah ! qu'est-ce que va dire mon

» maître? — Il ne dira rien, mon ami; car je vais livrer ma
» personne, pour qu'on respecte sa maison. Va leur ouvrir,
» je descends avec toi. »

» Nous étions troublés tous les deux. Pendant qu'il descendait, j'ai ouvert une fenêtre qui donnait sur la rue du Parc-Royal; il y avait sur le balcon une terrine allumée, qui m'a fait voir, au travers de la jalousie, que la rue était pleine de monde : alors le désir insensé de sauter par la fenêtre s'est éteint à l'instant où j'allais m'y jeter. Je suis descendu, en tremblant, dans la cuisine au fond de la cour; et regardant par le vitrage, j'ai vu la porte enfin s'ouvrir. Des habits bleus, des piques, des gens en veste sont entrés : des femmes criaient dans la rue. Le domestique est revenu vers moi pour chercher beaucoup de chandelles, et m'a dit d'une voix éteinte : « Ah! c'est bien à vous qu'on en veut. — Eh
» bien, ils me trouveront ici. »

» Il y a près de la cuisine une espèce d'office avec une grande armoire, où l'on met les porcelaines, dont les portes étaient ouvertes. Pour tout asile, et pour dernier refuge, ton pauvre père, mon enfant, s'est mis derrière un des vantaux debout, appuyé sur sa canne; la porte de ce bouge uniquement poussée, dans un état impossible à décrire; et la recherche a commencé.

» Par les jours de souffrance qui donnaient sur la cour, j'ai vu les chandelles trotter, monter, descendre, enfiler les appartements. On marchait, on allait au-dessus de ma tête. La cour était gardée, la porte de la rue ouverte; et moi, tendu sur mes orteils, retenant ma respiration, je me suis occupé d'obtenir de moi une résignation parfaite, et j'ai recouvré mon sang-froid. J'avais deux pistolets en poche; j'ai débattu longtemps si je devais ou ne devais pas m'en servir. Mon résultat a été que si je m'en servais je serais haché sur-le-champ, et avancerais ma mort d'une heure, en m'ôtant la dernière chance de crier au secours, d'en obtenir peut-être, en me nommant, dans ma route à l'hôtel de ville. Déterminé à tout souffrir, sans pouvoir deviner d'où provenait cet excès d'horreur, après la visite chez moi, je calculais les possibilités, quand la lumière faisant le tour en bas, j'ai entendu que l'on tirait ma porte, et j'ai jugé que c'était le bon domestique qui, peut-être en passant, avait imaginé d'éloigner pour un moment le danger qui me menaçait. Le plus grand silence régnait. Je voyais à travers les vitres du premier étage qu'on ouvrait toutes les armoires; alors je crus avoir trouvé le sens de toutes ces énigmes : les brigands, me disais-je, se sont portés chez moi; ils ont forcé mes gens, sous peine d'être égorgés, de leur déclarer où j'étais. La terreur les a fait parler : ils sont arrivés jusqu'ici, et trouvant la maison aussi bonne à piller que la mienne, ils me réservent pour le dernier, sûrs que je ne puis échapper.

» Puis mes douloureuses pensées se sont tournées sur ta mère et sur toi, et sur mes pauvres sœurs. Je disais avec un soupir : mon enfant est en sûreté, mon âge est avancé; c'est peu de chose que ma vie, et ceci n'accélère la mort de la nature que de bien peu d'années; mais ma fille, sa mère, elles sont en sûreté. Des larmes coulaient de mes yeux. Consolé par cet examen, je me suis occupé du dernier terme de la vie, le croyant aussi près de moi. Puis, sentant ma tête vidée par tant de contention d'esprit, j'ai essayé de m'abrutir et de ne plus penser à rien. Je regardais machinalement les lumières aller et venir; je disais : Le moment s'approche; mais je m'en occupais comme un homme épuisé, dont les idées commencent à divaguer: car il y avait quatre heures que j'étais debout dans cet état violent, changé depuis dans un état de mort. Alors, sentant de la faiblesse, je me suis assis sur un banc, et là j'ai attendu mon sort, sans m'en effrayer autrement.

» Dans ce sommeil d'horribles rêveries, j'ai entendu un plus grand bruit, il s'approchait; je me suis levé, et machinalement je me suis remis derrière le vantail de l'armoire; une sueur froide m'a tombé du visage, et m'a tout à fait épuisé.

» J'ai vu venir le domestique à moi, nu, en chemise,

une chandelle à la main, qui m'a dit d'un ton assez ferme :
« Venez, monsieur, on vous demande. — Quoi ! vous voulez
» donc me livrer ? J'irai sans vous. Qui me demande ? —
» Monsieur Gudin, votre caissier. — Que dites-vous de mon
» caissier ? — Il est là avec ces messieurs. » Alors je crus que
je rêvais, ou que ma raison altérée me trompait sur tous les
objets. Mes cheveux ruisselaient ; mon visage était comme
un fleuve. « Montez, m'a dit le domestique, montez ; ce
» n'est pas vous qu'on cherche : monsieur Gudin va vous
» expliquer tout. »

» Ne pouvant attacher nul sens à ce qui frappait mon
oreille égarée, j'ai suivi au premier étage le domestique qui
m'éclairait. Là, j'ai trouvé monsieur Gudin en habit de
garde national, armé de son fusil, avec d'autres personnes.
Stupéfait de cette vision : « Par quel hasard, lui ai-je dit,
» vous rencontrez-vous donc ici ? — Par un hasard aussi
» étrange que celui qui vous y a conduit vous-même, le pro-
» pre jour que l'on a donné l'ordre de visiter cette maison,
» où l'on a dénoncé des armes. » N'ayant plus besoin de mes
forces, je les ai senties fuir ; elles m'ont manqué tout à fait ;
je me suis assis sur le lit où j'avais sommeillé deux heures
avant que le bruit commençât ; et il m'a dit ce qui suit :

« Inquiet, à onze heures du soir, de savoir si notre quar-
» tier était gardé par les patrouilles, j'ai pris mon habit de
» soldat, mon sabre et mon fusil, et suis descendu dans les
» rues, malgré les conseils de mon fils. J'ai rencontré une
» patrouille, qui, m'ayant reconnu, m'a dit : « Monsieur
» Gudin, voulez-vous venir avec nous ? vous y serez mieux
» que tout seul. — Je l'ai d'autant mieux accepté, que mon-
» sieur que vous voyez là en habit de garde national, est le
» limonadier qui reste en face de vos fenêtres ; en un mot,
» c'est monsieur Gibé. »

» D'honneur ! ma pauvre enfant, je me tâtais le front pour
m'assurer que je ne dormais pas : « Mais comment, ai-je dit
» à monsieur Gudin, si c'est bien vous qui me parlez, m'a-
» vez-vous laissé là quatre heures dans les angoisses de la

» mort, sans m'être venu consoler? — Je vais bien plus vous
» étonner, me dit Gudin, par mon récit, que ma présence
» ne l'a fait. J'ai vu doubler le pas, et j'ai dit à tous ces mes-
» sieurs : Ce n'est pas ainsi qu'on patrouille. — Aussi ne
» patrouillons-nous pas; nous allons à une capture. — Je les
» vois arriver à la rue du Parc-Royal, et mon cœur com-
» mence à battre, nous sentant aussi près de vous. En dé-
» tournant la rue des Trois-Pavillons à l'habitation où vous
» êtes, on nous crie : Halte ici; enveloppez la maison; — et
» je me dis : Grands dieux! par quelle fatalité me trouvé-je
» avec ceux qui viennent pour arrêter M. de Beaumarchais?
» Moi aussi je croyais rêver : je me suis contenu de mon
» mieux, pour voir où tout aboutirait. Le domestique ouvre
» la porte, et pense tomber à la renverse me trouvant parmi
» ces messieurs. Il a cru que la trahison qu'il avait soupçon-
» née dans vos gens s'était étendue jusqu'à moi : il balbu-
» tiait. Alors on a lu à haute voix l'ordre donné par la sec-
» tion de venir visiter ici, soupçonnant qu'il y a des armes.
» — Eh bien, alors, lui dis-je, comment n'êtes-vous pas ac-
» couru ; comment n'avez-vous eu nulle pitié de moi? — Ma
» terreur n'a fait qu'augmenter, reprit Gudin, à cette lec-
» ture ; j'ai eu la bouche encore plus close, et n'étais que
» plus effrayé, ne sachant pas, monsieur, s'il y avait ou non
» des armes, mais présumant avec effroi que, s'il s'en trou-
» vait par malheur, vous alliez devenir victime de vous être
» enfermé ici : j'ai vu tous les rapports affreux de cette nuit
» à la visite qu'on venait de faire chez vous. Pendant le cours
» de la recherche, j'ai trouvé enfin le moment de dire tout
» bas au domestique : « L'ami de votre maître est-il dans la
» maison?—Il y est, m'a-t-il dit.—Dans un autre moment je
» lui ai demandé : « Mais où est-il ? —Je n'en sais rien, m'a-
» t-il répondu. » Il ne pouvait pas s'éloigner; il éclairait les
» rechercheurs ; on ne le perdait point de vue, je me suis
» glissé sans lumière jusqu'à la chambre de votre lit ; je vous
» ai cherché à tâtons, dessus, dessous, vous appelant tout
» bas. Mais vous étiez ailleurs, et je ne pouvais vous aller

» prendre. Enfin, la recherche achevée, assuré que la ca-
» lomnie avait encore manqué son coup, j'ai confié à tous
» ces messieurs par quel hasard vous vous trouviez caché
» dans la chambre du maître ; et leur étonnement a au moins
» égalé le nôtre. Dieu merci, le mal est passé; recouchez-
» vous, monsieur, et tâchez de dormir ; vous devez en avoir
» besoin. »

» Alors toute la patrouille étant entrée dans cette chambre,
j'ai dit au commissaire de section : « Monsieur, vous me
» voyez ici sous la sauvegarde de l'amitié : je ne puis mieux
» payer l'asile qu'elle me donnait qu'en vous priant, au nom
» de mon ami, qui est excellent citoyen, de rendre votre
» visite aussi sévère que le peuple l'a faite hier chez moi, et
» d'en dresser procès-verbal, pour que sa sûreté ne soit plus
» compromise par d'infâmes calomnies. — Monsieur, m'a dit le
» commissaire, notre procès-verbal est clos; votre ami est
» en sûreté. »

» Ces messieurs sont partis, ont dit au peuple, aux femmes
dans la rue, que cette maison était pure. Les femmes, enra-
gées que l'on n'eût rien trouvé, ont prétendu qu'on avait
mal cherché, ont dit qu'en huit minutes elles allaient trouver
la cachette. Elles voulaient que l'on rentrât; on s'y est op-
posé; le commissaire a fait brusquement refermer la porte.
Ainsi ont fini mes douleurs; mais la sueur, la lassitude et la
faiblesse me brisaient....

» J'ai appris le lendemain matin que des hommes âgés,
affectionnés à ce quartier, que jamais rien n'avait troublé,
entendant ce tapage affreux, saisis d'une terreur nocturne,
ont sauté par-dessus les murs, et que, de jardin en jardin,
ils ont été troubler des dames de la rue de la Perle, en leur
demandant en chemise de les garantir de la mort : l'un d'eux
s'était cassé la jambe.

» L'effroi s'était communiqué ; et de tout ce quartier, ton
père, qui avait eu le plus sujet de craindre, a peut-être été
le seul qui ait achevé dans son lit une nuit aussi tourmentée. »

Quel contraste pour l'imagination du lecteur entre ce vieillard tremblant, affolé de terreur, et le frétillant, l'insolent, le téméraire auteur du *Mariage de Figaro!* Quelques jours après, on l'incarcérait à l'Abbaye. On l'accusait de s'opposer à l'entrée en France de soixante mille fusils achetés en Hollande moyennant huit cent mille francs qu'il aurait reçus du gouvernement français. L'accusation était absurde, sans fondement. Beaumarchais s'était fait, parmi les spéculateurs dont il était devenu l'heureux concurrent, des ennemis qui profitaient des troubles publics pour ameuter la multitude contre sa fortune et satisfaire leur haine envieuse. Quatre jours avant les massacres de septembre, Manuel vint le chercher et le faire sortir. On a prétendu que Manuel avait reçu trente mille francs pour intervenir si opportunément. Si cela est vrai, il faut convenir que Beaumarchais n'avait jamais mieux placé son argent.

LA COMMUNE DE PARIS, PAR MORELLET.

Avant de pénétrer dans l'intérieur des prisons en 1793, il nous a semblé instructif de montrer comment on y entrait; en quelles mains était remis le soin de décider sur la liberté des citoyens.

Quiconque ne s'était pas muni d'un certificat de civisme pouvait être réputé suspect, tout suspect pouvait être incarcéré et envoyé à la mort. L'abbé Morellet, un abbé laïque, nous a raconté à quelles conditions on obtenait le certificat de civisme, et nous a tracé le tableau de la Commune en septembre 1793. Nous reproduisons son récit, qui porte un caractère suffisant de véracité, s'accordant avec les documents de l'époque. C'est un préambule logique du sujet de ce livre : d'abord les juges, ensuite le supplice et les bourreaux; or, les vrais juges en 1793, nous le répéterons, ce sont les commissaires inquisiteurs des comités. Les autres juges politiques sont de tous les temps, ils s'appellent les esclaves de la loi, quelle qu'elle soit. Avant de l'appliquer, ils consultent le visage du maître. Fouquier-Tinville n'était ni un homme ni un monstre; c'était tout simplement une fonction faite homme, l'*homme-couteau*. Ces couteaux-là sont comme le couteau à Jeannot : les divers régimes en changent le manche, la lame; ils sont éternels.

LA COMMUNE DE PARIS.

SOMMAIRE.

Importance du certificat de civisme. — Difficultés pour l'obtenir. — L'abbé Morellet à l'hôtel de ville. — Tableau du conseil de la commune. — Les tricoteuses, le défilé des sections; les chants patriotiques. — Serment des déserteurs autrichiens. — Interrogatoire de Morellet dénoncé par Dorat-Cubières et ajourné. — Portrait des commissaires chargés de l'interroger. — Visite au juge Vialard, ancien coiffeur de dames. — Morellet présente sa défense et reçoit les condoléances du coiffeur. — Visite au président Lubin, le boucher. — Visite au prêtre défroqué Bernard et à sa prêtresse. — Morellet se rend encore à l'hôtel de ville; inutilité de cette démarche. — Visite au professeur Paris, un des commissaires. — Quatrième démarche inutile de Morellet à l'hôtel de ville. — Les bonnets rouges. — Les hymnes patriotiques. — Discours de Vialard contre les mises en liberté. — On décide que les anciens certificats de civisme seront visés. — Effrayé par la perspective d'un refus, Morellet prend le parti de ne plus rien demander et de se faire oublier jusqu'à la fin de la Terreur. — Destinée des chefs de la commune.

Les certificats de civisme, dont la forme a depuis varié plusieurs fois, devaient être donnés d'abord par le comité appelé alors *de salut public* de chaque section, et approuvés dans l'assemblée générale de chaque section, pour être ensuite confirmés ou rejetés par le conseil général de la commune à l'hôtel de ville.

J'avais obtenu le certificat de ma section, qui est celle des Champs-Élysées, et je l'avais porté à l'hôtel de ville au commencement de juillet, j'étais revenu sept ou huit fois toujours inutilement. On ne retrouvait pas mes papiers. Les bureaux avaient changé de local. Mon tour n'était pas venu. J'étais renvoyé à huit jours et ensuite à quinze. Enfin j'avais fait beaucoup de courses inutiles pendant tout le courant de juillet, août et les premières semaines de septembre, lorsque le 17 au matin je reçus une lettre du conseil, qui m'invitait à me rendre à l'hôtel de ville, pour y subir l'examen préalable à la délivrance du certificat.

La demande des certificats de civisme allait devenir bientôt une démarche très-dangereuse pour ceux qui la feraient sans succès, en vertu du décret du 18 septembre qui, ordonnant l'arrestation des gens suspects, allait déclarer tels tous ceux à qui on les refuserait; disposition d'après laquelle un nombre considérable de citoyens ont été en effet arrêtés à la commune même, en conséquence du refus qu'ils venaient d'essuyer; mais ce danger n'était pas encore connu. J'allais sans crainte m'exposer à cette épreuve. Ecclésiastique, mais n'en ayant jamais fait aucune fonction, homme de lettres, constamment occupé de travaux utiles, et ayant toujours défendu dans mes écrits la cause du peuple et de tous les genres de libertés compatibles avec l'ordre public dans un bon gouvernement, j'étais sans inquiétude sur le succès de ma démarche, dont je n'ai reconnu le danger qu'après coup.

Je me rendis donc à l'hôtel de ville sur les six heures du soir. Là, je trouvai les deux amphithéâtres des extrémités de la salle garnis de femmes du peuple, tricotant, raccommodant des vestes et des culottes, la plupart avec des yeux ardents, un maintien soldatesque, figures dignes du pinceau d'Hogarth, payées pour assister au spectacle et applaudir aux beaux endroits.

Vers les sept heures, le conseil de la commune se forma, le président occupant une estrade ou tribune séparée avec les officiers principaux et les secrétaires, ayant en face, sur sa droite, des gradins où siégeaient les membres du conseil fournis par chaque section, et sur sa gauche d'autres gradins où se tenaient les demandeurs de certificats.

On commença par lire le procès-verbal de la veille, où, entre autres événements, on rendait compte de la satisfaction qu'éprouvaient tous les patriotes de l'arrestation du maire Bailly, ennemi du peuple [1], et qui avait fait couler le sang des citoyens au Champ de Mars, jugement anticipé et arrêt de mort du malheureux Bailly, qui fut accueilli de bravos et d'acclamations, et d'une joie parfaite de tout l'auditoire et surtout des femmes.

Un autre article du procès-verbal ayant fait mention d'un

---

[1] Bailly avait été arrêté à Melun, le 17 septembre 1793.

décret de la veille, par lequel la commune avait réglé que désormais les jolies femmes n'assiégeraient plus les bureaux de la mairie pour obtenir la grâce des aristocrates, le procureur de la commune Hébert s'est levé pour se plaindre de l'inexécution de ce décret. Il a insisté sur les séductions de ces Circé qui, ayant été des courtisanes sous l'ancien régime, employaient les mêmes artifices pour corrompre les âmes républicaines.

Quelque homme de ces bureaux inculpés de se laisser séduire par les belles solliciteuses, a représenté que la mesure proposée était inexécutable, la mairie étant nécessairement ouverte à tout le public et à toutes les femmes vieilles ou jeunes, laides ou jolies, soit pour le payement des impositions, soit pour l'achat des domaines nationaux, etc.; mais le procureur a recommencé ses invectives contre les jolies femmes des aristocrates, à la grande satisfaction et aux applaudissements répétés de toutes les vieilles et laides qui étaient là.

A la lecture du procès-verbal ont succédé les entrées et les compliments de cinq sections qui sont venues présenter, l'une après l'autre, leur contingent du premier recrutement en jeunes gens de dix-huit à vingt-cinq ans, et demander des armes, un casernement et des instructeurs.

Chacune de ces troupes est entrée à grand renfort de tambours, et l'une d'elles avec une musique militaire. Chacune a péroré par la bouche d'un orateur qui a juré, au nom de ses camarades, *de nettoyer le sol de la liberté des satellites des despotes; de renverser tous les tyrans de leurs trônes; de cimenter de leur sang l'édifice de la liberté*, etc. A quoi le président a répondu sur le même ton. Après quoi il a entonné d'une voix aigre l'hymne des Marseillais, que toute la salle a continué avec transport; plaisir que s'est donné toute l'assistance, après le discours de chaque section; de sorte qu'il a fallu entendre l'hymne cinq fois, et en petite pièce autant de fois *Ça ira*, accompagné par les claquements de mains et les battements de pieds de toute l'assemblée.

Après les sections, nous avons eu l'hommage qu'est venu faire de sa valeur un soldat blessé, appelé Pierre Compère, qui a commencé son discours par ces paroles : *Citoyens, j'ai-t-été à l'armée, et j'ai-t-eu une blessure que la voilà* (en la montrant), *et l'on m'a-t-envoyé faire mon serment que je jure de mourir à mon poste et d'exterminer les tyrans,* etc.

Les applaudissements ayant, comme on dit aujourd'hui, couvert cette harangue, le héros blessé en a été si content qu'il a cru devoir recommencer. On l'a entendu encore et applaudi de nouveau ; mais comme il voulait répéter son compliment une troisième fois, on lui a fait entendre avec quelque peine que c'en était assez, et qu'il fallait que chacun eût son tour. Il est seulement resté debout à côté du président, jouissant de sa gloire, et promenant sur l'assemblée des regards satisfaits.

A celui-là ont succédé trois déserteurs autrichiens, venant offrir leurs services à la *répiblic francès*. Le président leur a dit de lever la main, et ils en ont levé chacun deux bien haut. Alors le président leur a dit : *Vous jurez de servir la République française, et d'exterminer les tyrans?* ce qu'un interprète en avant d'eux leur a traduit en allemand, à quoi ils ont répondu *ia.* Mais on a voulu qu'ils prononçassent les paroles sacramentelles : *Nous jurons, nous jirons,* etc. Bravo! bravo! L'accolade fraternelle. Qu'ont-ils dit? *Qu'ils extermineront les tyrans.* — *C'est bien.*

J'ai oublié de dire que parmi les harangueurs de section, il y en a eu un qui a dit : *Nous jurons l'égalité, la liberté, la fraternité, la seule Trinité à laquelle nous veuillions croire et que nous croyons une et indivisible.* Grands battements de mains à cet endroit, et chapeaux en l'air en l'honneur de la nouvelle sainte Trinité, fait qui me frappa comme préparant l'abolition de la religion chrétienne, qui a suivi d'assez près, et qu'on pouvait augurer sans peine, d'après les dispositions que montrait le peuple.

Le tour des demandeurs de certificats est enfin venu. On les nommait, et ils descendaient de leur amphithéâtre pour venir se placer sur l'estrade en avant du président, et en face du conseil de la commune.

Alors le président demandait : « Y a-t-il quelqu'un qui connaisse le citoyen et réponde de son civisme? » Si personne ne répondait, ce qui est arrivé souvent, le président prononçait : *Ajourné.* Si quelqu'un des conseillers de la commune disait : *Je connais le citoyen et j'en réponds;* — *Accordé.*

J'ai été appelé. Au moment où je venais de monter sur l'estrade, le président ayant fait la question que je viens de dire, et n'entendant personne répondre de moi, parce qu'il n'y avait personne de ma section à ce moment parmi les membres du conseil, et que lui-même, quoique de ma section, ne me connaissait pas, a pris la parole de nouveau pour dire à l'assemblée : *J'entends murmurer à mon oreille que le civisme du citoyen est suspect.*

Ce bon office venait en effet de m'être rendu par le sieur de Cubières, celui qui ci-devant se faisait appeler *le chevalier de Cubières,* qui s'est défendu depuis avec un civisme si plaisant d'être noble comme de beau meurtre, et qui a si bien effacé cette tache en prenant le grand nom de *Dorat-Cubières.* Or ce preux chevalier exerçant l'emploi de secrétaire de la commune, et voulant y joindre la noble fonction de délateur, était venu dire au président que mes sentiments étaient inciviques, et il avait pris pour cela fort habilement le moment où il m'avait vu établi sur l'estrade et tournant le dos au président, après quoi il était revenu s'asseoir à son bureau, le dos tourné et le nez sur son papier, se donnant l'air de n'être nullement occupé de l'affaire des certificats, manœuvre que je ne sus qu'en sortant par mon domestique venu avec moi et qui l'avait parfaitement observée.

Or, il faut savoir que j'avais vu ce personnage, et que je l'avais vu pour la première fois environ huit ou dix jours auparavant, à l'occasion de la levée des scellés sur la salle de l'Académie dont j'étais directeur à l'époque de sa destruction par le décret de l'Assemblée. Je fus appelé pour assister à l'opération. Là, il fut question de la suppression des corps littéraires et en particulier de l'Académie, conversation que le commissaire eut l'indiscrétion d'élever le premier. Je ne dissimulai pas ma façon de penser; et, comme il m'opposa l'autorité de mon confrère Chamfort, je lui dis que la diatribe de Chamfort contre l'Académie était une mauvaise déclamation en faveur d'une mauvaise cause, et que je croyais l'avoir prouvé.

A peine le président eut-il élevé ce doute sur mon civisme, que du milieu du conseil de la commune se lève un homme qui dit : « Citoyen président, je m'oppose à ce qu'il soit délivré un certificat de civisme au citoyen Morellet, parce qu'il est à ma connaissance qu'il a fait, il y a quinze à seize ans, une apologie du despotisme. »

A cette imputation, je demande la parole; et, m'adressant à mon accusateur, je lui dis que je ne connaissais pas même de nom l'ouvrage qu'il m'imputait; que s'il en existait un pareil, il ne pouvait avoir aucune raison de croire qu'il fût de moi; que loin de faire en aucun temps l'apologie du despotisme, j'avais consumé ma vie à défendre la cause du peuple et de la liberté, celle de l'industrie et du commerce, et la liberté d'écrire et d'imprimer, et celle des opinions religieuses, et aux approches de la révolution, les droits du tiers à la double représentation, etc. Après quelques propos entre mon accusateur et moi, le président, prenant la parole, prononça : *ajourné*, jusqu'à ce que des commissaires rendent compte des ouvrages du citoyen Morellet; et ces commissaires seront les citoyens Vialard, Bernard et Paris.

Ma sentence ainsi prononcée, je descendis de mon estrade; et, m'approchant humblement des gradins du conseil de la commune, je m'adressai à l'un des juges qu'on venait de me donner, pour lui demander l'heure et le jour où je pourrais *ester* à son tribunal. Il m'assigna le lendemain 18, et l'heure de midi, dans la même salle commune, où il me fit espérer que ses collègues et lui se trouveraient.

Dès le matin du jeudi j'écrivis un billet bien humble et

bien civique au président Lubin, fils du boucher Lubin, ayant son étal à la porte Saint-Honoré. Je lui expliquai comment, tout bon citoyen que j'étais, je n'avais pas le bonheur d'être connu de lui, parce que je n'habitais sur la section que depuis peu de temps; que je passais une partie de l'année à la campagne; que je m'étais abstenu d'aller fréquemment aux assemblées, parce que mon état antérieur d'ecclésiastique, quoique je n'en eusse jamais exercé les fonctions, m'eût empêché d'y être utile; que j'étais connu de tels et tels citoyens de la section que je lui nommais. Je lui fis aussi mes protestations contre l'imputation d'avoir fait un livre en faveur du despotisme, etc.; mais surtout je lui expliquai le procédé de Cubières, en le suppliant de ne pas me condamner sur le témoignage d'un homme justement suspect de prévention. Il avoua à mon domestique que c'était en effet Cubières qui lui avait soufflé ce reproche d'incivisme communiqué à l'assemblée, mais que je n'avais qu'à voir incessamment mes commissaires, dont le rapport pourrait me tirer de là.

C'est à quoi je ne manquai pas. Je me rendis à l'hôtel de ville vers midi, du fond de mon faubourg Saint-Honoré. J'y arrivai trempé de sueur et de pluie, mon domestique me suivant et portant dans un sac huit ou dix volumes de mes ouvrages, destinés à prouver mon civisme.

Le rendez-vous était dans la salle commune, mais je n'y trouvai personne.

Je m'assieds ruminant mon plaidoyer; mais j'aurais eu le temps d'écrire une harange *pro domo mea*, aussi longue que celle de Cicéron, car il était plus de deux heures que personne n'avait encore paru.

Enfin un homme arrive et me dit : « Citoyen, avez-vous vu ici quelqu'un des commissaires à qui vous avez été renvoyé hier? — Non, citoyen; je les attends depuis midi. — Et moi je les cherche, me dit-il. — Seriez-vous, lui dis-je, l'un de ceux qu'on m'a donnés? — Oui, citoyen. — Eh bien, lui dis-je, ayez la complaisance de m'entendre un moment en attendant l'arrivée de vos collègues, s'ils peuvent encore venir.

« Il me semble, lui dis-je alors, citoyen, que ce qui a fait l'impression la plus défavorable contre moi dans le conseil, est l'imputation qu'un membre m'a faite d'être l'auteur d'une apologie du despotisme; mais cette accusation est absolument fausse; et si vous savez démêler la vérité, vous avez dû la reconnaître dans la manière franche et ferme dont je me suis défendu.

— Mais non, dit-il, je n'ai pas été convaincu, parce que je suis sûr d'avoir lu le livre dont je vous parle comme étant notoirement de vous. »

Alors je me suis aperçu que c'était à mon accusateur lui-même que je parlais, et que, suivant la jurisprudence de la commune, c'était le citoyen Vialard, mon dénonciateur, qu'on m'avait donné pour un de mes juges.

Une pensée ne me vint pas à ce moment, qui s'est depuis présentée à moi; c'est que cette apologie du despotisme que Vialard était sûr d'avoir lue, et dont la notoriété publique l'assurait que j'étais l'auteur, n'est autre chose que ma *Théorie du paradoxe*, dans laquelle je loue ironiquement Linguet de toutes les extravagances qu'il a débitées en faveur du despotisme oriental et des gouvernements de Perse et de Turquie. On s'étonnera moins tout à l'heure que mon juge ait pu faire un si étrange quiproquo; mais c'est un bonheur pour moi de ne m'en être pas avisé sur-le-champ, car il m'eût été impossible de ne pas lui rire au nez; ou, si je me fusse tenu de rire, de ne pas lui donner une explication qui l'eût infailliblement blessé, en lui montrant sa sottise trop à nu. Outre que je ne vois que cet ouvrage qui ait pu donner à ce Vialard l'idée que j'avais fait une apologie du despotisme, l'époque qu'il indiquait, de quinze à seize ans, se reporte en effet de 1793 à 1777, et la *Théorie du paradoxe* est de 1776.

Cette explication ne s'étant pas présentée à mon esprit, je lui dis que je ne doutais nullement qu'il n'eût lu une apologie du despotisme bien abominable, mais que la question était de savoir si j'en étais l'auteur ; que j'osais lui assurer qu'il n'existait point de livre pareil sous mon nom, parce que je l'aurais hautement désavoué ; que s'il était anonyme, il était possible que quelqu'un lui eût persuadé qu'il était de moi, mais que cette imputation n'était pas une preuve, et ne méritait aucune croyance.

« Mais, lui ajoutai-je, quoiqu'il soit difficile de prouver qu'on n'a pas fait ceci ou cela, qu'on n'a pas volé ou assassiné un homme, je suis assez heureux pour pouvoir repousser l'accusation qu'on m'intente, en montrant une suite d'ouvrages imprimés de ma composition et remontant à plus de trente ans, dans lesquels on voit constamment la liberté et toutes les causes du peuple défendues d'après des maximes absolument inconciliables, dans la même tête, avec celles du despotisme. »

Alors je lui ai ouvert mon sac, et j'en ai tiré successivement mes ouvrages grands et petits, dont nous avons fait l'inventaire à la manière du curé et du barbier de Don Quichotte, comparaison que la suite montrera être encore plus juste qu'on ne peut s'y attendre.

« Voilà, lui dis-je, un ouvrage fait à la demande de M. Trudaine, le grand-père de ceux d'aujourd'hui (hélas ! à cette époque ils existaient encore), homme que vous conviendrez avoir été un assez bon administrateur pour son temps. J'y établis les principes mis en pratique depuis par les assemblées nationales, de rejeter toutes les douanes aux frontières, et de supprimer tous les droits intérieurs. — Oui, dit-il en jetant un coup d'œil sur le papier, cela est bon.

— Ceci, lui dis-je en passant à un autre, est une brochure en faveur de la tolérance envers les protestants persécutés en Languedoc, à l'époque de 1758. Vous voyez que ma manière de penser sur la liberté des opinions religieuses date de loin, puisqu'il y a trente-cinq ans que j'écrivis ce papier. — Cela est bien, dit mon homme.

— Voilà, continuai-je, un petit ouvrage où je défends la

liberté d'écrire et d'imprimer sur les matières de l'administration contre un arrêt du conseil qu'avait fait rendre Laverdy, alors contrôleur général, qui ne voulut jamais en permettre l'impression son règne durant. Il n'a été imprimé, comme vous le voyez par la date, que cinq ans après, en 1775, sous l'administration du ministre des finances Turgot, qui aimait aussi la liberté, et avec qui j'étais lié depuis l'âge de vingt ans. — Turgot, dit-il, n'était pas mauvais; » et, ouvrant la brochure çà et là, il en lisait quelques lignes avec distraction.

« Le volume que voilà, lui dis-je en lui mettant dans les mains la réfutation des dialogues de Galiani sur le commerce des blés, en un assez gros volume, est encore en faveur de la liberté du commerce des grains. — Oh! dit-il, il ne faut pas citer celui-là. — Est-ce que vous ne pensez pas, lui dis-je, que la liberté est le seul moyen de prévenir les disettes et les chertés des subsistances? Est-ce que la liberté, ajoutai-je malignement, n'est pas toujours bonne et bonne à tout? »

Je vis que mon éloge de la liberté l'embarrassait, et qu'il n'osait le combattre. « A la bonne heure, me dit-il; mais aujourd'hui les inquiétudes sont trop grandes, et on ne peut pas parler de ce genre de liberté.

— Par cette raison aussi, je ne dois pas faire mention, lui dis-je, de cette analyse du livre de M. Necker sur la législation du commerce des blés, où je réfute ses principes, et où je fais voir que son ouvrage n'a point de résultat pour un administrateur. » Et je vis dans son air quelque indulgence en faveur d'une réfutation de M. Necker.

Alors je lui produisis mes différents Mémoires contre la Compagnie des Indes pour la liberté du commerce, lui faisant observer mon civisme dans le zèle avec lequel je combattais un privilége nuisible au peuple par l'enchérissement qu'il apportait aux objets de sa consommation. Je me targuai de mon volume in-quarto, que j'employais dans ce moment comme un bouclier; et lui-même, le prenant dans ses mains, me laissait voir quelque satisfaction d'avoir à juger et de voir suppliant devant lui l'auteur d'un gros livre.

J'en étais environ à la moitié de mon étalage, lorsque mon homme m'a arrêté tout court en me disant : « Mais ce que vous me montrez là ne fait rien à la chose dont il s'agit. Il faut prouver votre civisme dans les journées du 10 août et du 31 mai, et tout cela ne le prouve point; vraiment, ajoutait-il, nous savons bien qu'il y a quelques gens de lettres qui ont eu d'assez bons sentiments anciennement et avant tout ceci; mais aucun d'eux ne s'est montré depuis et dans ces derniers temps, et tous les académiciens sont ennemis de la République. »

L'argument, comme on voit, était malin et pressant. Je ne perdis pourtant pas les arçons, et je lui dis : « Comment, citoyen ! et vous oubliez donc le civisme de Target, de Laharpe, de Chamfort? Vous ne lisez donc pas *le Mercure*, où Laharpe et Chamfort se sont si bien montrés en faveur de la Révolution? Et Target n'est-il pas président d'un tribunal d'arrondissement? Que vous faut-il donc?

— Bon! me répliqua-t-il, et Lafayette, et Custine, et Bailly, et tant d'autres, n'ont-ils pas aussi été révolutionnaires? Mais il faut être révolutionnaire du 10 août et du 31 mai. On ne peut donner de certificats qu'à ceux qui ont prouvé leur civisme par leur conduite en ces deux circonstances, et ni vos académiciens ni vous n'y avez rien fait. »

Sur cela je me mis à plaider sérieusement la cause de Laharpe et de Chamfort, comme de deux excellents révolutionnaires; et tout ce que j'aurais pu dire d'eux avec des gens raisonnables en improbation, je l'ai dit en apologie et en éloge. Mais mes éloges sont tombés tout à plat, de sorte que je n'ai jamais pu les disculper, aux yeux de mon commissaire (en cela, certes, bien difficile), d'être des aristocrates; et il a bien paru que cette opinion n'était pas seulement celle de mon homme, puisque l'un et l'autre ont été arrêtés depuis, Chamfort peu de temps après, et Laharpe ensuite, malgré tout le zèle qu'ils avaient jusque-là montré pour la Révolution.

Mon association avec mes deux confrères ne pouvant plus me servir, je me vis forcé de ramener la question à moi-même; et voulant attaquer mon juge par le pathétique, je lui dis que, sans insister davantage pour justifier Chamfort et Laharpe, je pouvais m'excuser sur mon âge; qu'on ne pouvait pas demander d'un homme de soixante-sept ans la même activité qu'il avait, lui, jeune et vigoureux; que mon inaction ne pouvait pas être regardée comme une preuve d'incivisme; que je n'avais qu'une manière d'agir, qui était d'écrire, et que beaucoup de bons citoyens plus en état d'écrire que moi, s'en abstenaient sans qu'on leur en fît un crime, et qu'enfin je lui avouais qu'il était entré dans mon silence un peu d'humeur, lorsque après avoir consumé ma vie à travailler pour mon pays, j'osais le dire, avec quelque utilité, je m'étais vu dépouillé sur la fin de ma carrière de tout le fruit de mes travaux, c'est-à-dire de trente mille livres de rente, réduites d'abord à deux mille écus et puis à mille livres que je ne pouvais toucher faute de certificats; qu'en une telle situation on pouvait me pardonner d'être dégoûté d'écrire, etc.

« Eh! oui, me dit-il, vous avez perdu, mais tout le monde en est là. Et moi aussi j'ai perdu mon état par la Révolution. » Sur cela me voilà jouant l'intérêt. Je lui demande quelle est l'espèce de perte qu'il a faite, quelle place il occupait, quel état il avait. Il me répond courageusement : « J'étais coiffeur de dames, et, ajoute-t-il, j'ai toujours aimé les mécaniques, et j'ai présenté à l'Académie des sciences des toupets de mon invention. »

Cette découverte d'un coiffeur de dames dans mon commissaire, dans le juge de mes ouvrages, m'eût fait rire dans toute autre circonstance; mais je ne sourcillai pas; je me gardai bien de lui dire que c'étaient les coiffures à la jacobine qui avaient fait tort aux perruquiers; je me remis à lui présenter humblement mes ouvrages et à les soumettre à son jugement.

Je me rappelai dans ce moment ma préface de la comédie des *Philosophes* et le refus que venait d'essuyer Palissot à la commune en demandant comme moi un certificat de civisme, et rapprochant ces deux choses, je lui dis : « Citoyen, la commune vient de refuser un certificat à Palissot pour sa comédie des *Philosophes*, où il a fait marcher J. J. Rousseau à quatre pattes. — Oui, dit-il, et elle a bien fait. — Eh bien, répliquai-je, si elle veut être d'accord avec elle-même, elle ne peut me refuser le mien, car j'ai devancé beaucoup son zèle pour Jean-Jacques, en faisant dès 1760 une plaisanterie trouvée assez piquante dans le temps, où j'attaque vertement Palissot, et qui m'a valu trois mois de séjour à la Bastille. Si j'ai été puni par l'ancien régime pour m'être moqué de Palissot, je dois être pour cela même favorisé de la commune qui punit aujourd'hui Palissot pour avoir insulté J. J. Rousseau. Cette conduite sera conséquente. »

A ce mot de Bastille, le front de mon juge se déride en ma faveur. « Vous avez été à la Bastille? me dit-il en me montrant quelque considération. — Oui, dis-je en me rengorgeant, j'y ai été trois mois pour l'ouvrage dont je parle. — Ne pouvez-vous pas me le montrer? — Je ne l'ai pas ici, lui dis-je; mais il n'est pas qu'un homme comme vous n'ait un *Voltaire*, et vous trouverez le papier dont je vous parle dans le volume de ses OEuvres intitulé *les Facéties parisiennes*, où Voltaire lui-même a bien voulu le recueillir ainsi que d'autres pamphlets du même genre que je publiais, tandis qu'il désolait de son côté les ennemis de la philosophie par de bien meilleures plaisanteries, telles que *la Vanité, le Pauvre Diable, le Russe à Paris*, etc. Lisez, je vous prie, la préface de la comédie des *Philosophes*, dans *les Facéties parisiennes*, et vous y verrez comme j'y mène ce Palissot, que la commune vient de recevoir si mal.

— Ne connaissez-vous pas beaucoup Barentin? me dit-il. — Point du tout, lui dis-je. — Et les autres ministres? —

J'en ai connu quelques-uns. Celui avec lequel j'ai été le plus lié était M. Turgot, que j'ai connu dès ma jeunesse, et dont j'ai cultivé la société et l'amitié jusqu'à sa mort. — Et parmi nos derniers ministres? me demande-t-il. — Parmi ces derniers, j'ai connu beaucoup l'archevêque de Sens, avec qui j'avais fait mes études et que je voyais souvent. — Oh! celui-là, dit-il, nous a bien servis.

— Je ne sais pas, lui dis-je, en quel sens vous l'entendez; mais je puis vous dire que les opérations que vous pouvez lui reprocher, je ne les ai jamais approuvées, et notamment cette cour plénière qui eût empêché la convocation des états généraux, et que j'ai blâmée avec tous les gens sensés.

« Quant aux états généraux, vous pouvez voir, par les trois ou quatre brochures que voilà, que je les ai voulus convoqués comme vous les auriez faits vous-même, c'est-à-dire avec la double représentation du tiers et sans distinction des ordres dans les délibérations. Ce sont là, lui dis-je en lui présentant ces pamphlets, autant de titres de civisme, puisque j'y ai défendu la cause du peuple et sans doute vos propres opinions. »

Comme il jetait sur ces brochures des yeux distraits, je vis que son attention commençait à se lasser. J'avais dit à peu près tout ce que je pouvais en faveur de mon civisme : il était temps de laisser mon juge réfléchir sur mon apologie. Je pris donc congé de lui, en me recommandant à sa justice. Il me dit d'aller voir le citoyen Bernard et le citoyen Pâris, ses deux collègues, sans me donner d'ailleurs aucune espérance, et sans me laisser voir que mes sollicitations et mes pièces eussent changé ses premières dispositions.

Je reviens bien chanceux chez moi m'habiller, car je m'étais vêtu d'une mauvaise redingote pour capter la bienveillance de mes juges, et je vais dîner chez madame de B..., en tiers avec elle et madame de P.... Après le dîner je leur conte mes aventures de la veille, et la séance de la commune, et ma conversation du matin avec mon commissaire.

Je les divertis surtout beaucoup lorsque, après leur avoir caché jusqu'au bout l'état de ce juge sévère, à qui je soumettais si humblement mes ouvrages, je leur appris, d'après lui-même, qu'il était coiffeur de dames; et elles me demandèrent avec instance de leur donner la suite de cette comédie.

L'acte suivant devait être mon entrevue avec un second commissaire que je devais solliciter aussi. Celui-là était le Bernard à qui j'avais déjà parlé le premier jour après l'examen de la commune. Il demeurait au faubourg Saint-Antoine, près de l'église de Sainte Marguerite. Je partis à huit heures du matin; mais chemin faisant je m'étais proposé d'aller faire ma cour au président Lubin.

Je m'arrête à son étal. M. le président était encore au lit. On me fait espérer que je serai bientôt admis. Après un quart d'heure on me fait passer par la tuerie, qui n'était pas encore lavée, et en traversant une mer de sang, je pénètre, mes souliers ensanglantés, jusqu'à la chambre du président. Je le trouve encore au lit. Je lui dis en bref les preuves que je puis donner de mon civisme; je me plains du procédé de Cubières; il me propose d'aller lui faire une visite; je m'y refuse. Je lui dis que j'espérais que les commissaires rendraient un assez bon compte de moi pour me dispenser de cette démarche, à laquelle je répugnais, et que je courrais plutôt le risque de voir Cubières se porter formellement pour opposant à ce qu'il me fût délivré un certificat. Il me rassura contre cette crainte, me dit qu'il lui parlerait, me conseilla de voir Paris, le troisième de mes commissaires, homme de lettres, qui m'entendrait mieux que les autres. Je le remerciai de ses avis et je m'acheminai vers le faubourg Saint-Antoine.

Là je trouve le citoyen Bernard, d'une figure ignoble, fait comme un brûleur de maisons, et avec lui une petite femme assez jeune, mais bien laide et bien malpropre.

Comme j'entrais en matière, arrive un grand jeune homme qui demande à déjeuner avec l'aisance d'un ami de la maison. La petite femme tire d'une armoire du fromage et une bouteille de vin ; ils se mettent à déjeuner l'un et l'autre, et moi à haranguer mon commissaire. Je lui présentai, l'une après l'autre, les pièces de mon procès. Je me récriai contre l'imputation d'avoir fait un ouvrage en faveur du despotisme, et mes arguments lui parurent plus convaincants qu'au coiffeur, parce que n'ayant pas avancé cette calomnie il n'avait aucun intérêt à la défendre. Mais il me fit comme Vialard ce terrible argument, que je n'avais pas prouvé mon civisme le 10 août, ni le 2 septembre, ni le 31 mai ; sur quoi on remarquera que celui-ci était plus difficile en preuves de civisme que son collègue Vialard, qui ne m'avait pas parlé du 2 septembre. Mais Bernard, nouveau Chérin, en demandant les preuves de ma noblesse révolutionnaire, voulait absolument les quatre quartiers.

Je ne me crus pourtant pas obligé de m'excuser auprès de lui de n'avoir pas été le 2 septembre avec les Marseillais aux Carmes et à l'Abbaye. Je supposai qu'il voulait dire qu'en ma qualité d'homme de lettres j'étais coupable d'un péché d'omission pour n'avoir pas écrit en faveur de ces grands mouvements de patriotisme. Je me démêlai de l'objection comme j'avais fait avec Vialard, en lui disant que mon silence ne pouvait pas être un crime ni mon inaction un délit ; que j'étais vieux et las, et que je ne lui dissimulais pas que parmi les causes de mon inaction il entrait aussi le chagrin d'avoir perdu par la Révolution le fruit de quarante ans de travaux ; que j'avais supporté la perte des trois quarts de ma fortune par les décrets de la première Assemblée, mais que la patience m'avait échappé lorsque quelques jours après le 2 septembre, un beau soir, la Convention avait décrété que les ecclésiastiques seraient désormais réduits à mille livres, sur lesquelles il fallait encore prélever des contributions mobilières, des secours pour les volontaires, des frais de garde, des indemnités aux boulangers, et payer force papier timbré toutes les fois qu'on avait à mettre le pied dans un bureau ; que je confessais ma faiblesse, mais qu'il ne fallait pas demander aux hommes des vertus au-dessus de l'humanité.

Il me parut recevoir mon apologie avec bonté et compatir à la tiédeur de mon patriotisme; mais, pour m'encourager, il me cita son propre exemple. « Et moi aussi, me dit-il comme le coiffeur, j'ai perdu par la Révolution, car, tel que vous me voyez, je suis prêtre et prêtre marié, et voilà ma femme, » me dit-il en me montrant la petite personne, qui parut toute fière de l'aveu que faisait son prêtre. Je saluai respectueusement la prêtresse, et je ne témoignai pas la plus légère surprise; de sorte qu'il a pu croire que je trouvais tout simple qu'un prêtre catholique ou se disant tel eût voulu goûter aussi du sacrement de mariage pour participer à tous.

« Eh bien, continua-t-il, je n'ai pas mille livres comme vous, mais cinq cents livres qu'on me donne pour être ici le gardien de l'église, et nous vivons fort bien, ma femme et moi, et nous avons encore de quoi donner à déjeuner à nos amis. » Exemple auquel je n'avais rien à répliquer, car il était sous mes yeux.

Je continuai donc d'étaler mon civisme à ce prêtre qui me rappelait la mine hétérodoxe de Poussatin, l'aumônier du chevalier de Grammont, et qui n'avait pas comme lui le mérite d'être le *premier prêtre du monde pour la danse basque*. Il avait pour assesseurs dans ses fonctions de juge la petite fille ou femme, et le grand drôle, qui, ayant fini leur déjeuner, se mêlaient dans la conversation; et j'aurais tenté inutilement de me soustraire à ce petit dégoût, car il n'y avait qu'une chambre.

Du reste, ces observations rentrèrent pour la plupart dans celles que m'avait faites le perruquier; il me parut n'être pas plus en état de juger mes ouvrages; il les ouvrait cependant, et parcourant les titres et quelques pages çà et là, il disait : « *C'est bien, c'est bon, nous verrons. Il faut que vous voyiez Pâris, et nous nous concerterons; je veux faire votre rapport.* »

« Je ne vous cache pas, continuait-il, que je vous tancerai, que je me plaindrai de votre silence. » Je lui dis humblement : « Si ce n'est qu'une correction fraternelle, je la recevrai doucement; mais promettez-moi du moins que votre censure ne deviendra pas une accusation. Si cela était, j'aime mieux me passer de certificat et ne plus suivre la demande que j'en ai faite. Vous ne voudriez pas me faire jeter en prison, et cependant c'est le sort qui m'attend si, votre rapport m'étant défavorable, j'essuyais un refus formel, attendu le décret d'hier, qui vient de déclarer suspects tous ceux à qui on aura refusé le certificat. » Il parut touché de cette raison. Il me promit qu'il serait le soir à la commune à six heures, et qu'il se concerterait avec ses collègues. Je pris congé de monsieur et de madame, et je vins me préparer à la corvée que je devais faire le soir à l'hôtel de ville.

Je m'y rendis vers les six heures. J'ai peu de chose à dire de cette assemblée, parce que, fatigué de ma course du matin et n'ayant affaire qu'à mes commissaires, je n'entrai pas d'abord dans la salle. Je m'établis dans l'antichambre de la secrétairerie, où passaient les membres du conseil pour se rendre à leurs places; j'entendais de là les cris, les transports dont on accueillait le contingent des sections en jeunes gens de la première réquisition, et l'hymne patriotique, dont les premiers vers étaient entonnés par le président Lubin, et les *Ça ira*, et de temps en temps d'autres chansons, et les joies des dames des tribunes; et lorsque le temps de la discussion fut arrivé, je ne daignai pas entrer d'abord, persuadé que je n'y entendrais que des sottises.

Je surmontai pourtant ce dégoût vers les dix heures. On y traitait de la taxation des denrées de première nécessité (autres que le pain, dont la taxe était déjà établie). Mon perruquier, une des lumières de la commune, se leva et fit observer avec une grande sagacité que si la ville de Paris commençait à taxer, les départements environnants ne manqueraient pas d'établir leur maximum au-dessus de celui de Paris, ce qui retiendrait les denrées chez eux; qu'il fallait faire en sorte que les départements taxassent les premiers, qu'ensuite Paris taxerait à un taux supérieur et attirerait l'abondance chez lui.

Il oubliait, à la vérité, une petite circonstance; c'est que son projet étant communiqué à deux ou trois mille personnes présentes et devant être imprimé le soir, pourrait ne pas réussir, à raison de ce que les départements avertis se tiendraient sur la défensive; mais, malgré cette incongruité, Vialard obtint de grands applaudissements.

La commune ayant consumé beaucoup de temps à entendre des harangues et à chanter, ne put s'occuper des demandes de certificats que fort tard. Aussi Bernard m'ayant annoncé qu'il ne pouvait être question de mon affaire ce jour-là, je me retirais, lorsque je vis sortir mon perruquier. Je l'abordai, et, voulant le flatter en lui faisant voir que j'avais écouté sa motion avec attention, je lui dis modestement que je croyais la taxation difficile à soutenir, contraire aux véritables intérêts du commerce, injuste pour les vendeurs qui avaient acheté à des prix plus hauts que ceux qu'on voulait leur allouer, et enfin funeste aux consommateurs eux-mêmes; qu'on voulait remédier par là à l'enchérissement des denrées, mais que c'était méconnaître la véritable cause de cette cherté, qui était en partie un effet de la rareté des denrées, et en partie celui de la multiplication des assignats, dont on parlait au moment même de faire une nouvelle émission; que cette nouvelle émission ayant lieu après la taxation, la taxe serait dès lors encore plus au-dessous du véritable taux, et qu'il était impossible que le commerce et l'approvisionnement de Paris, et la culture et la production, ne souffrissent pas d'un pareil choc, etc.

« Mais point du tout, me dit-il, on peut faire encore pour bien des milliards d'assignats sans rien craindre; ils ont pour hypothèque les terres, et il y en a pour cent milliards. »

Il ne répondait pas à mes objections; mais je n'avais pas le temps de le ramener à la question, je me contentai de lui dire : « Eh ! bon Dieu ! où prenez-vous tant de richesses ? — Oh ! dit-il, j'ai bien lu mon Voltaire, et je suis bien sûr de mon fait. » Je me vis alors en danger de lui prouver qu'il ne savait ce qu'il disait, et j'y échappai en lui donnant un bonsoir le plus poli que je pus et me recommandant à sa bienveillance. Il était onze heures, et bien temps de regagner mon gîte.

J'étais convenu avec Bernard et Vialard que je verrais Pâris. Le lendemain, vendredi, j'allai le chercher, rue des Carmes, près de la place Maubert. J'appris de lui-même qu'il était professeur à l'Université, et qu'il faisait la leçon au Collège royal à la place de l'abbé Delille. Je me dis, comme le philosophe abordant sur une plage inconnue et y trouvant des figures géométriques tracées sur le sable : *Voilà des pas d'homme*.

Pour cette fois, je n'avais point apporté mes ouvrages à mon censeur; je lui dis seulement que je les avais fait voir à MM. Vialard et Bernard; qu'en lui en disant seulement les titres, il verrait que je m'étais constamment occupé d'objets utiles, et que j'avais toujours défendu la cause de la liberté dans mes écrits.

Il me parla fort honnêtement de moi et me dispensa ainsi de recommencer mon propre éloge. Il connaissait quelques-uns de mes ouvrages, entre autres la *Théorie du paradoxe* et la *Préface de la comédie des Philosophes*, et la réponse à l'écrit de Chamfort contre l'Académie française. Par là je vis que les satires comme les bonnes actions ne sont jamais perdues. Mais, pour achever de lui gagner le cœur, je lui parlai du *Manuel des inquisiteurs*, de mes *Réflexions sur la liberté d'écrire et d'imprimer*, du *Traité des délits et des peines*, traduit de Beccaria, qu'il connaissait; enfin de mes brochures relatives à la formation des états généraux. Je promis de lui envoyer tout cela dès le lendemain matin. Je le pressai de parler à ses collègues en ma faveur et de se trouver à la ville le lendemain, samedi, à l'assemblée de la commune, pour convenir avec eux du rapport qu'il me fallait.

Je dirai avec peine de ce Pâris, qui a péri depuis avec beaucoup d'autres membres de la commune à la suite de Robespierre, que dans cette entrevue ainsi que dans une seconde que j'eus encore quelques semaines après, m'étant hasardé à exprimer mon horreur pour les meurtres qui commençaient à se multiplier étrangement, je m'aperçus que je touchais une corde qui ne rendait point de son. Un homme de ma connaissance m'a dit depuis que je le jugeais trop rigoureusement; mais il m'a avoué en même temps que Pâris lui avait dit que j'étais *très-imprudent*, et l'imprudence que je lui ai montrée n'étant, je le proteste, que l'expression des sentiments qui remplissaient à cette époque l'âme de tous les honnêtes gens, j'ai pu croire que celui qui m'en faisait un reproche ne les partageait pas. Enfin je ne puis l'excuser, et c'est une bien faible excuse, qu'en supposant que le langage qu'il m'a tenu était celui de la politique et de la peur, qui dans nos temps malheureux a trop souvent servi de couverture à la cruauté et à l'insensibilité, et tout au moins à l'insigne lâcheté qui nous a perdus.

Je retournai donc, le samedi 21, pour la quatrième fois, à l'assemblée générale de l'hôtel de ville; je m'établis, comme la veille, dans l'antichambre du secrétariat, attendant que quelqu'un de mes commissaires passât, et excédé des cris et des chants qui occupèrent encore l'assemblée depuis sept heures jusqu'à plus de neuf heures et demie.

C'étaient des harangues de section, et puis l'hymne des Marseillais, et puis des chansons à plusieurs couplets sur des airs d'opéra-comique, du genre de celle du *Moineau qui t'a fait envie*, que le président Lubin, orné de son écharpe, chantait, hors de mesure, avec une voix et des agréments et des manières de beau Léandre qui ravissaient tous les spectateurs; mais comme je n'aurais pas partagé leur ravissement, je ne voulais pas entrer. Je crois bien que le président a chanté ainsi en solo à peu près trois quarts d'heure, en différentes fois, l'assemblée répétant communément le dernier vers du couplet. Aussi une femme du peuple, qui attendait comme moi dans cette antichambre, disait : Mais c'est drôle de passer comme ça tout le temps de leur assemblée à chanter. Est-ce qu'ils sont là pour ça?

Dans cet intervalle j'avais saisi Pâris au passage, comme

il se rendait à l'assemblée, et je lui avais dit quelques mots. Après lui, et vers les neuf heures et demie, le coiffeur avait aussi passé et m'avait écouté en marchant toujours, avec plus de distraction et de morgue que le ministre de la guerre le plus inabordable n'en montra jamais au plus petit officier d'infanterie. Je le suivais humblement, et je parvins, avec quelque peine, à lui faire entendre que ses collègues n'attendaient que lui pour décider de mon sort, et que je me recommandais à sa justice, à laquelle je ne croyais guère dès lors, et à laquelle j'eus lieu de croire encore moins après l'avoir écouté parler dans l'assemblée.

Enfin je me glissai dans la salle à l'arrivée d'une section. Au bruit des tambours et aux cris de *Vive la république!* je vis s'établir à la tribune des jeunes gens de ma connaissance et de ma section. Ils étaient coiffés de ces vilains bonnets rouges qui commençaient à prendre le grand crédit qu'ils ont perdu depuis, et pour lesquels ceux que je connaissais avaient sans doute autant d'horreur que moi. L'orateur jura, comme de raison, d'exterminer les tyrans, de purger la terre de la liberté, et le reste. Il termina son discours par cette phrase : *Annibal, pour jurer, n'attendit pas vingt ans.* Et je crus voir que la plupart de ceux qui m'environnaient entendaient par là qu'Annibal n'était pas plus grand que cela, qu'il jurait par B. et par F. en excellent jacobin.

Après la réponse du président, un des bonnets rouges de la tribune dit : « Président, un jeune citoyen de notre section a composé une chanson patriotique qu'il propose de chanter lui-même si on le lui permet. » La permission est accordée sur-le-champ, et on voit s'établir à la tribune le jeune citoyen à cheveux noirs et luisants tombant sur ses yeux, et à poitrine découverte, qui entonne une chanson sur l'air des Marseillais. Elle avait au moins dix à douze couplets, écrite Dieu sait comment! paroles estropiées sous le chant et brisant toute prosodie; mais, ce qui est pis, exprimant à chaque couplet des sentiments de cannibale, la nécessité urgente de *massacrer* incessamment *les prêtres rassasiés de crimes*, de les ensevelir sous leurs autels ensanglantés, et de faire subir à tout noble et à tout prêtre la rigueur des lois. Et il faut savoir que les couplets où ces sentiments atroces étaient le plus énergiquement exprimés étaient applaudis avec transport et toujours répétés, les femmes des tribunes trépignant de joie, et leurs voix criardes s'élevant en refrain, et mes voisins se disant l'un à l'autre : *F., le B., il attrape bien ça. C'est du bon, ça, c'est excellent.* Et tout le reste donnant quelques signes d'approbation, la plupart volontairement, quelques-uns sans doute pour n'être pas suspects ; car mon domestique, qui était dans une autre partie de la salle, me dit qu'il avait été dénoncé par une femme des tribunes comme n'applaudissant point, et forcé de battre des mains et d'agiter son chapeau en l'air.

La chanson achevée, il fut décrété qu'elle serait imprimée aux frais de la commune, et envoyée, avec beaucoup d'autres, dans les départements, moyen puissant et terrible de nourrir et d'exalter les sentiments qu'on voulait inspirer au peuple et qu'on n'avait que trop bien répandus.

Enfin, la députation retirée, la commune commença à s'occuper de ses affaires ou plutôt des nôtres. Il était dix heures. Deux cents personnes attendaient comme moi pour leur certificat de civisme ; mais, avant de s'en occuper, on entendit encore le procureur de la commune, Hébert, rendant compte d'une réclamation de la commune de Passy, près Paris, contre l'arrestation de Gojard, celui qui a été premier commis des finances.

Mon coiffeur de dames se lève en furie et demande si ce Gojard n'est pas le même que celui qui a été l'agent de Marie-Antoinette, laquelle n'est pas encore jugée, mais qu'il est bien temps de punir de ses crimes ; que si c'est lui, il est à coup sûr aristocrate et ennemi de la république ; qu'il y a d'ailleurs un abus criant qu'il doit dénoncer, c'est que beaucoup de mises en liberté se font par les comités de salut public non encore renouvelés comme ils doivent l'être par le scrutin épuratoire décrété par la commune ; que, jusqu'à ce renouvellement, il fallait suspendre toutes les mises en liberté et regarder comme nulles celles qui avaient été prononcées par les comités actuels de chaque section; qu'il fallait exiger ce renouvellement sous deux fois vingt-quatre heures, et que, faute par elles de l'exécuter, la commune nommât elle-même les membres du nouveau comité.

Ensuite mon perruquier, s'échauffant de sa propre éloquence et renforçant sa voix, déclara que les nobles, et les prêtres, et les muscadins, étaient tout prêts à égorger les citoyens, si les citoyens ne les prévenaient pas. « Notre liberté et notre vie, ajoutait-il, sont encore dans nos mains; mais il n'y a pas un moment à perdre si nous voulons sauver l'une et l'autre, etc. » Tout cela dit d'un ton forcené, avec des gestes furibonds, une voix mordante, et chaque période coupée en petites phrases courtes, pour chacune desquelles il pouvait employer toute la force de ses poumons.

Je m'aperçus alors mieux que je n'avais fait jusque-là, par la manière dont il était écouté et applaudi, que ce Vialard était un des oracles de la commune et qu'il y jouissait d'un grand crédit; mais son discours me laissa une grande impression d'horreur et une crainte fondée en voyant mon sort dans ses mains.

Des députés de la commune de Passy parlèrent ensuite bien faiblement, bien timidement, en faveur du pauvre Gojard; mais comme ils faisaient mention de son âge et de sa bienfaisance envers les pauvres de leur commune, un des membres du conseil, bien mal vêtu et de bien mauvaise mine, se leva et dit que ce n'étaient pas là des raisons; qu'il avait aussi, lui, entendu parler d'une certaine vieille femme du faubourg, qui donnait du pain, des bas, des souliers aux pauvres de sa paroisse, et qui payait des mois de nourrice, et qui n'en était pas moins d'une aristocratie puante et qui en avait empuanté tout son quartier. Je répète ses propres termes. La commune entière trouva l'exemple décisif, quoiqu'il ne fût pas précis, comme on voit, et le raisonnement sans réplique. En conséquence, la pétition des habitants de

Passy en faveur de Gojard fut rejetée, et il fut décrété de nouveau plus expressément qu'il ne serait relaxé personne désormais que par les comités révolutionnaires de nouvelle création.

Cette mesure une fois adoptée, l'assemblée s'est trouvée conduite assez naturellement, et toujours sur la motion de mon enragé de perruquier, à l'appliquer aussi aux certificats de civisme, que les comités actuels avaient délivrés, dit-il, avec trop de facilité. De là il fut décrété que les anciens certificats seraient visés par les nouveaux comités révolutionnaires avant d'être présentés au conseil général de la commune, qui n'en admettrait plus d'autres.

On peut se figurer pendant ce temps les sentiments qui agitaient les demandeurs de certificats, la plupart sollicitant depuis deux ou trois mois et qui voyaient toutes leurs peines perdues. Quant à moi, c'était ma douzième course à l'hôtel de ville et la quatrième de celles où, arrivant à cinq et six heures du soir, je n'avais pu en sortir qu'à dix ou onze pour regagner mon faubourg Saint-Honoré. J'entends de pauvres gens dire qu'ils étaient retournés chez eux, des séances précédentes, à deux et à trois heures du matin.

Cette nouvelle rigueur de la commune m'a cependant été utile en me détournant de poursuivre la demande d'un certificat qui devenait tous les jours plus dangereuse pour ceux qui seraient refusés. Ce misérable coiffeur me parut si profondément méchant, que je compris que j'avais tout à craindre en passant par ses mains. Je saisis le prétexte ou plutôt la raison du nouveau décret, et ayant rencontré Bernard comme il sortait de l'assemblée, je lui demandai si je n'étais pas obligé d'obtenir un nouveau certificat, qui serait soumis, comme le premier, à son jugement et à celui de ses collègues; à quoi il me répondit que cette marche était indispensable.

Je me trouvai par là en mesure de suspendre toute demande de certificat, tant que je jugerais que je pouvais essuyer un refus qui, pouvant être motivé par ce Vialard avec toute sa méchanceté, m'eût peut-être fait arrêter à l'hôtel de ville même, comme l'ont été beaucoup d'autres.

Je fus confirmé dans ce parti par Pâris, que j'allai voir quelques jours après et qui ne me dissimula pas le danger que je courrais. Mais je m'applaudis beaucoup de ma détermination, sur le récit d'un fait dont un homme de mes amis, par un hasard singulier, avait été le témoin, et qui mérite de trouver sa place ici.

Il y avait environ six semaines que j'avais suspendu toute démarche relative à mon certificat, lorsqu'un homme de mes amis, d'un esprit sage et fin, vint me conter que se trouvant à dîner chez un restaurateur aux Tuileries, il y avait reconnu Hébert, le procureur de la commune, à une table voisine de la sienne; qu'un des convives d'Hébert en était venu à dire qu'on était trop facile sur les certificats; qu'on en avait donné à un aristocrate bien notoirement tel, l'A. M. (l'abbé Morellet), que lui qui parlait avait fait chasser de l'assemblée de la section des Tuileries comme ayant écrit contre J. J. Rousseau et partisan du despotisme; sur quoi j'observe que je n'ai jamais rien imprimé contre J. J. Rousseau, que je n'ai jamais été chassé d'aucune assemblée, et que je n'ai jamais loué le despotisme qu'ironiquement, qu'en me moquant des paradoxes de Linguet.

A cela, continue mon ami, Hébert répond : « Citoyen, tu te trompes. L'A. M. n'a point obtenu de certificat de civisme de la commune, à qui il s'est présenté en effet, mais qui l'a renvoyé à des commissaires; et lorsque le rapport aura lieu et qu'il se présentera, il sera reçu comme il faut; mais, ajouta-t-il, tous ces vieux prêtres ne peuvent plus nous faire de mal. Ils n'ont plus rien; ils ne seraient pas fâchés qu'on les mît dedans, pour être nourris aux dépens de la nation; mais nous ne leur donnerons pas cette satisfaction. »

Au travers de l'atrocité de ce propos que me rapportait mon ami, je vis pourtant avec plaisir qu'Hébert et consorts ne voulaient pas se charger de me nourrir en prison, et je me dis à moi-même : « Ma ruine me sauve : à quelque chose malheur est bon. »

De ce moment, je me tins à la cape pour ne pas me briser contre l'écueil, attendant un vent plus favorable. Je ne touchai point mon petit revenu, faute de certificat; mais je ne jouai pas ma liberté et ma vie en cherchant à en avoir un tant que cette démarche demeurait dangereuse. Je ne l'ai renouvelée qu'après la mort de Robespierre, auprès du comité révolutionnaire de ma section, où je n'ai trouvé aucun obstacle, cet événement ayant rendu les comités un peu moins difficiles en preuves de civisme.

Pour l'édification de mes lecteurs, je finirai par leur dire la punition et vengeance divine, comme dit Rabelais, tombée sur tous ceux qui m'ont refusé mon certificat. A l'époque de ma demande, la commune était conduite par Chaumette, son procureur; Hébert, substitut de Chaumette; Lubin, président; et mes trois commissaires, Bernard, Paris et Vialard, y avaient un grand crédit.

Or, le 4 germinal, le père Duchesne, c'est-à-dire Hébert, a été condamné comme ayant voulu assassiner les membres de la Convention, détruire le gouvernement républicain et donner un tyran à l'État.

Le 24 germinal suivant, Chaumette a subi le même sort, comme complice d'Hébert.

Le 10 thermidor, Bernard a été exécuté comme complice de Robespierre, et participant à la rébellion de la commune.

Le 11, Lubin, devenu substitut de l'agent national de la commune, a été frappé de la même condamnation, ainsi que Paris, le seul que je puisse plaindre.

Reste debout le Vialard, qui, heureusement pour lui, ayant été chargé de je ne sais quelle mission par la commune elle-même avant le 9 thermidor, ne s'est pas trouvé à Paris au moment de la crise. Je ne sais ce qu'il est devenu depuis, et je ne m'en informe pas, car je ne veux pas la mort du pécheur, mais qu'il se convertisse et qu'il vive. Je le prie seulement de se faire expliquer, par quelque écolier, ces deux vers d'Horace :

> Raro antecedentem scelestum
> Deseruit pede, pœna, claudo.

LE BARON RIOUFFE

d'après des documents *inédits*.

Le principal écrit du temps sur les prisons fut incontestablement le récit de Riouffe qui a paru sous ce titre : *Mémoires d'un détenu pour servir à l'histoire de la tyrannie de Robespierre*. Dans l'année même de sa publication (an III), trois éditions furent rapidement enlevées. Ce succès n'était pas dû seulement au style de l'ouvrage, spécimen parfait de la littérature de l'époque, que les contemporains osèrent comparer aux grandes pages de Tacite, où l'emphase affaiblit, en croyant l'élever, l'expression d'une sensibilité qui serait parfois éloquente si elle n'était forcée; il est dû surtout à la révélation de souffrances ignorées, de faits mal connus. Jamais la presse n'a été moins libre que pendant la période aiguë de la dictature de la Convention et du comité de salut public. Les journaux étaient peu nombreux, peu lus, peu répandus. La calomnie officielle transmise par les autorités révolutionnaires, les comités et les clubs affiliés aux Jacobins, parvenait seule à l'esprit public préoccupé avant tout des périls de la lutte extérieure et des embarras intérieurs toujours croissants. Quel est celui qui n'était atteint ou dans ses intérêts ou dans ses affections, par la grande crise dont l'issue se trouva si longtemps incertaine? Le souci de ses propres affaires rendait chacun presque insensible à des infortunes particulières que l'égoïsme est naturellement disposé à croire méritées, soit pour se dispenser d'y penser, soit pour attribuer à autrui les maux dont celui-ci souffre, et ceux dont on souffre soi-même. La France était donc sourde et muette, muette sur les actes d'un gouvernement dont elle ne connaissait bien que l'ombrageuse et terrible puissance, sourde à des protestations étouffées, à des cris perdus dans l'immense retentissement des batailles et d'une guerre de géants. Lorsqu'une révolution toute locale, une sédition de la Convention soutenue par quelques quartiers de Paris, eût renversé Robespierre, la situation changea peu à peu ; l'horrible compression, les arrestations sans nombre, les supplices sans trêve, furent attribués au vaincu. A la haine, comme à l'admiration de la foule, il faut un nom, un homme. Cet homme fut Robespierre. Mille écrits le dénoncèrent à l'exécration publique qui s'est fixée sur sa mémoire. L'effet est produit depuis longtemps, et, à supposer qu'il soit regrettable, ce que nous ne croyons pas, il ne serait au pouvoir de personne de le détruire ou seulement de l'affaiblir. La haine de Robespierre est populaire comme la gloire de Napoléon.

L'ouvrage de Riouffe a contribué puissamment au premier élan de cette réaction générale contre le système de la Montagne personnifié dans un homme.

A ce titre, Riouffe mériterait de rencontrer un biographe. C'est d'ailleurs une destinée assez singulière que la sienne ; elle a un côté instructif. Mêlé aux premiers mouvements de la Révolution, il est emporté dans l'agitation girondine, languit huit mois dans les cachots, en sort par une chance bien rare, reparaît à côté de Bailleul, de Louvet, s'unit à eux et aux restes des Montagnards contre les monarchistes ou soi-disant tels, se prosterne devant l'astre naissant de Bonaparte, applaudit avec frénésie au 18 brumaire, retrouve la verve de ses dithyrambes républicains pour célébrer le despotisme de Napoléon : aussi finit-il préfet, légionnaire et baron !

Ces étranges évolutions s'expliquent d'un mot : Riouffe était comédien. Non pas que nous l'accusions d'avoir manqué de sincérité. Il a passé à travers toutes ces métamorphoses peut-être sans se douter qu'elles faisaient perdre la trace de son identité morale, se croyant immuable au milieu du monde mobile. Il était théâtral ; il avait des enthousiasmes factices, il se passionnait pour les hommes, et de même qu'il confondait la déclamation avec l'éloquence, il prenait l'appareil de la grandeur pour la grandeur même. Il lui a manqué, ce qui d'ailleurs est rare chez nous, des principes fermes, mûrement réfléchis, le seul fonds d'où puissent sortir, comme l'arbre sort de la terre, les actes véritablement virils et civiques. La Révolution française a donné un grand rôle aux comédiens ; dans le club, dans la Convention, à la tête des armées, au fond des prisons, et jusque sur l'échafaud !

Voici quelques documents, *tous inédits*, qui pourront servir à la biographie de Riouffe. Ils ne seront pas inutiles non plus pour la connaissance de l'époque.

D'abord deux témoignages recueillis à Rouen fournissent des renseignements sur les antécédents de Riouffe : c'est parce qu'ils se rapportent à la conduite de ce personnage avant son arrestation, que nous leur donnons place ici. La seconde déposition, émanant d'un comédien de la troupe de Ribié, était une véritable dénonciation.

« Honoré Riouffe, dit Toussaint, natif de Rouen [1], homme de lettres, s'est montré un zélé partisan de la Révolution; il a fait plusieurs ouvrages patriotiques; c'est dans ce temps que Ribié, directeur du théâtre de la République, établi à Rouen, le chargea de traiter avec les auteurs dramatiques pour son entreprise. Jamais il n'a été associé de Ribié, et toutes affaires cessèrent entre eux à l'époque du fédéralisme, où Riouffe se montra l'ardent partisan des Brissot, Guadet, Buzot, Petion, Vergniaud, etc. Riouffe a cohabité avec la citoyenne Toussaint, pensionnaire de Ribié, l'espace de deux ans et demi, dans les communes du Havre, de Caen, Amiens et Rouen, où il a demeuré avec elle l'espace de quatre mois, rue de la Prison, pendant lequel temps il a fait plusieurs voyages à Paris. La dernière fois qu'il revint à Rouen, ce fut à l'époque des troubles du Calvados. Il y resta trois ou quatre jours, et ensuite il s'en fut à Caen rejoindre ses dignes protecteurs ou protégés. De Caen il fut à Bordeaux, d'où il écrivit une dernière lettre à la citoyenne Toussaint.

» Je certifie tout ce que dessus véritable et conforme aux différentes déclarations qui m'ont été faites; à Rouen, ce 17 prairial an II de la République française, une et indivisible (5 juin 1794). »

» JÉMON,

« officier municipal. »

LIBERTÉ. — ÉGALITÉ.

« Je déclare connaître le citoyen Riouffe depuis le mois de décembre 1792 (v. s.), qu'à cette époque, ayant été rejoindre la

[1] Il était né le 1er avril 1764.

troupe du citoyen Ribié à Amiens, j'y trouvai le susnommé cohabitant avec la citoyenne Toussaint, actrice de ladite troupe. Je me souviens parfaitement qu'à cette époque, pendant laquelle on instruisait le procès du dernier tyran des Français, Riouffe prétendait que la Convention nationale n'avait pas le droit de le juger à mort, et il s'occupait d'un Mémoire qui devait servir à sa justification, mais j'ignore si Riouffe l'a fait parvenir aux membres de la Convention avec lesquels il se disait en relation. Vers la fin de janvier 1793 (v. s.), la troupe de Ribié se rendit d'Amiens à Rouen pour former dans cette ville l'établissement connu sous le nom de Théâtre de la République. Riouffe y suivit la troupe, et depuis fit différents voyages à Paris, dans lesquels Ribié l'employa plusieurs fois pour traiter avec les auteurs de quelques nouveautés théâtrales; il disparut enfin de Rouen pendant un intervalle assez long, et vers la fin de juin ou le commencement de juillet 1793 (v. s.), il y revint et se transporta chez moi, rue Haranguerie, n° 8; que ne m'ayant pas trouvé, il attendit mon retour. Lorsque je rentrai, je le trouvai dans ma chambre; à mon arrivée, après les compliments d'usage, il me demanda des lettres de recommandation à Genève, ma patrie, pour un sien parent, ex-prêtre, qui désirait s'y retirer. Je lui répondis franchement que n'ayant d'autre patrimoine que l'estime de mes parents et de mes concitoyens, je n'en ferais pas un si mauvais usage; sur quoi nous sortîmes et nous acheminâmes vers le théâtre de Ribié, où mon devoir m'appelait. Dans le chemin, nous parlâmes des troubles qui avaient agité la Convention, et de ceux que préparait l'intrigue dans les départements. Il me répondit qu'une force armée allait marcher sur Paris et délivrer les membres exilés injustement de la Convention. Vainement je lui représentai que ces mesures ne pouvaient opérer qu'une dissolution totale de la chose publique, il persista constamment dans l'opinion où il était qu'une force départementale armée contre Paris était le seul moyen de sauver la patrie. Je lui observai enfin que les membres en faveur desquels il s'intéressait avaient entravé le travail de l'acte constitutionnel, et que depuis leur proscription cet acte précieux et tant désiré avait été confectionné sur-le-champ sans difficulté. Voici les propres mots qui composent sa réponse : « Vous sentez bien que l'on ne veut pas de cette Constitution-là, elle est trop démocratique; une

Constitution qui occupe trop souvent le peuple de ses intérêts ne peut le rendre heureux. » Nous étions alors devant la porte du théâtre, je lui demandai s'il entrerait, il me répondit que des affaires importantes l'appelaient au Département; je le quittai et ne l'ai point revu depuis; j'ai su seulement qu'il était allé à Caen, de là à Bordeaux, où l'on m'a dit qu'il avait été arrêté.

« Je certifie la présente déclaration conforme à la plus exacte vérité, en foi de quoi je l'ai signée à Rouen le 17 prairial de l'an II de la République française, une et indivisible.

« J. A. Mussart, dit *Dupont*. »

Le hasard nous fait rencontrer dans ce dossier, au milieu des billets d'amour et de plaintes de la comédienne Toussaint, avec laquelle vivait Riouffe, et dont il avait une fille nommée Denise, billets plus touchants que littéraires, une lettre de Julie Talma, qui sera une bonne fortune pour nos lecteurs. Les conseils qu'elle renferme sont excellents et bien dignes de la femme de l'illustre tragédien. Les termes dans lesquels ils sont conçus ne permettent pas de douter que Riouffe a figuré sur les planches, peut-être à Bordeaux, certainement à Rouen ou ailleurs. L'amour-propre du grand dignitaire de l'Empire aurait cruellement souffert sans doute, s'il se fût douté qu'elle avait échappé à la destruction, cette lettre où on lui recommandait, ainsi qu'à ses camarades les *cabotins*, d'éviter l'enflure dans la tragédie et la trivialité dans la comédie. Et cependant un préfet pouvait bien, sans déshonneur, recevoir des leçons de la femme de celui qui a passé pour en avoir donné au plus grand de tous.

« Samedi, 31 auguste l'an II de la République.

» Je suis charmée, mon cher Toussaint, d'avoir reçu de vos nouvelles; votre camarade du Havre et moi nous étions fort inquiets, et votre femme donc, c'est bien pire. Le directeur de Rouen, sachant combien vous nous avez toujours marqué d'attachement, imagina que nous pourrions en avoir reçu; il vint exprès à Paris de la part de votre femme pour en savoir; aussi je vais lui en faire passer. Votre enfant se porte fort bien. Je ne suis pas étonnée de toutes les traverses que vous avez essuyées, les cabotins sont destinés aux aventures, témoin le *Roman comique* : vos camarades ont pourtant bien du talent, vous en avez aussi, mais que font les talents pour des spectateurs sans goût et dénués de sensibilité; je ne dis pas cela pour dénigrer la province, car à Paris même on voit souvent une mauvaise farce réussir mieux qu'une pièce de Racine. La citoyenne Foureau est à la campagne; j'irais bien la voir, n'était qu'hier je me suis jetée de mon haut sur le pavé et que j'ai la tête en compote; il faut que vous attendiez que je puisse montrer mon visage sans faire peur aux petits enfants. Je soigne toujours autant que je le puis les femmes de vos camarades et je baise leurs enfants quoiqu'ils soient méchants comme des petits loups; je me rappelle bien le jeune homme dont vous me parlez; s'il travaille, je réponds qu'il jouera les premiers rôles. Larive n'est plus à Bordeaux, tant mieux; vu sa réputation, il vous aurait enlevé tous les spectateurs; on dit qu'il y a deux mauvais acteurs de Paris; ils ne sont pas du théâtre de la République, j'ignore s'ils jouent l'opéra-comique ou la tragédie; il faut espérer qu'après avoir vu Monvel et Larive, on n'ira pas voir de mauvais histrions. Pour vous autres, soyez simples autant que vous pourrez; jouez des pièces patriotiques, car il faut songer à la chose publique avant tout, et ne pas négliger une occasion de faire enrager les aristocrates. Évitez l'enflure dans la tragédie et la trivialité dans la comédie. Il vaut mieux n'être pas applaudi que de faire des charges comme notre pauvre Dugazon. Adieu, mon cher Toussaint; Talma est fort sensible à votre souvenir; il me charge de vous dire que dans toutes les pièces qu'on a données par et pour le peuple, il a encore été plus applaudi par les bons sans-culottes que par les muscadins, ce qui lui fait un extrême plaisir.

» Le gros bonhomme que vous alliez voir avant votre départ se porte fort bien; l'amour est ce qui l'occupe davantage.

» Votre camarade du Havre a une petite maladie dont on ne peut parler sans rire. »

Au citoyen Toussaint, hôtel des Sept-Frères-Massons, rue de la Petite-Intendance, à Bordeaux.

La pauvre Toussaint n'avait pas de nouvelles de celui qui avait pris son nom de théâtre. Le directeur de la troupe de Rouen, où elle était engagée, lui écrivait de Paris :

» J'avais etés chez Thalmat le jour même de mon arrivé; il

m'avoit dit que ni lui ni Balleul qu'il voit souvent, n'avoit eu de nouvelle du père de Denise, de l'epoux de Toussaint. J'ai ce matin invité Balleul a diner aujourd'hui chez moi; voila le billet qu'il m'a répondu. — Tantot je serai plus savant.

» Votre véritable ami,
» RIBIÉ. »

» Paris, ce 2 septembre 1793.

» La grande femme [1] embrasse son amie. »

A la citoyenne Toussaint, comédienne
au nouveau Théâtre-Français, à Rouen.

« Citoyen, j'ai reçu des nouvelles de votre correspondant Toussaint; il est à Bordeaux, où il se porte fort bien; il est avec d'autres comédiens; probablement ils vont tâcher d'entrer au second théâtre. Je vous prie, citoyen, de recevoir mes compliments et d'en faire de ma part à sa petite femme.

» Julie TALMA. »

Au citoyen Ribbié, directeur du second théâtre, à Rouen.

Au mois d'octobre, Riouffe fut mis en arrestation dans des circonstances dont il a laissé le récit que nous reproduisons à la suite de cet interrogatoire. Il subissait le 10 octobre un interrogatoire que nous transcrivons sur la minute conservée, ainsi que toutes les pièces qui précèdent, aux Archives de l'Empire:

Aujourd'hui, 10 octobre 1793, l'an II de la République française, une et indivisible, par-devant nous, Étienne Antonny, officier de police de sûreté de la ville de la Réole, ayant attribution de juridiction par arrêté des citoyens Isabeau et Tallien, représentants du peuple, en séance à la Réole, en date du 5 courant, écrivant sous notre dictée le citoyen Auguste Delaguette, greffier, par nous pris d'office, a comparu le citoyen Honoré Riouffe dit *Toussaint*, détenu dans les prisons de la Réole, que nous avons fait conduire par-devant nous à l'effet de lui faire subir l'interrogatoire.

[1] Ce doit être Julie Talma.

Interpellé, ledit Riouffe, quel est le lieu de sa naissance, son domicile habituel, son état et profession,

Répond être né à Rouen où il a son domicile habituel, qu'il s'est toujours occupé d'affaires de théâtre.

Interpellé de nous dire d'où il venait lorsqu'il est arrivé à Bordeaux,

Répond qu'il venait de Rouen.

Interpellé de nous dire quelle est la route qu'il a prise pour venir de Rouen à Bordeaux,

Répond être passé par Caen, Brest, Rennes et Quimper.

Interpellé de nous dire s'il était à Caen lors de l'armée contre-révolutionnaire,

Répond que lorsqu'il est arrivé à Caen l'armée départementale était dissoute et les bataillons se retiraient dans leurs foyers; qu'il n'a connaissance de ces objets, qui lui sont étrangers, que parce qu'il fut conduit devant le général Percy pour avoir un laisser-passer.

Interpellé de nous dire s'il sait qui commandait cette armée contre-révolutionnaire,

Répond avoir appris par les papiers publics que c'était le général Félix Wimpfen.

Interpellé de nous dire combien de temps il a séjourné à Caen, et s'il y a vu le général Wimpfen et des députés de la Convention,

Répond avoir séjourné à Caen deux jours et demi, et n'y avoir vu ni le général Wimpfen ni des députés de la Convention.

Interpellé de nous dire quel est le sujet de son voyage de Rouen à Bordeaux,

Répond qu'il était venu à Bordeaux pour ses propres affaires et voir s'il n'y avait pas moyen d'y faire quelque entreprise de spectacle ou de s'associer à une entreprise déjà faite.

Interpellé de nous dire comment il est venu de Quimper à Bordeaux, et par où il a passé,

Répond qu'il s'est embarqué dans un sloop.

Interpellé de nous dire le nom du sloop et du capitaine,

Répond que le nom du capitaine étant breton il l'a oublié; il ne se rappelle pas non plus le nom du sloop.

Interpellé de nous dire quel jour il est parti de Quimper et celui de son arrivée à Bordeaux,

Répond qu'il n'a pas présents les jours du départ et de l'arrivée, mais qu'on peut le vérifier au bureau des classes où il fut conduit par le capitaine.

Interpellé de nous dire si dans ledit sloop il n'y avait d'autres passagers que lui,

Répond qu'ils étaient cinq ou six.

Interpellé de nous dire s'il sait les noms de ces passagers,

Répond qu'il ne sait les noms d'aucun des passagers, mais qu'il a su seulement que le sloop appartenait à un Leblanc qui était parmi les passagers, dans le nombre desquels il y avait un Espagnol nommé Marchéna-Mérin, le seul avec lequel il s'est lié à cause de sa grande littérature.

Interpellé de nous dire si pendant son séjour à Bordeaux il a vu quelqu'un desdits passagers,

Répond qu'il n'en a vu qu'un seul dont il ne sait pas le nom, qui vint dans la même auberge y chercher son portemanteau, et quelquefois le citoyen Leblanc qui mangeait à table d'hôte.

Interpellé de nous dire quelles sont les personnes avec lesquelles il a fait connaissance à Bordeaux,

Répond qu'il n'a fait aucune connaissance particulière à Bordeaux; qu'il a vu seulement une fois madame Martelly, comédienne, et un nommé Saint-André, comédien.

Interpellé de nous dire si, pendant son séjour à Bordeaux, il n'a pas vu à l'hôtel des Sept-Frères un nommé Forel,

Répond que non.

Interpellé s'il n'a pas vu au même hôtel Biroteau,

Répond que non, et comme on tient table d'hôte dans l'hôtel où il logeait, déclare avoir souvent parlé à beaucoup de gens dont il ne connaissait pas même le nom.

Interpellé de nous dire s'il n'a pas connu Girey-Dupré?

Répond que non, et qu'il n'a connu personne qui portât ce nom-là.

Interpellé s'il n'a pas connu un nommé Dubois,

Répond qu'il croit avoir connu à la comédie un jeune homme qui portait le nom de Dubois.

Interpellé de nous dire s'il sait où il logeait,

Répond que non.

Interpellé s'il pourrait nous en faire le signalement,

Répond que le jeune homme qu'il a connu sous le nom de

Dubois peut avoir environ vingt-cinq ans, les cheveux coupés en rond, taille ordinaire.

Interpellé de nous dire si dans les différentes conversations qu'il a eues avec lui il a trouvé de l'instruction à cet homme,

Répond qu'il ne s'est entretenu avec lui que de choses relatives à la comédie.

Interpellé de nous dire s'il ne connaît pas un nommé Torel,

Répond que non.

Interpellé, ledit Riouffe, de nous dire pourquoi il a changé de nom, et qu'il n'est connu aujourd'hui que sous celui de Toussaint,

Répond que depuis deux ans il porte le nom de Toussaint; qu'il l'a pris parce qu'alors il avait dessein de jouer la comédie, et que depuis il a continué à le porter.

Interpellé de nous dire s'il n'a jamais été impliqué dans aucune affaire relativement aux mouvements qui ont eu lieu soit à Rouen ou ailleurs,

Répond qu'il n'a jamais été impliqué dans aucune affaire civile ni politique, et qu'il n'a jamais comparu devant aucun tribunal.

Interpellé de nous dire s'il sait dans quel dessein le citoyen Marchéna-Mérin était à Bordeaux,

Répond qu'il ne lui a connu aucun dessein; qu'il tient seulement de Marchéna-Mérin qu'il était en France par amour pour la Révolution et pour échapper à l'inquisition d'Espagne.

Interpellé de nous dire s'il s'est aperçu que ledit Marchéna-Mérin eût des relations à Bordeaux,

Répond que non.

Et plus n'a été interrogé, et, lecture à lui faite desdits interrogat et réponses, a dit que le tout était très-exact, et a signé au bas de chaque page et à la fin avec nous et notre greffier d'office.

RIOUFFE-TOUSSAINT; ANTONY, officier de police de sûreté;
Auguste DELAGUETTES, greffier d'office.

MÉMOIRES D'UN DÉTENU

POUR SERVIR A L'HISTOIRE DE LA TYRANNIE DE ROBESPIERRE.

SOMMAIRE.

État de la France. — Danger de l'accusation de fédéralisme. — Oppression des départements. — Riouffe et Marchéna sont traduits devant les représentants à la Réole. — Duchâtel. — Riouffe se fait enchaîner. — Son séjour dans la prison de la Réole. — Transport à Paris. — Incidents de voyage. — Arrivée à la Conciergerie. — Le cachot où Riouffe est enfermé avec des assassins et des voleurs. — Cynisme de Pampin. — Entretien des voleurs. — Leurs théories. — Fabrication de faux assignats même au fond des cachots. — Souffrances de Riouffe. — L'intervention de Ducos le fait enfin sortir du cachot. — Les Girondins à la Conciergerie : Vergniaud, Valazé, Fonfrède et Ducos. — Leur mort. — La prison des femmes : Madame Roland. — Clavière : son suicide. — Intrépidité de Girey-Dupré ; il brave ses juges. — Boisguyon. — Bailly. — Le tribunal révolutionnaire ; sa cruauté ; insolence de toute la valetaille judiciaire de l'époque pour les condamnés. — Tableau de la Conciergerie pendant la Terreur. — Femmes de tout rang et de tout âge condamnées au supplice. — Souvenirs qu'elles ont laissés dans l'âme du prisonnier. — La marquise de Bois-Bérenger, la comtesse de Malézi, etc. — Danton et ses amis. — Mots de Danton.

Le mois d'octobre 1793 (vieux style) sera fameux à jamais par les accusations innombrables qui eurent lieu pendant sa durée. La tyrannie entra pour ainsi dire en possession de la France entière à cette époque ; et ses effets se firent sentir d'une manière explosive sur toute la surface de la République. La faction dont Robespierre était le chef triomphait partout et recueillait les fruits de la victoire qu'elle avait remportée le 31 mai. L'usurpation s'organisait ; les efforts des bons citoyens, sans suite, sans puissance, sans point central, n'eurent d'autres effets que d'indiquer plus sûrement aux coups du tyran tout ce qu'il y avait de gens éclairés et capables d'énergie dans la République. Le prétendu fédéralisme fut un vaste piége, dans lequel furent enveloppés tous les administrateurs dignes de leur poste, et une foule d'hommes dignes de la liberté. Une génération entière, cette génération véritablement disciple des Jean-Jacques, des Voltaire, des Diderot, a pu être anéantie et l'a été en grande partie sous cet horrible prétexte.

Qui ne serait déchiré de douleur en songeant à cet espoir de la patrie dévoré par un tyran et abandonné encore chaque jour à la férocité des Jacobins, ses satellites [1] ? Enfin la France n'offrait alors que l'image d'un pays conquis par des sauvages, et dont Robespierre dirigeait les mains destructives contre les lumières et la probité. Dans cet état désastreux, Bordeaux n'échappa pas au sort commun, ainsi que les villes d'Arras, Nantes, Lyon, etc.

Les émissaires du tyran, gorgés des trésors de l'État, marchandaient la liberté d'une petite portion de citoyens, pour avoir le droit d'usurper celle de tous les autres. Dans leurs complots parricides, ils machinaient contre nos plus florissantes cités, soufflaient dans leur sein tous les fléaux, la délation, l'espionnage, la calomnie et l'anarchie; ils épouvantaient tous les hommes intègres et appelaient à eux tous les scélérats. Partout où ils osaient se montrer les bons citoyens devaient se cacher, et leur cortége ne devait être formé que par cette populace qu'on trouve toujours à la suite des imposteurs, par une soldatesque effrénée, des Jacobins et des bourreaux.

Le jacobinisme et le robespierrisme étaient des maladies nouvelles dont on voyait bien les symptômes, mais dont on ignorait les terribles effets. Les départements éloignés surtout pouvaient-ils prévoir qu'il en résulterait la ruine de nos principales cités, le massacre de plus de cent mille citoyens, l'emprisonnement de trois cent mille, la destruction du commerce et des arts, l'asservissement de la France, mutilée, flétrie et noyée dans son sang?

A Bordeaux, les vrais magistrats étaient en fuite, destitués ou arrêtés eux-mêmes. Un mauvais génie invisible semblait

[1] J'écrivais ces lignes avant la fermeture du repaire de ces trop fameux brigands. (*Note de Riouffe.*)

s'être emparé de la ville et ne se plaire qu'à porter ses coups dans l'ombre: c'est dans ces circonstances qu'on vit tout à coup paraître le buste de Marat, couvert d'un bonnet rouge et promené par un comédien du Vaudeville, que suivaient quelques hommes inconnus dans la ville; ces présages affreux qu'ils appelaient une fête, redoublaient la tristesse universelle. On regardait en silence cette procession traverser les rues et n'entraînant après elle que quelques vagabonds, comme un égout qui entraîne les immondices. Le triomphe du nouveau Teutatès annonçait que des sacrifices d'hommes allaient se faire. Les faibles digues qui défendaient encore l'ordre public furent renversées par la destitution totale de la municipalité; des intrigants, des envoyés jacobites se répandirent dans toutes les places.

Je ne fus point témoin de ces horreurs, j'étais destiné à en voir d'autres plus atroces encore. Si je n'ai pas été frappé de la dévastation de Bordeaux et si je n'ai pas vu le sang couler dans ses murs, j'ai vu massacrer sa députation entière; les hommes les plus éclairés, les plus éloquents et les plus vertueux de la République ne survécurent que peu de jours à la liberté de la seconde des cités qu'ils représentaient, et dont ils soutinrent la gloire jusque sur l'échafaud.

Tel était l'état déplorable dans lequel se trouvait Bordeaux et l'orage qui grondait sur lui, lorsque j'y fus arrêté, le 4 octobre 1793 (vieux style), à trois heures après minuit, peu de temps avant l'entrée des lieutenants du vainqueur du 31 mai.

Je n'avais jamais paru de ma vie devant aucun magistrat; je n'avais jamais connu d'assignation devant aucun tribunal, et mon indépendance avait été jusqu'alors, je crois, la plus grande et la plus complète dont aucun être eût jamais joui. Je puis dire que je n'avais aucune idée de ce que c'était qu'une prison et des fers. Jeté depuis dans des cachots, au milieu d'une foule d'infortunés, je me suis souvent reproché de n'avoir jamais arrêté mes pensées sur ces dépôts, où l'ordre social entasse ceux qu'il sacrifie à sa sûreté et où depuis la tyrannie a précipité des milliers de victimes. Ce fut du sein de cette indépendance vierge, pour m'exprimer ainsi, que je fus plongé tout à coup dans la captivité et chargé de fers. D'abord ma position me parut un rêve. Il me semblait toujours que j'allais me réveiller libre.

Je fus conduit au comité révolutionnaire de la section Franklin, le seul qu'il y eût alors, et qui était sorti comme tout formé des enfers. C'était un ramas de clubistes, présidé par des émissaires à cheveux noirs. Ce comité instrumentait tout aussi tranquillement que si ç'eût été la chose la plus naturelle du monde que d'arrêter la nuit trois ou quatre cents personnes et de remplir tout de confusion et d'alarmes. Seulement une sorte de satisfaction niaise, mêlée d'étonnement, se peignait sur la figure des sans-culottes, qui croyaient que pour cette fois-là le peuple allait être heureux, puisqu'il arrêtait tous les riches. Quelque éclat qu'ait jeté l'esprit français par sa littérature et ses philosophes, il est peu de nations où l'esprit de la masse soit moins avancé. C'est que la littérature ne polit qu'un certain cercle d'hommes, et que la liberté seule donne du sens et de l'esprit à une nation.

J'avais été arrêté avec un Espagnol. Il était venu chercher la liberté en France, sous la garantie de la foi nationale. Persécuté par l'inquisition religieuse de son pays, il était tombé en France dans les mains de l'inquisition politique des comités révolutionnaires. Je doute qu'il existe une âme plus véritablement, plus énergiquement éprise de l'amour de la liberté, et plus digne d'en jouir. Sa destinée est d'être toujours persécuté pour sa cause et de l'aimer toujours davantage. Raconter mes malheurs, c'est raconter les siens ; notre persécution avait les mêmes causes, les mêmes fers nous ont enchaînés, les mêmes cachots nous ont reçus, et le même coup devait finir notre vie. Au moment où nous fûmes saisis, un officier municipal accompagnait la horde. Je remarque cette circonstance : depuis je n'ai plus vu de magistrat du peuple, et mes yeux ne se sont plus reposés sur l'écharpe nationale, signe consolateur, et qui rappelait au moins l'idée d'un pays civilisé. C'étaient tous gens sans aveu ; des Savoyards, des Biscaïens, des Allemands même. C'était à cette tourbe que des Français étaient abandonnés. Si j'étais indigné pour moi-même, combien ne le fus-je pas davantage quand je vis au milieu de ces factieux un représentant du peuple, Duchâtel, la tête nue et pressé par des satellites ! Ils osaient l'interroger. Il me sembla voir tout le peuple français outragé dans sa personne. Au bout de trois heures qui suivirent un court interrogatoire, on vint nous signifier que Duchâtel, l'Espagnol et moi, allions être traduits à la Réole devant des représentants.

Bientôt un grand bruit se fait entendre, des hommes armés s'assemblent, les allées et les venues se précipitent. O véritable contre-révolution ! Je vois passer Duchâtel, les mains chargées d'indignes fers et attaché au corps avec une corde qu'un gendarme tenait en laisse, à six pieds ; ce jeune homme retenait des larmes d'indignation qui roulaient dans ses yeux ; la tête haute et le regard courageux et terrible, son caractère de représentant se traçait sur son front en traits d'autant plus augustes qu'il était méconnu ; sa taille était avantageuse, l'intrépidité respirait tellement dans tout son visage d'une beauté mâle et vigoureuse, sa jeunesse paraissait tellement indépendante et libre, que tant qu'a duré la route je ne me souviens pas d'avoir vu un seul moment de sécurité aux gendarmes, quoiqu'il eût des fers aux pieds et aux mains et qu'il fût attaché avec une douzaine de cordes en dedans et en dehors de la voiture ; il traversa avec majesté tout le long corridor et une partie de la place. Les hommes qui le conduisaient avaient les yeux baissés, comme honteux de descendre du rang de citoyen français au rôle de sbires de la tyrannie.

On nous jeta chacun dans une voiture : le peuple gardait le silence, les femmes pleuraient, l'intérêt était sur tous les visages ; c'était une énigme, un mystère du gouvernement. Le peuple, par ce choc violent, était reporté à trente ans en deçà de la Révolution.

Enfin nous partons ; le cortége était magnifique, et beaucoup trop : trois berlines à six chevaux, des hommes qui couraient à cheval devant, derrière et aux portières, donnent une idée des dilapidations qui se commettaient dans ces occasions. C'était la fête des chars, et nous recrutâmes jusqu'aux portes de la ville beaucoup de sans-culottes à qui leurs camarades disaient de monter : « Prends un cheval, c'est la nation qui paye. »

J'avais quatre citoyens dans ma voiture, sans compter ceux qui étaient sur le siége et sur l'impériale ; je leur parlai avec chaleur et véracité sur beaucoup d'objets, ils m'écoutaient ; mais avais-je plus de raison que des citoyens venus exprès de Paris pour apporter à Bordeaux la véritable politique, et qui tout d'un coup, comme par magie, avaient rendu une grande partie des porteurs d'eau et des commissionnaires de cette ville si puissants qu'ils arrêtaient les gens riches, et si heureux qu'ils couraient la poste?

A la première pause, pour souper, je ne pus retenir mon indignation ; l'Espagnol et moi n'étions point attachés ; le redoutable Duchâtel l'était : des mains étrangères suppléaient à l'usage des siennes, comprimées dans d'étroits ferrements ; on le faisait manger. Un innocent, un représentant du peuple, un homme vertueux dans cet état, auquel son semblable insulte à ce point, faisait bouillonner mon sang ; je lisais dans ses yeux, les plus expressifs que j'aie jamais vus, tout ce qui se passait dans son âme ; je mendiais dans ses regards le signal de la résistance, qui nous eût fait infailliblement massacrer tous trois. Le sourire amer errait sur ses lèvres et le désespoir dans son cœur. En parlant avec force contre cette indignité, je saisis, sans m'en apercevoir, une bouteille dans l'attitude d'un homme qui veut la lancer ; il n'en fallut pas davantage : aussitôt trois gendarmes me serrent, m'entourent comme par une manœuvre insensible. Au bout d'un quart d'heure je n'eus plus rien à envier à mon malheureux camarade d'infortune, et je fus garrotté. Depuis je l'ai été jusqu'à Paris. Le chef de la bande qui nous conduisait était un homme à cheveux noirs, crépus et jacobites, au teint bilieux, à la mâchoire pesante, au ventre énorme et à l'air mystérieux d'un satellite de Lenoir ou de Sartines. La liberté ne lui avait pas donné une haute idée de la dignité de l'homme, puisqu'il l'outrageait ainsi; il est probable qu'il n'avait pas non plus étudié la tolérance dans Voltaire; il avait à la bouche certains mots de montagne, de sans-culottes, de jacobins, comme un bedeau de paroisse, ceux de luthériens, de pape et d'assemblée des fidèles; voilà, je crois, tout ce qu'il savait de la Révolution; au reste, il était costumé convenablement, les moustaches, le large sabre, les pistolets à la ceinture; je parie aussi qu'il était fort en règle du côté des cartes civiques et des certificats. Ce fut par son ordre que je fus attaché; je lui en témoignai mon ressentiment par une infinité de sarcasmes : « Monseigneur le Jacobin, lui dis-je, vous qui êtes couronné d'un bonnet rouge, en vertu de quel article des Droits de l'homme chargez-vous un citoyen français de fers? » Il fut enchanté d'apercevoir que j'étais anti-jacobin; cette découverte acheva de lui ôter toute espèce de remords, et c'est le seul profit que j'aie retiré de mes discours. Il retourna vers la proie qu'il couvait spécialement des yeux, le représentant. En arrivant à la Réole, il ne manqua pas de me faire mettre au cachot tout seul, comme mutin. Au passage de la Garonne j'avais eu une nouvelle altercation, et j'avais été tenté vingt fois en la passant d'aller au fond de la rivière chercher la vérité avec un grand coquin de Biscaïen qui discutait vivement sur les Droits de l'homme avec moi qu'il tenait enchaîné.

Quand je fus sous ces voûtes souterraines, quand d'énormes verrous se refermèrent sur moi avec un fracas inconnu à mes oreilles; quand je me vis seul, séquestré de la nature entière, privé de la douce lumière du jour, je payai à l'humanité le tribut qu'elle ne remet à personne. Je me souvins de mes affections et je pleurai. Ce sont les seules larmes que j'aie versées dans ce long cours d'adversités. Mon dernier adieu s'exhala vers tout ce que j'avais de cher, à travers ces murailles épaisses; depuis, mes yeux sont restés secs.

Les agents subalternes avaient disparu, et les égards, l'humanité même se remontrèrent. On nous mit au bout de deux jours, l'Espagnol et moi, toujours séparés, dans une maison de Bénédictins qui servait de caserne. A travers des barreaux simples et très-espacés, mes yeux se promenaient sur une immense vallée que traverse la Garonne; je revis des arbres, des champs et le magnifique spectacle de la nature. J'en jouissais de toute mon âme, comme d'un bien que j'étais menacé de perdre à jamais. L'appareil qui nous environnait était tout à fait militaire. Interrogés quelques jours avant, nous avions traversé une haie de soldats qui gardaient un escalier étroit, long et obscur, par lequel on arrivait à une chambre mal éclairée où siégeaient les représentants. On me demanda peu de chose, même avec une espèce de bonté, mais forcée autant qu'il m'en souvient, et le ton d'un intendant poli mais vieilli dans l'exercice d'un pouvoir despotique. Le général de l'armée révolutionnaire m'était venu prendre avec quelques adjudants, et me parut faire là précisément le même métier que j'ai vu faire depuis aux valets de guichetiers, à la Conciergerie. Le club se tenait sous ma chambre. Quelquefois, dans le lointain, à travers les taillis, au delà de la rivière, je voyais les représentants du peuple se promener à cheval, suivis du général révolutionnaire et de ses adjudants. Je n'étais point fâché de voir les armes céder à la toge; mais je ne pouvais m'empêcher de comparer cet état de puissance avec les dogmes de la sans-culotterie.

Enfin nous fûmes envoyés tous trois à Paris, et remis à la discrétion de deux gendarmes qui, spéculant sur nous, nous affamèrent le long de la route. Duchâtel était avec un gendarme dans la première voiture, l'Espagnol et moi avec l'autre gendarme dans la seconde. Ce fut par une suite de cette cupidité que nous fîmes le chemin sans descendre et sans arrêter, et que nous restâmes cent quarante-neuf heures assis au fond d'un cabriolet fort incommode; aux relais nous obtenions qu'on plaçât nos voitures de front; nous nous voyions et cela nous consolait; Duchâtel plaisantait même d'assez bonne grâce sur le sort qui l'attendait.

A un relais, Duchâtel apprit qu'un de ses collègues était à l'auberge; il demanda à le voir; il obtint pour toute réponse : « Je n'ai pas le temps, je dîne. » Je ne cherche point à me rappeler le nom de cet homme; c'était à son collègue malheureux, souffrant, enchaîné, qu'il répondait ainsi. Cet individu peut bien être un de ceux qui ont usurpé la souveraineté nationale, mais à coup sûr ce n'est pas un grand homme.

Pour l'instruction de ceux qui abandonnent avec tant de facilité l'existence des citoyens à des mains mercenaires, je dois une petite digression sur un des gendarmes; on verra combien l'abus de l'autorité est voisin de son exercice, et de combien d'instituteurs sages et profonds a besoin une nation dont la maladie particulière est l'ostentation, l'envie de paroître et de sortir de sa sphère.

Ce gendarme avait été cuisinier à Agen; il voulut se montrer dans toute sa splendeur aux mêmes lieux où il avait végété dans l'obscurité de la cuisine.

Il nous fit faire quarante lieues de plus, exprès pour sa gloire, et pour que tout Agen le vît disposant des deniers de l'État et enchaînant les citoyens. Cet homme était bien un des plus jactancieux et des plus méchants personnages qu'on puisse voir.

Il avoit un de ces fronts larges et plats sur lesquels on lit en gros caractères : IMPUDENCE. Il ne manquait jamais de mettre à chaque poste tous les gardes nationaux en réquisition, qui regardaient en avançant la tête avec mystère et une précaution respectueuse, comme si Pitt et Cobourg au moins eussent été derrière les stores; s'il était de l'essence de la liberté d'avoir des gendarmes, il en faudrait au moins de formés exprès pour elle. J'ai vu les routes couvertes de femmes attachées avec des colliers de fer au cou, des hommes enchaînés trois à trois, d'autres courant attachés à la queue d'un cheval, pour avoir été ou brissotins, ou rolandins, ou modérés. L'humanité a été plus dégradée en France pendant un an (l'an II de la République) qu'elle ne l'est en Turquie depuis cent ans. Je ne m'appesantis sur toutes ces choses que parce qu'à chaque pas on sent le besoin de donner au peuple le respect de lui-même et de la dignité de l'homme.

Quand nous fûmes dans Agen, à la même auberge où il avait servi, c'est alors que notre homme voulut recueillir tous les regards; il allait, il venait, il visitait la voiture à chaque instant et sans nécessité; il faisait des signes aux citoyens, plus triomphant que s'il eût amené douze Autrichiens faits prisonniers de sa main. Il nous laissa trois heures en proie à l'ardeur du soleil et aux injures de toute espèce; je fus couché en joue, injurié spécialement parce qu'à la fin mes yeux s'étaient allumés d'indignation et que mes regards sans doute étaient devenus sinistres comme ceux des clubistes qui nous visitaient, la carte à la boutonnière, le bonnet sacré en tête et les imprécations à la bouche.

L'illustre cuisinier mit enfin le comble à sa gloire; il fend la foule, crie gare et paraît avec deux maréchaux ferrants. Alors, aux yeux de tout Agen, il commande, du ton qu'on crie : Aux armes! de river à la jambe de l'Espagnol et à la mienne un boulet ramé de quatre-vingts livres. Ces deux boulets furent apportés avec ostentation et montrés au peuple préalablement. Nos mains attachées, nos corps ceints d'une triple corde, lui paraissaient des mesures peu suffisantes; nous gardâmes le reste de la route ces fers, tellement pesants, que si la voiture eût un peu penché, nous avions infailliblement la jambe cassée, et si extraordinaires qu'ils étonnèrent à la Conciergerie de Paris des guichetiers en place depuis dix-neuf ans. C'est à la jactance de l'illustre cuisinier d'Agen que l'Espagnol et moi dûmes ce traitement. On ne pouvait rien ajouter à la barbarie de ceux qu'avait éprouvés dès le commencement de la route le représentant du peuple. Pour l'Espagnol, combien de fois pendant le chemin lui demandai-je pardon de tant d'indignités au nom de la nation française!

Nous arrivâmes à Paris le 16 octobre (vieux style). Ici s'ouvre une scène nouvelle. Nous voilà donc tombés tous trois dans cet abîme des vivants, dans cette Conciergerie de Paris, teinte encore sur tous les murs du sang des victimes du 2 septembre, et où le tribunal révolutionnaire a dépassé toutes les bornes connues de la scélératesse et de la férocité. Avant d'y parvenir nous avions été présentés à toutes les prisons de Paris, et promenés pendant trois heures du Luxembourg à la Force, de la Force à l'Abbaye, dont la seule vue me fit frissonner. On nous reçut à la Conciergerie. On nous porta dans le premier guichet et l'on fit venir des serruriers pour dériver mes fers et ceux de l'Espagnol. Ceux de Duchâtel étaient à vis. D'abord on m'assit sur un fauteuil, mais cette posture ne paraissant pas commode à l'ouvrier, on m'étendit à terre; couché comme un animal exposé en vente, j'étais en butte à leurs rires insolents; l'opération finie, je veux me relever, mais n'ayant pas consulté mes forces épuisées à mon insu par une longue marche (j'étais resté, comme je viens de le dire, cent quarante-neuf heures en voiture sans changer de place), je chancelle; aucune main secourable ne se présente; j'étais repoussé de l'un à l'autre comme un homme ivre dont se joue la populace; je désespérai cette fois de l'humanité, je la maudis et je tombai la face contre terre. Oui, mon âme est forte puisqu'elle n'a pas succombé à ces épreuves. O dignité de l'homme, première base de la liberté, quand seras-tu respectée! Bientôt je fus séparé de mes compagnons et plongé, sous le nom de secret, dans le cachot le plus infect de la maison; j'y trouvai des voleurs et un assassin condamné à mort, qui croyait gagner beaucoup en prolongeant sa misérable existence dans un pareil repaire, au moyen d'un appel en cassation qui ne lui réussit pas. Le soir trois grands guichetiers, suivis d'énormes chiens, vinrent nous visiter. Je vis mes malheureux compagnons se presser d'aller au-devant d'eux; c'étaient en effet les seuls êtres par lesquels ils communiquaient encore avec le monde. Ce fut à la lueur de leurs flambeaux, qui apportaient la lumière dans cette caverne où jamais celle du soleil ne pénétrait, que je vis et de quels hommes j'étais entouré et quelle habitation m'était échue en partage : elle était de douze pieds carrés au plus, mes compagnons étaient au nombre de trois : l'un, condamné pour assassinat, était un voleur de cinquante ans, nommé Pampin, tout mutilé par le crime, boiteux et borgne, la figure balafrée et couverte de rides pendantes; mais il avait des bras de fer et des épaules d'une largeur démesurée; tout le sceau de l'homicide était imprimé sur sa personne, des pieds à la tête; sa voix était rauque et terrible.

Le second était un marchand d'argent, fabricateur de faux assignats, être dégradé qui n'avait pas même le ressort qui peut rester dans l'âme d'un voleur; tout son maintien était patelin et faux, il avait l'air né pour l'espionnage plus encore que pour le vol. Il feignait de n'avoir pas d'argent, pour vivre aux dépens des autres qui en usaient d'abord bien avec lui. Ce qu'il avait, il le mangeait seul et à bas bruit; ses plaintes lâches et hypocrites, ses habitudes mendiantes, son égoïsme, l'eussent mis, s'il était possible, au-dessous de l'assassin lui-même. Ses autres camarades le sentaient et le traitaient avec supériorité; ils lui reprochaient de manquer de savoir-vivre et voulaient souvent l'endoctriner à force de coups de poing. Quand Pampin, Pampin fameux par ses longs malheurs et par ses travaux, plus nombreux que ceux d'Ulysse, avec sa voix enrouée mais forte, lui avait dit : « Tu n'es pas fait pour vivre avec d'honnêtes gens... » il ne répliquait plus, et si les leçons de Pampin devenaient un peu trop vives, il pleurait. Je connus que la lâcheté et l'avarice sordide sont les plus honteux et les plus haïssables des vices. Je portais une telle aversion au marchand d'argent, que j'étais à chaque instant prêt à me réunir aux autres contre lui. L'union de la caverne, les services de la fraternité, de camarade à camarade, une certaine tournure d'indépendance conservaient à l'âme de Pampin et à ceux de son espèce que j'ai vus, quelques-uns des caractères de son essence primitive ; ce maraud de publicain, faux monnayeur, qui aurait aussi volé sur la grande route s'il en avait eu le courage, n'avait rien de tout cela et paraissait pétri d'un limon encore plus vil. Il aurait volé ses camarades mêmes sans Pampin, qui, comme dépositaire du grand code des procédés à observer entre voleurs, disait qu'il ne fallait point travailler en prison. Zénon dictait ses préceptes avec moins d'austérité.

Le troisième était un jeune homme que le libertinage avait conduit au vol, auquel il paraissait s'être livré avec un attrait irrésistible. Il ne manquait pas d'une sorte d'éducation ; il avait été, dans sa première jeunesse, secrétaire de Dietrich, qui à force de vertus avait péri sur le même échafaud où ce jeune homme, qui l'avait servi autrefois, fut conduit peu de temps après lui à force de crimes. La prison avait été souvent son domicile ; il y avait été mis cette fois pour faux assignats, et ce fut la dernière. C'était une espèce de Pylade. Le nom d'un de ses amis, arrêté comme lui et son complice, était sans cesse à sa bouche ; il ne parlait que du bonheur de sacrifier sa vie pour la sienne. Cet ami de son côté pourvoyait exactement à tous ses besoins. Le même échafaud a terminé leur sort à tous deux.

Tels étaient les individus que je découvris autour de moi et auxquels on m'associait, parce qu'on me soupçonnait d'être brissotin. Ils étaient fort déguenillés et portaient leur profession écrite sur leurs figures sinistres. Les guichetiers les traitaient avec une sorte de bonté, mais avec une grande supériorité protectrice. Pour moi, couché sur mon fumier, je gardais le silence. Un guichetier secoua ma jambe d'une main et la laissa retomber, tandis que de l'autre il me promenait la chandelle devant la figure. J'ai su depuis que c'était la manière dont ils signalaient les nouveaux venus. Je lui dis : « Si ta place te donne le droit de me traiter avec cette indignité, tu as raison. » Et je tournai le dos. Pendant treize jours que je suis resté dans mon cachot, je ne lui ai plus adressé la parole une seule fois ainsi qu'à ses confrères.

Pendant ce temps, où j'eus occasion de me trouver avec beaucoup de voleurs, je ne leur ai vu guère d'autre remords que celui de s'être laissé prendre. J'appris de leur bouche beaucoup de leurs exploits, souvent ensanglantés par l'assassinat, et c'était presque toujours en riant aux éclats qu'ils les racontaient. J'y ai appris, ce qu'on refuserait de croire si depuis il n'y avait eu un jury du tribunal révolutionnaire, qu'un de leurs camarades exécuté à vingt-deux ans avait déjà assassiné soixante-trois personnes. Je connus par leurs entretiens, aux moments où je feignais de dormir, qu'ils tenaient à tous les voleurs de Paris, à ceux du garde-meuble, et que si la loi n'en eût fait justice, ils auraient exécuté de nouveaux assassinats qu'ils méditaient jusque dans les fers; car le jeune homme était vraiment tout noir de crimes et avait assassiné, mais sans être découvert. Les joueurs de tripot, les marchands d'argent recrutent surtout parmi eux leur armée. Je les ai vus beaucoup soupirer après le repos et envier le sort de quelques-uns de leurs camarades, qu'ils nommaient, et qui, retirés à leurs campagnes, vivaient du fruit de leurs forfaits restés inconnus. Leurs habitations les plus ordinaires sont les bourgs environnant Paris ; ils ont des correspondants et vont souvent à soixante ou cent lieues pour des expéditions qu'on leur indique. La corruption de leurs mœurs est au comble, et le mépris des lois sociales a été précédé chez tous par le mépris des lois de la nature. Ce sont de terribles gens pour être sans préjugés. Inceste et athéisme sont des mots auxquels ils prétendent qu'il n'y a aucune idée véritable attachée.

Un de leurs stratagèmes est d'enrôler dans leur bataillon des jeunes garçons d'une figure agréable; et ces Ganymèdes, enfants de Mercure, leur ouvrent la nuit les portes de l'homme dont le goût dépravé n'est pas à l'épreuve de la beauté d'un visage imberbe.

Ils étaient aristocrates presque tous, mais la cause s'en rapportait uniquement à eux. C'était parce que dans le nouveau code criminel ils étaient jugés par des jurés qu'ils traitaient d'ignorants, qu'il n'était pas facile d'abuser. Je ne pouvais m'empêcher de rire en les voyant se frapper le front de colère et dire en jurant : « Si c'étaient des gens habiles, nous nous tirerions d'affaire! » Ils savaient parfaitement les lois qui les concernent et surtout leurs ambiguïtés. Mais le sens et la raison du jury n'étaient point éblouis des fausses lueurs de leur chicane, qu'ils possédaient mieux que beaucoup d'avocats, et c'est ce qui les irritait. D'ailleurs, ils étaient attachés au vieux barreau, sous lequel ils avaient fait leurs premières armes, aux vieilles perruques parlementaires, avec lesquelles ils avaient eu plus d'un démêlé, dont ils s'étaient tirés avec honneur. Pampin parlait toujours avec les plus grands éloges de l'ancienne magistrature. L'industrie de ces hommes est étonnante. Il en était peu d'entre eux qui ne se fussent sauvés de prison plusieurs fois. J'appris d'eux-mêmes qu'en 1791 et 1792 ils trouvaient le moyen de contrefaire des billets de maisons de secours et même des assignats jusque dans leurs cachots, et de les mettre ensuite en circulation. Ils se servaient d'un clou ou d'un ardillon de boucle pour graver les planches. Pour se procurer de la lumière, ils pressuraient leur salade, dont ils exprimaient l'huile, et effilaient leurs chemises, dont ils tressaient des mèches. Des marchands, ainsi que je l'ai appris de leur bouche, en achetaient pour cent francs par jour à leurs femmes qui les exportaient avec adresse de la Conciergerie. Ils m'ont paru par rapport aux autres hommes, ce que le loup est par rapport aux animaux domestiques. Ils méprisaient beaucoup les révolutionnaires, nom donné par eux aux gens arrêtés pour affaires politiques, et les regardaient comme des hommes sans industrie, sans invention, sans courage et capables de faire manquer une entreprise.

Malgré leur politesse et même leur amitié pour moi, malgré leur confiance la plus abandonnée, j'étais au milieu de mes commensaux voleurs navré de tristesse. Je ne trouvais aucun rapport entre mon prétendu girondisme et leurs crimes. Nous étions absolument privés de clarté. L'air était méphitique, la malpropreté, le plus grand des fléaux, nous recouvrait pour ainsi dire de nos propres immondices. Elles refluaient jusqu'à nous dans un terrain de douze pieds et où nous avons été entassés souvent sept à la fois. Je savais assez bien, au moyen des arrivants, ce qui se passait à Bicêtre, à la grande et à la petite Force, tous les vols que faisaient les petits voleurs; mais j'ignorais ce que faisaient Robespierre, le comité de salut public et le reste du monde; j'étais au secret le plus rigoureux, sans nouvelles de mes camarades d'infortune. On ne m'interrogeait point. J'eus d'abord recours à mon imagination, mais elle n'enfantait plus de prestiges. J'essayais d'évoquer la nature dans ce qu'elle a de plus riant et d'embellir mes rêveries du charme de ses tableaux. Elle était sourde à ma voix. Les vers suivants, faits entre un voleur assassin et un fabricant de faux assignats, me prouvèrent par le peu d'imagination dont ma tête était remplie en les composant, qu'elle était glacée aussi bien que mon cœur. C'est la peinture de la moisson, telle qu'elle se fait dans mon pays natal. De quelle plus douce image pouvais-je chercher à embellir ma caverne?

> Moissons, dont le zéphyr dans ces riantes plaines
> Agitait en courant les vagues incertaines;
> Cérès dans ses greniers appelle vos trésosr,
> Et la seule Pomone embellira ces bords.
> Déjà de vos épis l'appui long et fragile,
> Va tombant sous la faux du moissonneur agile.
> Quelque temps, du soleil épuisant tous les traits,
> De vos javelles d'or vous couvrez les guérets.
> Bientôt un bras nerveux vous enserre et vous lie.
> Le glaneur suit de près la gerbe qu'il envie :
> Il s'anime au travail, et son tas va croissant.
> L'avare laboureur l'éloigne en menaçant,
> Tandis qu'un tendre enfant, guidé par la nature,
> Du pauvre qu'on outrage a ressenti l'injure,
> Et glissant vers la gerbe une innocente main,
> Fait de quelques épis l'honorable larcin.
> Sur les pas du glaneur il les sème avec joie!...

> Mais un fouet dans les airs éclate et se déploie,
> C'est un rustique char qui, pesamment traîné,
> Roule vers le hameau de gerbes couronné.
> O fortunés travaux, scène heureuse et champêtre!
> Avant la fin du jour vous allez disparaître;
> Où flottaient les moissons vos yeux ne verront plus
> Que des chasseurs cruels dans la plaine accourus.
> Pour moi, qui dans ces champs, devenus solitaires,
> De l'amant de Procris fuis les jeux sanguinaires,
> Paisible promeneur, je respecte en marchant
> L'humble chaume où l'oiseau se cache en palpitant.

J'abandonnai bientôt cette esquisse; mon imagination broncha, les moissons disparurent, et je me trouvai avec mes camarades les voleurs. Le désespoir s'emparait tout de bon de mon âme; je m'abstenais presque entièrement de nourriture, non que je fusse bien déterminé à mourir; mais je trouvais dans l'appauvrissement de mon sang une patience, une résignation que ne me pouvaient donner toutes les leçons de Sénèque et d'Épictète lui-même. Si je ne briguais pas précisément la mort, j'en acquérais au moins l'immobilité; je restais sans peine quarante-huit heures couché sur le même côté; quand je mangeais, au contraire, comme un jour où je régalais mon camarade Pampin, mon sang reprenait son activité, je retrouvais de la rage et j'étais aux enfers. Une diète excessive me donnait un engourdissement qui n'était pas sans quelque charme; je me sentais cheminer vers la mort par la douce voie du sommeil, mais j'y allais en voyageur paresseux et à mon aise; je savais que je n'avais qu'à vouloir pour arriver au terme.

Vers les onze heures du matin, les verrous retentissent, les quatre ou cinq portes qu'il fallait ouvrir pour arriver jusqu'à nous mugissent sur leurs gonds et retombent avec fracas; les nôtres s'ébranlent, on ouvre: c'était Lebeau, concierge, qui venait lui-même me chercher pour l'interrogatoire. Un de ses enfants qui était avec lui recule à la vue du cachot et s'écrie avec la naïveté de son âge: « Que c'est affreux, un cachot, papa! » Lebeau lui-même, homme bon et sensible, se tenait à une certaine distance et détournait la tête, moins pour ne pas respirer l'air pestilentiel qui s'en exhalait, que pour ne pas voir un spectacle si déplorable. Pâle, défait, la barbe sale et longue, les habits couverts de paille hachée qui depuis treize jours composait mon lit, je partis pour l'interrogatoire; il fut long, et peut-être plus vif que ne le permettait l'humanité et l'état dans lequel j'étais. Je ne revins plus dans ma caverne, et je suis bien aise d'apprendre aux lecteurs que peu de mois après Fouquier-Tinville exila tous les voleurs de la Conciergerie, leur ancien domicile, et ne voulut plus y souffrir que la probité, les talents et les lumières; mon cachot fut supprimé comme trop malsain.

On me mit dans une autre partie de la Conciergerie. Je quittais l'antre du crime justement enchaîné, j'entrai dans le temple de la vertu persécutée. Vergniaud, Gensonné, Brissot, Ducos, Fonfrède, Valazé, Duchâtel et leurs collègues furent les hôtes que je trouvai installés dans ma nouvelle demeure. Pendant une année entière que je l'habitai, je ne cessai d'y voir l'ombre de ces grands hommes planant sur ma tête et ranimant mon courage. Le sentiment de l'admiration fit place bientôt à celui de la reconnaissance. J'appris que c'était aux sollicitations de Ducos que je devais d'être sorti du cachot, c'est-à-dire la vie, bien triste présent sans doute, dans ces temps désastreux, mais dont il m'est bien doux de lui être redevable. L'aimable et intéressant jeune homme! il m'avait vu une seule fois dans le monde et il me fit l'accueil d'un frère.

La curiosité se réveille à ces noms fameux, mais j'ai peu de moyens de la satisfaire; j'arrivai deux jours avant leur condamnation et comme pour être témoin de leur mort. La France et l'Europe connaissent leur procès, si l'on peut donner ce nom à la proscription la plus atroce; il fut entièrement la violation la plus solennelle de tous les droits, jusqu'à leur ôter enfin celui de se défendre.

Tous ces athlètes vigoureux qui réunissaient à eux seuls

presque toute l'éloquence française étaient entraînés dans l'arène sanglante, enchaînés de toutes parts; il leur était défendu de se servir de leurs forces. Vergniaud une seule fois, avec cette flexibilité d'organe qui va remuer toutes les âmes, laissa échapper une étincelle de son talent; tous les yeux pleurèrent, la tyrannie pâlit et arracha le décret qui mit le sceau à la gloire des proscrits et à l'infamie des proscripteurs.

Ils étaient tous calmes sans ostentation, quoique aucun ne se laissât abuser par l'espérance. Leurs âmes étaient à une telle hauteur, qu'il était impossible de les aborder avec les lieux communs des consolations ordinaires. Brissot, grave et réfléchi, avait le maintien du sage luttant avec l'infortune; et si quelque inquiétude était peinte sur sa figure, on voyait bien que la patrie seule en était l'objet. Gensonné, recueilli en lui-même, semblait craindre de souiller sa bouche en prononçant le nom des assassins. Il ne lui échappait pas un mot de sa situation, mais des réflexions générales sur le bonheur du peuple, pour lequel il faisait des vœux. Vergniaud, tantôt grave et tantôt moins sérieux, nous citait une foule de vers plaisants dont sa mémoire était ornée, et quelquefois nous faisait jouir des derniers accents de cette éloquence sublime qui était déjà perdue pour l'univers, puisque les barbares l'empêchaient de parler. Pour Valazé, ses yeux avaient je ne sais quoi de divin. Un sourire doux et serein ne quittait point ses lèvres, il jouissait par avant-goût de sa mort glorieuse. On voyait qu'il était déjà libre, et qu'il avait trouvé dans une grande résolution la garantie de sa liberté. Je lui disais quelquefois : « Valazé, que vous êtes friand d'une si belle mort, et qu'on vous punirait en ne vous condamnant pas ! » Le dernier jour, avant de monter au tribunal, il revint sur ses pas pour me donner une paire de ciseaux qu'il avait sur lui, en me disant : « C'est une arme dangereuse, on craint que nous n'attentions sur nous-mêmes. » L'ironie digne de Socrate avec laquelle il prononça ces mots produisit sur moi un effet que je ne démêlai pas bien : mais quand j'appris que ce Caton moderne s'était frappé d'un poignard qu'il tenait caché sous son manteau, je n'en fus point surpris et je crus que je l'avais deviné. Il avait dérobé ce poignard aux recherches, car on les fouillait comme de vils criminels avant de monter. Vergniaud jeta du poison qu'il avait conservé et préféra de mourir avec ses collègues.

Les deux frères Fonfrède et Ducos se détachaient de ce tableau sévère pour inspirer un intérêt plus tendre et plus vif encore. Leur jeunesse, leur amitié, la gaieté de Ducos inaltérable jusqu'au dernier moment, les grâces de son esprit et de sa figure, rendaient plus odieuse la rage de leurs ennemis. Ducos s'était sacrifié pour son frère et s'était rendu en prison pour partager son sort. Souvent ils s'embrassaient et puisaient dans ces embrassements des forces nouvelles. Ils quittaient tout ce qui peut rendre la vie chère, une fortune immense, des épouses chéries, des enfants; et cependant ils ne jetaient point leurs regards en arrière, mais les tenaient fortement fixés sur la patrie et la liberté.

Une seule fois Fonfrède me prit à part, et comme en cachette de son frère laissa couler un torrent de larmes, aux noms qui brisent les cœurs les plus stoïques, aux noms de sa femme et de ses enfants; son frère l'aperçoit : « Qu'as-tu donc? » lui dit-il. Fonfrède honteux de pleurer et rentrant ses larmes : « Ce n'est rien, c'est lui qui me parle. » Il rejetait ainsi sur moi ce qu'il croyait la honte d'une faiblesse. Ils s'embrassèrent, et s'entrelaçant ils devinrent plus forts. Fonfrède arrêta les siennes prêtes à couler et tous deux redevinrent vraiment Romains. Cette scène se passa vingt-quatre heures avant leur exécution.

Ils furent condamnés à mort dans la nuit du 20 octobre (vieux style), vers les onze heures. Ils le furent tous, on avait en vain espéré pour Ducos et Fonfrède, qui peut-être eux-mêmes ne s'étaient pas défendus de quelque espérance. Le signal qu'ils nous avaient promis nous fut donné. Ce furent des chants patriotiques qui éclatèrent simultanément, et toutes leurs voix se mêlèrent pour adresser les derniers hymnes à la liberté; ils parodiaient la chanson des Marseillais de cette sorte :

> Contre nous de la tyrannie
> Le couteau sanglant est levé, etc.

Toute cette nuit affreuse retentit de leurs chants, et s'ils les interrompaient, c'était pour s'entretenir de leur patrie et quelquefois aussi pour une saillie de Ducos.

C'est la première fois qu'on a massacré en masse tant d'hommes extraordinaires. Jeunesse, beauté, génie, vertus, talents, tout ce qu'il y a d'intéressant parmi les hommes, fut englouti d'un seul coup. Si des cannibales avaient des représentants, ils ne commettraient point un pareil attentat. Nous étions tellement exaltés par leur courage, que nous ne ressentîmes le coup que longtemps après qu'il fut porté.

Nous marchions à grands pas dans la carrière de la persécution, l'âme triomphante de voir qu'une belle mort ne manquait pas à de si belles vies, et qu'ils remplissaient d'une manière digne d'eux la seule tâche qui leur restât à remplir, celle de bien mourir; mais quand ce courage emprunté du leur se fut refroidi, alors nous sentîmes quelle perte nous venions de faire : le désespoir devint notre partage; on se montrait en pleurant le misérable grabat que le grand Vergniaud avait quitté, pour aller les mains liées porter sa tête sur l'échafaud. Valazé, Ducos et Fonfrède étaient sans cesse devant nos yeux. Les places qu'ils occupaient devinrent l'objet d'une vénération religieuse; et l'aristocratie même se faisait montrer avec empressement et respect les lits où avaient couché des grands hommes.

O vous! les premiers de nos citoyens, vous n'avez eu d'autres torts que de naître dans un siècle de boue et d'avoir eu le courage de la vertu dans la plus prostituée des cités [1]. Elle aura beau vous élever des statues et chercher à dérober

---

[1] Ou plutôt parmi des représentants indignes de ce nom. *(Note de Riouffe.)*

sous leurs piédestaux la place où vous fûtes immolés, ce qu'elle fera (si sa destinée est d'être libre enfin), jamais elle n'effacera les marques de votre sang qui déposeront contre elle aux yeux de l'univers et de la postérité. Vous êtes morts comme des hommes qui avaient fondé la liberté républicaine et avec lesquels elle devait s'éclipser. Vous brillez au milieu de tant de lâcheté et d'incivisme comme Caton et Brutus au milieu du sénat corrompu.

Cent mille Français furent immolés sur votre tombe; l'ordre social s'écroula et la tyrannie régna sur des cadavres; nos plus belles cités détruites ou ravagées; une année d'horreurs inconnues jusqu'alors au monde ont suivi votre perte et gravé votre apologie en traits ineffaçables sur les tables de l'histoire.

Plusieurs d'entre eux ont remis leur défense entre des mains fidèles; fasse le ciel qu'au milieu de la terreur universelle elles soient restées courageuses dépositaires de ces trésors inestimables et qu'ils ne soient pas perdus pour la postérité!

Dans le côté de la Conciergerie où je viens de dire que j'avais été placé, était la prison des femmes, séparée de celle des hommes par une grille. Les prisonniers communiquaient avec elles à travers cette grille et les fenêtres de deux chambres à rez-de-chaussée qui donnent sur leur cour. C'est là que j'ai vu engloutir une foule innombrable de victimes de tout âge et de toute condition. Le sang des vingt-deux fumait encore, lorsque la citoyenne Roland arriva; bien éclairée sur le sort qui l'attendait, sa fermeté n'en était point altérée. Sans être dans la fleur de l'âge, elle était encore pleine d'agréments; elle était grande et d'une taille élégante. Sa physionomie était très-spirituelle; mais ses malheurs et une longue détention avaient laissé sur son visage des traces de mélancolie qui tempéraient sa vivacité naturelle. Elle avait l'âme d'une républicaine, dans un corps pétri de grâces et façonné par une certaine politesse de cour. Quelque chose de plus que ce qui se trouve ordinairement dans les yeux des femmes se peignait dans ses grands yeux noirs, pleins d'expression et de douceur; elle parlait souvent à la grille avec la liberté et le courage d'un grand homme. Ce langage républicain sortant de la bouche d'une jolie femme française dont on préparait l'échafaud, était un des miracles de la Révolution auquel on n'était point encore accoutumé. Nous étions tous attentifs autour d'elle dans une espèce d'admiration et de stupeur. Sa conversation était sérieuse sans être froide; elle s'exprimait avec une pureté, un nombre et une prosodie qui faisaient de son langage une espèce de musique dont l'oreille n'était jamais rassasiée; elle ne parlait jamais des députés qui venaient de périr, qu'avec respect, mais sans pitié efféminée, et leur reprochant même de n'avoir pas pris des mesures assez fortes. Elle les désignait le plus ordinairement sous le nom de *nos amis;* elle faisait souvent appeler Clavière pour s'entretenir avec lui [1]. Quelquefois aussi son sexe reprenait le dessus, et on voyait qu'elle avait pleuré au souvenir de sa fille et de son époux. Ce mélange d'amollissement naturel et de force la rendait plus intéressante. La femme qui la servait me dit un jour : « Devant vous elle rassemble toutes ses forces, mais dans la chambre elle reste quelquefois trois heures appuyée sur sa fenêtre à pleurer. » Le jour où elle monta à l'interrogatoire, nous la vîmes passer avec son assurance ordinaire; quand elle revint, ses yeux étaient humides; on l'avait traitée avec une telle dureté, jusqu'à lui faire des questions outrageantes pour son honneur, qu'elle n'avait pu retenir ses larmes tout en exprimant son indignation. Un pédant mercenaire outrageait froidement cette femme célèbre par son esprit et qui, à la barre de la Convention nationale, avait forcé, par les grâces de son éloquence, ses ennemis à se taire et à l'admirer. Elle

---

[1] Clavière, qui depuis s'enfonça un couteau dans le cœur, après avoir lu la liste de ses témoins, en récitant ces vers de Voltaire :

>Les criminels tremblants sont traînés au supplice;
>Les mortels généreux disposent de leur sort.
>(*Note de Riouffe.*)

resta huit jours à la Conciergerie, et sa douceur l'avait déjà rendue chère à tout ce qu'il y avait de prisonniers, qui la pleurèrent sincèrement.

Le jour où elle fut condamnée, elle s'était habillée en blanc et avec soin : ses longs cheveux noirs tombaient épars jusqu'à sa ceinture; elle eût attendri les cœurs les plus féroces; mais ces monstres en avaient-ils un? D'ailleurs elle n'y prétendait pas, elle avait choisi cet habit comme symbole de la pureté de son âme. Après sa condamnation, elle repassa dans le guichet avec une vitesse qui tenait de la joie. Elle indiqua par un signe démonstratif qu'elle était condamnée à mort. Associée à un homme que le même sort attendait, mais dont le courage n'égalait pas le sien, elle parvint à lui en donner, avec une gaieté si douce et si vraie, qu'elle fit naître le rire sur ses lèvres à plusieurs reprises.

Parvenue sur la place de l'exécution, elle s'inclina devant la statue de la Liberté et prononça ces paroles mémorables : « O Liberté! que de crimes on commet en ton nom! »

Elle avait dit souvent que son mari ne lui survivrait pas. Nous apprîmes dans nos cachots que sa prédiction était justifiée et que le vertueux Roland s'était tué sur une grande route, indiquant par là qu'il avait voulu mourir irréprochable envers l'hospitalité courageuse.

Mon cœur, qui devait être déchiré par tant de tenaillements dans cette horrible demeure, n'a point connu de douleur plus amère que celle que me causa la mort de cette femme à jamais célèbre. Le souvenir de son assassinat s'unira dans mon âme à celui de mes infortunés amis, pour l'envelopper jusqu'au tombeau d'un deuil inconsolable.

Clavière, né dans une république ancienne (Genève), homme très-instruit dans les finances, fut élevé par son métier à la place de ministre des contributions. Craignant que la horde maratiste, qui l'avait jeté dans le fond d'un cachot, ne le fît périr sur l'échafaud, il se poignarda, et mourut avec la tranquillité d'un homme de bien. Son épouse apprend cet acte de désespoir et de vertu, et s'empoisonne après avoir consolé ses enfants et mis ordre à ses affaires. Avant de se donner le coup mortel, ce vieillard auguste me prend à part au bout d'un long corridor éclairé d'une lampe funéraire. Il venait de lire la liste de ses témoins et d'y trouver en tête ses plus féroces ennemis, entre autres Arthur[1], cet étranger devenu membre de la commune de Paris et encore plus factieux et plus sanguinaire que les Hébert et les Chaumette. « Ce sont des assassins, me dit-il, je veux me dérober à leur fureur. » Alors commence l'entretien le plus grave et le plus réfléchi sur les moyens de se débarrasser de la vie. Il calcule les coups et la manière la plus sûre de se percer le cœur. Illustre Genevois, je fus digne de toi, je t'entendis sans pâlir délibérer sur ta mort; j'approuvai ta résolution républicaine; je vis le couteau se promener sur ta poitrine, et ta main assurée marquant la place où tu devais te frapper. Je t'eusse imité; mais comme toi je n'en avais pas reçu le signal. Enfin il me quitte... Au bout d'un quart d'heure il n'était plus. On le trouva rendant le dernier soupir dans sa chambre, où il s'était renfermé pour consommer son dessein.

Peu de temps après, je serrai dans mes bras Girey-Dupré et Boisguyon qui arrivaient de Bordeaux tout meurtris de leurs fers. Je ne parlerai point du courage de Girey-Dupré. Ce mot suppose un effort, je dirai seulement qu'il est mort sans y faire attention; ses fers n'avaient rien changé à sa gaieté ouverte et franche. Il avait la même fleur de santé que je lui avais toujours connue, il s'abandonnait sans réserve aux moindres amusements. Tout entier au plaisir d'être, on eût dit qu'il ignorait qu'il était dans les fers et que l'échafaud l'attendait. A l'interrogatoire il ne répondit que ces mots : « J'ai connu Brissot, j'atteste qu'il a vécu comme Aristide et qu'il est mort comme Sidney, martyr de la liberté. » Une

---

[1] Arthur, marchand de papiers peints sur le boulevard, fut guillotiné après la révolution du 9 thermidor, comme membre de la commune conspiratrice. Hébert et Chaumette avaient eu précédemment le même sort; car si nous éprouvions une réaction de tyrannie, cette même réaction agissant sur elle-même vengeait bientôt la France. *(Note de Riouffe.)*

réponse courageuse désarme les grandes âmes, elle irrite la médiocrité. C'est l'effet que produisit celle de Girey-Dupré. On interrompit là son interrogatoire, et dans son acte d'accusation on consigna comme criminelle cette réponse qui le couvre de gloire. Il n'alla point à la mort, il y vola. En montant au tribunal, il leur offrit la victime toute préparée pour le supplice; il avait ouvert le col de sa chemise et parut ainsi à l'audience. Sa raison ferme et inébranlable aux lâches séductions de l'espérance lui avait démontré qu'il n'y avait plus qu'à présenter sa tête. Si l'on se rappelle le talent qu'il annonçait dans le *Patriote français,* si d'un autre côté l'on considère tant de grandeur d'âme dans un jeune homme de vingt-quatre ans, on sentira qu'il n'est point de perte plus cruelle pour un pays libre que celle d'un jeune citoyen qui donnait de si belles espérances. Doué d'une moralité profonde, il pouvait honorer les places les plus importantes. Il était, pour m'exprimer ainsi, de cette étoffe dont on fait de vrais magistrats dans une république. On l'a moissonné dans la fleur de son âge; c'est un crime irréparable envers la patrie.

Voici un couplet qu'il fit peu de moments avant de monter au tribunal :

> Pour nous quel triomphe éclatant!
> Martyrs de la liberté sainte,
> L'immortalité nous attend.
> Dignes d'un destin si brillant,
> A l'échafaud marchons sans crainte;
> L'immortalité nous attend.
>   Mourons pour la Patrie,
> C'est le sort le plus beau, le plus digne d'envie.

Boisguyon était un philosophe pratique, d'une vertu douce et bienfaisante; recueilli en lui-même, il travaillait sans cesse à se rendre meilleur; son esprit était fort cultivé, il passait pour avoir dirigé toutes les opérations de Beysser, sous lequel il commandait. Mais comme en toutes choses il était ennemi de l'ostentation, on ne le nommait presque jamais et même pas du tout. Ce sont de ces mérites qui n'ont rien à démêler avec le vulgaire, et que l'observateur philosophe se plaît à contempler dans l'espèce de *coque mystérieuse* où ils s'enveloppent. Pour le peindre en un mot, il avait des pièces qui eussent pu servir à sa justification, mais qui pouvaient compromettre des personnes qui n'étaient point ses amis et qu'on eût plutôt soupçonnées de vouloir le sacrifier : il brûla ces pièces, de peur d'être tenté d'en faire usage.

Son patriotisme constant n'avait guère dû être autre chose en aucun temps que de la philanthropie. Mais son âme n'était pas d'une trempe aussi forte que celle de Girey-Dupré ; il écrivit à Robespierre, sur lequel il n'était pas encore tout à fait détrompé ; il lui rappelait, dans sa lettre, que dans des temps où ils étaient menacés il avait protégé ses jours. Le tyran l'avait oublié ; il ne répondit point, et ne daigna pas faire un signe pour l'arracher à ses bourreaux.

Vers la même époque on amena Bailly, l'homme de la Révolution le plus heureux en honneurs et celui dont l'agonie fut la plus douloureuse. Il épuisa la férocité de la populace dont il avait été l'idole, et fut lâchement abandonné par le peuple, qui n'avait jamais cessé de l'estimer. Il est mort comme le juste de Platon ou comme Jésus-Christ au milieu de l'ignominie ; on cracha sur lui, on brûla un drapeau sous sa figure, des hommes furieux s'approchaient pour le frapper malgré les bourreaux, indignés eux-mêmes de tant de fureur. On le couvrit de boue. Il fut trois heures à la place de son supplice, et son échafaud, dont on lui fit porter des pièces, fut dressé dans un tas d'ordures. Une pluie froide qui tombait à verse ajoutait encore à l'horreur de sa situation ; les mains liées derrière le dos, obligé de ravaler l'humeur qui s'écoulait de son nez, il demandait quelquefois le terme de tant de maux ; mais ces paroles étaient proférées avec le calme digne d'un des premiers philosophes de l'Europe. Il répondit à un homme qui lui disait : « **Tu trembles, Bailly ? — Mon ami, c'est de froid.** » Si l'on demande d'où nous étions si bien instruits, qu'on sache que c'était par le moyen du bourreau, qui, pendant une année entière, n'a cessé un seul jour d'être appelé dans cette horrible demeure, et qui racontait aux geôliers ces abominables et admirables circonstances.

Si je m'abandonnais à la tâche douloureuse de nommer individuellement tous les êtres intéressants sacrifiés dans cette boucherie, à parler de leur courage et de leurs vertus, j'entasserais des volumes. Qu'on sache seulement que le mépris de la mort était devenu une chose triviale, et que Socrate, au milieu de quatre mille personnes de tout âge et de tout sexe que j'ai vu massacrer en un an, n'aurait été remarqué que par son éloquence et ses discours sublimes sur l'immortalité de l'âme.

Je me contenterai de peindre l'esprit qui n'a cessé d'animer le tribunal révolutionnaire et les scènes d'horreur qui se sont renouvelées dans la Conciergerie. On croyait assez généralement, avant le 22 prairial, que ce tribunal conservait quelques formes ; mais je puis attester qu'il n'a jamais été qu'un tribunal de sang, ne suivant d'autre loi que son caprice, ou la férocité des tyrans auxquels il n'a jamais cessé d'être vendu : j'en ai la preuve dans les différents jugements dont j'ai eu connaissance pendant une année de détention. Il est vrai qu'il ne poussa pas tout à coup l'impudence jusqu'à entasser, comme Caligula, dans un même procès, au nombre de soixante et quatre-vingts, des hommes qui ne s'étaient jamais connus, et jusqu'à les juger en une heure ; mais s'il était moins scandaleux, il n'était pas moins atroce. Comment des êtres érigés en bourreaux des prétendus conspirateurs de prisons ont-ils pu être en aucun temps des juges intègres? Comment les assassins des vingt-deux députés, de Bailly, de Dietrich, de Houchard, de Custines père et fils, de Lamourette, de Biron, de Lamarlière, de la citoyenne Roland et de mille autres, peuvent-ils être soupçonnés d'avoir jamais eu de l'humanité? N'avaient-ils pas commencé à porter la désolation dans Orléans par la boucherie de neuf citoyens des plus considérables de cette ville?

Ils ne cessèrent de tuer en détail, jusqu'à ce qu'enfin ils aient tué en masse; et si alors l'instruction, au lieu d'être d'une heure, durait quelquefois deux jours, c'était un supplice de plus, car personne n'échappait. Longtemps avant le 22 prairial, un de mes camarades de chambre, assassiné pour fédéralisme, trouva dans le même homme son dénonciateur, son témoin et son juré; et ce juré il l'avait fait condamner pour émission de faux assignats. Le crime trouvant partout protection, ce scélérat avait eu le moyen d'échapper à la vengeance des lois, et de devenir juge de vil criminel qu'il était : il était de plus débiteur de celui qu'il condamna comme juré, et sa boule noire n'en tomba que plus vite. J'ai vu le billet entre les mains de ce malheureux jeune homme, nommé Barré, dont le frère et le vieux père moururent de douleur; un brigand échappé au supplice porta la désolation dans toute une famille honorée, patriote et paisible, et la fit disparaître de la terre.

Quelques-unes des malheureuses victimes étaient aveuglées jusqu'au dernier moment par l'espérance, et leurrées d'une idée de justice : on ne pouvait croire qu'elle se fût entièrement effacée du cœur d'hommes qui osaient s'appeler juges et jurés. Ceux qui arrivaient des départements éloignés discutaient leurs droits avec confiance : un vieux conseiller du parlement de Toulouse disait, avant de monter, qu'il ne voudrait pas être à leur place et qu'il les embarrasserait bien; un autre citait le droit romain. Cette erreur, qui navrait l'âme des prisonniers, habitants anciens et expérimentés de la Conciergerie, prenait sa source dans une ignorance bien naturelle; malheur à l'homme qui eût deviné tant d'horreurs! Au moment surtout d'être jugés, le bandeau s'épaississait plus que jamais sur leurs yeux. La victime désignée sans le savoir, descendant en elle-même, n'y trouvait qu'innocence et paix; un appareil légal se développait devant elle. Un acte d'accusation, une liste de jurés, des témoins, des défenseurs chèrement payés, toutes les formes protectrices, tout ce qu'il y a de saint parmi les hommes, était mis en usage ; mais ce n'était qu'une comédie atroce, qu'on jouait pour mieux l'abuser. Est-il étonnant qu'elle en fût la dupe? Custines fils, malgré tout son esprit, malgré la proscription demandée et obtenue ouvertement par Robespierre, y succomba lui-même : il prit un défenseur, écrivit toute la nuit ses moyens de défense, et faisait à ses bourreaux l'honneur de croire que l'innocence pouvait échapper une fois de leurs mains.

L'espérance habite dans le cœur de l'homme jusqu'au dernier moment pour l'amollir et le trahir. Personne, pour le dire là-dessus, n'a fait ce qu'il devait faire : il fallait les faire succomber sous le poids de l'opprobre et refuser de leur répondre : ou ces septembristes, habillés en juges, auraient repris les massues du 2 septembre, ou ils auraient été obligés de lâcher leur proie. Il est bien vrai qu'après le 22 prairial ils ne gardèrent plus de mesure : la paresse des subalternes y trouvait son profit autant que la cruauté des chefs. On n'avait plus besoin d'examiner des pièces qui s'accumulaient d'une manière effrayante ; on envoyait un garçon de bureau prendre les noms, et c'est tout ce qu'on voulait, puisqu'il ne s'agissait plus que de listes de proscription. Les défenseurs furent supprimés, ainsi que les interrogatoires ; mais, si l'on ose le dire, cette loi fut salutaire, puisqu'elle ôta tout à fait le masque dont se couvrait ce fantôme de tribunal, qui, au fond, ne fut jamais composé que d'assassins : on vit alors des hommes condamnés par méprise de nom, le frère pour le frère. Un jeune homme de vingt-cinq ans, qui n'avait jamais été marié, fut conduit au supplice comme ayant un fils émigré et qui portait les armes contre sa patrie. On se joua ouvertement et sans pudeur de la vie des hommes. La canaille des huissiers, des sous-greffiers et de tous les subalternes, composée d'anciens recors ou de misérables qui savaient à peine lire, se déchaînait contre l'existence des citoyens ; ils insultaient, dans leur griffonnage barbare, ceux qu'ils assassinaient d'une manière atroce. J'ai vu apporter à une femme un acte d'accusation sur lequel était écrit : « Tête à guillotiner sans rémission. » Aucun de ces actes illisibles n'était orthographié, et on n'y trouvait aucune construction française. Souvent on recevait un acte destiné à une autre personne : alors l'huissier se contentait de substituer votre nom à celui qu'il effaçait. Plusieurs fois en buvant avec les guichetiers, ils en fabriquaient tout à coup et de gaieté de cœur. Des femmes ont entendu dicter leurs accusations au milieu des ris : « Joignons celle-là à son mari », criaient-ils en s'enivrant, et la victime n'échappait pas. En effet, ces actes étaient imprimés, avec un protocole commun à tous ; il n'y avait que quelques lignes à remplir, et c'est dans ce peu de lignes que se commettaient les méprises les plus absurdes, et toujours impunément. La ci-devant duchesse de Biron, entre autres, monta avec un acte d'accusation rédigé pour son homme d'affaires. Oui, c'est l'heureux génie de la France qui les poussa à se démasquer par la loi du 22 prairial. N'avaient-ils pas ôté la parole aux vingt-deux députés et à Danton? La conscience des jurés ne jouait-elle pas à l'aise dans leurs poitrines, depuis qu'ils pouvaient se déclarer assez instruits? ne jugeaient-ils pas d'après des inductions? Pourquoi donc cette loi du 22? O vertige des scélérats! ô inconcevable enchaînement des événements humains!

Enfin, avant le 22 prairial, n'ai-je pas vu des hommes qui, pendant qu'on les interrogeait, avaient entendu rédiger leur acte d'accusation dans la pièce voisine? Avant le 22 prairial, n'insultaient-ils pas de la manière la plus barbare à l'accusé qu'ils chargeaient d'outrages et qu'ils livraient aux risées du peuple? La pudeur des femmes les plus vertueuses et les plus respectées n'y était-elle pas révoquée en doute, et forcée de rougir aux quolibets grossiers d'une canaille crapuleuse, dont le repaire le plus ordinaire était dans les mauvais lieux, et qui souvent siégeaient étant ivrés? Je viens de dire que parmi ces jurés il y avait un faiseur de faux assignats; mais presque tous étaient aussi vils, et qui voudrait fouiller dans cet égout y trouverait des hommes flétris par la justice. Coffinhal, Dumas, n'étaient-ils pas juges avant cette époque, et pour faire *feu de file* avaient-ils attendu le signal de la loi du 22? Si c'est une vérité incontestable que le crime à découvert est moins hideux que lorsqu'il prend le masque de la vertu, ne serait-il pas absurde de nier que le tribunal était plus atroce encore avant le 22 prairial qu'après?

Les furieux du dehors secondaient parfaitement ces monstres; jamais anthropophages n'ont eu de pourvoyeurs plus zélés et plus entendus. On y voyait arriver sans cesse de nouvelles victimes; il semblait surtout qu'ils étaient animés d'une fureur aveugle contre le sexe le plus faible et le plus aimable. Les femmes les plus belles, les plus jeunes, les plus intéressantes, tombaient pêle-mêle dans ce gouffre, d'où elles sortaient pour aller, par douzaine, inonder l'échafaud de leur sang.

On eût dit que le gouvernement était dans les mains de ces hommes dépravés qui, non contents d'insulter au sexe par des goûts monstrueux, lui vouent encore une haine implacable. De jeunes femmes enceintes, d'autres qui venaient d'accoucher et qui étaient encore dans cet état de faiblesse et de pâleur qui suit ce grand travail de la nature, et qui serait respecté par les peuples les plus sauvages; d'autres dont le lait s'était arrêté tout à coup, ou par frayeur, ou parce qu'on avait arraché leurs enfants de leur sein, étaient jour et nuit précipitées dans cet abîme. Elles arrivaient traînées de cachot en cachot, leurs faibles mains comprimées dans d'indignes fers. On en a vu qui avaient un collier de fer au cou. Elles entraient les unes évanouies et portées dans les bras des guichetiers qui en riaient; d'autres en pleurs; d'autres dans un état de stupéfaction qui les rendait comme imbéciles; vers les derniers mois surtout, c'était l'activité des enfers. Jour et nuit les verrous s'agitaient. Soixante personnes arrivaient le soir pour aller à l'échafaud le lendemain. Elles étaient aussitôt remplacées par cent autres, que le même sort attendait les jours suivants.

De tous les coins de la France on charriait des victimes à la Conciergerie. Elle se remplissait sans cesse par les envois des départements, et se vidait sans cesse par le massacre et le transfèrement dans d'autres maisons. Des guichetiers chargés d'actes d'accusation les colportaient de chambre en chambre très-avant dans la nuit. Les prisonniers, arrachés au sommeil par leurs voix épouvantables et insultantes, croyaient que c'était leur arrêt. Ainsi ces mandats de mort, destinés à soixante ou quatre-vingts personnes, étaient distribués chaque jour, de manière à en effrayer six cents. Par la gradation des massacres, j'ai bien connu toute la profondeur de ce vers de Racine :

> Et laver dans le sang vos bras ensanglantés.

D'abord ils avaient entassé quinze personnes dans leurs charrettes meurtrières ; bientôt ils en mirent trente, enfin jusqu'à quatre-vingt-quatre, et quand la mort de Robespierre est venue arracher le genre humain à leurs fureurs, ils avaient tout disposé pour en envoyer cent cinquante à la fois à la mort. Déjà un aqueduc immense, qui devait voiturer du sang, avait été creusé à la place Saint-Antoine. On avait aussi préparé des carrières immenses, vastes catacombes qui devaient au moins contenir trente mille cadavres.

C'était vers les trois heures après midi que ces longues processions de victimes descendaient du tribunal et traversaient lentement, sous de longues voûtes, au milieu des prisonniers qui se rangeaient en haie pour les voir passer avec une avidité sans pareille. Que l'homme est faible, qu'il est un animal asservissable ! J'ai vu quarante-cinq magistrats du parlement de Paris, trente-trois du parlement de Toulouse, allant à la mort du même air qu'ils marchaient autrefois dans les cérémonies publiques. J'ai vu cinquante fermiers généraux passer d'un pas calme et ferme ; les vingt-cinq premiers négociants de Sedan, plaignant, en allant à la mort, dix mille ouvriers qu'il laissaient sans pain. J'ai vu ce Beysser, l'effroi des rebelles de la Vendée, et le plus bel homme de guerre qu'eût la France ; j'ai vu ces généraux, que la victoire venait de couvrir de lauriers qu'on changeait soudain en cyprès. Tous ces jeunes militaires, si forts, si vigoureux, qu'on entourait d'une armée de gendarmes, leur jugement semblait avoir fait sur eux l'effet d'un enchantement qui les rendait immobiles. J'ai vu ces longues traînées d'hommes qu'on envoyait à la boucherie. Aucune plainte ne sortait de leur bouche; ils marchaient silencieusement et semblaient craindre de regarder le ciel, de peur que leurs regards n'exprimassent trop d'indignation. Ils ne savaient que mourir.

Dans ce hachis d'hommes, qu'on appelait *fournées*, on entassait des êtres diamétralement opposés de système et de parti. Thouret avec d'Éprémenil, Chapellier avec la ci-devant duchesse de Grammont. Plusieurs fois des générations entières ont été absolument détruites en un jour; le respectable Malesherbes, âgé de plus de quatre-vingts ans, fut traîné à la mort, à la tête de sa famille entière; il périt avec sa sœur, sa fille et son gendre, et la fille et le gendre de sa fille; M. de Montmorin, avec son fils. Quatre Brienne furent égorgés à la fois. Dans d'autres *fournées* on voyait réuni ce que la nature avait de plus aimable : quatorze jeunes filles de Verdun, d'une candeur sans exemple, et qui avaient l'air de jeunes vierges parées pour une fête publique, furent menées ensemble à l'échafaud. Elles disparurent tout à coup, et furent moissonnées dans leur printemps : la cour des femmes avait l'air, le lendemain de leur mort, d'un parterre dégarni de ses fleurs par un orage. Je n'ai jamais vu parmi nous de désespoir pareil à celui qu'excita cette barbarie [1].

Vingt femmes du Poitou, pauvres paysannes pour la plupart, furent également assassinées ensemble : je les vois encore, ces malheureuses victimes, je les vois étendues dans la

---

[1] Il y a dans le récit de Riouffe bien des exagérations et des inexactitudes. Nous ne finirions pas si nous voulions les relever toutes, et le plus court est de renvoyer à la deuxième édition de l'*Histoire du Tribunal révolutionnaire* de M. Campardon, où les erreurs de Riouffe se trouvent réfutées par les faits extraits des dossiers judiciaires. Les *Mémoires d'un détenu* donnent les impressions d'un homme qui a fait un long séjour à la Conciergerie; c'est la vivacité de ces impressions, c'est l'émotion sincère dont elles sont empreintes, qui en font l'intérêt.

cour de la Conciergerie, accablées de la fatigue d'une longue route et dormant sur le pavé. Leurs regards, où ne se peignait aucune intelligence du sort qui les menaçait, ressemblaient à ceux des bœufs entassés dans les marchés, et qui regardent fixement et sans connaissance autour d'eux. Elles furent exécutées toutes peu de jours après leur arrivée. Au moment d'aller au supplice, on arracha du sein d'une de ce infortunées un enfant qu'elle nourrissait, et qui au moment même s'abreuvait d'un lait dont le bourreau allait tarir la source. O cris de la douleur maternelle, que vous fûtes aigus! mais vous fûtes sans effet. Quelques femmes sont mortes dans la charrette, et on a guillotiné des cadavres. N'ai-je pas vu, peu de jours avant le 9 thermidor, d'autres femmes traînées à la mort; elles s'étaient déclarées enceintes... Et ce sont des hommes, des Français, à qui leurs philosophes les plus éloquents prêchent depuis soixante années l'humanité et la tolérance!... Si l'on n'eût arrêté ce débordement de sang humain, je ne doute pas qu'on n'eût vu des hommes aller se précipiter d'eux-mêmes sous le tranchant de la guillotine. Comme l'a très-bien dit Fréron, la première des affections sociales, l'amour de la vie, s'éteignait déjà dans tous les cœurs. J'ai vu plus de dix femmes qui, n'osant prendre du poison, avaient crié *Vive le Roi!* et chargeaient par ce moyen cet abominable tribunal du soin de terminer leurs jours, les unes pour ne pas survivre à un époux, d'autres à un amant, d'autres par dégoût de la vie, presque aucune par fanatisme royal. Et dans quelle classe se trouvaient ces infortunées? dans celle de l'indigence : quelques-unes étaient de misérables prostituées, mais encore riches de leur jeunesse et de leur beauté. Oh! si des législateurs étaient témoins des terribles effets de lois violentes et passionnées, combien de victimes elles écrasent, comme ces édifices qui s'écroulent dans une fête publique, ils frémiraient des dangers de leur mission; ils verraient des milliers de citoyens dans les pleurs, les autres en fuite et mourant de misère, d'autres dont la raison est aliénée, et qui, dans leur délire, d'une voix de fer, les maudissent le jour et la nuit, avec des imprécations affreuses! Après la loi qui chassait sous trois jours tous les nobles de Paris, j'ai vu arriver, entre beaucoup d'autres, une jeune femme qui depuis plusieurs jours n'avait pris aucune nourriture; sa raison était égarée : née dans l'opulence, elle avait à peine trouvé depuis un an dans l'ouvrage de ses mains de quoi fournir à son existence; cette loi lui ôtait tous moyens de vivre; elle n'avait plus de ressources que la mort, et elle était venue la demander en se dénonçant elle-même. Sa pâleur extrême, causée par le chagrin et l'inanition, n'empêchait pas de trouver sur son visage les traces de la décence, de la beauté et de la jeunesse. Ses malheurs n'étaient pas encore au comble, elle devait apprendre qu'un époux adoré, dont elle ignorait le sort, avait péri peu de jours auparavant. Sur son acte d'accusation elle lut qu'elle était veuve..... Elle fut rejoindre son époux.

Si, au milieu de tant de désolations, quelques malheurs enfonçaient des pointes plus acérées dans le cœur des infortunés, au milieu du courage général, quelques actions particulières se faisaient remarquer et brillaient d'un éclat plus vif que toutes les autres. Cette époque, qui offre l'exemple de tous les crimes, offre aussi quelquefois celui de la vertu sublime. Des jeunes femmes de chambre ont voulu mourir avec leurs maîtresses, et quand l'espionnage et la délation portaient un coup mortel aux mœurs, elles périssaient par un dévouement généreux. Une bonne religieuse ne voulut pas sauver sa vie aux dépens d'un très-léger mensonge. La ci-devant marquise de Bois-Bérenger et sa sœur, la comtesse de Malézy, se conduisirent réellement avec un héroïsme digne d'admiration.

Toutes ces femmes étaient très-jeunes et de la figure la plus intéressante.

La ci-devant marquise de Bois-Bérenger ne quittait pas sa mère d'un instant : elle veillait sur elle, et on eût dit que la sollicitude maternelle était passée tout entière dans l'âme de la fille. Elle couvait sa malheureuse mère de ses yeux, était sans cesse sur ses pas, l'encourageait par son exemple et par ses discours : pour la mère, elle était, ainsi que toutes les mères que j'ai vues dans ces horribles crises, muette et pétrifiée..... C'était Niobé changée en pierre. Elles avaient toutes une piété douce et semblaient des anges qui prennent leur essor vers le Ciel.

La ci-devant comtesse de Malézy disait à son père : — « Je me serrerai tant contre vous, mon bon père, que Dieu me laissera passer malgré mes péchés. » — On conçoit qu'elle pouvait en avoir commis quelques-uns, car elle avait une des plus séduisantes figures et des plus aimables qu'il fût possible de voir.

Toutes ces familles proscrites, heureuses de mourir ensemble, s'unissaient étroitement, confondaient leurs âmes dans un épanchement mutuel, persuadées qu'elles allaient se retrouver et que ce passage d'un monde où elles étaient persécutées dans un autre monde plus heureux, était désirable pour elles; que mourir c'était fermer un instant les yeux pour les rouvrir à une lumière éternelle, et qu'elles allaient enfin trouver l'égalité dans un asile de paix où tous les titres disparaissent réellement, et où on ne les rappelle pas sans cesse pour multiplier les assassinats et les persécutions.

Il en était bien autrement de tous ces instruments de la scélératesse de Robespierre, et qu'il s'amusait à briser quelquefois; ils mouraient dans l'athéisme et les imprécations. Ainsi moururent les Grammont père et fils, les Hébert, les Gusman, et le fameux Ronsin, malgré l'air féroce qu'il affecta jusqu'au bout.

L'infortuné Camille Desmoulins mourut indigné de la lâcheté du peuple et furieux d'avoir été la dupe de Robespierre.

Danton, placé dans un cachot à côté de Westermann, ne cessait de parler, moins pour être entendu de Westermann que de nous. Ce terrible Danton fut véritablement escamoté par Robespierre. Il en était un peu honteux ; il disait, en regardant à travers ses barreaux, beaucoup de choses que peut-être il ne pensait pas : toutes ses phrases étaient entremêlées de juremens ou d'expressions ordurières.

En voici quelques-unes que j'ai retenues :

— « C'est à pareil jour que j'ai fait instituer le tribunal révolutionnaire ; mais j'en demande pardon à Dieu et aux hommes. Ce n'était pas pour qu'il fût le fléau de l'humanité, c'était pour prévenir le renouvellement des 2 et 3 septembre. » Étrange langage dans la bouche de Danton [1].

« Je laisse tout dans un gâchis épouvantable : il n'y en a pas un qui s'entende en gouvernement. Au milieu de tant de fureurs, je ne suis pas fâché d'avoir attaché mon nom à quelques décrets qui feront voir que je ne les partageais pas. »

« Si je laissais mes c..... à Robespierre et mes jambes à Couthon, ça pourrait encore aller quelque temps au comité de salut public. »

« Ce sont tous des frères Caïn. Brissot m'aurait fait guillotiner comme Robespierre. »

« J'avais un espion qui ne me quittait pas. »

« Je savais que je devais être arrêté. »

« Ce qui prouve que le b... de Robespierre est un Néron, c'est qu'il n'avait jamais parlé à Camille Desmoulins avec tant d'amitié que la veille de son arrestation. »

« Dans les révolutions, l'autorité reste aux plus scélérats. »

« Il vaut mieux être un pauvre pêcheur, que de gouverner les hommes. »

[1] Danton disait aussi : « Quand les factions frappent sur des hommes qui d'abord ont rendu des services à la patrie, on peut les incarcérer provisoirement jusqu'à la preuve des délits matériellement acquise. Il faut consacrer ce grand principe : Qu'un patriote doit avoir trois fois tort avant qu'on puisse sévir contre lui. » Les lecteurs se sont aperçus, et s'apercevront encore davantage par la suite, des contradictions où sont tombées les auteurs des Mémoires que j'ai recueillis ; les uns louant à outrance les députés prétendus fédéralistes, ou victimes de la jalousie de leurs collègues ; et les autres les dénigrant, ou en parlant avec moins d'estime ; mais il m'a été impossible de faire disparaître ces contradictions, les écrivains que j'extrais ou transcris devant s'exprimer d'après leur propre façon de penser.

(*Note de Nougaret.*)

« Les f..... bêtes, ils crieront *Vive la République!* en me voyant passer. »

Il parlait sans cesse des arbres, de la campagne, de la nature.

Immédiatement après ces deux représentants, je ne dois pas oublier qu'un spectacle horrible vint déchirer notre âme. C'étaient les deux veuves Hébert et Camille Desmoulins, dont les maris s'étaient traînés à l'échafaud, et qui pleuraient assises sur la même pierre, dans la cour de la Conciergerie : elles allèrent bientôt les rejoindre.

L'orateur du genre humain, celui du moins qui prenait ce titre fastueux, et l'ennemi de toute religion, surtout de celle de Jésus-Christ, Clootz, est mort comme il avait vécu, mais avec un courage que je ne lui eusse jamais soupçonné; il était avec la tourbe Hébert. Ces misérables se reprochaient leur mort; Clootz prit la parole, et d'une voix haute leur cita tout au long ces vers si connus :

> Je rêvais cette nuit que, de mal consumé,
> Côte à côte d'un gueux on m'avait inhumé.
> . . . .

L'apologue eut son effet : on redevint amis, et Clootz, qui se mourait de peur qu'un d'eux ne crût en Dieu, prit la parole et leur prêcha le matérialisme jusqu'au dernier soupir.

Fabre d'Églantine, malade et faible, n'était occupé que d'une comédie en cinq actes qu'il avait confiée au comité de salut public, et de la crainte que Billaud-Varennes ne la lui volât. Elle a pour titre *l'Orange;* elle est en cinq actes et en vers : sans doute qu'elle jouira quelque jour des honneurs de la représentation, avant qu'elle devienne le partage d'un plagiaire effronté.

Roucher, Joseph Chénier, vous fûtes aussi immolés; Lavoisier, Dietrich, Dionis du Séjour, Bailly, Barnave, Linguet, noms chers aux sciences, aux beaux-arts et à l'éloquence, je vous ai vus disparaître. Femmes charmantes, mères éplorées, vierges innocentes et douces, vieillards respectables et courbés sous le poids des ans, élite des citoyens de toute espèce, jeunesse instruite et courageuse, assassinée pour n'avoir pas cru à Marat, ou pour un moment d'erreur, vous tous, je vous ai vu entraîner à la mort. La flèche empoisonnée du désespoir a traversé mon âme; je la porte partout avec moi. Et si mes bourreaux, dont la rage n'est pas rassasiée par quatorze mois de la plus dure captivité, ne signent pas mon honorable proscription, je succomberai bientôt sous tant de souvenirs affreux, et je mourrai honteux d'avoir été homme.

COMPLÉMENT DES MÉMOIRES DE RIOUFFE [1].

Nous avons reproduit les *Mémoires d'un détenu* d'après la première édition. Encouragé par le succès qu'ils obtinrent, Riouffe y a ajouté des chapitres qui sont curieux pour l'histoire des croyances et des mœurs du temps. C'est le motif qui nous a décidé à leur donner place ici.

A JOSEPH SOUQUE.

Paris, 5 ventôse, an III de la République une et indivisible.

Vous trouvez donc, mon cher ami, que je ne suis point entré dans assez de détails sur ce qui me concerne, et vous voudriez que, dans ce petit ouvrage, que j'ai intitulé *Mes Mémoires,* il fût un peu plus question de moi. Je sens tout ce que ce reproche a d'obligeant. Je suis pour vous d'un intérêt plus vif que ne l'est pour le public si insouciant le nom qu'il chérit le plus. Vous voudriez me suivre dans les moindres objets de ma vie enchaînée; j'allais presque dire domestique. En effet, dans ces horribles demeures, ne m'étais-je pas composé une famille, des amis; et quatorze mois

[1] D'après la troisième édition. Paris, an III de la République, in-12, chez Louvet.

d'habitude ne m'avaient-ils pas fait donner quelquefois le nom si doux de foyer à l'antre où la tyrannie m'avait enseveli? Ne retrouvai-je pas quelquefois avec plaisir mon misérable grabat? La gaieté n'apparaissait-elle jamais à cette table où tant de convives s'asseyaient pour la dernière fois au banquet de la vie? Ne fut-elle jamais pour moi une table hospitalière, où pressé entre des hommes d'un courage élevé, d'un cœur pur, le mien se sentait réchauffer et revivre? D'un autre côté, ce cœur n'a-t-il pas été tour à tour agité par tous les sentiments? N'a-t-il pas été ouvert aux douleurs d'autrui et déchiré de ses propres angoisses? Vous me connaissez sensible; vous avez la bonté de croire que je suis observateur, et vous espérez, par un double résultat, connaître mieux le cœur de l'homme en connaissant plus particulièrement le cœur de votre ami. Qu'il est tumultueux ce cœur, qui vaut quelque chose enfin, puisqu'il sympathise avec le vôtre! Je vous l'ai toujours répété, je suis frappé d'une organisation funeste sur laquelle j'adresse chaque jour au ciel des plaintes amères, mais inutiles. Misérable victime jetée au milieu du monde social, il m'effraye et me navre. Je halète après la nature; mais je suis, par rapport à elle, comme ces enfants qui, n'ayant point été nourris par leur propre mère, n'ont pas l'habitude du visage et du doux giron maternel, et ont laissé prendre le change à leurs affections filiales. Les révolutions des saisons, la variation des airs, les aspects lointains de la nature, le choc des éléments; tout retombe sur mon cœur. Le repos ne semble pas fait pour lui; il est ouvert à toutes les atteintes, comme le serait un corps dépouillé de l'épiderme protecteur qui recouvre ses fibres, ses nerfs et ses muscles; de cette foule de sensations qui m'assiégent résulte nécessairement une plénitude de vie qui doit produire la satiété. Si vivre c'est sentir, quelle vie patriarcale égalerait la mienne, à peine arrivé cependant sur le seuil de l'âge viril! Je vous donne là mon secret, mon cher ami; il ne m'est plus possible désormais de trancher du héros, et quelques honorables motifs que vous ajoutiez d'ailleurs à mon dédain de la vie, vous vous souviendrez toujours que la satiété y avait beaucoup de part, et que, rendu de fatigue, j'ai pu soupirer après le port tranquille où la sensibilité repose. Quoi qu'il en soit, vous voilà bien instruit de mon mépris pour l'existence, et ce mot vague, si trivialement employé à chaque heure, a pris pour vous un sens précis, parce que je vous en ai développé les causes.

J'étais donc au milieu des actes d'accusation et des bourreaux, fort expéditifs, il est vrai, mais qui ne marchent point escortés par la douleur et la honte, tout aussi tranquille pour ma part que dans aucune situation de ma vie. Quelquefois, il est vrai, je me troublais à l'idée que je serais interrogé en public et exposé, sur de hauts gradins, aux regards du peuple. Mais cette sensation n'était pas plus forte que celle qu'éprouve un orateur timide qui doit faire un discours en public, ou un jeune homme qui doit paraître pour la première fois dans un cercle nombreux. J'y eusse été timide, forte preuve que je n'y eusse pas été lâche. Si pour moi-même j'étais en pleine sécurité, je n'y gagnais rien du côté du bonheur. Qu'on ne mette pas les remords du plus grand des scélérats auprès des souffrances, des palpitations suffocantes et continues dont mon cœur était convulsivement bouleversé.

Une femme qui avait possédé toute mon âme, et qui peut-être, si elle l'eût mieux connue, aurait voulu la conserver, m'avait écrit à Bordeaux : ses lettres n'étaient point signées ; elles ne contenaient rien de relatif aux affaires politiques : mais qui pouvait me rassurer, moi qui chaque jour voyais immoler et proscrire jusqu'à des jeunes filles qui à peine savaient ce que c'était que la révolution ? Me voici donc cette pensée mortelle enfoncée dans le cœur, qu'on pourrait l'arrêter, que si une fois elle franchissait le seuil fatal de la Conciergerie, elle était perdue, et que j'en serais la cause. Son image, qui s'effaçait déjà de mon cœur, s'y regrave tout à coup en traits plus forts ; mais ce n'était plus l'amour cette fois-ci, c'était la terreur qui la burinait. Chaque jour, comme un serviteur fidèle, elle accourait à mon réveil, elle accourait à mon coucher, au milieu des nuits ; mais c'était pour me torturer par la crainte de la voir compromise. Si une femme était amenée la nuit, réveillé par le bruit des verrous, je croyais que c'était elle. Dans le jour, mes transes mortelles accompagnaient chaque nouvelle de l'arrivée d'une victime.

Que de palpitations, que de craintes, que d'alarmes ! Je ne sais quelle providence, qui a toujours mesuré mes adversités à mes forces, m'a épargné cet horrible malheur, le plus grand qui puisse arriver, celui de causer la perte de ses amis ! Je fusse tombé mort à sa première vue. Tel fut le ver rongeur qui, pendant onze mois, jour et nuit, s'attachait à mon cœur. Prométhée sur le Caucase est ma véritable image. On dit de lui que c'était sans interruption ; on doit le dire dans un récit fabuleux. Moi, qui écris la vérité sous les yeux de la nature, je dirai que c'était par intervalles, mais jamais par intervalles d'un jour entier ou d'une nuit entière.

Dans ces tribulations qui m'étaient envoyées par elle, je m'écriais : L'infortunée, je causerais sa mort, hélas ! si une passion profonde exaltait son âme... J'ai vu des amants heureux de mourir ensemble ; mais faut-il qu'au moment où elle a cessé de m'aimer, elle commence à souffrir pour moi ? Quelque horribles qu'aient été mes souffrances, je te rends grâces, ô ciel ! tu m'as épargné la plus affreuse de toutes. L'idée seule que je serais la cause qu'on assignerait quelqu'un en témoignage, me remplissait d'épouvante ; c'était les appeler au milieu d'un coupe-gorge ; il suffisait que leur figure déplût à quelque juré, pour qu'on se fit un jeu de les faire monter au rang des accusés, et de là au rang des victimes. Mes craintes, justifiées par beaucoup d'événements, peignent mieux que tous les discours la jurisprudence de ce tribunal. Ce sont ces motifs surtout qui m'avaient déterminé à me donner la mort aussitôt que j'aurais reçu mon acte d'accusation. Je l'eusse fait ; les exemples généreux ne me manquaient pas : Roland, Clavières, Buzot, Barbaroux, Valazé, m'avaient ouvert la carrière, et, avant eux tous, Cassius, Brutus et Caton.

Sur la même cruche avec laquelle j'allais chercher de l'eau pour notre provision, j'aiguisais en philosophant le couteau qui devait me délivrer de mes tyrans ; seulement, toujours à la veille de m'enfoncer ce large couteau dans les entrailles, je disais comme le Fils de Marie : *Détournez de moi ce calice, s'il est possible.* Lisez Sénèque, Épictète et Marc-Aurèle, vous ne trouverez pas d'expressions d'une résignation plus touchante et d'un courage plus vrai. Celui-là est accommodé à la nature humaine. Souvent le bruit se répandait que mon tour était arrivé ; comme on bat la générale pour tenir les troupes en haleine et les éprouver, le hasard semblait renouveler de temps en temps pour moi ces fatales épreuves ; les événements me trouvaient toujours prêt, et mon âme était à son poste. Enfin cette âme avait de la force contre tout, mais succombait à l'idée d'un témoin obligé, à cause de moi, de comparaître au milieu de cette foule d'assassins. Hélas! parmi ceux qui devaient naturellement être appelés, pendant que, tout occupé de leurs dangers et bravant les miens propres, j'avais pris la résolution d'assurer leur tranquillité par le sacrifice de ma vie, plusieurs conspiraient ma perte; mon généreux dévouement était payé par ce digne salaire.

Je vous dispensais tous des devoirs de l'amitié, ils étaient si dangereux à remplir alors! Je trouvais dans mon abandon même quelques charmes, je me disais : Tous les fils des affections humaines sont coupés autour de moi, mais je m'en console ; ils auraient été peut-être autant de conducteurs par lesquels mes adversités seraient descendues jusqu'aux autres et les auraient enveloppés.... Mais refuser de dire la vérité, me trahir, me dénoncer, vouloir forcer la personne dont j'ai parlé plus haut à joindre ses dénonciations aux leurs.... ces traits sont d'une si hideuse bassesse, que je n'aurais qu'à prononcer leur nom pour lui imprimer un opprobre ineffaçable.

Comme vous avez l'usage d'analyser en lisant, vous résumez ce que je viens de dire, et vous me voyez prêt à chaque instant d'être frappé de la hache, ayant des ennemis au dehors et point d'amis ; vous étiez enchaîné vous-même alors par suite de votre dévouement généreux, et, aux amis près, dans une situation équivalente. Les visites assidues, les petits soins multipliés adoucissaient le sort des autres prisonniers. Quand les visites furent supprimées, les lettres pleines de sentiments affectueux les remplacèrent ; enfin, quand le raffinement de la cruauté eut imposé la privation de tous ces allégements à mes camarades d'infortune, l'industrieuse et active amitié trompait les surveillants, les barreaux et les verrous, pour faire circuler la consolation jusqu'à leur cœur : la vue de ces objets me reportait quelquefois à des retours douloureux sur mon isolement.

Et moi aussi je méritais qu'on m'aimât, me disais-je. Mes larmes se gonflaient dans leur source, mais ne jaillissaient point ; et les raisons que j'ai dites plus haut accouraient me calmer. Imaginez que tous ces mouvements, ces troubles, ces douleurs s'agitaient confusément dans mon sein, mais sans éclater au dehors, comme ces volcans qui crevassent et déchirent les entrailles de la terre, et dont la surface est recouverte d'une pelouse riante. J'étais le consolateur universel, même beaucoup de gens me croyaient de la gaieté ; en effet, je ne confiais guère ma tristesse qu'à un long corridor éclairé par une lampe sépulcrale, triste asile de la mort, où les prisonniers se promenant lentement semblaient s'accoutumer à la nuit et au silence des tombeaux.

Là, que j'ai recueilli de tristes regrets ! combien d'adieux ai-je été chargé de faire passer à des veuves désolées, à de malheureux orphelins ! Jeune et infortuné Monclar, c'est là que tu me parlais sans cesse de Sophie. Depuis quatre ans d'une union sans exemple et formée par un amour passionné et constant, la couche nuptiale ne l'avait pas vu s'absenter une seule fois ; la mère, l'enfant et le jeune époux y trouvaient ensemble chaque nuit le repos et le bonheur. Des scélérats l'ont arraché de leur sein. Ils ont opéré ce déchirement affreux et leur ont ôté leur appui, leur consolation, leur bien suprême : et il était innocent, et il ne leur offrait pas même un prétexte pour l'assassiner !

Fille de Vernet[1], c'est là que je pleurai ta perte, toi dont le cœur se plaisait tant à s'épancher dans le mien ! Ton acte d'accusation te remplit de joie ; la sécurité animée et la gaieté reparurent sur ton visage. « Ces faits sont tellement faux, qu'ils ne peuvent me condamner », disais-tu. Le bonheur de l'innocence rayonna dans tes yeux ; l'espérance, qui a des ailes, te reporta en un instant dans les bras de ton frère, de ta fille, de ton ami. Je les verrai.... Non, tu ne les reverras plus ! ils t'ont assassinée... Estimable Laviolette, la plus tendre et la plus chérie des mères, toi qui à Courtray pansais de tes propres mains les blessures des Français, et qu'un amour ardent de la révolution avait entraînée au milieu d'eux, tu y as trouvé la mort... sur l'échafaud ! des jurés ivres te condamnèrent en sortant de leur taverne[2]. L'inexprimable bonté qui se peignait sur ta figure ne les a point désarmés ; mais la sérénité de ton courage n'en fut point troublée. C'est au bout de ce long corridor que tu me fis appeler, et à travers une fenêtre tu me dis : Regardez-moi, je suis tranquille ; assurez vos camarades que je meurs digne d'eux. Telles furent tes dernières paroles. Oui, véritable amante de la liberté, tu fus aussi courageuse qu'ils furent barbares, aussi calme et aussi bonne que ton époux qui t'assassinait était furieux et imprudent. Qu'il la regarde cette tête de mort que tu fis mettre sur le portrait que tu lui envoyas avant de mourir... et se dise à chaque instant du jour : Cette tête... maintenant c'est celle de ma femme... et c'est moi qui l'ai tuée...

Pour arracher votre âme à la profonde tristesse dans laquelle tout ce que je viens de vous dire a dû la plonger,

---

[1] Elle était digne d'un père aussi célèbre, dont elle parlait sans cesse avec le respect filial et l'admiration d'une âme fortement éprise des beaux-arts. Elle a cru jusqu'à son dernier moment que c'était le féroce David qui la conduisait à l'échafaud. David faire périr la fille de Vernet !... (*Note de Riouffe.*) — Madame Chalgrin fut guillotinée le 6 thermidor an II.

[2] Guillotinée le 18 nivôse an II.

et remplir l'objet de ma lettre, qui est de vous montrer l'intérieur de notre prison, je n'ai qu'à vous ouvrir les portes du n° 13 ; c'est là que j'habitais. Le courage était comme inhérent à cette chambre. Pour nous, Robespierre fut toujours un tyran, le 31 mai une contre-révolution, la Montagne un ramas de brigands ou de fous furieux, les jurés du tribunal révolutionnaire des cannibales, et nous le proclamions hautement. C'est là que, pendant quatorze mois entiers, j'ai vécu avec S..., le brave commandant du Finistère, celui qui, au 10 mars, sauva la Convention nationale, et qui, sans se démentir un seul instant au milieu de tant de souffrances, nous donna le modèle le plus accompli d'égalité d'âme, de bienfaisance, d'aménité et d'une invincible politesse. C'est encore une des grâces que j'ai à rendre au ciel. Il vit, et je n'ai point à déplorer sa perte, qui eût empoisonné le reste de mes jours. Tous mes amis du dehors m'avaient abandonné, il m'en tint lieu ; je l'admirais et je l'aimais.

C'est un numéro bien remarquable que ce n° 13 ; on y jouait jusqu'au tribunal même. Dix-huit lits, attenant les uns aux autres, étaient séparés par de hautes planches, entre lesquelles chaque individu isolé était comme enseveli ; sur chaque lit siégeait un juré. L'accusé, monté sur une table, les avait en face de lui ; le greffier et l'accusateur public remplissaient le parquet. C'était ordinairement à minuit que commençaient nos séances, lorsque, sous nos verrous et sous nos tristes voûtes, nous étions presque certains de n'être plus troublés. L'accusé était toujours condamné ; cela pouvait-il être autrement, puisque c'était le tribunal révolutionnaire ? Une fois condamné, l'horrible appareil se développait : les mains étaient attachées, et le patient venait sur la barre d'un lit recevoir le coup du glaive qui s'abattait sur sa tête. Par un de ces événements très-ordinaires en révolution, l'accusateur public devint accusé lui-même, et par conséquent condamné. Il subit son jugement ; mais tout à coup il revient couvert d'un drap blanc nous effrayer par le tableau des tortures qu'il éprouvait aux enfers ; il nous fit l'énumération de ses crimes, prédit aux jurés ce qui leur arriverait : qu'ils seraient promenés dans des tombereaux de sang, enfermés dans des cages de fer, et qu'ils épouvanteraient le monde par l'horreur de leurs supplices, comme ils l'avaient épouvanté par leurs cruautés inouïes. Il y avait dans notre chambre un nommé Lapagne, le Pampin du n° 13. Il avait été maire d'Ingouville, faubourg du Havre, où il avait été envoyé par les jacobins, et, à cette époque, il était bien digne de les servir, puisqu'il avait été chef de voleurs et condamné à être rompu pour assassinat, sous l'ancien régime. Notre revenant va le saisir au collet, et, lui reprochant tous ses forfaits avec des imprécations affreuses, il l'entraîne aux enfers. Lapagne! Lapagne! Lapagne!... criait-il lamentablement. Lapagne le suivait interdit, épouvanté. Sa terreur rendait plus pittoresque cette scène éclairée par une seule bougie, qui laissait les ténèbres régner paisiblement sur les deux tiers de notre cachot. Ce revenant c'était moi. C'est ainsi que nous badinions dans le sein de la mort, et que dans nos jeux prophétiques nous disions la vérité au milieu des espions et des bourreaux.

Notre refrain continuel au milieu d'eux était : Liberté, égalité, humanité; nous avions même consacré ce serment dans une certaine cérémonie religieuse, qui dut son origine à des circonstances assez plaisantes. Nous avions dans cette même chambre un bon bénédictin, véritablement illuminé, toujours les mains jointes sur la poitrine, comme on peint saint Benoît, et tourmenté surtout de la fureur de faire des prosélytes. L'aimable Ducorneau [1], jeune Bordelais, plein d'esprit, de talents et de gaieté, qu'ils ont assassiné depuis pour fédéralisme, était le diable de ce nouveau saint Antoine. Tantôt il lui volait son bréviaire, et saint Antoine de courir après le diable, le manche à balai à la main; tantôt il lui éteignait sa bougie; enfin lui faisant autant de tours que Satan faisait éprouver de tentations à saint Antoine; quelque-

---

[1] Pierre Ducourneau, homme de loi, guillotiné le 26 ventôse an II.

fois il mêlait aux psaumes chantés par le bonhomme le refrain d'une chanson égrillarde. Mais le saint homme ne perdait pas courage; toujours aux aguets et toujours priant, il avait les yeux sur son bréviaire et sur Ducorneau, qui, borgne, petit et basané, la figure pétrie de malice, remplissait parfaitement l'idée qu'on se fait d'un diablotin, tandis que l'autre, en arrêt, avait l'air d'un béat aux prises avec lui. Le moine offrait ses souffrances à Dieu, et se montrait d'autant plus endurant, qu'il espérait bien qu'à la fin il en convertirait au moins un ou deux. Pour répondre à ses éternels sermons, et las d'argumenter, nous imaginâmes d'élever autel contre autel. Nous eûmes bientôt un culte, des hymnes et des chantres. Alors le saint père désespéra vraiment de notre salut. Il lorgnait quelques-uns d'entre nous comme de meilleure pâte et plus faciles à convertir; il n'espéra plus rien quand il les vit tous rangés sous les drapeaux d'*Ibrascha*[1], c'était le nom de notre dieu. Ce qui acheva de lui navrer le cœur, ce fut l'aventure suivante : L'Espagnol, à cette époque, était à l'agonie; le moine rôdait autour de lui comme autour d'une proie chérie. Ramener un Espagnol au giron de l'Église, quelle béatitude! Mais l'Espagnol mourant ranime ses forces et crie : Vive Ibrascha! Le moine était hors de lui-même.

Il feignait de dormir au moment où nous commencions notre office; mais il ne pouvait se contenir longtemps. Aussitôt que notre grand chantre avait entonné, le moine furieux se levait en sursaut, chantait *De profundis* à tue-tête; sa voix, faible et cassée, ne pouvait couvrir la voix forte et sonore de deux jeunes anachorètes que nous avions, Bailleul et Mathieu. Alors il nous accablait d'injures, traitait notre dieu d'imposteur et soutenait qu'il le prouverait de reste. Il s'élançait, comme Polyeucte, pour briser notre autel; et, ne trouvant pas encore qu'il fût assez bruyant, armé d'un saint zèle et d'une bûche, il frappait contre la porte avec un bruit

[1] Voyez à la fin de la lettre, la *Religion d'Ibrascha*.

épouvantable. C'est ainsi que cet impie troublait nos cérémonies augustes ; quel sacrilége ! Aussi nous lui prodiguions les épithètes de philosophe, d'esprit fort et d'incrédule. Ce qu'il y a de singulier, c'est que ce bonhomme se plaisait dans ces tribulations, et ne voulut jamais changer de chambre ; malgré nos mauvaises plaisanteries, nous l'aimions et nous le respections : il le savait bien. Nous le pleurâmes sincèrement, quand nous sûmes son assassinat par le tribunal. Il fut enveloppé dans la conjuration du Luxembourg.

Vous le voyez, nos cachots ont souvent retenti des longs éclats d'une joie insensée. Si quelque chose prouve l'imperfection de notre nature, et toute sa misère, c'est cette bigarrure de sentiments divers dont elle est affectée presque en même temps. Sa douleur lui échappe comme son plaisir. Aux yeux d'un être impassible, l'existence humaine ressemblerait à un songe délirant. Que serait-ce si je vous parlais de nos repas, plus philosophiques, il est vrai, que ceux de Platon, mais quelquefois aussi plus bruyants que ceux des amants de Pénélope?

C'est là que notre rire avait l'air d'un vertige, et qu'on eût pu nous dire, comme aux prétendants dans l'Odyssée : « Ah ! malheureux, quel délire ! Vous riez, et vos têtes, vos
» visages, vos corps, sont enveloppés des ombres du trépas.
» Les morceaux que vous mangez sont souillés de sang, vos
» yeux sont inondés de larmes. Entendez-vous ces gémisse-
» ments ! le sang bat les pieds de ces murs, de ces colonnes ;
» le vestibule et la cour se remplissent de fantômes qui se
» précipitent aux enfers dans le sein de la nuit. »

Une table grossière rassemblait dix-huit ou vingt prisonniers ; souvent la moitié s'y asseyaient pour la dernière fois. Ce repas était pour eux le dernier repas. Quelle était la surprise des nouveaux venus, lorsqu'ils nous voyaient boire la gaieté dans la coupe de la mort, et mêler les chants de la liberté aux cris des bourreaux qui nous appelaient? C'est à cette table que Ducourneau, la veille de son supplice, improvisait cette belle chanson qui était comme le chant du cygne, et où il nous disait en parlant de lui et d'un autre qui allait partager son sort :

> Au dernier moment, Socrate
> Sacrifie à la santé ;
> Notre bouche démocrate
> Ne boit qu'à la liberté.

Ou bien :

> Nos reconnaissantes ombres,
> Planant au milieu de vous,
> Rempliront ces voûtes sombres
> De frémissements bien doux.

Nous répétions en chœur. Quel chœur ! quelle situation ! Mais combien elle devint plus déchirante, lorsqu'après leur mort nous chantions chaque jour, et avec un culte religieux, ces paroles pénétrantes, dont l'auteur avait disparu d'au milieu de nous ! La voix plus triste et plus sombre, les yeux fixés sur les profondeurs ténébreuses du cachot, cherchant leurs traces, nous parodions ce couplet funèbre, et nous disions en pleurant :

> Leurs reconnaissantes ombres,
> Planant au milieu de nous,
> Remplissent ces voûtes sombres
> De frémissements bien doux.

Oui, trop infortunés amis, vos ombres erraient véritablement parmi nous, ou nous errions au milieu d'elles. Car, dans cet asile où la mort frappait sans cesse, qui pouvait assigner les limites incertaines qui séparaient l'existence du trépas ?

C'est là encore que, dans une ivresse indéfinissable, un autre convive inspiré s'écriait :

> Amis, combien il a d'attraits
> L'instant où s'unissent nos âmes !
> Le cœur juste est toujours en paix.
> O doux plaisir, que n'eut jamais
> L'ambitieux avec ses trames !
> Venez, bourreaux, nous sommes prêts.

Ce sont des hommes qui ont la certitude que le bourreau les tuera demain, qui s'égayent ainsi. Bientôt cette scène bruyante s'apaise; c'est le Phédon, c'est l'Apologie de Socrate qu'ils lisent. Voyez quel transport excite parmi eux cette lecture ravissante, et quel empire a sur tous les esprits le dogme sublime de l'immortalité de l'âme [1]! Froids athées, si vous aviez vu l'homme dans ces terribles épreuves, vous rougiriez de la sécheresse de vos systèmes ; c'est moi-même qui étais l'interprète et le lecteur, et j'atteste le ciel que, dans tout ce récit qui paraît arrangé dramatiquement, si je suis comptable envers la vérité, c'est que je reste au-dessous d'elle.

Est-ce la tyrannie qui arrache du cœur de l'homme le sentiment le plus profondément gravé : l'amour de la vie ; ou bien n'est-ce pas qu'il n'y a rien d'absolu dans la nature, qu'elle est un éternel alliage, qu'elle point dans le bonheur et réjouit au sein de la plus grande adversité? Si quelquefois elle conseille à l'homme d'agrandir ses facultés, elle montre d'autres fois à son orgueil égaré l'instinct des animaux comme une boussole; elle l'invite à redescendre jusqu'à eux et à dépouiller son esprit superbe de prévoyance et de souvenir. En un mot, rejetons-nous dans ses bras et ne désespérons jamais d'elle. Il n'est point de circonstances où elle n'offre des consolations, point de déserts qu'elle n'embellisse, point de cachots qu'elle n'éclaire ; dans les nôtres, cette glu qui enveloppe le cœur des malheureux et les rend si prompts à s'attacher l'un à l'autre, nous faisait goûter les charmes d'une amitié touchante.

Quand j'ai été rendu à la société, rien ne m'a plus surpris

---

[1] J'ai observé que les idées religieuses se sont fort épurées dans toutes les têtes, et que le déisme y a remplacé les superstitions dont notre enfance a été nourrie. Elles se retraçaient à très-peu de personnes, dans ces terribles moments; preuve que l'espèce humaine commence à en être bien guérie en France. Mais qu'on ne s'y trompe pas, l'homme a besoin d'étayer sa faiblesse de l'espoir consolateur qu'il existe un Dieu. Plutôt que de s'en priver, il retombera vers les croyances absurdes. (*Note de Riouffe.*)

que la sécheresse et la froideur que j'y ai remarquées. Dans le monde, me suis-je dit, on ignore la langue du malheur; on ne sait pas verser le baume de l'attendrissement sur nos profondes afflictions. Tous ces hommes qui courent en sens contraire, emportés sans passions, n'ont pas même une idée de ce que j'ai enduré, de ce que j'ai vu. Dans les mœurs antiques, lorsque le toit hospitalier reçoit un voyageur, son hôte s'informe avec soin des aventures de son voyage, l'écoute avec intérêt et lui offre le doux repos; et moi qui ai voyagé plus avant qu'aucun mortel peut-être vers les extrémités de la vie, lorsque je reparais, des hommes qui m'ont connu dès mon enfance me demandent à peine d'où je viens.

Pour nous, avec quel empressement nous partagions le sort d'un nouveau captif; comme nous allions au-devant de lui; comme notre âme exercée dans le malheur venait à l'aide de son âme inexpérimentée et désespérée par cet aspect effroyable des cachots! Le désespoir est le sentiment de tous les êtres au moment où pour la première fois ils sont privés de leur liberté. Les animaux refusent de manger, et plusieurs d'entre eux meurent; l'homme que les grandes crises rejettent dans la nature est affecté de la même manière, et mourrait sans ses idées acquises et sans les consolations.

Sans cesse les uns avec les autres, si nous nous séparions de l'espace d'une chambre à une autre, nous nous retrouvions le soir sous nos triples verrous, et ceux que la mort atteignait, nous nous disions : Nous ne les avons pas quittés; demain ou quelques jours plus tard, nous serons avec eux pour jamais.

Les crimes ordinaires ne donnent de remords qu'à ceux qui les commettent, la tyrannie en donne au lâche qui la souffre comme au scélérat qui l'exerce. Nous étions débarrassés de ce sentiment, et nous n'avions pas chaque jour en nous levant à nous reprocher l'existence de Robespierre. On arrivait du dehors glacé par la terreur; au milieu de nous on redevenait homme.

Rien n'égalait la véracité avec laquelle nous nous exprimions. Lorsque tout tremblait au dehors, le courage s'était réfugié sous les voûtes de nos cachots. Ce bonheur de n'avoir pas désappris la langue de la liberté, l'orgueil de souffrir pour sa cause, l'innocence de nos cœurs, tous ces sentiments engourdissaient quelquefois nos cuisantes douleurs. Persuadés que pour quitter ses vêtements mortels on n'a pas besoin d'être aidé par les valets du bourreau et de la souillure qu'impriment leurs mains sanglantes, plusieurs d'entre nous avaient pris la même résolution que moi; mais tous étaient résignés.

Vous expliquer comment j'ai pu vivre, c'est m'excuser d'avoir vécu. Mes oreilles ont entendu les cris des victimes, mes yeux ont vu ces sanglantes iniquités; j'ai été quatorze mois sous l'échafaud, et je ne suis pas mort de douleur! Je commence à douter de moi-même. Sans doute cœur d'homme ne pourrait soutenir le spectacle de tant de barbarie, et ceux même qui commandaient tant de meurtres n'auraient pu les voir; mais je n'étais pas le témoin de leurs cruautés, j'en étais la victime : j'ai vécu parce qu'à chaque instant je croyais que j'allais cesser de vivre, et je ne suis pas mort des maux d'autrui parce qu'ils n'étaient pas plus grands que les miens.....

RELIGION D'IBRASCHA.

Je mets ici cette religion, qui après tout en vaut bien une autre, et ne paraîtra un jeu tout à fait puéril qu'aux esprits tout à fait superficiels. Ceux qui voudront l'adopter en sont les maîtres.

GLOIRE A IBRASCHA, DIEU DES SEPT LUMIÈRES.

L'homme ne peut comprendre les sept lumières; à peine en possède-t-il une.

Malheur à qui ne croit point à Ibrascha! mais surtout compassion.

Ibrascha n'est point incarné; il n'est point fils de vierge.

Ibrascha dit : Depuis que j'existe, l'ordre de la nature n'a jamais été interrompu par des miracles, et ne le sera jamais.

Ibrascha est une intelligence. Vingt mille ans se sont écoulés depuis que cette intelligence est émanée de Dieu. Elle se détacha de son sein comme une étoile qui sillonne le ciel. Les hommes virent une longue traînée de feu dans les airs, mais ils ignorèrent.

Elle erra trois mille ans sur le monde d'eau; mais elle ne s'y fixa point.

Elle erra sur le monde feu, mais elle ne s'y fixa point.

Elle erra sur les animaux quadrupèdes, sur les poissons, sur les oiseaux, sur les végétaux, sur les minéraux; mais elle ne s'y fixa point.

Elle s'arrêta quelque temps sur l'éléphant; mais elle ne s'y fixa point.

Elle avait déjà perdu de tout son éclat, quand Dieu dit : Que cette parcelle de mon intelligence se fixe. Elle se fixa dans la tête d'un homme de bien, et la philosophie naquit.

Ce sage s'appelait Pyplasofu; il vivait avec industrie, était craint des méchants, et protégeait les faibles.

Quand il savait quelque vérité, quand il connaissait quelque abus, il ne dormait pas qu'il n'eût révélé l'un et dévoilé l'autre.

Tous les soirs il récapitulait ce qu'il avait fait dans la journée, et purgeait son âme.

Son âme et son corps étaient sans souillure : il méditait et il était actif.

Un faux sage, nommé Majehusmet, en devint jaloux. Il se dit : « Mentons-nous à nous-même et aux autres; » et la religion naquit, ennemie de Dieu et des hommes.

Les fils de Majehusmet ont persécuté ceux de Pyplasofu.

Gloire à la vérité! Entendez la vérité, rien que la vérité. Ibrascha a vaincu, la lumière est sortie de dessous les nuages.

MAXIMES D'IBRASCHA.

Ibrascha dit :

ARTICLE PREMIER. Tous les malheurs du monde viennent de ce que le sage a ignoré sa force, et de ce que l'ignorant n'a pas connu son ignorance, *dit Ibrascha.*

II. Le sage s'est retiré du monde, et il a été comme l'écho qui n'a que de la voix et point de corps, *dit Ibrascha.*

III. Si tu as une idée utile, communique-la par la parole; es-tu retenu au lit paralytique, ou es-tu muet, que tu te contentes d'écrire. La vérité dans un livre est comme le sperme de l'homme qui tombe sur la terre : il se refroidit et meurt. *Vive Ibrascha!*

IV. Agis, mais que tes actions soient bonnes, *dit Ibrascha.*

V. Que celui qui fera métier d'étude et ne produira aucun enseignement par la parole soit regardé comme fou. *Vive Ibrascha!*

VI. Sois ferme dans la vérité. Avec du caractère on remue des montagnes. *Vive Ibrascha!*

VII. Que le sage soit aussi opiniâtre que l'ignorant, et le monde sera heureux, *dit Ibrascha.*

VIII. Ibrascha n'a point composé de livres; mais ce qu'il y a de vrai dans tous les livres vient d'Ibrascha. *Vive Ibrascha!*

IX. La vérité n'est pas vérité parce qu'elle est ancienne, mais parce qu'elle est vérité, *dit Ibrascha.*

X. Tout homme qui la trouve est inspiré par Ibrascha, de quelque secte qu'il soit. *Vive Ibrascha!* etc., etc.

LA CONCIERGERIE.

Explication des gravures relatives à la Conciergerie qui accompagnent cet ouvrage : Un cachot ; — une chambre de pistole ; — le préau des femmes ; — cachots de la grande salle ogivale, dite d'Héloïse et Abaïlard. — La rue de Paris. — Légende explicative du plan de la Conciergerie.

Le récit de Riouffe que nous avons reproduit, ceux que nous reproduisons plus loin de l'auteur de l'*Almanach des Prisons* et du comte Beugnot, donnent une description parfaitement exacte de la principale prison de Paris à cette époque, de la Conciergerie.

Pénétré de ces récits, nous avons visité bien des fois le terrible et sombre monument qui, à bon droit, aurait mérité d'être classé au nombre des monuments historiques et conservé comme tel, si l'horreur avait des titres à la vénération publique. On a commencé la transformation, cette fois radicale, de la Conciergerie ; une prison nouvelle s'est bâtie au cœur de l'ancienne prison, dans laquelle on a laissé subsister le cachot de la reine Marie-Antoinette, tel du moins que la Restauration l'avait disposé. Nous avouons avoir peine à comprendre l'exception faite en faveur de ce cachot. Ou la Conciergerie est un lieu sanctifié par les souffrances de tant de nobles martyrs de leur foi politique, de tant de victimes des fureurs révolutionnaires, et alors il faut le placer sous la consécration de ces souvenirs : on y viendra, comme nous l'avons fait, chercher la trace de ces illustres morts, méditer et souffrir au pied de leur croix. Mais que le crime alors cesse d'habiter dans son enceinte purifiée ! Ou la Conciergerie continuera à être une prison, et alors il est tout simple qu'elle se modifie et qu'elle s'améliore, et, par conséquent, qu'elle ne conserve rien du passé. Quelle singulière impression doit produire sur les misérables amenés à la Conciergerie, et toute l'écume de la société passe par là, ces seuls mots : *le cachot de Marie-Antoinette !* A-t-on cherché à s'en rendre compte ? « Quoi ! dit le condamné, une reine aussi a été enfermée ici ; elle a été guillotinée ! Il paraît qu'elle l'avait mérité. Pourquoi donc serais-je honteux d'être traité comme elle?... » C'est l'histoire de France à la portée du forçat; il y joint son commentaire.

Mais ceci est loin de notre sujet. Quoi qu'il advienne de la Conciergerie, nous avons été heureux de la retrouver, il y a cinq ou six ans, à peu près dans l'état où le dix-huitième siècle l'avait laissée. Nous en avons fait dresser le plan par un architecte, nous avons fait reproduire par un dessinateur de mérite, M. Valton, l'aspect des lieux qu'on allait transformer. Le lecteur reconnaîtra dans les planches qui accompagnent cet ouvrage une des *chambres de pistole* du premier étage qui donnaient sur la cour ou préau des femmes. Là se trouvait la partie aisée ou riche de la population des prisons, car on n'y était admis qu'en payant. A aucun prix on n'aurait obtenu d'occuper seul une chambre; il y avait encombrement, et il fallait loger tout le monde : chaque chambre avait donc plusieurs lits. M. Beugnot nous parle dans ses *Mémoires* du merveilleux ascendant que madame Roland exerçait sur sa chambrée. — Dans une autre planche, nous avons donné la vue d'un *cachot* au rez-de-chaussée de la Conciergerie. C'est celui qui est situé à côté du cachot de la Reine, celui qu'occupaient les gendarmes préposés à sa surveillance et qu'il fallait traverser pour arriver à la pièce humide et sombre qu'elle occupait. — Puis voici le *préau des femmes*, aujourd'hui le préau des hommes. Du temps de Beugnot, les dames, descendues des chambres de pistole, venaient dans cette cour commencer ou achever leur toilette. On lavait, on savonnait le linge fin, les robes légères, bien vite, de manière à être prêtes pour midi, l'heure du repas, où les hommes commençaient à circuler de ce côté et à venir faire leur cour. On tenait, autant qu'à Versailles ou à la ville, à ne pas paraître avec une robe malpropre ou avec une mise trop désavantageuse. On dînait ensemble, sans autre séparation que celle de la grille, les hommes assis à des tables rangées du côté du vestibule, les femmes assises dans le préau. Le temps passait en entretiens tantôt enjoués, tantôt sérieux, en badinages et en gais propos. Le soir, les chuchotements et les baisers s'entendaient parfois le long de la grille... — Mais arrêtons-nous, et renvoyons le lecteur aux incroyables révélations de Beugnot et des contemporains. Comment les amants qui vont faire un pèlerinage au tombeau d'Héloïse et d'Abailard ont-ils jusqu'ici négligé cette grille?

Nous n'avons jamais visité la Conciergerie sans être vivement ému. L'aspect de ces salles fétides, de ces cachots noirs, de ces corridors où règnent des ténèbres éternelles dont on ne dissipait, au moyen de quelques mauvais quinquets, que ce qui rendrait la marche d'un homme vacillante; ces puanteurs, ces abjections, rapprochées de toutes ces élégances de la société polie, fardée, parfumée du dix-huitième siècle, de ces mœurs frivoles, badines, amoureuses et matérielles, n'y a-t-il pas là le contraste le plus saisissant? L'imagination n'a rien à faire; le souvenir la remplace. A chaque pas, vous vous arrêtez, vous reconnaissez la place, vous retrouvez l'incident qui s'y est produit.

La prodigieuse fidélité des descriptions qui nous ont été laissées n'a rien d'étonnant quand on songe que ceux à qui nous les devons ont habité la Conciergerie pendant six ou huit mois, huit mois dans ce vestibule de la mort, agités des sentiments qu'André Chénier a si bien exprimés dans ces vers que l'appel fatal de l'huissier est venu interrompre :

> Comme un dernier rayon, comme un dernier zéphyre
> Anime la fin d'un beau jour,
> Au pied de l'échafaud j'essaye encore ma lyre.
> Peut-être est-ce bientôt mon tour;
> Peut-être avant que l'heure en cercle promenée
> Ait posé sur l'émail brillant,
> Dans les soixante pas où sa route est bornée,
> Son pied sonore et vigilant,
> Le sommeil du tombeau pressera ma paupière!
> Avant que de ses deux moitiés
> Ce vers que je termine ait atteint la dernière,
> Peut-être en ces murs effrayés
> Le messager de mort, noir recruteur des ombres,
> Escorté d'infâmes soldats,
> Remplira de mon nom ces longs corridors sombres.....

Pendant la Révolution, il existait encore sous la salle du tribunal révolutionnaire un grand nombre de cachots qui occupaient l'immense salle ogivale déblayée aujourd'hui et désignée par les noms d'Héloïse et d'Abailard. Nous en avons donné une vue d'après un dessin du temps et une gravure publiée dans la *Description de la Sainte-Chapelle du Palais*, par X....; Paris, 1825, in-fol. On descendait des cachots au moyen d'échelles; on était conduit par un escalier de pierre, situé à une des extré-

LES CACHOTS
de la salle ogivale dite d'Héloïse et Abeilard, sous la salle du Tribunal révolutionnaire, à la Conciergerie.

UNE CHAMBRE DITE DE PISTOLE
à la Conciergerie, donnant sur le préau des femmes.

LA RUE DE PARIS.
Petite porte située à une des extrémités du vaste corridor dit Rue de Paris, qui donnait sur un escalier conduisant des cachots à la salle du Tribunal révolutionnaire. (Voir le plan général de la Conciergerie.)

mités de la salle, au tribunal révolutionnaire. On en revenait pour aller mourir sans avoir rencontré les vivants. La charrette vous jetait aux bêtes. Le lecteur est prié de rapprocher la gravure de cette grande *salle ogivale* occupée par des cachots, de la gravure de la *rue de Paris*. La rue de Paris est cet immense vestibule sombre à l'extrémité duquel on aperçoit le préau des femmes. Dans les deux gravures figure la petite porte de l'escalier du tribunal révolutionnaire.

Il y avait un autre escalier également particulier à la prison. Il était situé à l'extrémité de la chapelle dite cachot des Girondins, vaste salle où l'on plaçait les accusés lorsqu'ils devaient aller s'asseoir en grand nombre, pour la même prévention, sur les gradins de Fouquier-Tinville.

La porte en a été murée.

Il faudrait consacrer un volume à la Conciergerie pour en décrire complétement les localités en y rattachant les faits de l'histoire des prisons et en recherchant l'origine des changements subis par le bâtiment. Notre tâche est réduite ici à un point : la Conciergerie sous la Révolution. Les relations qu'on va lire nous l'ont rendue bien facile. Afin de les compléter et de les rendre parfaitement intelligibles, nous avons donné de la Conciergerie *un plan* dont voici la légende explicative : (Voir le plan en tête de l'ouvrage.)

A. *La petite cour.*

B. *Le guichet.*

C. *Le greffe.*

D. *L'arrière-greffe, où se faisait la toilette des condamnés.*

E. *Le cachot où étaient enfermées les femmes condamnées, en attendant la toilette du bourreau.*

G. *Corridor.*

H. *Vaste corridor sombre appelé aujourd'hui la rue de Paris.*

I. *Vestibule où les femmes se tenaient devant la grille qui les séparait des hommes.*

J. *Préau des femmes.*

K. *Chambre de pistole.*

L. *Escalier qui conduisait du préau aux chambres de pistole.*

M. *Petite cour où se firent les massacres de septembre.*

N. *Chapelle où furent renfermés les Girondins, où ils passèrent la nuit qui précéda leur supplice.*

O. *Escalier qui conduisait du lieu dit le* cachot *des Girondins à la salle du tribunal révolutionnaire. Les vestiges en subsistent encore.*

P. *Petit cachot où fut déposé Robespierre avant l'exécution. Il sert aujourd'hui de sacristie à la chapelle. Il communiquait alors avec le corridor* G.

Q. *Cachot de la Reine, tel qu'il était en* 1793; *il ouvrait sur le cachot* R, *où se tenaient les gendarmes. La porte donnant sur le corridor* G *avait été condamnée.*

Nos lecteurs désireux de visiter la Conciergerie pour y retrouver la trace du passé feront bien de se presser. Déjà le préau des hommes, le cachot de *la Bûche nationale*, la petite cour des massacres, ont disparu. Mais ce qui reste vous saisit l'âme : voilà les chambres où les pauvres femmes condamnées à mort attendaient, à la lueur d'une veilleuse et sous la garde d'un gendarme, l'arrivée des charrettes; que de confidences entrecoupées de hoquets, de sanglots étouffés, il a reçues, ce gendarme! Les comprenait-il? pleurait-il avec celle qui allait mourir? Voilà la pierre où la femme d'Hébert et la femme de Camille mêlaient leurs gémissements. Cette terre est tout imprégnée de sang et des sueurs de l'agonie; ces pierres humides suintent les larmes qu'elles ont bues comme des éponges!...

Revenons aux récits des contemporains de la Terreur.

La relation qu'on va lire a paru dans l'ALMANACH DES PRISONS *ou Anecdotes sur le régime intérieur de la Conciergerie, du Luxembourg, etc., et sur différents prisonniers qui ont habité ces maisons sous la tyrannie de Robespierre, avec les chansons, couplets qui y ont été faits.* TROISIÈME ÉDITION. A Paris, chez Michel, rue des Prouvaires. L'an III de la République. — Elle a été reproduite dans l'*Histoire des Prisons* de Nougaret, 1797, d'où nous l'avons extraite, ainsi que toutes les pièces qu'elle a empruntées à l'*Almanach des Prisons* et au *Tableau des Prisons* qui l'ont suivi (3 vol. in-12). Nous avons remarqué que Nougaret est plus complet que l'*Almanach* et sa suite, bien qu'il modifie quelquefois certains passages, restés impunis dans la liberté de la réaction thermidorienne, mais qu'il jugeait sans doute dangereux à l'époque où il les publiait; ainsi notamment le *Potpourri de Provins* par Ducos.

LA CONCIERGERIE.

SOMMAIRE.

Description de la Conciergerie. — Le concierge Richard et sa femme. — *Allumez le Miston!* — *La Souricière.* — La pistole et les pailleux. — Le côté *des douze.* — Les amours au parloir. — Les chambres des femmes condamnées. — Le chien *Ravage.* — L'infirmerie. — Frénésie d'épouvante de Marat-Mauger. — Madame Laviolette dénoncée par son mari. — Les chansons de Pierre Ducourneau. — La romance de Montjourdain. — Le pot-pourri de Ducos.

Tout le monde connaît l'entrée de cette prison, destinée de tout temps à renfermer ceux que la loi appelle devant ses magistrats comme étant prévenus de crimes contre l'ordre et la sûreté publique. Mais combien peu de personnes, en parcourant ces superbes galeries, ces salles immenses du palais, songent qu'elles foulent aux pieds des hommes, leurs semblables, entassés dans des cachots; surtout depuis que les convulsions révolutionnaires avaient fait refluer les victimes jusque dans les dégoûtants corridors qui conduisent à ces habitations de la misère, du désespoir et de la mort. Quel contraste! Au-dessus, de jolies boutiques remplies de parfums, ce que les modes offrent à la coquetterie de plus élégant; d'aimables marchandes qui, d'un œil agaçant et d'une bouche mignonne, appellent l'attention des curieux; des bibliothèques chargées de livres où il n'est question que de philosophie et d'humanité : au-dessous, à la distance de l'épaisseur d'une voûte, des verrous, des grilles, des gémissements, des haillons, une puanteur insupportable, un air infect, des guichetiers ivres parlant un langage extraordinaire, chargés d'énormes clefs, et suivis de chiens faits comme eux pour répandre l'épouvante.

Ces maisons d'arrêt, nouvellement instituées, le Luxembourg, le Port-Libre, les Carmes, les Bénédictins anglais,

Saint-Lazare, les Anglaises du faubourg Saint-Antoine, où d'heureux détenus n'ont connu longtemps de chaînes que celles de l'amour; où ils coulaient des jours délicieux dans les bras des belles prisonnières leurs compagnes, au milieu des jardins, des vergers, des berceaux et des présents de la nature, etc., toutes ces maisons ne sont que des prisons *muscadines;* les guichetiers y sont polis, ils parlent un langage intelligible, et quand on y est transféré de la Conciergerie, de Pélagie, des Madelonnettes ou de la Force, on serait tenté de les prendre pour des académiciens. O vous qui n'avez vécu que dans ces maisons, si vous voulez savoir ce que c'est que d'être en prison, tâchez de vous faire mettre à la Conciergerie!

La première entrée est fermée de deux guichets[1]. Ces deux guichets sont à peu près à trois pieds l'un de l'autre. Ils sont tenus chacun par un porte-clefs. Tous les porte-clefs ne sont pas admis indistinctement à l'honneur de ces premiers guichets : on choisit les plus vigoureux et ceux qui ont le coup d'œil le plus subtil. Il faut, disent-ils, avoir de la tête pour de pareilles fonctions. Aussi les postulants attendent-ils quelquefois longtemps. Un bouquet placé au-dessus de la porte annonce une nouvelle promotion. Le promu se fait coiffer ce jour-là par un perruquier, met ses plus beaux habits. Son air satisfait et capable annonce qu'il sent sa dignité, et qu'il n'est pas au-dessous du choix dont on l'a honoré. Le soir, les flots de vin redoublent et terminent un aussi beau jour.

Dans la première pièce, appelée guichet, comme je l'ai dit, au bout d'une grande table, sur un fauteuil, est le gouverneur de la maison, ou bien la respectable moitié de lui-

---

[1] On appelle guichet une petite porte haute d'environ trois pieds et demi, pratiquée dans une porte plus grande. Lorsqu'on entre il faut hausser le pied et baisser considérablement la tête; de manière que si on ne se casse pas le nez sur son genou, on court risque de se fendre le crâne contre la pièce de traverse de la grande porte; ce qui est arrivé plus d'une fois. On appelle aussi guichet la première pièce d'entrée. (*Note de l'auteur.*)

même, ou bien le plus ancien des porte-clefs, qui les représente en ce cas. Ces gouverneurs-là sont devenus, dans le temps où nous sommes, des personnages très-considérables. Les parents, amis ou amies des prisonniers, font ordinairement une cour très-assidue au concierge Richard, pour se faire entr'ouvrir un guichet. On le salue profondément : quand il est de bonne humeur, il sourit; quand au contraire il est morose, il fronce le sourcil; c'est Jupiter qui fait trembler l'Olympe d'un coup d'œil. Aussi les prisonniers ont-ils toujours l'attention d'épier ses bons moments, et alors on s'évertue à présenter humblement le placet.

C'est de ce fauteuil qu'émanent les ordres pour la police de la maison. C'est à ce fauteuil que sont évoquées les querelles des guichetiers entre eux et des guichetiers avec les prisonniers; c'est à ce fauteuil que les malheureux prisonniers portent leurs humbles réclamations quand ils obtiennent la faveur d'y être admis; c'est de ce fauteuil que part quelquefois un regard de protection qui console, et souvent un coup d'œil qui foudroie.

Du reste, la femme *Richard* tient sa maison d'une manière étonnante : on n'a ni plus de mémoire, ni plus de présence d'esprit, ni une connaissance plus exacte des détails les plus minutieux [1].

Outre le concierge ou son représentant, il y a dans le guichet un ancien porte-clefs qui divague. C'est, sans qu'il y paraisse, l'inspecteur des personnes qui entrent ou qui sortent. Quand il a des distractions, on entend sortir du fauteuil ces vigilantes paroles : *Allumez le Miston* (allume, mot d'argot qui veut dire : regarde sous le nez; *Miston*, de l'individu).

---

[1] La citoyenne Richard, dont les prisonniers se louaient généralement, vient d'être assassinée par un détenu au désespoir d'un jugement qui le condamnait à vingt ans de fers; au moment où cette femme bienfaisante lui présentait un bouillon, il lui enfonça un couteau dans le cœur; elle expira au bout de quelques minutes, en messidor 1796, an IV. (*Note de Nougaret.*)

Le guichetier les répète à ses camarades qui sont de service aux portes. Lorsqu'il entre un nouveau prisonnier, on recommande aux guichetiers d'*allumer le Miston,* afin qu'il soit généralement connu et ne puisse se donner pour étranger.

A main gauche en entrant dans le guichet, est le greffe. Cette pièce est partagée en deux par des barreaux. Une moitié est destinée aux écritures, l'autre moitié est le lieu où l'on dépose les condamnés; c'est là qu'ils ont quelquefois attendu trente-six heures le moment fatal où l'exécuteur des jugements (que les guichetiers appellent, dans leur langage, *tole*) leur fait subir les redoutables apprêts de leur supplice. Je ne puis tracer ces lignes sans que les souvenirs les plus cruels, sans que les idées les plus déchirantes s'emparent de mon âme. Vous n'avez pas vu, vous qui lisez ceci, des êtres pleins de vigueur, de santé, qui portaient la sérénité de l'innocence sur leur visage, qui vous en avaient montré les preuves écrites, que l'habitude de vivre ensemble vous avait forcé d'estimer; vous ne les avez pas vus à quelques heures, à quelques minutes d'une mort aussi certaine qu'affreuse, mais pourtant qu'ils attendaient avec calme. Comme moi vous n'avez pas été à même de dire : Cet être qui respire, qui marche, qui pense, qui tout à l'heure me serrait encore la main, eh bien, dans quelques instants il ne sera plus : ce corps que je vois animé ne sera plus qu'un cadavre; ce sang qui circule dans ces veines aura rougi la terre; cette tête qui élève encore des regards au ciel, en l'accusant peut-être d'une mort injuste et prématurée, n'offrira plus que l'image informe et effrayante de sa destruction : et moi qui ne fus constamment animé que des sentiments de la plus pure probité, qui ne vécus que pour la patrie, qui ne m'occupai que de sa prospérité, de sa liberté et du bonheur de mes concitoyens, dans quelques jours peut-être j'aurai subi le même sort.

O destinées affreuses! fatales erreurs de l'espèce humaine! Des hommes parlent de philosophie, d'humanité, et ils égorgent leurs semblables avec plus de légèreté, plus d'avidité que le chasseur n'en met à se saisir de sa proie. Vous parlez du bonheur des hommes, et vous les détruisez! de leur liberté, et un mot imprudent, une démarche inconsidérée, que dis-je? l'innocence, la probité, les talents, l'amour de la patrie, les ont conduits à l'échafaud! Voilà les crimes du tyran, des niveleurs ses complices, et des brigands qui lui ont survécu. *Di meliora piis!*.....

Pardonnez cette digression, elle a tant soit peu soulagé mon cœur; j'en reprendrai plus volontiers mon récit.

Du greffe on entre de plain-pied, en ouvrant toutefois d'énormes portes, dans des cachots appelés *la Souricière*. Il faudrait plutôt les nommer *la Ratière*. Un citoyen nommé *Beauregard*, homme aussi honnête qu'aimable, acquitté par le tribunal révolutionnaire, grâces soient rendues à son heureuse étoile! fut mis à son arrivée dans ce cachot; les rats lui mangèrent à différents endroits sa culotte, sans respect pour son derrière : nombre de prisonniers ont vu les trous; et il fut obligé de se couvrir toute la nuit la figure de ses mains pour sauver son nez, ses oreilles, etc.

Le jour pénètre à peine dans ces cachots; les pailles dont se compose la litière des prisonniers, bientôt corrompues par le défaut d'air et par la puanteur des seaux, en termes de prisons *griaches*, où les prisonniers font leurs besoins, exhalent une infection telle que, dans le greffe même, on est empoisonné lorsqu'on ouvre les portes. Il en est ainsi des autres cachots; et c'est dans ces affreuses demeures que des hommes, reconnus ensuite innocents, ont passé des mois entiers.

O vous qui êtes chargés de gouverner vos semblables..... Je m'arrête, il faut être avare de réflexions.

En face de la porte d'entrée est le guichet qui conduit à la cour des femmes, à l'infirmerie, et en général à ce qu'on appelle, je ne sais pourquoi, *le côté des douze*. Nous y reviendrons.

A droite, sur deux angles, sont des fenêtres qui éclairent

fort imparfaitement deux cabinets où couchent les guichetiers de garde pendant la nuit : c'est aussi dans ces cabinets qu'on dépose les femmes qui ont été condamnées à mort. Entre ces deux angles est un troisième qui conduit au *préau;* c'est le côté le plus recommandable de cette prison, et le mieux fait pour fixer les regards de l'observateur. Il faut, pour y arriver, franchir quatre guichets. On laisse à gauche la chapelle et la chambre du conseil, deux pièces également remplies de lits dans ces derniers temps; la seconde était occupée par la veuve de Louis XVI.

Je n'entreprendrai point de décrire tous les lieux de cette vaste et dégoûtante enceinte. Je remarquerai seulement qu'à droite en entrant dans la cour, à l'extrémité d'une espèce de galerie, est une double porte, dont l'une entièrement de fer, que ces portes ferment le cachot surnommé *de la Bûche nationale* depuis les massacres du mois de septembre 1792 (vieux style), et que l'on traverse ce cachot pour arriver dans les salles du palais, au moyen d'un obscur escalier dérobé et verrouillé dans deux ou trois endroits différents.

Les prisonniers sont ou à la pistole, ou à la paille, ou dans les cachots. Ces prisonniers ont un régime différent. Les cachots ne s'ouvrent que pour donner la nourriture, faire les visites et vider les *griaches.*

Les chambres de la paille ne diffèrent des cachots qu'en ce que leurs malheureux habitants sont tenus d'en sortir entre huit et neuf heures du matin. On les fait rentrer environ une heure avant le soleil couché. Pendant la journée, les portes de leurs cachots sont fermées, et ils sont obligés de se morfondre dans la cour, ou de s'entasser, s'il pleut, dans les galeries qui l'entourent, où ils sont infectés de l'odeur des urines, etc. Du reste, mêmes incommodités dans leurs hideuses demeures : point d'air, des pailles pourries. Entassés jusqu'à cinquante dans un même trou, le nez sur leurs ordures, ils se communiquent les maladies, les malpropretés dont ils sont accablés. Allez visiter les cachots qui sont pratiqués dans les grosses tours que vous voyez du quai de l'Horloge, ceux qu'on appelle *le Grand César, Bombec, Saint-Vincent, Bel-Air,* etc., et dites si la mort n'est pas préférable à un pareil séjour.

C'est là pourtant que des citoyens accusés de délits révolutionnaires ont été confondus avec des hommes prévenus de vol et d'assassinat, avec des hommes convaincus de ces crimes et condamnés au châtiment qu'ils avaient mérité, mais dont le jugement était suspendu par la faveur qu'ils ont de se pourvoir en cassation. Depuis quelque temps il n'y avait guère à la Conciergerie que ce qu'on appelait des révolutionnaires.

Ne croyez pas que les incommodités du logement soient les seules que les prisonniers aient à supporter; il faudrait, pour juger jusqu'à quelle humiliation, jusqu'à quelle dégradation on peut réduire les hommes, il faudrait assister à la fermeture des portes et à l'appel nominal qui la précède. Figurez-vous trois ou quatre guichetiers ivres, avec une demi-douzaine de chiens en arrêt, tenant en main une liste incorrecte qu'ils ne peuvent lire. Ils appellent un nom, personne ne se reconnaît : ils jurent, tempêtent, menacent; ils appellent de nouveau : on s'explique, on les aide, on parvient enfin à comprendre qui ils ont voulu nommer. Ils font entrer en comptant le troupeau; ils se trompent; alors, avec une colère toujours croissante, ils ordonnent de sortir : on sort, on rentre, on se trompe encore, et ce n'est quelquefois qu'après trois ou quatre épreuves que leur vue brouillée parvient enfin à s'assurer que le nombre est complet.

Mais quel contraste! Est-ce une bizarrerie de la nature ou un effet de sa sagesse? La première lueur d'espérance, l'approche d'un plaisir dissipent en un instant les plus noirs chagrins, les plus cruelles inquiétudes, et la prison la plus hideuse, l'enfer va se changer en un temple de Gnide! Vous entendez dans la cour du préau un éternel bourdonnement, un murmure sombre et les cris effrayants des guichetiers : ils ont des voix terribles, qui semblent avoir été faites exprès.

Rien n'est plus fatigant que ce bruit et ce spectacle, si vous pouvez y échapper pour revenir au principal guichet.

Après avoir franchi la première grille (j'ai déjà dit qu'il y en a quatre), vous vous trouvez dans une enceinte formée toute de barreaux de fer. Lorsque les communications avec l'extérieur subsistaient, c'est là que les prisonniers de ce côté voyaient leurs connaissances. Les femmes, dont la sensibilité est plus grande, le courage plus résolu, l'âme plus compatissante, plus portée à secourir, à partager le malheur, les femmes étaient presque les seules qui osassent y pénétrer, et, il faut le dire, c'étaient surtout elles qu'on aimait à y recevoir. Là, les maris redevenaient amants, et les amants redoublaient de tendresse; il semblait qu'on fût convenu de se dépouiller de cette pudeur grimacière, très-bonne quand on peut attendre des moments plus favorables ou des lieux plus commodes. Les plus tendres baisers étaient sans cesse pris et rendus sans résistance comme sans scrupule; à la faveur d'un peu d'obscurité et des vêtements larges, l'amour a vu couronner ses plus tendres désirs. Il y avait de quoi faire enrager ces figures blêmes qui, toujours jalouses du bonheur des autres, ne jouissent que par les tourments dont ils sont les auteurs ou les complices; il est vrai que ces plaisirs étaient quelquefois troublés par l'aspect des malheureux condamnés à mort qu'on descendait du tribunal et qui traversaient l'enceinte dont je parle. Alors il se faisait un moment de silence, on se regardait avec crainte; puis on s'embrassait avec un tendre intérêt, et les choses reprenaient insensiblement leur cours.

Le guichet d'entrée, occupé de même par les prisonniers du côté des douze, n'offrait pas un spectacle moins pittoresque. En effet, quoi de plus singulier pour l'œil de l'observateur? Des femmes et leurs maris, des maîtresses et leurs amants, rangés sur des bancs contre les murs; les uns se caressent avec autant de sécurité et de gaieté que s'ils étaient sous des berceaux de roses; les autres s'attendrissent, versent des larmes. Dans le greffe sont des hommes condamnés à mort, qui quelquefois chantent. Par une fenêtre de ces cabinets dont j'ai parlé, on aperçoit sur un lit de douleur une malheureuse femme, veillée par un gendarme, qui attend, la pâleur sur le front, l'instant de son supplice. Des gendarmes remplissent les guichets; ceux-ci conduisent les prisonniers dont on délie les mains et que l'on précipite dans des cachots; ceux-là demandent d'autres prisonniers pour les transférer, les lient et les emmènent, tandis qu'un huissier à l'œil hagard, à la voix insolente, donne des ordres, se fâche, et se croit un héros parce qu'il insulte impunément à des malheureux qui ne peuvent lui répondre par des coups de bâton.

Il n'y a rien d'exagéré dans ce que je viens de dire, et plusieurs personnes qui sont venues ou qui ont vécu dans les prisons se rappelleront d'avoir vu tout cela dans le même moment.

J'ai déjà dit que les chiens jouaient un grand rôle dans ces prisons; cependant un fait que j'ai entendu souvent raconter prouvera que leur fidélité n'est pas à toute épreuve. Parmi ces chiens il en est un distingué par sa taille, sa force et son intelligence. Ce Cerbère se nomme *Ravage*. Il était chargé la nuit de la garde de la cour du préau.

Des prisonniers avaient, pour s'échapper, fait un trou (en argot *un housard*); rien ne s'opposait plus à leur dessein, sinon la vigilance de Ravage, et le bruit qu'il pouvait faire. Ravage se tait : mais le lendemain matin on s'aperçoit qu'on lui avait attaché à la queue un assignat de cent sous avec un petit billet où étaient écrits ces mots : *On peut corrompre* Ravage *avec un assignat de cent sous et un paquet de pieds de mouton*. Ravage, promenant et publiant ainsi son infamie, fut un peu décontenancé par les attroupements qui se formèrent autour de lui et les éclats de rire qui partaient de tous côtés. Il en fut quitte, dit-on, pour cette petite humiliation et quelques heures de cachot.

Revenons au côté *des douze*. Ce côté a aussi une cour qu'occupent les femmes. La partie occupée par les hommes n'a d'autre promenade qu'un corridor obscur, dans lequel il faut tenir le jour un réverbère allumé, et un petit vestibule séparé de la cour des femmes par une grille. Les hommes peuvent parler aux femmes, même les embrasser à travers cette grille, et plus d'une fois les tendres épanchements de l'amour y ont fait oublier aux malheureux l'horreur de leur demeure.

Les chambres des femmes sont aussi divisées en chambres à la pistole et en chambres à la paille. Les pistoles occupent le premier, les chambres des *pailleuses*[1] sont au rez-de-chaussée, derrière une arcade; elles sont obscures, humides, aussi malsaines que malpropres. Le gouvernement devrait bien s'occuper de les rendre plus salubres, en n'oubliant jamais que l'innocence a été forcée de les habiter. Il faudrait aussi un régime qui ne tendît pas à dégrader les êtres qui y sont soumis.

Il n'y a de ce côté, pour les hommes, que des chambres à la pistole, c'est-à-dire que l'on paye le loyer des lits que l'on occupe. Il y a autant de lits dans une chambre qu'elle en peut contenir. On payait d'abord pour un lit vingt-sept livres douze sous le premier mois, et vingt-deux livres dix sous les mois suivants. On a réduit ce loyer à quinze livres par mois. Le même lit a souvent rapporté plusieurs loyers en un mois[2]; aussi la Conciergerie est-elle le premier hôtel garni de Paris quant au produit.

L'un des grands inconvénients de ce côté était le voisinage de l'infirmerie; on y a longtemps vécu au milieu des fièvres les plus dangereuses. Les malades, entassés deux à deux sur de méchants grabats, étaient bien ce que la misère humaine

---

[1] On appelle *pailleux* ou *pailleuses* ceux ou celles qui, n'ayant pas le moyen de payer le loyer d'un lit, sont obligés de coucher sur la paille. (*Note de l'auteur.*)

[2] Dans les derniers temps de la tyrannie de Robespierre, lorsque le tribunal envoyait les victimes à la mort par charretées, quarante ou cinquante lits étaient occupés tous les jours par de nouveaux hôtes, qui payaient quinze livres pour une nuit, ce qui donnait par mois un produit de dix-huit à vingt-deux mille livres. (*Note de l'auteur.*)

peut offrir de plus déplorable; les médecins daignaient à peine les examiner; il semblait qu'il y eût des cœurs faits pour s'endurcir à l'approche du malheur. Ils avaient une ou deux tisanes qui étaient, comme on dit, des selles à tous chevaux et qu'ils appliquaient à toutes les maladies; encore étaient-elles administrées avec une négligence vraiment impardonnable. C'était une chose curieuse de voir avec quel dédain et quelle suffisance ils faisaient leurs visites. Un jour le docteur en chef[1] s'approche d'un lit et tâte le pouls du malade. « Ah! dit-il, il est mieux qu'hier. — Oui, citoyen docteur, répond l'infirmier, il est beaucoup mieux; mais ce n'est pas le même; le malade d'hier est mort, et celui-ci a pris sa place. — Ah! c'est différent; eh bien, qu'on fasse la tisane. »

Depuis on a formé un établissement à l'Évêché, où les malades, à ce que l'on dit, furent traités avec beaucoup plus d'égards. Dieu en soit loué!

Cette anecdote m'en rappelle une autre qui eut lieu à peu près dans le même temps. On se souviendra peut-être d'un individu qui se faisait appeler *Marat-Mauger,* commissaire du pouvoir exécutif à Nancy et dans le département de la Meurthe, dénoncé comme ayant usé envers les citoyens de toutes sortes de vexations. Ce Mauger donna l'exemple le plus terrible de la manière dont un coquin peut être tourmenté par les remords. Il rappelle les fureurs d'Oreste, et Lekain aurait pu trouver en lui un modèle. Attaqué d'une fièvre très-violente, il se levait sur son lit, et là, avec des convulsions vraiment effrayantes et d'une voix épouvantée, il s'écriait : « Voyez-vous, dans les ombres de ces voûtes, la main de mon frère? Il écrit en lettres de sang : Tu as mérité la mort! » Il périt, en effet, au milieu des transports de cette frénésie. On honora sa mémoire de cette épitaphe :

> Dans un corps sale et pourri
> Gisait une âme épouvantable;

---

[1] L'abominable docteur Thierry. Voyez ce que dit de lui Beugnot dans ses *Mémoires.*

Depuis ce matin, Dieu merci,
Et l'âme et le corps sont au diable.

Il régnait parmi les prisonniers, de ce côté, un genre de courage et de gaieté vraiment remarquable; on ne se fera jamais une idée juste d'une existence semblable : aussi je n'entreprendrai pas de la dépeindre, malgré ce que j'en ai entendu dire ; je me contenterai de citer quelques passages de deux lettres de l'un de ces prisonniers à un ami, et que celui-ci a bien voulu me communiquer :

« Je ne prendrai aucun plaisir à jeter ma tête : je la défen-
» drai par tous les moyens que permet l'honneur et que
» fournit la pureté d'une conscience inattaquable. D'après
» cela, tu dois être satisfait de moi.

» Ce que tu me dis des réponses de... me paraît d'assez
» bon augure, mais ne change rien à ma manière de voir. Je
» ne veux me bercer d'aucune espérance, il serait trop cruel
» d'en être déçu. J'attendrai de pied ferme les événements.
» Je verrais avec joie l'instant qui me rendrait à la vie. J'ai
» déjà envisagé la mort non-seulement avec intrépidité,
» mais même avec calme; elle est sans cesse présente à mes
» yeux, et je veux qu'elle y soit sans cesse, pour m'y familia-
» riser au point de n'avoir pas même besoin de courage.....

» Si je vois avec quelque sang-froid le moment où je perdrai
» la vie, je le dois surtout au spectacle qui se renouvelle à
» chaque instant dans cette maison; elle est l'antichambre
» de la mort. Nous vivons avec elle. On soupe, on rit avec
» des compagnons d'infortune; l'arrêt fatal est dans leur
» poche. On les appelle le lendemain au tribunal; quelques
» heures après nous apprenons leur condamnation; ils nous
» font faire des compliments, en nous assurant de leur cou-
» rage. Notre train de vie ne change point pour cela, c'est
» un mélange d'horreur sur ce que nous voyons et d'une
» gaieté en quelque sorte féroce; car nous plaisantons sou-
» vent sur les objets les plus effrayants, au point que nous
» démontrions l'autre jour à un nouvel arrivé de quelle

» manière cela se fait, par le moyen d'une chaise à qui nous
» faisions faire la bascule. Tiens, dans ce moment en voici
» un qui chante :

> Quand ils m'auront guillotiné,
> Je n'aurai plus besoin de nez.

» Je dois t'ajouter, pour te prouver combien nous avons
» de moyens de nous endurcir, qu'une malheureuse femme
» condamnée vient de me faire appeler : La source de mes
» larmes est tarie, m'a-t-elle dit, il ne m'en est pas échappé
» une depuis hier soir. La plus sensible des femmes n'est
» plus susceptible d'aucun sentiment; les affections qui fai-
» saient le bonheur de ma vie ont perdu toute leur force.
» Je ne regrette rien, je vois avec indifférence le moment
» de ma mort.

» Cette femme est madame Laviolette, de Tournay [1]; elle
» dit avoir dépensé des sommes énormes pour la cause de la
» liberté ; commissaires nationaux, généraux, officiers des
» armées françaises, ont été accueillis dans sa maison avec
» autant de distinction que de zèle. Elle attribue ses malheurs
» à son mari. Elle s'est fait peindre ces jours-ci, la main
» appuyée sur une tête de mort; elle a dû lui envoyer ce
» portrait. L'allégorie est cruelle, si le motif en est vrai.....

» Les hommes sont trop méchants, trop inutilement atro-
» ces, et je ne regretterai pas une existence aussi pénible et
» qui ne me présente qu'un avenir encore plus affreux. Tu
» vas me croire fou ; ma foi non !

» Je ne fus jamais si raisonnable ; j'apprécie les choses ce
» qu'elles valent, et le plus grand bienfait de la nature (la
» vie), dont tu me parles dans une de tes lettres, me paraît
» à moi une corvée fort incommode, que la nature, si tou-
» tefois elle n'est pas une force aveugle, pouvait épargner à
» des êtres qui n'ont pas même assez de raison pour aperce-
» voir leurs sottises. Je suis si las de vivre parmi les hommes
» que je ne serais pas fâché de les quitter. J'ai déjà, comme

[1] Elle fut envoyée au supplice le 7 janvier 1794.

» je t'ai dit, essayé l'épreuve ; c'est le seul moment de véri-
» table calme que j'aie goûté depuis que je suis ici, etc.... »

C'était une chose touchante de voir un nombre de prisonniers, prévenus de délits contre la patrie, ne respirer cependant que pour elle et pour sa liberté. Ce fut ce sentiment qui dicta des couplets sur la prise de Toulon. Les voici :

Air : *Où courent ces peuples épars ?*

Chantons nos immortels succès ;
Prisons, connaissez l'allégresse,
Dans les fers nous sommes Français.
Il a fui, l'insolent Anglais.
Toulon, cité lâche et traîtresse,
Reçois le prix de tes forfaits,
    Pleure ton infamie. *Bis.*
Ah ! quand on est Français, change-t-on de patrie ?

A l'abri des triples remparts
Que te livra la perfidie,
C'est en vain qu'à tes léopards
Tu joins les honteux étendards
De Naples et de l'Ibérie ;
Ils ont dit, nos enfants de Mars :
    Mourons pour la patrie, *Bis.*
Ou punissons l'orgueil d'une horde ennemie !

Accourez, de la liberté,
Accourez, soldats magnanimes ;
Que sous votre bras indompté
Et par la vengeance excité,
Tombe un peuple chargé de crimes.
Pour moi, dans les fers arrêté,
    Quoique fier de votre victoire, *Bis.*
Je gémis, je n'ai point partagé votre gloire.

Ce courage qui les soutenait dans leur malheur ne les abandonnait pas au dernier moment. Les couplets que je vais transcrire en sont la preuve. Ce n'est pas par les règles de la poésie qu'il faut les juger, mais par la situation où se trouvaient les auteurs.

Pierre Ducourneau, jeune homme de Bordeaux, et *Threillard*, officier de gendarmerie dans la même ville, reçurent leur acte d'accusation le 24 nivôse [1]. Ils étaient déjà anciens dans la prison ; on leur donna des preuves du plus tendre intérêt. Quand un camarade d'infortune en était à cette extrémité, la chambre le régalait le soir. Le souper fut triste, gai, touchant ; mais les étreintes d'une amitié si malheureuse redoublèrent lorsqu'on entendit chanter ces couplets faits par Ducourneau et écrits avec un crayon au bout de la table, au milieu des verres, des bouteilles et du bruit que faisaient des gens qui avaient déjà dans la tête quelques verres de vin de Bordeaux :

Air : *Que ne suis-je la fougère.*

Si nous passons l'onde noire,
Amis, daignez quelquefois
Ressusciter la mémoire
De deux vrais amis des lois.
Dans ces moments pleins de charmes,
Fêtez-nous parmi les pots,
Et versez, au lieu de larmes,
Quelques flacons de Bordeaux.

Trinquez, retrinquez encore,
Et les verres bien unis,
Chantez, d'une voix sonore,
Le destin de vos amis.
Nos reconnaissantes ombres,
Planant au milieu de vous,
Rempliront ces voûtes sombres
De frémissements bien doux.

Fiers enfants de *l'Armorique* [2],
Quand vous verrez vos foyers,

---

[1] Il y a là erreur de date, puisque Ducourneau fut guillotiné le 26 ventôse an II.

[2] Quelques-uns des cent et tant de Nantais envoyés à Paris comme contre-révolutionnaires, et notamment deux jeunes gens qui s'étaient battus comme des lions contre les rebelles de la Vendée. (*Note de l'auteur.*)

Où votre troupe héroïque
Moissonna tant de lauriers,
Ah! redites à vos frères
Comme allèrent aux tombeaux
Des républicains sincères,
Nés dans les murs de Bordeaux.

Le lendemain ils soupèrent encore avec la même chambrée. Ducourneau ajouta de nouveaux couplets aux premiers.

Même air.

Enfin la noire imposture
Nous traîne à son tribunal;
Nous allons à la nature
Payer le tribut fatal.
Au dernier moment, Socrate
Sacrifie à la santé;
Notre bouche démocrate
Ne boit qu'à la liberté.

Pleins de vos leçons augustes,
Oui, mes amis, nous mourrons
Comme tous ces fameux justes,
Les Brutus et les Catons.
Si, malgré la calomnie,
Il nous faut vivre encor,
Nous userons de la vie
Comme nous bravons la mort.

Ce jour-là même était arrivé un homme d'un certain âge. Il fut fort ébahi de se trouver à pareille fête. Tant de courage, de résignation, de la gaieté même au milieu des maux les plus grands, l'avaient rendu stupéfait. Ducourneau lui adressa ce nouvel impromptu :

O toi! vieillard vénérable,
Quoique tu viennes trop tard,
Tu parois convive aimable;
A nos plaisirs prends donc part,

Et, traîné dans cette école
D'un malheur trop solennel,
De notre âme qui s'envole
Reçois l'adieu fraternel.

Enfin, après sa condamnation, Ducourneau fit encore trois couplets, en tête desquels étaient écrits ces mots :

COUPLETS DÉDIÉS AUX PRISONNIERS DE LA CHAMBRE PAR LEURS AMIS
HOLLIER, TUREILLARD ET DUCOURNEAU.

Même air.

Victimes de la patrie,
Il va finir, notre sort :
Le flambeau de notre vie
Va s'éteindre dans la mort.
Notre cœur du même zèle
Pour la République épris,
Lui fut sans cesse fidèle,
Et nous mourrons ses amis.

O peuple qui nous outrage,
Nous pleurons sur ton erreur.
Comme toi, de l'esclavage,
Nous eûmes toujours horreur.
Le fer de la guillotine
Ne nous épouvante pas,
Et la liberté divine
Nous charme jusqu'au trépas.

En vain sur notre mémoire
On voudrait jeter l'affront ;
Le crayon vrai de l'histoire
Rétablira notre nom.
Notre courage surmonte
Le plus effroyable assaut :
Le crime seul fait la honte,
Et ce n'est pas l'échafaud.

Les prisonniers conservèrent longtemps l'habitude de chanter tous les soirs ces différents couplets (ils appelaient cela *faire leur office*), ainsi que ceux sur la prise de Toulon et le suivant :

Air : *Où vont tous ces peuples épars?*

Amis, combien il a d'attraits
L'instant où s'unissent nos âmes!
Le cœur juste est toujours en paix.
O doux plaisir, que n'eut jamais
L'ambitieux et ses trames!
Venez, bourreaux, nous sommes prêts :
    Mourons pour la patrie,   *Bis.*
C'est le sort le plus beau, le plus digne d'envie.

Environ un mois après la mort de Ducourneau, Nicolas Montjourdain[1], ci-devant commandant de bataillon de la section Poissonnière, donna l'exemple d'un courage semblable. La romance dont il composa les cinq premiers couplets avant sa condamnation, et les trois autres après, a étonné et attendri tout Paris. La voici :

Air du vaudeville de *la Soirée orageuse.*

Le manuscrit portait :

Air : *C'est aujourd'hui mon jour de barbe.*

L'heure avance où je vais mourir,
L'heure sonne et la mort m'appelle;
Je n'ai point un lâche désir,
Je ne fuirai point devant elle;
Je meurs plein de foi, plein d'honneur;
Mais je laisse ma douce amie
Dans le veuvage et la douleur :
Ah! je dois regretter la vie.

Demain, mes yeux inanimés
Ne s'ouvriront plus sur tes charmes;
Tes beaux yeux à l'amour fermés
Demain seront noyés de larmes.

---

[1] Sous-chef à la régie des domaines, guillotiné le 16 pluviôse an II.

LA CONCIERGERIE.

La mort glacera cette main
Qui m'unit à ma douce amie ;
Je ne vivrai plus sur ton sein :
Ah ! je dois regretter la vie.

Si dix ans j'ai fait ton bonheur,
Garde de briser mon ouvrage ;
Donne un moment à la douleur,
Consacre au plaisir ton bel âge.
Qu'un heureux époux, à son tour,
Vienne rendre à ma douce amie
Des jours de paix, des nuits d'amour :
Je ne regrette plus la vie.

Je revolerai près de toi
Des lieux où la vertu sommeille ;
Je ferai marcher devant moi
Un songe heureux qui te réveille.
Ah ! puisse encor la volupté
Ramener à ma douce amie
L'amour au sein de la beauté !
Je ne regrette plus la vie.

Si le coup qui m'attend demain
N'enlève pas ma tendre mère ;
Si l'âge, l'ennui, le chagrin
N'accablent point mon triste père,
Ne les fuis point dans ta douleur,
Reste à leur sort toujours unie ;
Qu'ils me retrouvent dans ton cœur :
Ils aimeront encor la vie.

Je vais vous quitter pour jamais ;
Adieu plaisirs, joyeuse vie,
Propos libertins et vins frais,
Qu'avec quelque peine j'oublie !
Mais j'ai mon passe-port : demain
Je prends la voiture publique,
Et vais porter mon front serein
Sous la faux de la République.

Mes tristes et chers compagnons,
Ne pleurez point mon infortune ;

C'est, dans le siècle où nous vivons,
Une misère trop commune.
Dans vos gaîtés, dans vos ébats,
Buvant, criant, faisant tempête,
Mes amis, ne m'avez-vous pas
Fait quelquefois perdre la tête?

Quand, au milieu de tout Paris,
Par un ordre de la Patrie,
On me roule à travers les ris
D'une multitude étourdie
Qui croit que de sa liberté
Ma mort assure la conquête,
Qu'est-ce autre chose, en vérité,
Que d'aller perdre encor la tête?

De tous les députés que j'ai vus à la Conciergerie, le petit Ducos est un de ceux qui montra le plus d'hilarité. Voici un pot-pourri qu'il fit quelques jours avant sa mort :

LE VOYAGE DE PROVINS.

AIR : *Un jour de cet automne.*

Un soir de cet automne,
De Provins revenant...
Quoi! sur l'air de *la Nonne*
Chanter mon accident!
Non, mon honneur m'ordonne
D'être grave et touchant.

AIR des *Folies d'Espagne.*

Peuple français, écoutez-moi sans rire.
Je vais narrer un grand événement :
Comme je fus toujours de mal en pire,
De point en point, de Provins revenant.

LA CONCIERGERIE.

Air : *Je ne saurais danser.*

L'exorde est fini,
Je vais entrer en matière ;
L'exorde est fini,
J'en suis quitte, Dieu merci.
Cicéron cadet,
Je me pique d'éloquence ;
Cicéron cadet,
Mieux que lui je vais au fait.

Air *des Guillotinés, ci-devant des Pendus.*

Un comité de section
Fit mettre en arrestation
Ma personne sans dire gare ;
Pour me sauver de la bagarre,
Je résolus fort à propos
De prendre mon sac sur le dos.

Air : *Du haut en bas.*

Clopin, clopant,
Je cheminais dans la campagne,
Clopin, clopant,
D'horreur et d'effroi palpitant ;
Gravissant rochers et montagnes,
Je m'enfonçai dans la Champagne,
Clopin, clopant.

Air : *Aussitôt que je t'aperçois.*

Un mal auquel je suis sujet
  M'attaqua sur la route ;
Car la peur changeait chaque objet,
  Et je n'y voyais goutte[1]...

---

[1] On n'a pu se procurer la suite de ce couplet. (*Note de Nougaret.*) — Cette note est très-curieuse. Elle montre bien qu'à l'époque où Nougaret publiait son recueil sur les prisons (1797) il fallait parler des Jacobins avec plus de ménagement qu'à l'époque (1795) où Michel avait publié l'*Alma-*

Air : *Malbrough s'en va-t-en guerre.*

> Enfin sans perdre haleine,
> Mironton, etc.,
> La fortune inhumaine
> Me conduit à Provins.   *Bis.*
> O honte! affreux destins!
> C'est là que dans l'auberge,
> Posant mon sac et ma flamberge,
> En paix je me goberge;
> Vient un municipal,
> Lequel d'un ton brutal,

Air de *la Carmagnole.*

> Dit : « Citoyen, vous avez tort   *Bis.*
> De voyager sans passe-port;   *Bis.*
> Pour punir cet oubli,
> Il vous faut aujourd'hui
> Coucher dans notre geôle,
> Comme un larron   *Bis.*
> Bien fripon.

Air du vaudeville de *Figaro.*

> — Ah! je suis inviolable,
> Repris-je avec dignité;
> Si j'ai l'air d'un pauvre diable,
> C'est que je suis dérouté;
> Citoyen, daignez à table
> Vous asseoir à mon côté :
> Buvons à la liberté!

nach des Prisons, car nous trouvons dans l'*Almanach* cette suite que Nougaret dit n'avoir pu se procurer :

> Je prends le long du chemin
> Un âne pour un jacobin,
> Un âne (*bis*) pour un jacobin;
> Il est de plus lourde méprise,
> La peur fait bien d'autre sottise,
> Chaque jour l'on voit (*bis*)
> Quelqu'un s'y tromper de sang-froid (*ter*).

Dans un travail spécial à Vergniaud, à Ducos, aux hommes et aux femmes de la Gironde, que nous publierons prochainement, nous reviendrons sur ce *pot-pourri* et sur les circonstances qui en furent l'occasion.

Air des *Marseillais*.

— Malgré votre habit sans-culotte,
Vous êtes, dit-il, un suspect;
Vous irez siffler la linotte,
Mon cher député, sauf respect.

Entendez-vous dans la cuisine
Le bruit qu'y fait maint citoyen
Criant haro sur ce vaurien?
On vous a jugé sur la mine :
Aux armes, citoyens! saisissez ce grimaud;
  Marchez (*bis*)! les fers aux mains,
  Qu'on le mène au cachot. »

Air : *Que ne suis-je la fougère.*

Hélas! pourrait-on le croire,
Il le fit comme il le dit :
Je voulus faire une histoire,
Mais je fus tout interdit :
De frayeur perdant la tête,
Durant ce conflit soudain,
Je passai pour une bête,
Et c'est mon plus vif chagrin.

Air : *On doit soixante mille francs.*

Dans un mauvais cabriolet,
On me jette comme un paquet;
 Sans pitié pour mes larmes,   Bis
Vers les lieux d'où j'étais venu
On me ramène confondu
  Entre mes deux gendarmes.   Bis.

Air : *Je suis Lindor.*

De mes malheurs telle fut l'Iliade,
Et les railleurs, pour aigrir mes chagrins,
Vingt fois le jour me parlent de Provins.
Hélas! j'ai fait une belle ambassade.

J'ai connu, dans cette maison, un homme très-singulier et très-original; il s'était si fort dégoûté de la vie qu'il ne parlait que de mourir dans toutes ses conversations, et cependant cette envie ne lui fit jamais perdre un fonds de gaieté qui était à toute épreuve.

Ce prisonnier se nommait *Gosnay;* il pouvait avoir vingt-sept ans ; il avait été autrefois grenadier dans le ci-devant régiment d'Artois : il avait depuis servi dans les hussards de Berchiny; il était à la Conciergerie comme prévenu d'émigration ; c'était Ronsin qui l'avait fait arrêter à Chalon-sur Saône et traduire à Paris.

Ses manières affables et joviales lui avaient attiré les bonnes grâces d'une jeune et jolie personne qui venait régulièrement à la Conciergerie rendre des soins à son oncle asthmatique. Après avoir rempli ce devoir pieux, elle allait passer trois ou quatre heures auprès de son cher prisonnier; c'était pour elle un plaisir inexprimable de pourvoir à ses besoins, et même à ce que l'on appelle *ses menus plaisirs.*

Gosnay était sensible à ses procédés généreux ; il avait promis de l'épouser lors de son élargissement ; mais le malheureux nourrissait toujours dans son âme le désir de mourir.

Lorsqu'on lui apporta son acte d'accusation, il le prit froidement, le roula dans ses mains, l'approcha d'une lumière et en alluma sa pipe. Cependant ses camarades lui firent observer que c'était une folie de courir à la mort à son âge, lorsqu'il avait des moyens de défense aussi péremptoires que les siens.

Gosnay parut céder à leurs sollicitudes ; mais intérieurement il voulait toujours mourir.

Avant de monter au tribunal, il but du vin blanc, mangea des huîtres avec ses camarades, fuma tranquillement en s'entretenant avec eux sur l'anéantissement de notre être. « Ce n'est pas tout, leur dit-il, à présent que nous avons bien déjeuné, il s'agit de souper, et vous allez me donner l'adresse du restaurateur de l'autre monde, pour que je vous fasse préparer pour ce soir un bon repas. »

Lorsqu'on lui lut son acte d'accusation au tribunal, il dit affirmativement que tous les chefs articulés contre lui étaient parfaitement vrais; et son défenseur ayant voulu observer qu'il n'avait pas la tête à lui, il répondit : » Jamais ma tête n'a été plus à moi que dans ce moment, quoique je sois à la veille de la perdre. Défenseur officieux, je te défends de me défendre, et qu'on me mène à la guillotine. »

Condamné à mort, il traversa la cour et salua ses camarades avec sa gaieté ordinaire, et sans qu'on vît sur son visage la moindre altération. Arrivé dans la salle des condamnés, il but, mangea avec appétit, et se montra tel qu'on l'avait toujours vu.

En montant sur la charrette, il adressa la parole à un des guichetiers avec lequel il avait eu une sorte de familiarité : « Mon ami Rivière, lui dit-il, il faut que nous buvions un verre de kirsch-wasser dans la tasse, sans quoi je t'en voudrais jusqu'à la mort. » Rivière apporta la liqueur et Gosnay parut la boire avec plaisir. En traversant la cour du palais, quelques personnes le poursuivaient par des huées; il leur répondit froidement : « F..... lâches que vous êtes, vous m'insultez? Eh! iriez-vous à la mort avec autant de courage que moi ? »

Arrivé au pied de l'échafaud, il s'écria : « Me voilà donc arrivé où j'en voulais venir ! » Et il livra tranquillement sa tête à l'exécuteur.

Lorsque Manuel arriva à la Conciergerie, tous les prisonniers le virent avec horreur et le regardèrent comme un des auteurs des journées du mois de septembre. Lorsqu'il monta au tribunal pour être interrogé, un groupe de prisonniers s'approcha de lui et le poussa, malgré les gendarmes qui l'escortaient, vers un pilier encore teint du sang des victimes égorgées lors de ces terribles événements. Un des prisonniers, élevant la voix avec force, lui dit : « Vois le sang que tu as fait répandre ! » Manuel, condamné à la mort et repassant par la même cour, au lieu de plaintes sur son sort, n'entendit que des bravos et des applaudissements réitérés [1].

---

[1] Mort le 24 brumaire an II. — La cour dont il est ici question devait être la petite cour des massacres, située à l'extrémité du préau des femmes, en face de la porte extérieure de la salle dite des Girondins.

Lorsque Biron descendit du tribunal, il salua les prisonniers avec cette dignité chevaleresque qui n'appartenait qu'à l'ancienne cour des rois de France, et leur dit : « Ma foi, mes amis, c'est fini, je m'en vais [1]. »

Bailly venait de paraître au tribunal pour la première fois; son jugement avait été remis à une autre séance: ceux qui s'intéressaient à son sort lui demandèrent s'il avait été jugé ; Bailly répondit en se frottant les mains : « Petit bonhomme vit encore [2]. »

Lorsque Lamourette fut condamné, il soupa avec ses camarades de chambre : il soutint presque à lui seul la conversation; il parla avec enthousiasme de la Divinité et de l'immortalité de l'âme. Quelqu'un s'attendrissait sur sa destinée : « Eh quoi ! lui dit-il, qu'est-ce donc que la mort? Un accident auquel il faut se préparer. Qu'est-ce que la guillotine ? Une chiquenaude sur le cou [3]. »

En général, la vie des prisonniers était très-peu active. Les seuls amusements auxquels ils se livraient étaient les cartes, les dames et le trictrac. Toute espèce d'instrument était prohibé. On fumait, on chantait, on se faisait des niches ; on lisait et l'on passait le temps. Les bourdonnements continuels de la prison étourdissaient singulièrement.

J'ai resté six mois à la Conciergerie en proie aux plus horribles anxiétés ; j'y ai vu le tableau mouvant des nobles, des prêtres, des marchands, des banquiers, d'hommes de lettres, d'artisans, de cultivateurs et de sans-culottes. La faux du tribunal sanguinaire en a moissonné les quatre-vingt-dix-neuf centièmes. C'est dans la classe des nobles que j'ai vu le plus de contre-révolutionnaires, partisans de la royauté, pleurant sur la tombe de Capet, et appelant l'ancien régime à grands cris. J'ai vu des prêtres fanatiques et ignorants, je les ai plaints; j'en ai vu de contre-révolutionnaires, cette engeance est horrible. J'ai vu des curés respec-

---

[1] Mort le 10 nivôse an II.
[2] Mort le 20 brumaire an II.
[3] Mort le 22 nivôse an II.

tables qui disaient leur bréviaire en se couchant, qui ont exercé dans leurs villages des actes de vertu et de bienfaisance; ils me parlaient des miracles du Christ et je souriais. J'ai vu des marchands et des banquiers qui avaient reçu leur acte d'accusation, et qui, avant de se mettre au lit, faisaient le relevé de leurs capitaux, compulsaient Barrême et faisaient des règles de compagnie. J'ai vu des sans-culottes, excellents patriotes, chauds révolutionnaires, sacrifiés à des haines obscures : leur mort m'a arraché des larmes de sang. J'ai vu des cultivateurs dire leurs prières matin et soir, se recommander à la bonne Vierge Marie, faire le signe de la croix lorsqu'il tonnait, détester les brigandages de leur seigneur émigré, bénir la Révolution, mais ne vouloir pas entendre parler du curé *intrus*, regrettant les messes, les sermons et les prônes du *réfractaire*. O Voltaire, ô Rousseau, mes divins maîtres! vous ne les auriez pas fait guillotiner; vous leur eussiez fait un catéchisme de la raison, et ils eussent été bons citoyens.

J'ai vu des jeunes gens bien étourdis, bien écervelés, pirouetter avec grâce entre deux guichets, chanter avec goût l'ariette du jour et faire des épigrammes sur le gouvernement actuel. O Montesquieu! tu ne les aurais pas fait guillotiner. Quelques mois de détention auraient rasséréné leurs sens; ils auraient pu devenir de bons époux, et la patrie les aurait comptés parmi ses enfants.

Je m'arrête... Ici finit mon travail. Cœurs sensibles, n'approchez pas de la Conciergerie. Magistrats du peuple, parcourez ces lugubres enceintes; ce ne sont pas des animaux qui les habitent, ce sont des hommes.

BEUGNOT A LA CONCIERGERIE.

Voici une note biographique de la main du comte Beugnot que nous copions sur les états dressés à l'occasion des élections de 1809.

« Le comte Beugnot, conseiller d'État, né le 25 juillet 1762, habitant Chaumont, marié, père de trois enfants, lieutenant général du président, procureur syndic provincial en 1788, procureur général syndic du département de l'Aube, député à l'Assemblée législative, préfet de la Seine-Inférieure, conseiller d'État, commissaire impérial dans le grand-duché de Berg, ayant quarante mille livres de rentes, élu le 11 décembre 1809 membre du corps électoral. »

Des dignités plus hautes attendaient Beugnot. Il était de ces habiles hommes qui mettent leurs affections politiques toujours du côté de leurs intérêts. Pour tout dire d'un mot, il fut l'ami de l'Empire et l'ami de la Restauration. Nous ne nous en plaindrons pas ici, parce que les gens d'esprit et de sens comme Beugnot sont les garde-fous de tous les régimes; si ceux-ci se perdent, c'est qu'ils passent par-dessus leurs conseils. D'ailleurs, comment ne pas pardonner quelque chose à l'auteur des piquants Mémoires qui ont été publiés récemment par son petit-fils?

> Ce monde est une comédie
> Où chaque acteur vient à son tour
> Amuser les hommes du jour
> Des aventures de sa vie.

Quel acteur fut plus observateur, plus froid, plus impitoyablement sagace et plus amusant que Beugnot? Entre tous les chapitres de son livre, nous préférons encore, pour notre compte, celui que la *Revue française* en avait détaché pour le publier en 1838. C'est le tableau vrai, complet, vivant, de la prison sous la Révolution, et bien qu'il doive être connu de plusieurs de nos lecteurs, nous n'avons pu nous refuser au plaisir de lui donner place dans cette galerie. Nous avons contrôlé, par tous les moyens en notre pouvoir, les assertions de l'auteur de tant de pages émouvantes ou singulières. C'est d'une fidélité parfaite, au moins dans la description des lieux. Nous l'avons constaté dans nos fréquentes et longues visites à la Conciergerie. Mais notre curiosité ne s'est pas bornée là ; pour préciser, pour compléter les souvenirs de Beugnot, nous avons eu recours aux registres conservés aux Archives de la préfecture de police. Registres d'écrou, registres d'entrée, registres de sortie, journal, nous avons tout feuilleté, tout compulsé, et cette recherche nous a révélé le fait le plus hardi, le plus habile, le plus extraordinaire de la vie d'un diplomate avec lequel Talleyrand a compté plus d'une fois.

C'est très-fort d'avoir été député libéral sous la Législative, ministre sous Napoléon, ministre et pair sous Louis XVIII, de ne s'être ébréché à aucune commotion politique, de les avoir traversées toutes comme par un tamis, en s'épurant, en s'enrichissant et en grandissant chaque fois ; — mais M. Beugnot avait fait mieux que cela, il avait débuté par son coup de maître : — son nom ne figure pas sur le registre d'écrou de la Conciergerie !...

Pourquoi? Comment? Par quel moyen? C'est ce que nous ne saurions expliquer, car Beugnot a emporté son secret. Toujours est-il que ce *présent*, de brumaire à nivôse, était *absent*, absent pour les commissaires, les gens des clubs, des sections, des comités, les gens de la justice de Fouquier, qui venaient à tout instant chercher, dans les registres d'écrou, la piste du gibier oublié.

Tout le monde y est, sur ce livre terrible ; nous y avons relevé bien des noms, bien des dates rectificatives :

Riouffe, entré le vingt-sixième jour du premier mois et non le vingt-cinquième, comme il le dit lui-même ;

Boze, le peintre, entré le trentième jour du premier mois, mis en liberté le 10 fructidor ;

Bailleul (Jacques-Charles), entré le 9 octobre ;

Boyer-Fonfrède, le 4 octobre ;

Olympe de Gouges, le treizième jour du deuxième mois ;

Madame Roland, le dixième jour du deuxième mois, le jour où Vergniaud, Gensonné, Duperret, etc., en sortaient on sait pour où aller.

Il y a aussi un Beugniot (Nicolas) entré le 27 brumaire, un

Baignon (Claude) entré le 17 brumaire, mais pas de Jacques-Claude Beugnot : absent !

Il ne redevient présent que pour sortir ; il figure au registre de sortie ; c'était encore un tour de force que d'aller à la Force et non à l'échafaud, quand on sortait de la Conciergerie.

« Beugnot (Jacques-Claude), envoyé à la Force le 6 nivôse (26 décembre 1793), demeurera jusqu'à ce qu'il en soit autrement ordonné.

» Venu de la Conciergerie.

» Cause non expliquée.

» Âgé de trente-deux ans, natif de Bar-sur-Aube, homme de loi, demeurant à Paris, rue des Deux-Portes, 17. — Mis en liberté par ordre du comité de sûreté générale le 4 fructidor (21 août 1794). »

Il est malheureux que le vieux Cerbère qui gardait autrefois la porte des enfers n'ait pas su conserver sa place comme Beugnot savait conserver les siennes, car l'auteur des *Mémoires* aurait trouvé le moyen, une seconde fois, de se faire oublier par lui au registre d'écrou de la mort, et nous l'aurions vu revenir parmi nous nous raconter, en les complétant, les bonnes histoires qu'il a écrites.

LE COMTE BEUGNOT A LA CONCIERGERIE[1].

SOMMAIRE.

Arrivée à la Conciergerie. — Le greffe; — l'arrière-greffe. — Les condamnés à mort. — Beugnot enfermé dans un cachot avec un parricide et un escroc. — Il entre à l'infirmerie. — Description de cette partie de la prison. — Le docteur Thierry. — Le légiste angevin. — Les Girondins. — Les femmes et la galanterie. — Le préau. — Étranges détails. — Histoire d'une fille publique; — héroïsme de son royalisme et de sa mort.

.... Nous montons dans un fiacre que mon gendarme bel esprit avait eu soin d'appeler. Nous étions environnés d'hommes à piques qui se disputaient des places dans la voiture ou sur le siége du cocher. Cette émulation de bassesse m'indigna. Je le dis très-haut, et j'obtins que le cortége se réduirait à cinq personnes, et en cela je fis bon nombre de mécontents. J'arrive à ma destination vers midi. Les escaliers du Palais étaient garnis de femmes qui semblaient assises à un amphithéâtre, attendant un spectacle favori. En effet, le char de la mort était à la porte; il attendait deux infortunés destinés aux bêtes pour ce jour-là. Lorsque je descendis de la voiture, l'amphithéâtre se leva tout entier et poussa un long cri de joie. Des battements de mains, des trépignements de pieds, des rires convulsifs, exprimaient le féroce plaisir de ces cannibales à l'arrivée d'une proie nouvelle. Le court espace de chemin que je traversai à pied fut encore assez long pour que je reçusse à la figure des ordures qui pleuvaient de toutes parts sur moi, et je pus juger, par la réception qu'on me faisait en entrant, de celle qui m'attendait à la sortie.

Le guichet était, pour le moment, un port de salut, et je

---

[1] Extraits des *Mémoires* du comte Beugnot publiés dans la *Revue française* d'octobre 1838, p. 28 à 34.

le vis s'ouvrir sans peine. Me voilà donc englouti dans cette vaste antichambre de la mort qu'on appelle toujours la Conciergerie. Je traverse une espèce de lanterne et j'arrive dans une pièce, à gauche, où est placé le greffe de la prison. Cette pièce est coupée en deux par une cloison à jour. Le fauteuil du greffier, son bureau, les registres sont placés dans la partie qui donne sur la cour du Palais; c'est là qu'on reçoit, qu'on enregistre, qu'on signale un nouveau venu. L'autre partie est destinée à recevoir les condamnés durant ces heures éternelles qui séparent la condamnation de l'exécution. Un nouveau venu les voit, leur parle même, s'il en a le courage, et la faible barrière qui les sépare est un emblème qui semble placé là pour les avertir qu'il n'y a plus qu'un pas entre eux et l'échafaud [1]. Le jour de mon entrée, deux hommes attendaient l'arrivée du bourreau. Ils étaient dépouillés de leurs habits et avaient déjà les cheveux épars et le col préparé. Leurs traits n'étaient point altérés. Soit avec ou sans dessein, ils tenaient leurs mains dans la posture où ils allaient être attachés et s'essayaient à des attitudes fières et dédaigneuses. Leurs regards lançaient le mépris sur tout ce qui les approchait, et je jugeai, par quelques mots qui leur échappaient par intervalles, qu'ils n'étaient pas indignes du sort qu'ils éprouvaient.

..... Quel spectacle présentait le lieu où ces malheureux attendaient leur dernière heure! Des matelas, étendus sur le plancher, indiquaient qu'ils y avaient passé la nuit. On voyait à côté les restes du dernier repas qu'ils avaient pris; leurs habits étaient jetés çà et là, et deux chandelles, qu'ils avaient négligé d'éteindre, repoussaient le jour pour n'éclairer cette scène que d'une lueur funèbre. Je détaillais l'horreur de ce sépulcre animé, quand la porte s'ouvrit avec bruit. Je vis paraître des gendarmes, des guichetiers, des bourreaux. Je n'en vis pas davantage : j'éprouvai un saisisse-

---

[1] Le greffe, l'arrière-greffe, étaient, il y a quelques années, dans l'état où Beugnot les a décrits. Cette pièce fait partie aujourd'hui des bureaux du commissaire de police.

ment subit; il me semblait que tout mon sang venait de se glacer sur mon cœur, et je tombai sur une banquette du greffe, poursuivi par cet appareil de mort.

Le départ de ces deux malheureux avait occupé le greffier, et nous étions quatre arrivants qui attendions notre destination. Je restai sur ma banquette abîmé dans une rêverie douloureuse. Ce ne fut qu'au bout d'un certain temps, et qu'après en avoir été froissé plus d'une fois, que j'aperçus parmi les nouveaux venus un élégant qui n'avait encore rien rabattu de l'impertinence de ses manières. Son habit, sa frisure, sa chaussure, déposaient de son respect pour les ridicules les plus en vogue. Il abusait d'un espace fort resserré pour s'y promener avec nonchalance, marchait sur les pieds de ses voisins, se confondait en excuses, recommençait et fredonnait sur le tout un air italien. Au foyer de l'Opéra même il eût été remarquable, tant il affichait la perfection de la sottise. Son nom ressemblait beaucoup au mien, et nous n'avions que cela de commun. Il était arrêté pour fabrication de faux assignats, et moi par mesure de sûreté générale. Le greffier, homme d'ailleurs fort exact, se trompa, peut-être pour la première fois de sa vie. Il appliqua mon mandat d'arrêt sur la figure insouciante de l'élégant et me gratifia du sien. Il faut être juste; mon allure sombre et misérable aidait à la méprise. On nous distribue à des guichetiers qui conduisent l'élégant à la chambre que je devais occuper dans cette division de la prison qu'on appelle l'Infirmerie, et je vais prendre sa place dans un cachot qui était encore, à ce que je crois, sous l'invocation de saint Charles [1].

Ce cachot était de quinze pieds en carré et ne recevait, par un trou pratiqué dans la porte, que la portion de lumière suffisante pour en éclairer l'horreur. J'y trouvai deux compagnons. L'un, accusé d'avoir assassiné sa mère, était un homme de quarante ans. Soit prévention, soit réalité, je ne crois pas avoir rencontré de figure sur laquelle le crime ait

---

[1] Ces cachots ont été détruits depuis longtemps.

été écrit en caractères plus lisibles. Il avait le teint plombé, les yeux louches et la bouche contournée. Ses sourcils se contractaient dès qu'il voulait fixer un objet, et ses lèvres s'agitaient incessamment d'un mouvement convulsif. Cette mobilité imprimait à l'ensemble de ses traits une horreur menaçante. Il parlait peu, avait les manières violentes, et se courrouçait contre tout ce qui l'environnait. Le malheureux paraissait brouillé avec la nature entière, avec lui-même. Par un concours assez singulier d'événements, il a subi la mort le jour même où j'ai été rendu à la vie, à la liberté ; et j'y ai trouvé une occasion de plus de reconnaître et d'adorer cette éternelle Providence qui daigne parfois s'associer à la justice humaine pour l'enseignement des faibles mortels.

Mon second compagnon était un jeune homme de vingt à vingt-cinq ans. Je crains que dès cet âge il n'ait tenu l'un des premiers rangs parmi cette société d'escrocs qui s'est établie en permanence dans la capitale. Sa figure, agréable et ouverte, formait un contraste parfait avec celle de l'assassin. Il avait, dans ses manières de cachot, une sorte de politesse que l'emportement continuel de l'autre faisait ressortir davantage. Celui-là m'accueillit avec bienveillance, plaignit en fort bons termes notre sort commun, et, comme nous sommes toujours disposés à faire nos honneurs dans le bien que nous pensons d'autrui, je me persuadai qu'il était comme moi au secret, sur la paille, au cachot, par mesure de sûreté générale.

J'achevai la journée sans communiquer avec mes camarades. Je ne répondais qu'en termes fort serrés aux questions qu'ils m'adressaient ; le plus souvent je ne répondais pas du tout. J'éprouvai sur le soir une fièvre violente. Mes idées étaient sans suite et sans liaison ; je rêvais les yeux ouverts, et mon imagination égarée absorbait heureusement ma raison. La seule sensation bien distincte que j'éprouvais était un besoin : c'était la soif, et je buvais de l'eau avec excès. Ce régime ne me réussit pas. Je passai une nuit douloureuse. Le lendemain je restai abattu sur la paille, succombant sous la lassitude de la veille. Je ne formais pas davantage d'idées suivies ; une seule dominait toutes les autres, c'est que j'étais destiné à mourir. Je n'allais pas plus loin, et je n'avais plus la force de m'effrayer ou seulement de m'occuper du temps et de la manière.

Mon jeune camarade prit pitié de moi. Il devint empressé, importun même ; mais il l'était avec tant de grâce qu'il parvint à me ranimer malgré moi. Dès le soir du second jour, une sorte de confiance s'était déjà établie entre nous. J'étais au sein de Paris tel qu'un voyageur perdu au milieu du désert ; un abîme immense me séparait du reste du monde, et, dans cette position, la rencontre de son semblable est un présent du ciel ; il n'est plus possible de rester indifférent devant lui. Je parlai donc à mon compagnon. Il eut mon secret, qui n'en était pas un. Son embarras le trahit au moment d'expliquer le sien. Quelques questions imprudentes qu'il me fit sur la procédure par jurés achevèrent de m'apprendre à qui j'avais affaire ; et je rabattis avec peine de l'estime que je lui portais de si bon cœur. Je passai la nuit assez tranquillement. La nature reprit ses droits. Je dormis. Mais comme je payai cher le bienfait de cet anéantissement passager, quand il fallut en sortir ! Non, je ne connais rien de cruel comme le moment du réveil au milieu d'un cachot, dans un lieu où le songe le plus horrible est moins horrible que la réalité. On est déjà éveillé ; on souhaite, on s'efforce de rêver encore. Le sentiment essaye de faire reculer la raison qui s'obstine à rebâtir autour de vous les instruments de votre supplice, et vous les voyez toujours pour la première fois. Le moment du réveil pénétrait chaque jour mon âme d'un trait de désespoir, et lorsque, par la suite, j'ai pu disposer de mon sort, j'ai été cent fois tenté d'user d'un moyen que j'avais de me rendormir pour ne me réveiller jamais.

Cette troisième journée se passa avec moins d'embarras. Déjà chacun avait sa place. L'assassin restait dans son coin, en proie à son humeur farouche. Le jeune homme me portait les mêmes soins et ne cessait de s'étonner qu'on nous eût placés l'un et l'autre à un secret aussi rigoureux ; car il avait la prétention de n'avoir été arrêté que pour fait de police, et il confondait sans façon sa cause avec la mienne. Sur le soir de cette journée, les guichetiers vinrent nous rendre leur visite accoutumée. Le jeune homme plaida notre cause commune avec chaleur et même avec quelque adresse. Il me citait en exemple d'une persécution inouïe et insistait sur ce que je périrais au cachot si on m'y laissait encore deux jours. Le porte-clefs rétorquait ses arguments avec un laconisme brutal. Cependant il voulut voir ma figure pour reconnaître l'individu qui excitait un si bel intérêt. Il lui prit même la fantaisie de m'interroger. Il me demande pourquoi je suis arrêté. Je lui réponds : « Par mesure de sûreté générale. » Il s'étonne aussi de me trouver là, et veut en apprendre la raison. Je lui réponds que je l'ignore. Il s'informe de ce que j'ai fait dans la révolution, je l'explique en peu de mots ; de mon nom, je le décline. « Je parie, dit le guichetier, que » c'est là l'homme du ministre de l'intérieur. Attends, je » vais achever la fermeture et je reviens. »

Ce mot, que je suis l'homme du ministre de l'intérieur, me déroutait ; je ne devinais pas comment je pouvais être l'homme du citoyen Parey [1] à qui je n'avais parlé de ma vie ; mais d'un autre côté, depuis trois jours, rien n'avait plus droit de m'étonner. J'étais dans cette perplexité, quand le guichetier revient, m'ordonne de sortir du cachot, et me vante l'adresse qu'il a eue de m'y déterrer.

Je me mets en devoir d'obéir ; mais auparavant je veux exprimer ma reconnaissance à mon compagnon de cachot. Le guichetier s'y oppose et prétend que c'est un coquin qui m'a volé. Je proteste du contraire. Le guichetier insiste et m'ordonne de faire la récapitulation de mes effets. Je la fais et je trouve exactement tout ce que j'avais apporté. Le guichetier ne se tient pas pour battu. Il soutient qu'il n'est pas possible que je n'aie pas été volé, tonne de nouveau et

---

[1] Paré et non Parey, ancien premier clerc de Danton, avait remplacé Garat au ministère de l'intérieur.

menace de revenir armé d'un instrument terrible, si on ne me restitue pas à l'instant tout ce qu'on m'a pris. Je prie, je supplie, j'obtiens avec peine qu'il ne mettra pas mes pauvres camarades en pièces, parce qu'ils ont dû me voler, encore qu'ils n'en aient rien fait.

Chemin faisant, je demande à ce guichetier ce que signifie ce qu'il a dit, que j'étais l'homme du ministre de l'intérieur. Il me répond que je le saurai au greffe. Le greffier me montre, en effet, une note qu'il a reçue du citoyen Grandpré[1], premier commis de l'intérieur, qui lui recommande d'avoir pour moi les soins compatibles avec les règlements, et de me fournir tout ce dont j'aurai besoin. J'apprends encore que, sur cette note, on m'a cherché sans succès dans différentes chambres, pendant un jour, et que le mouvement continuel de la prison avait fait oublier, dès le lendemain, ma personne et la recherche. Je me suis depuis trouvé à la Force avec le citoyen Grandpré, dont le crime était d'avoir voulu faire pénétrer dans les prisons les bienfaits de la révolution du 10 thermidor dès le 11 ou le 12. Barère lui donna en passant cette petite leçon de politique, mais heureusement elle ne fut pas longue, et j'eus le regret de n'apprendre que depuis sa sortie de la Force que c'était à lui que j'avais l'obligation d'avoir été tiré du cachot de la Conciergerie.

La protection du citoyen Grandpré, et plus encore mon visage pâle et défait, me firent obtenir une place à l'infirmerie, qu'on me vantait comme un lieu privilégié pour les détenus. Or, cette infirmerie était bien l'hôpital le plus horripilant qui existât au monde[2]. L'édifice est de vingt-cinq pieds

[1] L'ami de madame Roland. Nous avons déjà dit qu'il est fort question de lui dans les *Mémoires* et dans les *Lettres* de madame Roland.

[2] Nous en avons vainement cherché l'emplacement à la Conciergerie. Si l'emplacement était resté celui qu'occupait l'infirmerie de la prison à l'époque de nos recherches, l'aspect et la disposition des localités avaient entièrement changé. Mais selon toute apparence, l'infirmerie était comprise dans cette partie de la maison placée sous l'escalier du tribunal révolutionnaire, que la construction de cellules et les beaux travaux de M. Duc ont entièrement transformée.

de large sur cent pieds de long, fermé aux deux extrémités par des grilles de fer, et recouvert d'une voûte surhaussée. Il est construit en pierre de taille, pavé de longues dalles, et, au reste, comme sa construction est ce qu'il y a de plus lourd dans cet affreux genre, on croirait qu'il a été taillé dans un rocher. Les vapeurs du charbon et des lampes ont empâté la pierre d'une teinte sombre. La lumière ne parvient que par deux fenêtres en abat-jour très-étroites et ménagées dans les cintres de la voûte, en sorte que rien ne ressemble mieux à ces palais des enfers que l'on voit à l'Opéra. C'est là probablement que l'architecte a été chercher ses modèles. Quarante à cinquante grabats garnissaient les deux parois de ce boyau, et l'on voyait jetés sur ces grabats, deux à deux et souvent trois à trois, des malheureux atteints de maladies différentes. Il était impossible d'y renouveler l'air ; on ne songeait pas seulement à le purifier ; on ne songeait pas davantage à changer la paille des grabats et à nettoyer les couvertures, en sorte que le malheureux porté là était soudain enveloppé dans un tourbillon de méphitisme et de corruption. Elle était telle, cette corruption, qu'elle germait sur les dalles du pavé, et que, par le temps le plus sec, on ne passait pas par l'infirmerie sans en avoir sa chaussure souillée. Pour comble de misère, les commodités de cette partie de la prison sont placées au milieu de l'infirmerie, sans moyen, sans séparation, et comme elles sont insuffisantes pour le plus grand nombre, les environs y suppléent, et ces environs sont l'infirmerie même. Nulle part, au reste, on ne se jouait de l'humanité d'une manière aussi barbare, aussi dégoûtante. Il m'est arrivé souvent de trouver au milieu de ces commodités, couchés sur le pavé et recouverts de leurs ordures, des malades qui avaient fait effort pour s'y traîner et qui y étaient tombés de faiblesse et de douleur. Ils y seraient morts si leurs compagnons d'infortune ne les en avaient pas tirés. Je pourrais ici multiplier les tableaux hideux : un malade venait-il d'expirer, on lui recouvrait la tête d'une partie de la couverture commune à lui et à son voisin, et ce dernier, le plus malheureux sans doute, gelait de froid en attendant qu'on le détachât de ce cadavre. Il y avait une heure marquée pour cela, et d'ailleurs on ne se serait pas mis en frais de transport pour un seul homme mort : le contingent de la journée était de trois ou quatre. Au-dessus de tous ces fléaux, il en était un plus grand : un médecin, homme farouche et barbare. Ce misérable était le seul qui pût faire croire à un malade qu'il n'était pas disgracié de la société tout entière. Jamais un mot consolateur n'est descendu de sa bouche ; jamais il n'a donné un signe d'intérêt à l'humanité souffrante et tourmentée. Sa visite journalière durait ordinairement dix-huit minutes, quelquefois vingt, vingt-deux, et n'a jamais passé vingt-cinq. J'ai résisté à l'indignation pour la calculer, et, en vingt-deux minutes il avait visité quarante malades, ce qui donnait un peu plus d'une demi-minute par individu. Sa recette habituelle était de la tisane, de la tisane pour tout, et jamais que de la tisane. Son insouciance prévenait au moins en ce point les effets de son ignorance, et peut-être les malades y gagnaient-ils. Ce qu'on raconte de lui dans l'*Almanach des prisons* est de la plus exacte vérité. Il est positivement vrai qu'on a substitué plus d'une fois, dans le même lit, un malade à un homme mort de la veille, sans que ce Néron Sangrado s'en soit aperçu, et croyant toujours avoir affaire au dernier, il ne trouvait rien à changer au régime et prescrivait de continuer la tisane. Au reste, tout cela s'explique : ce médecin était très-riche ; il avait ci-devant possédé une charge importante ; il avait hanté les heureux de la terre ; il s'était frotté auprès d'eux de préjugés, de morgue et d'insolence [1]. Un tel homme était fort déplacé à l'infirmerie d'une prison. Oui, docteur Thierry, vous y étiez très-déplacé. Je vous connais ; il vous faut des grands, des palais, de l'or, des cuisiniers, et vous ne trouviez là que des malheureux.

[1] Ce Thierry était un protégé de Robespierre. On possède aux Archives une lettre de recommandation de Robespierre à Fouquier-Tinville qui l'a fait nommer à l'emploi qu'il occupait à la Conciergerie.

Or, vous êtes trop vieux pour apprendre et trop endurci pour sentir que le malheureux est un objet sacré; que votre art, le plus beau des arts, est sublime alors qu'il s'exerce autour de lui, et que c'était par l'application courageuse et assidue de leur savoir au malheur que les médecins de l'antiquité avaient mérité d'être appelés des hommes divins.

A la vue de ce repaire de toutes les horreurs et de toutes les douleurs qui peuvent affliger l'humanité, je maudis la protection du citoyen Grandpré et je regrettai mon cachot. Je calculais combien la société produit de degrés de misère dont le commun des hommes naît, vit, meurt sans seulement avoir une idée, et je m'expliquais comment le philosophe de Genève avait eu raison de regretter les bois, et comment encore il avait rencontré tant de beaux esprits sincèrement déterminés à le trouver fou. Je préparais ainsi un commentaire à Hobbes, quand un compagnon d'infortune vint m'arracher à ma méditation. Cet homme, heureusement né, avait conservé, au milieu de l'infirmerie, du sang-froid, de l'originalité et même une sorte de gaieté. C'était un légiste angevin de soixante à soixante-dix ans. Il me complimenta sur mon arrivée à l'infirmerie, qu'il avait la bonté d'appeler la salle la plus tranquille et la plus commode de la prison. Qu'on juge du reste! — « Vous n'êtes pas très-malade, me dit mon avocat; si vous voulez, nous ferons société de table et de lit; je suis propre et bon vivant; nous nous arrangerons bien ensemble. » Cependant il veut savoir avant tout si je suis un révolutionnaire et pourquoi je suis arrêté. Je le satisfis sur ces deux points, et sur-le-champ il entama le récit de ses aventures....

Mon avocat me pressa de partager son lit. Je redoutais la société intime du chancelier de Henri IV; je préférai passer la nuit sur un banc placé autour du poêle, entre un officier de marine marchande qui n'avait fait qu'un saut des grandes Indes à la Conciergerie, et un tailleur de Paris qui y était descendu de la rue Mouffetard. Ainsi cette tyrannie, la plus puissante et la plus hideuse qui ait jamais désolé l'espèce humaine, frappait au même instant dans des climats opposés, en même temps qu'elle dévorait autour d'elle. Elle franchissait les espaces et s'élançait aux quatre coins du monde pour y saisir ses victimes. Fléau prodigieux ! Sa naissance, ses progrès, sa chute lasseront longtemps la réflexion humaine. L'officier de marine, plus habitué que d'autres à des lits mal faits, reposa fort bien sur son banc; le tailleur s'endormit en me racontant comment il se trouvait à la Conciergerie pour avoir fait des manches trop courtes à des habits de hussards, et, malgré le mérite de la matière, il ne m'endormit pas. Me voilà donc seul, veillant au milieu de l'infirmerie de la Conciergerie.

Je me trompe : la douleur tenait éveillés plusieurs malheureux sur leurs grabats. Je sentis alors toute la profondeur de ce vers de Colardeau :

Que la nuit paraît longue à la douleur qui veille !

J'entendais à mes côtés des cris plaintifs, des gémissements. Plus loin, un malheureux, poursuivi par un rêve affreux, poussait des cris qui me glaçaient d'effroi : je distinguais assez bien les mots de sang, de bourreau, de mort; ces mots circulaient autour de ces couches funéraires, et d'heure en heure l'airain mesurait, par des sons tardifs, cette éternité de souffrances. Les chiens répondaient à l'horloge par de longs hurlements. Et vous, vous qui n'avez pas passé une nuit là, au milieu de cet assemblage d'horreurs, vous n'avez encore rien éprouvé, rien souffert au monde. Pour surcroît de supplice, un escalier, qui conduit à je ne sais quelle salle du Palais, est adossé au mur de l'infirmerie. Il faut que cet escalier conduise à une salle des tribunes du tribunal révolutionnaire, car, dès cinq heures du matin, tous les malades qui pouvaient dormir furent éveillés en sursaut par le bruit des amateurs qui se pressaient, qui se disputaient, qui se battaient à qui aurait les meilleures places, et ce vacarme, effrayant à plus d'un titre, se renouvelait chaque jour et se prolongeait longtemps dans la matinée. Ainsi, la première

sensation qui frappait un malade à son réveil, c'était la crainte que ce ne fût pour le plaisir de dévorer ses derniers moments qu'on se battait au-dessus de sa tête; car dès lors, c'est-à-dire dans les premiers jours de brumaire, la maladie, l'agonie même ne dispensaient plus de paraître au tribunal, et j'y ai vu porter un prêtre d'Autun à qui on ne donnait pas douze heures à vivre, et qui est mort, en effet, à l'instant où on le jetait sur la charrette. En présence de tant et de si profondes misères, j'ai rougi d'être né homme. Le désespoir avait traversé mon âme; j'avais les yeux secs et le sang brûlant. J'errais à pas précipités au milieu de l'infirmerie, attendant et redoutant également la lumière qui commençait à percer les barreaux. Poursuivi par les images de la nuit, inquiet de ce qui m'attendait pour la journée, si on m'eût alors appelé pour le supplice, j'y aurais volé avec transport. J'ai fait plus d'une fois cette réflexion, que la mort sur un échafaud n'inspire tant d'horreur au commun des hommes que parce qu'ils la comparent à l'état de paix, de jouissances et peut-être de bonheur qu'ils éprouvent; mais la mort considérée du fond d'un cachot, et, ce qui est pire, de l'un des grabats dont je parle; la mort, quand l'existence tout entière est changée en tourment, n'est plus le comble des maux, elle en est le remède. Le courage de la plupart de ceux qui ont péri dans ces derniers temps se composait pour beaucoup du contentement d'arriver au terme de leurs souffrances. « Il y a trop longtemps que ces gens-là m'en-
» nuient, me disait Biron; ils vont me couper le cou, mais
» du moins tout sera fini. »

..... J'ai dit que l'infirmerie était grevée d'une insupportable servitude envers des habitants de cette partie de la prison. Je les passai tous en revue dans la matinée, et je reconnus bon nombre de mes camarades. La plupart m'accueillirent avec un intérêt consolant. Je quittai promptement l'infirmerie par leurs soins empressés, et je passai dans une chambre qu'on appelait la *petite pharmacie*. Cette chambre était destinée à recevoir une femme fameuse. Aussi avait-elle de plus que les autres une double porte de cinq pouces d'épaisseur, revêtue de fer et chargée de trois énormes serrures. De deux fenêtres qui l'éclairaient auparavant, l'une était hermétiquement bouchée, l'autre presque entièrement ; mais, en revanche, elle était tapissée d'un papier qui multipliait autour de nous les emblèmes et les mots de *liberté, égalité, droits de l'homme, constitution.* Il était impossible de lever les yeux sans rencontrer le mot de *liberté* ou des barreaux, celui d'*égalité* ou des verrous. Au reste, cette chambre, prédestinée pour un usage peu commun, était occupée alors par la représentation nationale. Ses hôtes étaient tous des députés, anciens ou actuels. Le procès des vingt et un députés était à son terme. Un spectacle d'un intérêt plus relevé fit promptement diversion à tout ce que j'avais senti, pensé, éprouvé jusque-là. J'avais sous les yeux la lutte du talent, du savoir, de tout ce que les hommes sont habitués à chérir et à honorer, mais du talent, du savoir chargés d'indignes fers, contre l'ignorance en crédit, la scélératesse en action et le crime tout-puissant....

Au milieu de ces tableaux lugubres qui se renouvelaient chaque jour, les femmes françaises ne perdaient rien de leur caractère ; elles sacrifiaient avec la même assiduité au besoin de plaire. La partie de la prison que nous habitions donnait sur la cour des femmes. Le seul endroit où nous puissions respirer un peu moins mal à notre aise était un local de dix à douze pieds de longueur sur sept de large, formé de deux cintres de voûte, qui servait de repos à l'escalier et de passage de la cour des femmes au guichet [1]. Cette espèce de corridor était fermé, du côté de la cour, par des grilles de fer, mais dont les barreaux n'étaient pas tellement resserrés qu'un Français n'eût jamais qu'à se désespérer. Le corridor était notre promenade favorite : c'était la seule. Nous y descendions dès qu'on nous avait extraits de nos cachots. Les femmes sortaient à la même heure, mais pas aussitôt que

[1] C'est l'endroit où se tient le geôlier et son chien dans la gravure en tête de ce livre, représentant le préau des femmes.

nous. La toilette revendiquait ses imprescriptibles droits. On paraissait le matin dans un négligé coquet et dont les parties étaient assorties avec tant de fraîcheur et de grâce que l'ensemble n'indiquait pas du tout qu'on eût passé la nuit sur un grabat, et le plus souvent sur une paille fétide. En général, les femmes élevées que l'on conduisait à la Conciergerie y conservaient jusqu'au bout le feu sacré du bon ton et du goût. Quand elles avaient paru le matin en négligé, elles remontaient dans leurs chambres, et sur le midi on les voyait descendre habillées avec recherche, coiffées avec élégance. Les manières n'étaient plus celles du matin; elles avaient quelque chose de plus prononcé et une sorte de dignité; sur le soir, on paraissait en déshabillé. J'ai remarqué que presque toutes les femmes qui le pouvaient étaient fidèles aux trois costumes de la journée. Les autres suppléaient à l'élégance par la propreté compatible avec le local. La cour des femmes possédait un trésor : une fontaine qui leur donnait de l'eau à volonté; et je considérais chaque matin ces pauvres malheureuses qui n'avaient apporté avec elles, qui ne possédaient peut-être qu'un seul vêtement, occupées autour de cette fontaine à laver, à blanchir, à sécher avec une émulation turbulente. La première heure du jour était consacrée par elles à ces soins, dont rien ne les aurait distraites, pas même un acte d'accusation. Richardson a observé que le soin des hardes et la fureur de faire des paquets balançaient, s'ils ne dépassaient, dans l'esprit des femmes, les plus hauts intérêts.

Je suis persuadé qu'à cette époque aucune promenade de Paris n'offrait de réunion de femmes mises avec autant d'élégance que la cour de la Conciergerie à midi. Elle ressemblait à un parterre émaillé de fleurs, mais encadré dans du fer. La France est probablement le seul pays, et les Françaises les seules femmes du monde capables d'offrir des rapprochements aussi bizarres, et de porter sans effort ce qu'il y a de plus attrayant, de plus voluptueux, au sein de ce que l'univers peut offrir de plus repoussant et de plus horrible. J'aimais à considérer les femmes à midi; mais je préférais de leur parler le matin, et je prenais ma part des entretiens plus intimes du soir quand je ne courais risque de troubler le bonheur de personne; car le soir tout était mis à profit : les ombres croissantes, la fatigue des guichetiers, la retraite du plus grand nombre des prisonniers, la discrétion des autres, et dans ce moment de paix qui prélude à la nuit, on a béni plus d'une fois l'imprévoyance de l'artiste qui a dessiné la grille. Cependant les êtres capables de cet inexplicable abandon avaient leur arrêt de mort dans la poche. Au reste, j'ai été à peu près témoin de quelque chose de plus fort en ce genre. Une femme âgée de quarante ans, mais fraîche encore et qui conservait de beaux traits et une taille élégante, fut condamnée à mort, dans la première décade de frimaire, avec son amant, officier dans l'armée du Nord, jeune homme qui paraissait réunir un esprit élevé à une charmante figure. Ils descendirent du tribunal vers les six heures du soir. On les sépara pour la nuit. La femme sut mettre en réserve des moyens de séduction dont elle usa avec succès. Elle obtint qu'on la réunirait à son amant. Ils donnèrent cette dernière nuit aux amours, épuisèrent encore une fois la coupe de la volupté, et ne s'arrachèrent en quelque sorte des bras l'un de l'autre que pour monter sur la fatale charrette.

Je n'ai jamais pu que m'étonner de cet héroïsme, pour lequel je ne me sentais pas fait du tout. Il n'est pas encore décidé dans mon esprit s'il dégradait ou s'il rehaussait le peuple qui en a fourni des exemples, mais au moins est-il vrai qu'il lui donne une physionomie qui n'est qu'à lui. Le voisinage des femmes nous procurait des dissipations moins sérieuses, et dont j'étais plus jaloux. Il nous arrivait souvent de déjeuner avec elles. Des bancs à peu près à hauteur d'appui étaient adaptés de part et d'autre à la grille. On y posait pêle-mêle et avec toute la confusion du local et du moment, non pas les apprêts, mais le sérieux du déjeuner, et s'il restait quelque espace du côté des femmes, les grâces ne manquaient pas de s'en emparer. A la vérité, ce n'étaient pas de celles qui se déploient avec abandon sur une chaise longue et qui s'arrondissent autour d'un thé élégant ; elles étaient moins empruntées et bien plus piquantes. Là, tout en dépêchant des mets que l'appétit assaisonnait en dépit du fournisseur, les propos délicats, les allusions fines, les reparties saillantes se renvoyaient d'un côté de la grille à l'autre. On y parlait agréablement de tout sans s'appesantir sur rien. Là, le malheur était traité comme un enfant méchant dont il ne fallait que rire, et, dans le fait, on y riait très-franchement de la divinité de Marat, du sacerdoce de Robespierre, de la magistrature de Fouquier, et on semblait dire à toute cette valetaille ensanglantée : « Vous nous tuerez quand il » vous plaira, mais vous ne nous empêcherez pas d'être » aimables. » Ce détail n'a rien de paré, et on y croira volontiers, si j'ajoute que les convives étaient peut-être ce que la France conservait encore de talents distingués, et si je cite en preuve les deux seuls hommes qui aient échappé de la Conciergerie, je ne sais par quel miracle, M. Riouffe, l'auteur enfin connu des *Mémoires d'un détenu*[1], et M. Marchena, que la Révolution a conquis sur l'Espagne, et qui est fait pour honorer quelque pays qu'il veuille adopter. Je ne sais quel génie fortifiait toutes les âmes, élevait tous les esprits et les trempait d'énergie; mais je n'ai vu qu'un seul homme donner des marques de pusillanimité, c'était M. du Châtelet [2]. Il arriva des Madelonnettes dans un pitoyable état d'ivresse. On le jeta sur un grabat où il passa la nuit. Le lendemain, il avait retrouvé sa raison, et n'y gagnait guère. Il colportait çà et là ses plaintes, ses larmes, ses regrets, et paraissait stupéfait de ne rencontrer personne disposé à se mettre à l'unisson avec lui. Il se présenta à la

---

[1] L'observation de Beugnot fait connaître l'époque où il écrivait cette partie de ses *Mémoires*; la troisième édition des *Mémoires d'un Détenu* a paru avec le nom de Riouffe la même année que la première, en l'an III.

[2] Colonel du régiment des gardes françaises, condamné à mort le 23 frimaire an II. Il était âgé de soixante-six ans.

grille des femmes, et là comme ailleurs il pleurait et marmottait des lamentations. Une fille, plus que fille, le regarde comme un objet nouveau et se fait expliquer ce qu'il est. Mieux instruite, elle s'approche et lui dit : « Fi donc! vous » pleurez ! sachez, monsieur le duc, que ceux qui n'ont pas » de nom en acquièrent un ici et que ceux qui en ont un » doivent savoir le porter. »

On devine que le personnage de qui partait cette verte leçon était une aristocrate, et rien de si vrai. On demandera où diable l'aristocratie allait se nicher? Elle s'était nichée là chez une malheureuse fille des rues, qui soutint jusqu'au bout son rôle avec un genre d'héroïsme dont n'auraient été susceptibles ni les Bailly, ni les Polignac, ni tous les virtuoses des salons de Coblentz.

Elle s'appelait Églé et était âgée de dix-sept à vingt ans. Elle logeait depuis deux ans rue Fromenteau, où elle était descendue d'un galetas du faubourg Saint-Antoine. La malheureuse avait été victime, comme tant d'autres, de la corruption de nos mœurs, et en était devenue ensuite un agent très-actif. Une âme s'était conservée forte dans ce corps flétri par mille souillures. Églé détestait le nouvel ordre de choses et ne s'en cachait pas. Elle publiait ses opinions au coin des rues, et en accompagnait le développement de propos et de cris séditieux. La police l'avait fait arrêter et conduire à la Conciergerie avec une de ses compagnes, à qui elle avait inculqué son poison aristocratique et la rage de le répandre. Chaumette avait eu le projet de faire traduire ces deux malheureuses au tribunal en même temps que la Reine, et de les envoyer toutes trois à la mort sur la même charrette. Rien ne s'accordait mieux avec son fameux procès-verbal, et il faut convenir que ce forçat, devenu procureur de la commune de Paris, ramait avec assez de suite. Les comités du gouvernement d'alors trouvèrent quelque inconvénient à cette gaieté. Il fut décidé que Marie-Antoinette d'Autriche irait seule à la mort, et on réserva la pauvre Églé pour une meilleure occasion.

Trois mois s'étaient écoulés depuis la mort de la Reine, et il est probable qu'Églé et sa compagne auraient pu se faire oublier, si la première avait gardé la retenue la plus ordinaire. Mais elle aurait trouvé de la honte à dissimuler ou seulement à retenir sa pensée, et elle y donnait un essor tellement licencieux au milieu de la Conciergerie, que Fouquier voulut en finir avec elle.

On ne se donna pas la peine de dresser un nouvel acte d'accusation contre ces deux filles. On trouva celui qui avait été préparé lors du projet de Chaumette, et il fut signifié dans sa simplicité première; en sorte qu'Églé et sa compagne se trouvaient textuellement et précisément accusées d'avoir été d'intelligence avec la veuve Capet, et d'avoir conspiré avec elle contre la souveraineté et la liberté du peuple. Je l'ai lu et je l'atteste.

Églé était fière de son acte d'accusation, mais indignée des motifs qu'il renfermait. Elle ne pouvait pas concevoir qu'on pût mentir d'une manière aussi bête, et lançait contre le tribunal de ces sarcasmes grivois qui avaient bien leur mérite, mais dans sa bouche seulement. Je l'interrompais au milieu de l'une de ses philippiques, et je lui disais : « Malgré » tout cela, ma chère Églé, si on t'eût conduite à l'écha- » faud avec la Reine, il n'y aurait pas eu de différence entre » elle et toi, et tu aurais paru son égale. — Oui, me répon- » dit-elle; mais j'aurais bien attrapé mes coquins. — Et » comment cela? — Comment? Au beau milieu de la route, » je me serais jetée à ses pieds, et ni bourreau ni diable ne » m'en auraient fait relever. » Il faut pardonner une pareille extravagance à cette infortunée. Elle était née au sein de l'ignorance et de la pauvreté. Les distractions de son déplorable état ne lui avaient laissé le temps ni de penser ni de raisonner. Il n'est donc pas étonnant qu'elle n'ait jamais pu s'élever à cette hauteur de conceptions d'où les rois paraissent tout au plus au niveau du reste des mortels; et d'ailleurs quelle école de mœurs et d'opinions républicaines que la rue Fromenteau?

Devant le tribunal, Églé avoua les propos et les exclamations royalistes qu'on lui imputait; mais quand on arriva à l'article de sa complicité avec la Reine : « Pour cela, dit-elle en levant les épaules, voilà qui est beau, et vous avez, par ma foi, de l'esprit : moi, complice de celle que vous appelez la veuve Capet, et qui était bien la Reine, malgré vos dents! moi, pauvre fille, qui gagnais ma vie au coin des rues et qui n'aurais pas approché un marmiton de sa cuisine, voilà qui est digne d'un tas de vauriens et d'imbéciles tels que vous. » Malgré cette sortie, Églé obtint de la faveur au tribunal. Un juré observa que probablement l'accusée était ivre lorsqu'elle avait tenu les propos qu'on lui imputait, puisque dans le moment même elle n'était pas de sang-froid; et quelques autres jurés, anciennes connaissances de l'accusée, appuyaient l'observation. Églé repoussa avec le même front et les protecteurs et les motifs de la protection; elle soutint que s'il y avait quelqu'un d'ivre dans l'honorable assistance, ce n'était point elle; et pour preuve qu'elle avait tenu à dessein et de sang-froid les propos qu'on lui imputait, elle se mit en devoir de les reproduire dans toute leur vérité; et il fallut prendre des précautions sérieuses pour lui imposer silence. On la força de s'asseoir, et le tribunal passa à sa compagne. Celle-ci trouva dans les jurés la même sensibilité, sans doute à cause de la même connaissance. Moins décidée qu'Églé, elle hésitait et acceptait le brevet d'ivresse qui devait la sauver de la mort. Églé, indignée, rompit le silence et cria à sa compagne que sa faiblesse était un crime, et qu'elle se déshonorait (le mot est précieux). Elle la rappela au courage et à la vérité. Celle-ci, confuse et tremblante en face d'Églé plus encore que devant ses juges, abjura un moment d'erreur, confessa qu'elle aussi s'était rendue coupable de sang-froid. Le tribunal mit une juste différence dans sa décision. Il envoya Églé à l'échafaud comme une aristocrate incorrigible, et se contenta d'enfermer pour quelque vingtaine d'années sa compagne à la Salpêtrière.

A la lecture du jugement, Églé entendit en souriant les dispositions qui la déclaraient convaincue du crime de contre-révolution et la condamnaient à la mort ; mais quand on en vint à l'article de la confiscation de ses biens : « Ah ! » voleur, dit-elle au président, c'est là que je t'attendais. Je » t'en souhaite de mes biens ! Je te réponds que ce que tu » en mangeras ne te donnera pas d'indigestion. » Églé, en descendant du tribunal, plaignait sa compagne pour sa conduite et était assez satisfaite de la sienne. Elle craignait seulement d'*aller coucher avec le diable;* je rends ses termes. L'ange de cette prison, le bon M. Émery, la rassura sur cette frayeur, et elle sauta sur la charrette avec la légèreté d'un oiseau. Si cette originale valait la peine qu'on s'informât d'où elle sortait, on découvrirait qu'elle avait reçu sans doute une éducation détestable. Quelque bonne femme avait déposé le germe des préjugés du vieux temps dans l'esprit d'Églé. L'active dissipation de sa vie l'aurait étouffé à la longue; mais des persécutions révolutionnaires en avaient, à ce qu'il paraît, favorisé le développement, et il était parvenu à son comble dans cette âme ardente et susceptible de passions de plus d'un genre.....

BEAULIEU A LA CONCIERGERIE ET AU LUXEMBOURG.

Nous trouvons sur les registres d'écrou de la Conciergerie que *Claude-François Beaulieu, rédacteur* (avec l'abbé Poncelin) du *Courrier français*, fut arrêté comme *suspect*, sur un mandat signé par *Marino*, et enfermé à la Conciergerie *le 8 brumaire*, 29 octobre 1793.

Beaulieu est un des écrivains de ce temps-là qui ont le plus écrit et le mieux connu l'histoire de la Révolution. « Il était né à Riom en 1754. Se trouvant à Paris avant la révolution, il travailla à la rédaction des premières feuilles politiques qui parurent à cette époque, telles que : 1º le journal publié en 1789 d'abord sous le titre de *Nouvelles de Versailles*, puis sous celui de *l'Assemblée nationale;* 2º les *Nouvelles de Paris* en 1790; 3º le *Postillon de la guerre* en 1792. » La Biographie d'Arnault et Jay, à laquelle nous empruntons ces renseignements, ne dit pas que Beaulieu fût *rédacteur* du *Courrier français*. Nous ne tenons pas pour lui à ce titre; mais le registre d'écrou ne permet guère de douter qu'il le portait alors. Beaulieu sortit de prison après le 9 thermidor. Il participa à la rédaction du *Miroir*, ce qui lui attira de nouvelles persécutions. Il fut proscrit à l'époque du 18 fructidor an III (4 septembre 1797) et porté sur une liste de déportation. Il parvint à se soustraire à la haine de ses ennemis politiques, alla faire sous l'Empire du journalisme à Beauvais, revint à Paris en 1813, et donna un grand nombre d'articles sur les personnages de la Révolution à la *Biographie universelle* de Michaud. Nous avons reproduit dans notre volume sur *la Démagogie en 1793* ses *Souvenirs de l'Histoire* ou *le Diurnal de la Révolution*, publiés en 1797. Nous extrayons aujourd'hui du cinquième volume de ses *Essais historiques sur les causes et les effets de la Révolution de France* (p. 287 à 367) le récit qu'il y a inséré de sa captivité à la Conciergerie et au Luxembourg. On verra qu'il y consacre un souvenir à Marino, sur le mandat duquel il avait été arrêté.

BEAULIEU A LA CONCIERGERIE ET AU LUXEMBOURG.

SOMMAIRE.

Les détenus du Luxembourg accusés de conspiration : Dillon, Thouret. — Le séjour de la Conciergerie : les cachots. — Les prêtres de la chambre de Beaulieu. — Barnave. — La lâcheté du duc du Châtelet. — Le voleur Barrassin, valet de chambre de Marie-Antoinette : le cachot de la Reine. — La mort bravée par les condamnés : le duc de Biron, le duc d'Orléans; leur attitude en allant au supplice. — Histoire du jeune Gosnay qui préfère la guillotine à l'amour d'une belle personne. — Beaulieu est transféré de la Conciergerie au Luxembourg : ton qui règne dans cette prison; l'urbanité française. — Peu à peu, les rigueurs de la captivité s'aggravent. — Humanité touchante du geôlier Straale. — Dévouement des femmes. — Les espions au Luxembourg ; anecdotes relatives à l'un d'eux, Boyenval; la dame peintre. — Le marquis de la Roche du Maine et le duc de Gèvres. — Impudence de l'administrateur de police Marino. — Le savetier Wittcheritz. — Chaumette. — Chabot. — Danton et Lacroix. — Camille Desmoulins. — Hérault de Séchelles. — Le baron de Batz. — Le régime du Luxembourg avant le 9 thermidor; les duchesses de Noailles et d'Ayen. — Les détenus privés de toute communication avec le dehors. — Le 9 thermidor : comment ce jour-là le savetier Wittcheritz a failli donner la victoire à Robespierre.

....J'ai été détenu quatre à cinq mois à la Conciergerie et six au Luxembourg au plus fort des massacres, à l'époque de cette grande conspiration de la prison du Luxembourg qui a fait tant de bruit dans toute l'Europe, et je peux dire que tout y était parfaitement tranquille : jamais religieux, jamais séminaristes n'obéirent avec plus de docilité à la voix de leurs supérieurs, que les malheureux prisonniers de la Conciergerie et du Luxembourg à l'appel de leurs geôliers. J'ai vu, depuis ma sortie, plusieurs personnes qui ont vécu dans les autres prisons, et elles m'ont assuré que partout on avait vu la même tranquillité. Je voyais tous les jours M. de Dillon, qu'en sa qualité de général on avait imaginé de mettre en avant pour être le chef des conspirateurs. Jamais personne ne fut moins propre que cet officier pour conduire des complots de cette importance; il était, dans tous ses propos, d'une indiscrétion extrême, et cette indiscrétion était encore augmentée par l'état habituel dans lequel il aimait à se trouver ordinairement, sans doute pour tromper l'ennui de sa déplorable situation. Il s'enivrait à peu près tous les jours. Après son dîner, lorsqu'il avait bien bu, il m'entraînait derrière le rideau de son lit, comme s'il eût eu quelque chose d'important à me communiquer, et pour la plupart du temps il me questionnait sur des choses indifférentes ou me disait des fariboles qui ne signifiaient rien. M. Thouret, dont on a fait un autre conspirateur dans la même prison, était un peureux, qui mettait tout son espoir en Robespierre ; il soutenait que bientôt ce tyran nous mettrait en liberté. Ni le général ni le célèbre avocat n'étaient faits pour conduire une conspiration ; l'un était d'une pusillanimité extrême, l'autre d'une indiscrétion sans mesure.

Quelques révolutionnaires, partisans de Danton, que Robespierre et ses amis avaient envoyés parmi nous, étaient sans doute capables de tenter des coups aussi audacieux ; mais les autres prisonniers ne se seraient jamais réunis à eux, ils les méprisaient, les détestaient, et les eussent plutôt dénoncés qu'ils ne les auraient servis. Dans les environs du mois d'avril 1794, ces détenus, dont quelques-uns étaient membres du club des Cordeliers, eurent effectivement des intelligences avec leurs amis de cette société, qui, à un signal donné, devaient faire une irruption dans la prison avec la portion de la populace qui était à leur disposition ; les autres prisonniers eurent une connaissance vague de ce complot ; mais comme ils savaient que ceux qui le tramaient étaient fort loin de vouloir faire une révolution favorable à la cause générale des détenus ; que les hommes qui avaient comploté de forcer les prisons étaient ceux-là même qui avaient dirigé les massacres de septembre, et parlaient tous les jours de l'extermination des suspects, on regardait au Luxembourg l'attaque dont cette prison était menacée, plutôt comme le signal du massacre général des prisonniers que comme un moyen de délivrance pour eux. Le comité de

Robespierre, instruit de ce projet, fit enlever du Luxembourg tous les détenus cordeliers; ce furent eux qui formèrent les premières charretées de révolutionnaires que le tribunal révolutionnaire fit assassiner; mais retraçons en peu de mots le système qu'on suivit pour la police des prisons. En parlant des deux plus terribles, j'aurai retracé ce que généralement il faut en savoir. On suivait la même marche pour toutes. A l'époque où les cachots de la Conciergerie furent ouverts pour ceux qu'on appelait *les contre-révolutionnaires*, cette prison, la plus affreuse, la plus malsaine de toutes, était encore remplie de malheureux prévenus de vol et d'assassinat, rongés et dégoûtants de misère, renfermant enfin dans leur personne tout ce que la nature humaine peut réunir de plus horrible et de plus repoussant. C'était avec ces malheureux qu'étaient renfermés pêle-mêle dans les plus infects cachots, des comtes, des marquis, de voluptueux financiers, d'élégants petits-maîtres, et plus d'un malheureux philosophe; on attendait là que les premiers venus laissassent, par leur condamnation à mort, des places vides dans des réduits à peu près aussi tristes, mais où au moins on pouvait placer un lit de camp. Jusqu'à l'obtention de ce malheureux lit, on était renfermé, pendant la nuit, avec les misérables appelés *pailleux*, au milieu d'une fange plus dégoûtante que celle où reposent les animaux les plus immondes. C'est presque toujours par là qu'il fallait passer en arrivant; on attendait les chambres à lits quelquefois plus de quinze jours; on les payait dix-huit francs par mois, quoique souvent on ne les occupât qu'une nuit. Il faut savoir par soi-même ce que c'est que ces lieux infernaux, pour imaginer combien un pauvre lit de camp, dans le coin d'une telle prison, est cependant une douce jouissance. J'ai couché, ou plutôt je me suis trouvé, trois nuits seulement avec une bande de voleurs, dans un cachot infect : les uns juraient, les autres fumaient; ceux-là racontaient leurs prouesses; il fallait boire de l'eau-de-vie avec eux, leur payer ce qu'ils appellent la *bienvenue*, sous peine d'être maltraité et peut-être assommé. Après avoir vomi des imprécations contre le ciel et la terre et déposé leurs excréments à côté d'eux, ils s'endormaient dans leur fumier; car la paille sur laquelle ils couchaient n'était pas autre chose que du fumier bien plus malpropre que celui des animaux, à cause de la vermine dont cette paille était remplie. Je n'osais pas me coucher dans cette infection, et la lassitude ne me permettait plus de me tenir debout. Enfin, je passai ces trois nuits d'horreur, moitié assis, une jambe étendue sur un banc, l'autre posée à terre, et le dos appuyé contre la muraille. Lorsque, la quatrième nuit, je fus introduit dans une chambre où je vis des figures humaines et un mauvais grabat, quand je sus que j'allais me reposer, je crus être arrivé dans un lieu de délices. J'imagine que les nombreux infortunés qui se sont trouvés dans la même position ont éprouvé des sensations semblables. Le duc du Châtelet a passé une nuit ou deux dans ces odieux cachots. M. de Mossion, intendant de Rouen, y a été confiné pendant plus de quinze jours, après lesquels il obtint enfin une place dans la chambre où j'étais; c'était un homme extrêmement aimable, d'une patience angélique, et qui avait conservé de la gaieté dans son affreuse misère. Je m'étais lié d'amitié avec lui; il a été assassiné. S'il était aussi intéressant en liberté que dans les cachots, il doit avoir emporté les regrets de tous ceux qui l'ont connu.

J'ai vécu aussi dans cette chambre avec M. Émery, ancien supérieur du grand séminaire de Saint-Sulpice; la sérénité de son âme, la douce gaieté même qu'on voyait dans toute sa personne dans ces lieux d'effroi, prouvaient aux plus incrédules quelles consolations peut donner la religion à ceux à qui elle est chère. Je citerai en passant un trait qui s'est passé sous mes yeux dans la prison, et qui vient merveilleusement à l'appui de ce que je viens de dire. Dans un réduit où j'ai passé sept ou huit nuits, se trouvaient trois prêtres : l'un était un curé constitutionnel des environs de Montmorency; l'autre, un vieux Sulpicien, et le troisième, un jeune homme qui avait été ordonné quelque temps auparavant par l'abbé Fauchet, en sa qualité d'évêque du département du Calvados. Le jeune homme, qui avait cru embrasser un état avantageux en se faisant prêtre, et qui ne l'avait embrassé que dans cette intention, disait, suivant le système du jour, qu'il n'était pas prêtre et ne l'avait jamais été ; qu'il n'y avait point de Dieu ; et il se moquait du Sulpicien et de toutes ses pratiques religieuses. Celui-ci était humblement prosterné devant son grabat et priait avec ferveur pour l'apostat qu'agitait le délire de la rage. Le prêtre constitutionnel était d'une tristesse mortelle. De ces trois hommes, le seul Sulpicien était heureux ; car, malgré sa misère, il ne paraissait tourmenté d'aucun souci. Il serait impossible d'avoir une contenance plus assurée, l'esprit plus libre dans la position la plus pénible de la vie, tandis que l'existence de l'apostat paraissait être pour lui un continuel supplice. Le curé constitutionnel et le bon Sulpicien ont été guillotinés. Le prêtre apostat est aujourd'hui à la tête d'une maison d'éducation. Le respectable M. Émery a aussi échappé à la faux révolutionnaire ; je le crois en ce moment à Paris.

Pendant le temps que j'ai été à la Conciergerie, j'ai vu renouveler trois ou quatre fois la prison, à une vingtaine de personnes près, qui, comme moi, s'en sont échappées. Je parle de celles détenues pour faits politiques, car les autres prisonniers n'étaient presque point poursuivis dans ce temps-là.

Le régime était le même pour tous ; le duc, par cela seul qu'il avait été duc, n'était pas distingué du voleur, mais seulement s'il payait mieux : c'était là qu'on avait réalisé l'égalité, autant qu'il est possible de concevoir un tel système ; mais c'était l'égalité de misère.

En voyant circuler ensemble, à travers les énormes barreaux qui divisaient la prison, des assassins, des philosophes, des ducs, des princes, des poètes, des financiers, des voleurs, Barnave me disait un jour : « En considérant ces hautes puissances, ces philosophes, ces législateurs, ces vils misérables, ici confondus, ne vous semble-t-il pas qu'on est transporté sur les bords de ce fleuve infernal dont nous parle la fable, et qu'on doit passer sans retour? — Oui, lui dis-je, et nous sommes sur l'avant-scène. » Le malheureux fut assassiné quelques jours après.

Lorsqu'on demandait au guichet quelqu'un de nous, nous étions ordinairement avertis par un voleur, nommé Barrassin, qui avait obtenu la confiance du concierge, par les services qu'il lui avait rendus en se chargeant volontairement des travaux les plus pénibles et les plus dégoûtants de l'intérieur de la prison. Cet homme avait été condamné à quatorze ans de fers pour ses crimes; et il m'a dit plusieurs fois, dans ses moments d'ivresse, que pour lui rendre justice il eût fallu le faire expirer sur la roue. Le concierge, à qui Barrassin était utile, avait obtenu qu'il tiendrait son ban dans sa prison, au lieu d'aller aux galères. Je n'ai jamais vu de figure plus farouche que celle de Barrassin; je n'ai jamais entendu de son de voix plus affreux. Voici la formule qu'il employait pour nous appeler; c'est de cette manière que je l'ai entendu apostropher M. le duc du Châtelet qui errait alors dans la cour, au milieu d'une troupe de voleurs : « Eh! Châtelet, eh!... aboule ici, eh! Châtelet. » *Aboule,* en langue de prison, signifie *viens.* Et M. le duc obéissait docilement à Barrassin. Le soir, lorsqu'il fallait rentrer dans nos cachots, le guichetier était accompagné de Barrassin, qui nous appelait par chambrées, et toujours suivant la formule que je viens de transcrire. On nous comptait ensuite comme un troupeau de bêtes, et sept ou huit portes se fermaient sur nous avec un fracas épouvantable. Quelque temps après, un des guichetiers reparaissait avec des listes de jurés, qu'il distribuait à ceux qui devaient paraître le lendemain au redoutable tribunal, en leur disant, dans sa farouche gaieté : « Tiens, voilà ton extrait mortuaire [1]. »

A minuit, le concierge lui-même visitait tous les cachots,

---

[1] Tous les guichetiers, sans doute, ne s'exprimaient pas avec cette barbarie; mais le propos a été tenu par plusieurs d'entre eux; j'en ai été témoin. (*Note de Beaulieu.*)

toutes les chambres, accompagné de deux guichetiers et de deux énormes chiens. Tandis qu'il conversait avec nous, l'un des guichetiers s'en allait sondant les murs et le plafond avec une longue pique, pour s'assurer si l'on n'y avait pas fait quelques trous : on appelle cela des *houzards;* car dans les prisons on se sert, pour bien des choses, d'expressions toutes différentes de celles qu'on emploie dans le commerce ordinaire de la vie : les brigands qui y séjournent ordinairement y ont introduit un langage particulier qu'on appelle *argot.*

Le lendemain, à neuf heures dans l'hiver, on venait ouvrir nos cachots. Les guichetiers et les gendarmes faisaient ranger à la porte du guichet ceux qui devaient monter au tribunal, les fouillaient sévèrement, leur prenaient exactement tout ce qu'ils avaient et les entraînaient. Alors chacun avait la faculté de se promener dans la cour. C'est dans ce moment que le voleur Barrassin venait nous visiter et faire nos chambres, moyennant une petite rétribution que chacun de nous était obligé de lui donner. Si par hasard nous laissions quelque chose sous sa main, même de l'argent, il nous le rendait avec la plus scrupuleuse fidélité. J'aimais à causer avec ce malheureux, qui ne manquait assurément pas de sagacité. Il me racontait ses friponneries, ses brigandages, et il était sur cela de la plus grande naïveté toutes les fois qu'il était un peu pris de vin ou d'eau-de-vie, ce qui lui arrivait toutes les fois qu'il avait le moyen de s'en procurer.

« Comment! Barrassin, lui disais-je un jour, vous qui êtes un si honnête homme ici, pouvez-vous faire le métier de voleur, lorsque vous êtes libre, comme vous en convenez vous-même? — Ah! c'est que l'intérêt n'est pas le même. — Et comment donc cela? La probité ne doit-elle pas être la même partout? n'avons-nous pas toujours les mêmes motifs de ne pas nous en écarter? — Je n'entends rien à tout ce verbiage-là; mais je sais que si nous étions libres tous deux, et que je vous rencontrasse au coin d'un bois, je pourrais peut-être bien vous voler, peut-être vous assassiner, et ici non-seulement je ne vous volerai pas, mais même j'empêcherai que vous ne le soyez par les coquins qui sont dans la Conciergerie. — Mais si vous me voliez au coin d'un bois, vous courriez risque d'être pris, peut-être guillotiné; tandis que, dans la position où vous êtes, vous n'avez pas cela à craindre. — Il y a à parier qu'après vous avoir volé au coin d'un bois, je ne serais pas arrêté, et à coup sûr je vous aurais pris une bonne somme. Ici, au contraire, s'il vous manque quelque chose, je suis sûr d'être mis au cachot, les fers aux pieds et aux mains, quand même ce ne serait pas moi qui vous aurais volé. Le guichetier sait qu'il n'y a que Barrassin qui ait la permission d'entrer dans vos chambres, et il n'accusera que Barrassin : alors on me chasse d'ici, où je mange et je bois tant que je veux avec ce que les contre-révolutionnaires me donnent, et je vais ramer aux galères. » Les principes de ce voleur sont malheureusement assez communs, et il y a plus d'un Barrassin parmi nous.

Il y avait une telle égalité dans les prisons, que l'affreux Barrassin avait, comme à nous, été donné pour valet de chambre à la Reine. Je l'interrogeais un jour sur la manière dont on traitait cette princesse infortunée : « Comme les autres, me répondit-il. — Comment! comme les autres? — Oui, comme les autres; ça ne peut surprendre que les aristocrates. — Le malheureux était Jacobin. — Et que faisait la Reine dans sa triste chambre? — *La Capet! va, elle était bien penaude; elle raccommodait ses chausses, pour ne pas marcher sur la chrétienté* — Comment était-elle couchée? — Sur un lit de sangle, comme toi. — Comment était-elle vêtue? — Elle avait une robe noire, qui était toute déchirée : elle avait l'air d'une Margot. — Était-elle seule? — Non; un bleu (un gendarme) montait toujours la garde à sa porte. — Ce bleu était avec elle? — Je t'ai dit qu'il montait la garde à la porte, mais elle n'en était séparée que par un paravent tout percé et à travers lequel ils pouvaient se voir tout à leur aise l'un et l'autre. — Qu'est-ce qui lui apportait à manger? — La citoyenne Richard [1]. — Et que lui servait-elle? — Ah! de bonnes choses : elle lui apportait des poulets et des pêches; quelquefois elle lui donnait des bouquets, et la Capet la remerciait de tout son cœur. »

Cette légère complaisance faillit coûter la vie à cette femme et à son mari : le gendarme dénonça, comme une conspiration, ces présents de fleurs qui servaient à combattre l'odeur fétide répandue dans la chambre de la Reine plus que dans tout autre endroit de la prison. Voici quelle en est la cause :

Pour peu que la rivière soit haute, le bas de la Conciergerie, qui en est très-voisine, se trouve à son niveau : alors l'humidité règne partout, l'eau ruisselle le long des murs. Une fumée épaisse qu'infectent l'haleine, l'état de misère, les maux dégoûtants des habitants de ces lieux, vous affecte la vue et vous fait soulever le cœur aussitôt que vous y mettez le pied; ce sont les vapeurs de l'enfer qui s'exhalent des bouches de l'Averne. Il semble qu'on eût choisi à dessein l'endroit où ces horreurs sont surtout amoncelées, pour en faire le séjour de la malheureuse Marie-Antoinette [2].

A côté de la porte était le guichet ou parloir; là se réunissaient les prisonniers, pour causer avec ceux qui venaient les visiter. A l'époque où la Reine fut conduite à la Conciergerie, le côté où on la plaça était presque entièrement rempli de voleurs et d'assassins. La plupart des personnes détenues pour délits politiques étaient enfermées dans l'autre partie du bâtiment; de sorte que les gens du dehors qui venaient voir leurs amis presque sur le seuil de la porte de la chambre de la princesse, étaient, comme eux, des misérables rongés de misère, et l'on doit croire que leur conversation était aussi odieuse que leur extérieur était

---

[1] C'était le nom de la concierge.

[2] Nous avons fait prendre, sur les lieux mêmes, une vue du cachot de la Reine et de la salle où furent renfermés les Girondins et qui est aujourd'hui la chapelle de la Conciergerie. On trouvera ces deux dessins, dus au crayon habile de M. Valton, dans ce volume.

CACHOT DE LA REINE MARIE-ANTOINETTE
A LA CONCIERGERIE.

SALLE DITE DES GIRONDINS

repoussant. A l'autre côté de la porte était un cachot qui servait de boutique à un marchand de vin et d'eau-de-vie pour le service de la prison; les prisonniers appelaient le marchand le *bousinier*, et la boutique le *bousin*; c'est là qu'ils venaient s'enivrer, jurer, fumer et tenir, tout le jour, les plus horribles propos. Tel était le concert que la Reine de France était forcée d'entendre; tel était l'air qu'elle était condamnée à respirer. Il n'y avait qu'elle seule de femme détenue dans cette partie de la prison, qui était un véritable tombeau. Quel contraste épouvantable, après avoir reçu les hommages de toute l'Europe sur le premier trône de l'univers! C'est dans cette portion de la prison que j'ai été détenu, et dans une chambre voisine de la sienne, avec trente-trois ou trente-quatre prétendus contre-révolutionnaires, qui presque tous ont péri. Ce qui était affreux pour elle ne pouvait être agréable pour nous. Eh bien, il régnait dans la Conciergerie une assez grande gaieté; on buvait beaucoup plus de vin et de liqueurs que dans le cours ordinaire de la vie; les têtes s'échauffaient alors, et c'était à qui débiterait le plus d'extravagances: on bravait les juges, les bourreaux, la mort; rien n'intimidait. Parmi les innombrables victimes que j'ai vu condamner à perdre la vie, je ne sache pas que plus de trois ou quatre aient montré la moindre faiblesse. De ce petit nombre fut la fameuse madame du Barry; je l'ai vue défaillante, dans la Conciergerie, après sa condamnation; elle criait *au secours!* en allant au supplice. Dans une situation pareille, le duc du Châtelet, n'ayant point de moyens pour s'arracher la vie, se frappa la tête contre les murs. Ne pouvant avoir d'armes offensives, il cassa un carreau de vitre, et crut se donner la mort en se fendant le côté avec ce verre brisé: mais il ne put y réussir et ne parvint qu'à s'inonder de son sang: il fut conduit en cet état à l'échafaud. A ces exceptions près, tous les condamnés étaient aussi tranquilles, quelquefois aussi gais après leur jugement qu'auparavant. Les exemples de ce dévouement inouï sont si nombreux, si généraux, qu'on est embarrassé du choix.

Le général Biron, plus connu au temps de la monarchie sous le nom de duc de Lauzun, fut condamné à mort, le 31 décembre 1793, par les révolutionnaires, dont il avait servi la cause plutôt par amitié pour le duc d'Orléans, dont il avait été l'ami depuis son enfance, que par une conséquence de ses principes particuliers. Il suivit ceux du duc d'Orléans et non les siens [1]. M. de Biron reçut son arrêt de mort avec la plus grande indifférence; il conserva l'air serein, riant, plein de grâce, qui l'accompagnait toujours et l'avait fait considérer comme le plus aimable et le plus courtois des seigneurs français. Arrivé dans le guichet destiné aux condamnés, il demanda une volaille et une bouteille de vin de Bordeaux, vida entièrement la bouteille et mangea presque toute la volaille. Après avoir ainsi dîné, il lut le reste de la journée et se coucha ensuite aussi tranquillement sur un mauvais matelas que lui fournit le concierge, que s'il eût été dans son hôtel. L'un des gendarmes m'a assuré qu'il avait ronflé toute la nuit. Le lendemain, avant l'arrivée du bourreau, il se fit apporter des huîtres, qu'il mangeait encore lorsqu'on vint le chercher pour aller à l'échafaud. En voyant l'exécuteur, il lui demanda la permission de manger sa dernière douzaine d'huîtres, l'avala promptement et se livra entre ses mains.

Le duc d'Orléans, qui jusqu'alors n'avait pas passé pour un homme courageux, montra cependant la plus grande intrépidité dans ses derniers moments. Sans doute il avait mérité son sort, et cependant il fut assassiné; car on lui fit son procès comme Brissotin, et c'étaient les Brissotins qui l'avaient fait arrêter et par conséquent avaient préparé son supplice. Mais telle était l'atrocité de ces juges-bourreaux qu'ils assassinaient même ceux qu'ils auraient pu condamner avec justice; les adorateurs de Marat l'envoyaient à la mort, et c'était Marat qui l'avait défendu. Il avait été l'auteur de leur fortune, le créateur de leur puissance, et ils regardèrent le

---

[1] Voyez les *Mémoires* de M. de Bouillé.

droit de le faire assassiner comme une de leurs plus importantes victoires. Je suis fort loin de vouloir justifier le duc; mais sa condamnation par les derniers révolutionnaires est un de leurs actes les plus infâmes. Quoi qu'il en soit, il parut, au moment de sa condamnation, avoir repris le caractère qu'un Français aime à retrouver dans un descendant de Henri IV.

Je l'ai vu traverser les cours et les guichets de la Conciergerie après son jugement; il était suivi d'une douzaine de gendarmes qui l'entouraient le sabre nu, et je dois dire qu'à sa démarche fière et assurée, à son air vraiment noble, on l'eût plutôt pris pour un conquérant qui commande à ses soldats que pour un malheureux que des sbires conduisaient au supplice. On lui donna pour compagnons de son triste voyage, M. Coustard, de Nantes, membre de la Convention, condamné pour crime de fédéralisme; un malheureux couvreur de Corbeil, nommé Lesage, et un vieux militaire de soixante-treize ans, nommé Laroque, demeurant à Caen ou dans les environs.

Quand ce vénérable vieillard, dont j'ai été à même de reconnaître les vertus, vit entrer le duc dans le guichet où le bourreau venait chercher ses victimes, il lui dit d'une voix forte : « *Je ne regrette plus la vie, puisque celui qui a perdu mon pays reçoit la peine de ses crimes. Mais ce qui m'humilie, c'est d'être obligé de mourir sur le même échafaud que lui.....* M. d'Orléans ne répondit rien à cette apostrophe cruelle, non plus qu'aux injures dont il fut accablé depuis la Conciergerie jusqu'à la place de la Révolution (de Louis XV), qui était le lieu du supplice. Lorsque la charrette fut arrivée devant son palais, on la fit arrêter pour l'affliger par cette vue. Il détourna sans affectation ses regards d'un lieu où il avait épuisé toutes les jouissances, et ne parut point éprouver de regrets. Arrivé au pied de l'échafaud, il y monta avec assurance et reçut la mort de sang-froid. . . . .

. . . J'ai parlé de l'intrépidité de ceux qui attendaient à

chaque instant la mort dans ces lieux funestes; en voici encore un exemple; il est pris dans la classe vulgaire.

Le jeune Gosnay, après avoir servi quelque temps en qualité de simple grenadier dans un régiment d'infanterie, sous l'ancien régime, était rentré dans sa famille; encore dans l'âge de la réquisition, il avait été obligé de s'enrôler sous les drapeaux de la république; mais, malheureusement pour lui, il détestait le nouvel ordre de choses et n'en parlait qu'avec dérision et mépris. Dans le temps que les Lyonnais étaient aux prises avec les troupes de la Convention, Gosnay, étant à Chalon-sur-Saône, se trouva engagé dans une rixe sérieuse avec les républicains, qui, au milieu des cris de *Vive le Roi!* reçurent des coups de sabre; mais le parti des royalistes eut bientôt le dessous, et Gosnay, le plus déterminé de tous, fut envoyé au tribunal révolutionnaire par je ne sais quel représentant du peuple. Gosnay savait qu'il était destiné à mourir, et sa gaieté naturelle n'en était pas altérée; il ne manifestait à cet égard aucune espèce d'inquiétude. Il disait en riant : « Je serai guillotiné demain ou après-demain », comme il aurait pu dire : « J'irai demain à telle partie de plaisir. »

Gosnay était fait au tour, d'une charmante figure, plein d'aisance dans toutes ses manières, avait beaucoup d'esprit naturel et ne manquait pas d'une certaine éducation. Obligé de coucher aux cachots, faute de moyens pour payer un lit, dès qu'il en sortait, il se déshabillait et se lavait, au milieu de l'hiver, depuis les pieds jusqu'à la tête, sous un robinet d'eau froide qui était dans la cour de la prison; ainsi approprié, il endossait un habit de hussard, d'un drap assez fin, sous lequel se dessinait sa belle taille, et venait, dans cet état, causer à travers les barreaux du guichet avec les femmes et autres parentes des royalistes détenus, à qui la cause qu'il avait défendue le rendait encore plus intéressant : toutes l'écoutaient avec plaisir; une demoiselle très-jolie en fut tellement éprise qu'elle ne put cacher la passion qu'il lui avait inspirée. Gosnay s'en aperçut bientôt et en obtint facilement l'aveu. La demoiselle avait de la fortune, dont elle était maîtresse; toute son ambition était d'épouser le pauvre prisonnier; mais il fallait le tirer de ce gouffre; elle crut pouvoir y réussir : Gosnay n'avait point par lui-même d'influence politique; il pouvait tout au plus faire le coup de sabre dans un mouvement; c'est à cela que se bornaient ses moyens. D'ailleurs, il n'avait pas de fortune et n'inspirait aucune tentation de ce côté-là.

La jeune personne va donc solliciter au tribunal, pour son cher Gosnay, depuis le commis-greffier jusqu'à Fouquier-Tinville, et apprend d'eux que personne ne lui en veut personnellement, ni parmi les juges, ni parmi les jurés; qu'en général on attache peu d'importance à son absolution ou à sa condamnation, et qu'il peut espérer de se sauver s'il se conduit avec prudence, point essentiel auquel on savait bien qu'il manquait souvent dans la prison.

Gosnay, instruit par son aimable défenseur des dispositions des juges, lui promit tout ce qu'elle exigea de lui et ne tint aucune de ses promesses. Le guichetier lui ayant apporté une première liste de jurés, il la prit avec un sourire dédaigneux, la présenta à la lumière et en alluma sa pipe. Les guichetiers, qu'il avait intéressés, malgré leur barbarie, firent croire qu'on avait oublié de remettre cette liste, et le jugement fut renvoyé à un autre jour. Il en reçut bientôt après une autre, et n'en fit pas beaucoup plus de cas; je ne sais quelle raison fit encore différer le jugement. Enfin, on lui en envoya une troisième, et elle servit encore à allumer sa pipe. Cependant, plusieurs prisonniers se réunirent pour persuader à Gosnay que ce serait une extravagance de sa part de ne pas chercher à se conserver pour une femme charmante qui l'aimait pour lui-même, plutôt que de persister à courir à une mort inutile même à ceux dont il avait embrassé la cause, et dont aucun n'était à même d'apprécier un tel sacrifice, qui vraisemblablement leur serait inconnu.

Gosnay parut nous écouter et nous promit de faire tout ce qui dépendrait de lui pour se rendre les juges favorables.

Nous l'engageâmes à venir déjeuner avec nous le lendemain, avant de monter au tribunal. Il ne devait y paraître qu'à onze heures. Je n'ai vu de ma vie de gaieté plus franche; Gosnay ne cessa de faire des folies : mais tout était naïf, il n'y avait rien de forcé; quand l'heure fut arrivée, il nous embrassa tendrement et nous dit en riant : « Vous m'avez donné un bon déjeuner dans ce monde; je vais vous faire préparer à souper dans l'autre; donnez-moi vos ordres. » Il suivit les gendarmes qui l'attendaient.

Ni l'accusateur public ni le président du tribunal ne parurent suivre à son égard le système de persécution qui leur servait de règle dans la plupart des affaires; mais Gosnay, au lieu de nier aucun des faits dont il fut accusé, au lieu de saisir aucune des réponses qui lui furent indiquées, s'accusa de tout, donna à tous les délits qu'on lui reprocha une intention positive. Lorsque son défenseur voulut prendre la parole en sa faveur, il lui dit : « *Monsieur le défenseur officieux, il est inutile de me défendre;* et toi, accusateur public, fais ton métier; ordonne qu'on me mène à la guillotine. »

Il y fut effectivement conduit; nous le vîmes repasser dans la cour avec un air triomphant. Comment expliquer cette manie dans un homme de la plus grande gaieté, dans un homme qui avait trouvé l'espoir le plus heureux au sein de la plus affreuse misère? La trop sensible personne que Gosnay avait si cruellement intéressée était présente à son jugement et jouissait d'avance du bonheur de lui voir conserver la vie pour lui dévouer la sienne; quand elle entendit la manière dont il répondait au tribunal, elle s'évanouit; on l'emporta sans connaissance. Quand Gosnay fut attaché sur la charrette, il appela un guichetier nommé Rivière[1], qui avait eu

---

[1] Ce Rivière avait été aide de cuisine chez le Roi avant le 10 août. Ne sachant où donner de la tête après cette catastrophe, il se fit guichetier à la Conciergerie, où, dans ses moments de loisir, il nous faisait quelquefois d'excellente pâtisserie. Le pauvre Rivière est, je crois, encore guichetier, dont il jouait alors la brutalité malgré lui. (*Note de Beaulieu.*)

beaucoup de complaisance pour lui dans sa prison, et le pria de lui donner un peu d'eau-de-vie et de boire le reste dans le même vase. « Je croirais, lui dit-il, que vous m'en voudriez, si vous n'aviez pas cette complaisance. » Sa constance, sa gaieté même ne se démentirent pas un instant.

L'étonnante intrépidité de Gosnay me rappela l'étrange repartie d'une courtisane traduite au tribunal révolutionnaire comme royaliste. Le président du tribunal, voulant savoir quels étaient ses moyens d'existence, lui dit d'un ton sévère : « *Accusée, de quoi vivez-vous?* — *De mes grâces, comme toi de la guillotine.* » Et elle envoya promener les juges, les jurés et l'auditoire, et s'en fut à la mort en chantant.

M. Poujaud de Montjourdain, jeune homme nouvellement marié et appartenant à une haute maison de finances, fit, après sa condamnation, une romance charmante adressée à sa femme qu'il adorait : c'est celle si connue, qui commence par ces mots : *L'heure avance où je vais mourir* [1].

Je ne finirais plus si je voulais citer tous les traits de courage, d'intrépidité extraordinaire dont les Français ont donné le spectacle pendant les massacres révolutionnaires, et je dois dire que ce courage, cette intrépidité n'étaient point particuliers à une classe d'hommes, à une faction plutôt qu'à une autre; ils étaient l'apanage de tous les partis, et par conséquent l'honneur en appartient à la nation entière.

Il y avait moins de gaieté dans les maisons particulièrement destinées pour les gens suspects qu'à la Conciergerie : la société avait transporté dans ces maisons une partie de ses usages : on s'y tenait sur la réserve, on s'y traitait avec les égards habituels entre gens qui se fréquentent sans se connaître; souvent même on les affectait. M. de Nicolaï,

---

[1] Madame de Montjourdain a cédé à l'invitation que lui avait faite son intéressant époux, de prendre, après sa mort, un nouveau mari ; elle s'est remariée trois ou quatre mois après. — (Cette note de Beaulieu n'est-elle pas caractéristique des mœurs singulières de l'époque?)

président de la chambre des comptes, détenu au Luxembourg, ne passait jamais le seuil d'une porte où il rencontrait quelqu'un qu'après un combat de politesse pour savoir qui passerait le premier. On avait oublié la politesse au milieu du mouvement atroce de la Conciergerie; tous les sentiments y faisaient explosion; on n'y réfléchissait plus. Lorsque je fus transféré de cette dernière dans celle du Luxembourg, je me crus transporté dans un monde nouveau. Je voyais des hommes qui ne ressemblaient nullement aux impétueux camarades que je venais de quitter. On parut d'abord se méfier de moi, je fus pris pour un mouton, et je regrettai mes cachots; je les avais quittés en versant des larmes sur mes malheureux camarades que je ne devais revoir jamais. Cependant je parvins bientôt à détruire la mauvaise impression que j'avais faite, et j'eus pour amis ceux qui s'étaient le plus éloignés de moi. De ce nombre étaient MM. Tassin, banquiers à Paris, avec lesquels j'ai fait chambrée; ils ont épuisé à mon égard tout ce que la bienveillance peut imaginer de délicat : l'un et l'autre ont été assassinés et ont laissé des regrets amers dans le cœur de tous ceux qui les ont connus. Que de douleurs cette cruelle révolution a imprimées au fond des âmes sensibles!

La police observée dans les maisons où l'on avait encombré les gens suspects aux révolutionnaires, l'ingénieuse gradation qu'on a suivie dans les persécutions qu'ils ont éprouvées, n'est pas sans doute ce qui sera le moins observé dans notre déplorable histoire; c'est le coin perfide de la révolution.

En publiant la loi des suspects, on eut soin d'abord de répandre dans le public et d'énoncer dans le préambule de cet édit monstrueux que les personnes dont le salut public ordonnait la réclusion seraient traitées avec tous les égards possibles et pourraient être librement visitées par leurs parents et leurs amis. Elles jouirent effectivement de cette liberté pendant les premiers jours de leur détention, et chacun, certain qu'il ne s'était rendu coupable d'aucune action contraire aux lois, tâchait d'oublier la tyrannie et les tyrans, pour chercher le plaisir jusque dans les guichets des prisons révolutionnaires. On jouait à toutes sortes de jeux, on faisait de la musique et bonne chère autant qu'il était possible; chacun s'arrangeait de manière enfin qu'il lui restât le moins de temps possible de réfléchir à la triste situation où il était réduit. Les prisons étaient devenues le rendez-vous de la bonne compagnie. Tous les honnêtes gens qui n'étaient pas encore détenus y accouraient en foule; c'était là où l'urbanité française s'était réfugiée; elle n'osait plus se montrer en public. On l'avait chassée jusque de dessus nos théâtres avec les acteurs dont les talents pouvaient en rappeler le souvenir.

Les révolutionnaires s'attendaient à l'imprudence des détenus, que peut-être ils avaient cherché à exciter par une condescendance qui ne s'accordait guère avec leurs intentions.

Ils firent répandre d'abord dans leurs clubs, dans les sections où personne n'osait élever la voix, qu'eux et leurs affidés, que les conspirateurs, c'est ainsi qu'ils appelaient les prétendus suspects, menaient une vie scandaleuse dans les maisons d'arrêt, qu'ils s'y livraient à toutes sortes de débauches, tandis que les sans-culottes étaient dans la misère; enfin, que ces maisons étaient des réceptacles de scélératesse, où l'on ne cessait d'aiguiser les poignards contre les patriotes; c'est dans ces circonstances qu'on entendit MM. Gaston et Collot-d'Herbois proposer les horribles mesures dont j'ai déjà parlé.

Ces injures, ces imprécations, ayant fait sur les sots l'impression qu'on voulait produire et suffisamment effrayé les autres, le comité de sûreté générale se fit rendre, par les comités révolutionnaires, une plainte officielle de la conduite des détenus, et fit décréter par la Convention qu'ils ne communiqueraient plus que par lettres avec les personnes du dehors. Mais ces lettres parurent bientôt elles-mêmes un nouveau moyen de conspiration, on les dénonça comme telles; non-seulement les détenus ne purent voir ni leurs parents ni leurs amis, mais il leur fut défendu de recevoir aucun autre écrit de leur part, que de simples notes de linge et de comestibles, qu'ils eurent encore la faculté de recevoir. Les guichetiers reçurent l'ordre de ne laisser passer rien autre chose. Cependant quelques-uns de nos guichetiers, moins farouches que leurs maîtres, recevaient, de temps à autre, des billets plus étendus; et comme ces hommes avaient toujours quelque connaissance de ce qui se passait, ils en instruisaient les pauvres prisonniers, et leur donnaient souvent des avis salutaires.

Je me rappellerai toujours de l'un d'eux, nommé Straale, Suisse de nation, dont l'extérieur et les manières annonçaient le personnage le plus brusque et le plus dur, qui, pendant ma réclusion, m'a rendu, et à beaucoup d'autres, tous les petits services qui ont dépendu de lui. Ma femme venait tous les jours, avec un enfant de quelques mois qu'elle allaitait, passer deux ou trois heures à la porte de la prison, ou rôder dans le jardin avec cette innocente créature, sous les fenêtres du terrible château. Straale avait l'air de la repousser avec rudesse, et cependant il était rare qu'il ne lui accordât pas tout ce qu'elle lui demandait. Les complaisances de cet honnête homme étaient pour moi du plus grand prix; séparé de ce qui m'était le plus cher au monde, et n'osant espérer que ce ne serait pas pour jamais, un mot qui m'était transmis de la part de cette femme infortunée, que sa conduite rendait si intéressante, que rien ne fatiguait, quoiqu'elle fût de la complexion la plus délicate, me causait un ravissement inexprimable. Malheur à ceux qui, dans une position aussi cruelle, n'ont pas éprouvé les mêmes sentiments! J'ai revu cette généreuse femme, j'ai pu caresser la jolie petite créature, l'aimable enfant qu'elle m'avait donné, et à qui elle apprit à former ses premiers pas sous les yeux de son père, séparé de lui par des sbires, des palissades et des verrous. Mais de nouvelles crises révolutionnaires, de nouvelles proscriptions, ou plutôt les chagrins et les peines inexprimables qu'elles traînent à leur suite, m'ont successivement enlevé l'un et l'autre [1]. J'ai perdu l'enfant et la mère; je suis resté seul.

L'hommage que je rends ici à l'infortunée qui m'a appartenu, est commun à la généralité des femmes françaises pendant la Révolution; il serait difficile de montrer plus de constance, plus de courage, plus de pertinacité à consoler, à secourir les objets de leur tendresse, et même ceux à qui elles n'étaient attachées que par les convenances et les liens du devoir; elles se sont élevées au-dessus des hommes dans cette dangereuse circonstance; les amis, les frères ont fui leurs amis, leurs frères; ils osaient à peine approcher des lieux de leur détention, ils osaient à peine élever la vue sur les tours qui les renfermaient; et si, dans le public, on leur rappelait leurs liaisons avec un suspect, la plupart d'entre eux répondaient, comme le prince des Apôtres : « Je ne le connais pas. » Les femmes seules ont tout bravé. Mais continuons l'historique des prisons révolutionnaires, jusqu'à la crise qui détruisit cet abominable système.

J'ai parlé de l'effroi qu'inspirait aux chefs jacobins l'innombrable multitude de détenus que renfermaient tous les établissements publics de France. La seule maison du Luxembourg en contenait à peu près mille. Tout était plein jusque sous les toits; et, proportion gardée, il y en avait autant dans les soixante prisons dont j'ai donné la liste. Il fallait les faire sauter par l'explosion d'une mine, comme le voulait Collot-d'Herbois, ou trouver le moyen de les faire exterminer en masse par le tribunal révolutionnaire; car les mettre en liberté les uns après les autres, comme le proposait Camille-Desmoulins, dans une feuille bienveillante [2], eût été une marche rétrograde, et les chefs jacobins avaient pour principe qu'*en révolution il ne faut jamais reculer*. Le

[1] Beaulieu fut compris dans la fournée de journalistes, accusés de royalisme, que le Directoire condamna à la déportation le 18 fructidor an V (4 sept. 1797).

[2] Elle était intitulée *le Vieux Cordelier* ; il en parut sept ou huit numéros qui produisirent un très-grand effet. (*Note de Beaulieu.*)

comité de salut public n'imagina la conspiration des prisons que parce qu'il ne savait plus quel parti prendre à l'égard des prisonniers : il ne voulait pas les relâcher, et cependant il ne pouvait plus les garder, vu leur accroissement et les réclamations nombreuses qu'ils faisaient et faisaient faire, réclamations que toute sa barbarie ne pouvait empêcher.

Un jour, la salle de la Convention fut inondée d'une multitude de femmes, d'enfants qui demandaient avec instance la liberté de leurs époux, de leurs pères. La Convention n'osa pas les repousser comme des conspiratrices, mais Robespierre insinua qu'elles étaient les instruments d'une conspiration, et il fut décrété qu'une commission spéciale serait chargée de l'examen des causes de détention, pour en faire un rapport au comité de sûreté générale, qui pourrait mettre en liberté les détenus patriotes.

La formation de cette commission, les instructions qu'elle reçut, sont une de ces fourberies odieuses qui révoltent davantage qu'un assassinat public, quelque atroce qu'on le suppose. Cette institution, qui devait être un établissement consolateur, fut composée de misérables, dont la plupart ont péri sur l'échafaud avec le trop fameux Fouquier-Tinville : au lieu de chercher à mettre les détenus en liberté, comme paraissait l'indiquer leur mission, ils firent des listes dont on fit usage pour envoyer les gens à l'échafaud par soixantaine. Il me souvient encore de la simplicité des prisonniers qui, comptant sur la bonne volonté de ces perfides commissaires, demandaient avec instance au concierge et aux guichetiers leur protection pour être admis à comparaître devant eux, et leur rendre compte de leur conduite. Cependant, comme ils paraissaient travailler beaucoup et que personne ne sortait, l'empressement cessa; on commença à se méfier de la bienveillance qu'ils affectaient de montrer pour les détenus; et l'on fut moins surpris lorsque, après le 9 thermidor, on vit que les personnes qu'ils avaient interrogées avaient servi à compléter les horribles listes où le tribunal révolutionnaire prenait ses victimes.

Outre ces scélérats, le comité en employait encore d'autres d'une espèce plus vile encore. Un certain nombre de prisonniers étaient employés, dans chaque maison d'arrêt, à reconnaître leurs compagnons d'infortune, à observer leur conduite, à écouter leur conversation, à tenir note de ce qu'ils disaient, de ce qu'ils faisaient, enfin, à former d'autres listes, qui étaient remises au comité du gouvernement, et ensuite à Fouquier-Tinville. Il y avait au Luxembourg, parmi ces affreux espions[1], un jeune militaire nommé Boyenval, tailleur de son métier, qu'on avait l'air de retenir en prison pour avoir fait le royaliste dans les armées. Les détenus avaient de la confiance en ce jeune homme, et lui faisaient faire les réparations dont leurs vêtements avaient besoin. Boyenval profitait de cette circonstance pour sonder leur pensée, savoir ce qu'ils étaient, à qui ils appartenaient, et former de tout cela ses listes et ses dénonciations. Quelque temps avant le 9 thermidor, ces espions ne gardaient plus aucune mesure; ils logeaient dans la même chambre, insultaient ceux des détenus qu'on appelait aristocrates, et se déclaraient publiquement nos tyrans, sans que personne osât leur répondre[2].

Un malheureux suspect qu'on avait envoyé de Toulouse, je ne me rappelle pas son nom, se promenait un jour dans la grande galerie et avait à ses pieds des pantoufles de maroquin rouge. Boyenval passe, le toise de haut en bas, et dit en continuant son chemin : « Il n'y a qu'un aristocrate qui puisse avoir des pantoufles comme celles-là; » et aussitôt il va mettre le Toulousain sur sa liste : le surlendemain il fut mis à mort.

[1] *Moutons*, en terme de prison.
[2] Il y avait aussi au Luxembourg un perruquier qui faisait le même métier; j'en ai presque la certitude. Ce misérable n'a pas été dénoncé avec Boyenval, après le 9 thermidor. Je le rencontre quelquefois dans les rues de Paris, et sa présence me fait frissonner; puisse-t-il avoir des remords de ses forfaits! je m'abstiendrai de le faire connaître. Il en est d'autres d'un rang plus relevé que je pourrais citer encore, je me tairai de même à leur égard. Si l'honnêteté a repris son empire dans leur âme, les malheureux qu'ils ont perdus sont suffisamment vengés. (*Note de Beaulieu.*)

Une jeune femme assez gentille, qui avait du talent pour la peinture, avait obtenu d'accompagner son mari au Luxembourg, pour le consoler et tirer en même temps parti de son art dans la prison, où cet art était très-recherché. Il fut un temps où chacun de nous regardait sa mort comme certaine; dans cette triste persuasion, c'était encore une jouissance de couper une portion de nos cheveux, d'en entourer des médaillons, des portraits, et de les faire passer à nos femmes, à nos mères, à nos enfants, aux personnes chères, enfin, que nous ne devions plus revoir; encore fallait-il les plus grandes précautions pour faire sortir ces tristes présents. Les guichetiers ne voulaient s'en charger qu'à des conditions très-dures; plusieurs même ne le voulaient pas.

La dame peintre faisait au surplus fort bien ses affaires, et elle avait lieu de croire que son mari, qui n'avait été emprisonné que pour quelques misérables rixes de section qui ne valaient pas la peine d'être remarquées, obtiendrait facilement sa liberté; elle ne paraissait pas même la désirer; l'avantage qu'elle retirait de sa détention lui en faisait facilement oublier les désagréments. Quelle fut sa douleur, lorsqu'elle apprit que Boyenval, à l'instigation d'un autre *mouton* moins apparent que lui, mais qui en voulait à son mari, l'avait mis sur la liste. Elle va trouver Boyenval, le sollicite, le supplie, lui fait observer que son mari est un homme simple, sans fortune, qui n'avait ni la volonté ni le pouvoir de servir les contre-révolutionnaires. Boyenval l'écoute, la considère, et lui promet de sauver son mari, mais à une condition... La malheureuse femme rougit, pâlit, hésite, et finit par se livrer aux embrassements du monstre, qui maintient le mari sur l'infernale liste et le fait traîner le lendemain à l'échafaud.

Au milieu de toutes ces horreurs, on voyait quelquefois des choses plaisantes, d'autres d'une ridicule bêtise, et surtout de l'originalité. Il y avait au Luxembourg deux hommes d'une haute distinction : le marquis de la Roche du Maine et le duc de Gesvres, petit personnage d'une figure grotesque, qui ne savait ni marcher ni parler. Le marquis de la

Roche du Maine était un homme aimable, plein d'esprit, de gaieté, déterminé à braver la mort, qu'il savait lui être destinée. Il avait une grande fortune, des enfants charmants ; enfin, il possédait tout ce qui peut attacher à la vie. Le duc de Gesvres, au contraire, était à peu près cul-de-jatte et le jouet de tous ceux qui l'entouraient. M. de la Roche du Maine passait son temps dans la prison à persifler ce pauvre petit duc : il empruntait jusqu'à sa manière de parler : — Tu as beau faire le *patliote*, mon pauvre petit Gesvres, lui disait-il, tu seras *dillotiné*. — Ce n'est pas vrai, disait celui-ci, je ne suis pas *aristoclate*, j'ai dépensé neuf cents *flancs* pour fêter la mort du *tylan* (du Roi), ma *tommune* viendra me redemander, je *selai* mis en liberté. — Va, petit vilain, tu y passeras, te dis-je ; et il lui passait la main sur les joues, puis il lui faisait mille contes saugrenus sur tous les tours que lui avait joués la duchesse de Gesvres : il en faisait la fable et l'amusement de la prison.

Le marquis de la Roche fut à l'échafaud avec un courage héroïque, et le paralytique duc est un de ceux qui ont montré le plus de faiblesse et le plus de regrets de la vie.

Dès qu'on eut imaginé l'incarcération des suspects, on résolut aussitôt d'établir entre eux une égalité parfaite : de faire nourrir le pauvre par le riche, de forcer tout le monde de se réunir à la même table et de s'y nourrir du même mets. On voulait soumettre graduellement toute la France au régime de Spartiates, en commençant par les détenus, qui ne pouvaient avoir d'autre volonté que celle de leurs geôliers. Les administrateurs municipaux, pris parmi les hommes les plus violents de la populace, visitaient les prisons presque tous les jours, et écoutaient avec un sourire dédaigneux les humbles requêtes qui leur étaient adressées par des hommes qui autrefois avaient réuni à tout l'éclat de la fortune tous les égards réclamés par une haute naissance. Le plus impudent de ces municipes était un nommé Marino, autrefois marchand de mauvaise faïence dans la rue Saint-Honoré ; j'ai connu cet homme, et n'en ai pas vu de plus insolemment brutal; c'était un de ceux qui avaient le plus à cœur l'établissement des tables à la Spartiate. . . . .

... Un détenu demandait à Marino l'ouverture du jardin de la maison pour y respirer le bon air : « Patience, répondit le « municipal, on établit de belles maisons d'arrêt à Picpus, à « Port-Libre et ailleurs, où il y a de beaux jardins; ceux qui « auront le bonheur d'y aller pourront s'y promener tout à « leur aise, s'ils ne sont pas guillotinés auparavant. »

Un autre détenu lui fit une observation sur son écrou; il porte, dit-il, que *je suis suspecté d'être suspect d'incivisme*. « J'aimerais mieux, répondit Marino, être accusé « d'avoir volé quatre chevaux, même d'avoir assassiné sur « le grand chemin, que d'être ainsi suspecté. »

C'est dans la prison des Madelonnettes que furent envoyés les comédiens français. Marino les plaisantait, et leur disait qu'il leur enverrait un fermier général pour les nourrir.

Dans les premiers temps de la détention, on avait enfermé beaucoup de femmes au Luxembourg; des hommes du dehors avaient la permission de venir les voir; et alors quelques coteries de prisonniers étaient excessivement gaies.

« Savez-vous ce que l'on répand dans le public, dit un jour « Marino en parlant à ces dames, que le Luxembourg est le « premier b.... de Paris, que vous êtes ici un tas de p..... « qui..., et que c'est nous qui vous servons de m... Après ces discours, il envoya la plupart des femmes dans d'autres prisons. Ce Marino avait la police des filles publiques; mais c'était moins ces filles qu'il faisait arrêter, que les femmes honnêtes qui avaient le malheur de lui paraître jolies; il les faisait entrer dans son cabinet, et, sous prétexte de leur faire subir la visite pratiquée à l'égard des femmes de mauvaise vie, il les forçait à se déshabiller nues en sa présence, et comme s'il s'agissait d'aller à la Salpêtrière; elles n'osaient faire résistance.

Marino avait pour collègue dans l'inspection des prisons un savetier polonais, nommé Wittcheritz. Cet homme estropiait le français; et pour s'amuser un peu à ses dépens, les prisonniers lui faisaient mille questions auxquelles il faisait les réponses les plus ridicules.

« Mais, citoyen, lui disais-je un jour, s'il n'y a rien dans « ma personne qui puisse me faire considérer comme sus- « pect, fais-moi donc mettre en liberté. — *Patience*, me dit-il, « *la justice est juste, la vérité est véridique, on te rendra jus-* « *tice, cette durée ne peut pas durer toujours* ». Il faisait presque toujours la même réponse à ceux qui lui adressaient quelques plaintes.

Voilà à quels misérables nous étions livrés. On s'amusait de ces bêtises et de beaucoup d'autres. « Que faire, dit la Fontaine, en un gîte, à moins que l'on ne songe? » Que faire de mieux dans une prison que de tâcher de s'y égayer?

Lorsque Chaumette, le grand prêtre de la déesse *Raison*, fut à son tour envoyé au milieu des suspects que son imagination avait enfantés, il devint l'objet de nos mauvaises plaisanteries, et c'est à cela que se borna la vengeance que les prisonniers exercèrent à son égard. On l'avait d'abord renfermé seul dans une chambre; mais un petit guichet, pratiqué dans la porte, permettait de l'observer; il avait l'air stupéfait de se trouver renfermé dans son propre piége, et ne savait quelle contenance tenir. Les prisonniers allaient le considérer les uns après les autres, et chacun demandait à ceux qu'il rencontrait dans la maison : « Avez-vous vu le loup? » On passa une grande partie de la journée à le considérer. Le lendemain, il eut la faculté d'errer comme les autres dans toute l'étendue de la maison, et vint se présenter au café, dont nous jouissions encore ; alors les brocards de toute espèce furent lancés contre lui. Sept ou huit prisonniers se firent faire place, et l'un d'eux, après l'avoir salué profondément, lui adressa ces paroles :

« Sublime agent national, conformément à ton immortel « réquisitoire, je suis suspect, tu es suspect (montrant un de « ses camarades), il est suspect, nous sommes suspects, vous « êtes suspects, ils sont tous suspects. »

Chaumette lui-même ne put s'empêcher de sourire de

cette plaisanterie ; il y répondit maladroitement ; on attendait quelque chose de mieux, on le laissa à l'écart. Il ne fit que paraître au Luxembourg, pour être immédiatement conduit au tribunal révolutionnaire.

Dans le même temps étaient détenus dans la même prison, mais au secret, le fameux capucin Chabot, Bazire, Fabre d'Églantine et Delaunay d'Angers, pour je ne sais quelle obscure friponnerie dans un compte national avec les intéressés à l'ancienne Compagnie des Indes, affaire qui n'a jamais été éclaircie et qu'il importe fort peu d'éclaircir. Chabot, ennuyé de sa détention, qui devenait tous les jours plus sévère, prévoyant, par la manière dont il avait traité les autres, quel était le sort qui lui était réservé, résolut de s'empoisonner pour éviter la fatale guillotine. Ce fut sa femme qui parvint à lui faire tenir le poison ; mais il ne l'eut pas plutôt avalé, que ne pouvant résister aux douleurs qui lui déchiraient les entrailles, il se mit à sonner et à crier au secours. On s'imagina que le feu était dans la chambre. Le geôlier, les guichetiers, les prisonniers accourent : on ouvre la porte, et on voit le malheureux Chabot qui fait des contorsions effroyables, en criant qu'il s'est empoisonné.

Le docteur Serf, médecin du duc d'Orléans, et qui alors était détenu, ordonna qu'on envoyât chercher du contre-poison : il lui en fait prendre, et Chabot fut rendu à une languissante et douloureuse existence pour aller, trois jours après, porter sa tête sur l'échafaud. Lorsqu'il sortit du Luxembourg, il ne pouvait marcher que soutenu par deux personnes. Ses amis Bazire, Fabre d'Églantine et Delaunay d'Angers, qu'on lui avait donnés pour complices, étaient également malades et languissants ; les douleurs et les remords paraissaient les dévorer ; ils semblaient reconnaître que les plus grands crimes de la Révolution étaient leur ouvrage ; que pour eux les cœurs étaient fermés à la pitié, et des malédictions générales réservées à leur mémoire.

Lorsque Danton arriva avec Lacroix au Luxembourg, il paraissait avoir pris son parti avec fermeté ; j'étais à la porte

de la prison losrqu'il entra; il se présenta assez bien. « Mes-
« sieurs, nous dit-il, je comptais bientôt pouvoir vous faire
« sortir d'ici; mais, malheureusement, m'y voilà renfermé
« avec vous; je ne sais plus quel sera le terme de tout ceci. »

Lacroix ne dit rien : ils furent renfermés l'un et l'autre dans deux chambres voisines, mais séparées ; ils se parlaient de la fenêtre, et s'entretenaient des grimaces qu'il faudrait faire lorsque le rasoir national (c'est ainsi qu'ils appelaient l'instrument du supplice) leur couperait la jugulaire.

Camille Desmoulins, à qui son journal en faveur des détenus avait fait pardonner sa précédente conduite, était aussi enfermé au Luxembourg : il était, contre son ordinaire, assez triste; il avait pour femme une très-jolie personne, qui ne cessa de rôder dans le jardin du Luxembourg pendant tout le temps que son mari y fut; ses yeux étaient continuellement fixés sur elle, et il paraissait la regretter beaucoup. Des barbares firent une conspiratrice de cette innocente créature et la firent assassiner.

Enfin nous avions encore pour commensaux M. Hérault de Séchelles et un prêtre savoyard, nommé Simon, l'un et l'autre députés conventionnels, à qui leurs principes démagogiques ne purent faire trouver grâce auprès de Robespierre. M. de Séchelles ne fréquenta personne dans la prison, il resta toujours isolé, quoiqu'il fût libre de parcourir la maison; faculté que n'avaient pas ses collègues. Il n'avait d'autre société que son valet de chambre, qu'on avait arrêté avec lui. On eût dit que, pendant sa détention, madame sa mère s'était elle-même emprisonnée dans le jardin du Luxembourg. On la voyait depuis le matin jusqu'au soir, un voile sur les yeux, assise vis-à-vis la fenêtre de la chambre qu'occupait son fils, élevant quelquefois sa vue, et presque toujours immobile. Je ne jetais pas une fois les regards dans le jardin, ce qui m'arrivait à chaque instant, sans apercevoir madame Hérault. On se figure difficilement une pareille constance : elle n'était pas partagée par son fils. Pendant que la mère était ainsi occupée à épier le moment où elle pourrait l'apercevoir, le fils était dans la cour de la prison à jouer au petit palet avec un enfant.

Cependant les comités de gouvernement, toujours plus épouvantés par le succès de leurs mesures, résolurent d'ajouter aux moyens d'extermination dont j'ai déjà rendu compte un moyen plus efficace encore et qui leur servît de supplément : je veux parler de la conspiration des prisons. On se rappelle que, dès le commencement des incarcérations, on avait représenté les détenus comme d'atroces conspirateurs, tous les journaux avaient publié ces déclamations et les avaient rendues probables à leur manière. Il n'y avait plus dans les maisons d'arrêt que des conspirateurs.

Néanmoins, pour que tous les chimériques complots dont on les accusait parussent exécutables, il fallait que leurs éléments eussent un centre qui pût leur communiquer la force et le mouvement, les régulariser et les conduire au but.

Les révolutionnaires jetèrent, pour cet effet, les yeux sur M. le baron de Batz[1], député à l'Assemblée constituante. M. de Batz s'était beaucoup occupé de finances; mais comme il était attaché à l'ancien gouvernement, les systèmes suivis par le nouveau devinrent l'objet de ses critiques. Il n'en fallait pas davantage pour attirer sur sa tête la haine de tous les partisans de la Révolution.

Les comités de gouvernement firent publier que le baron de Batz et ses amis étaient à la tête de tous les agioteurs de France, et que, par leurs opérations et par leurs intrigues, ils discréditaient le papier-monnaie, tant dans l'intérieur que chez l'étranger; enfin, on eut soin de faire de M. de Batz un fripon odieux à tous les propriétaires de portefeuille, avant de le créer chef de conspirateurs, ce qui n'était pas si mal imaginé pour attirer les malédictions populaires sur les complices qu'on avait intention de lui donner.

[1] Il ne faut pas confondre M. de Batz, dont il est question, avec un autre baron de Batz qui a peut-être donné l'idée de la pièce du *Mélomane*; il râclait à peine du violon, et s'imaginait jouer de cet instrument comme Viotti : il faisait servir sa fortune à payer des concerts, comme M. de Brunoy dépensait la sienne en processions. (*Note de Beaulieu.*)

Pendant que les comités s'efforçaient de donner de la créance à cette fourberie, M. de Batz se tenait tapi dans quelque coin, et les prétendus conspirateurs se demandaient entre eux ce que c'était que le baron de Batz. Lorsque Fouquier-Tinville reçut l'ordre de rechercher, dans les prisons, tous les complices de l'étranger, chaque détenu, s'imaginant bonnement que le tribunal allait passer son temps à écouter sa défense, se préparait à démontrer qu'il ne connaissait point le baron conspirateur, et que, loin de tramer le moindre complot dans les maisons d'arrêt, sa conduite y était aussi régulière que paisible : ils ne pouvaient imaginer que, lorsqu'ils voudraient se défendre, les juges leur imposeraient silence par ces mots : « Tu n'as pas la parole. »

Tant d'intrigues, tant d'odieux mensonges que les accusés ne pouvaient contredire, ne suffisaient pas pour assurer aux révolutionnaires le succès paisible de leurs complots ; ils voulaient assassiner sans courir le moindre risque, et persuader à la nation que c'était pour son plus grand bien qu'ils faisaient égorger ceux qui avaient des propriétés, des mœurs et du talent.

Au Luxembourg, les détenus avaient eu jusqu'au mois de mai à peu près la jouissance de la cour et du café dont j'ai déjà parlé; et ils passaient la plus grande partie de la journée, soit dans la cour, soit au café, dans la tranquillité la plus profonde.

Jamais, je l'ai déjà dit, les communautés soumises à la règle la plus rigoureuse ne se montrèrent plus dociles à la voix de leurs supérieurs que ces malheureux, notés partout comme des assassins, n'étaient obéissants à celle de leurs gardes.

Dès qu'à l'entrée de la nuit la sonnette annonçait l'heure de rentrer dans l'intérieur de la prison, chacun quittait sur-le-champ la cour, les jeux, le café, et il était rare que, lorsque les gardiens se présentaient pour fermer les portes, ils trouvassent quelqu'un derrière eux.

Le soir, on s'occupait encore, pendant quelque temps, à des jeux de société dans chaque chambrée, sans qu'on entendît jamais la plus légère altercation. Les guichetiers venaient ensuite faire leur visite. Ceux des prisonniers qui avaient du vin ou quelques liqueurs, les faisaient boire; on causait quelques minutes avec eux, puis on se couchait sans mot dire.

Voilà, dans la plus rigoureuse vérité, quelle était la conduite de ces horribles conspirateurs qui devaient, d'après ce qu'on publiait, poignarder au même instant la Convention, ses comités, ses jacobins et tout le peuple de Paris; et cette conduite ne s'est pas démentie, quelque affreuse qu'on ait rendu leur situation pendant les six semaines surtout qui ont précédé le 9 thermidor an II (27 juillet 1794) [1].

Pour arriver, graduellement et sans agitation, au point où l'on voulait nous réduire, pour nous accoutumer à recevoir sans la moindre résistance le coup de hache qui nous était destiné, on commença par nous priver de la cour; le limonadier eut ordre de sortir de l'enceinte de la prison.

Confinés dans nos chambres, nous ne fûmes pas longtemps sans nous apercevoir de ce qu'on voulait faire de nous. Notre geôlier, homme doux et compatissant, d'abord livré au tribunal révolutionnaire, qui cependant l'acquitta, fut renvoyé. Un nommé Guiard, auparavant boucher et gardien des prisons de Lyon pendant que Collot-d'Herbois y faisait fusiller et canonner les principaux habitants de cette ville, lui fut substitué. Notre garde extérieure fut considérablement augmentée; des sentinelles furent placées autour du château, à des distances très-rapprochées; et pendant la nuit, le peu de sommeil que l'affaissement de nos facultés nous forçait de prendre était sans cesse interrompu par l'appel qu'elles se faisaient les unes aux autres, à chaque quart d'heure, de se tenir sur leurs gardes. Parmi les persécutions qu'on m'a fait éprouver, la voix de ces sentinelles barbares, dont la réaction des échos prolongeait les sons sinistres dans le silence des ténèbres, est celle qui m'a paru la plus intolérable.

[1] Ainsi les rigueurs contre les prisonniers n'ont jamais été plus grandes qu'à l'époque où Robespierre a cessé de se rendre dans les comités, ce qui prouve bien qu'il ne faut pas faire peser sur lui seul la responsabilité du système de la Terreur. Elle incombe à tous les membres des comités indistinctement.

Tous les jours le nombre des personnes immolées par le tribunal révolutionnaire croissait dans une proportion terrible ; chacun voyait enlever d'auprès de soi ceux dont la conformité des sentiments et surtout l'infortune avaient fait ses amis ; le lendemain il trouvait leurs noms sur la liste de ceux qu'on avait égorgés.

Ce fut au milieu de ces alarmes qu'un matin nous aperçûmes de nos fenêtres des détachements de cavalerie traverser le jardin, en chasser tous les promeneurs et s'emparer des portes. Dans le même instant, une multitude d'hommes armés entra dans la cour, et nous apprîmes que des canons étaient placés à toutes les issues. Aussitôt le commandant de la troupe la fit ranger par pelotons, qui, à un signal donné, se répandirent dans les galeries; une sentinelle fut mise à la porte de chaque chambrée de détenus, avec défense d'en laisser sortir aucun. Nous ne doutâmes plus alors que notre dernière heure ne fût arrivée, chacun s'y prépara comme il put. Cependant quelques-uns de nous se hasardèrent d'interroger ceux de ces gardes qui leur parurent avoir une figure humaine, et ils apprirent qu'il ne s'agissait que de prendre aux détenus leurs assignats, leurs effets d'or et d'argent, leurs bijoux, et en général tous les effets de quelque prix qu'ils pouvaient avoir en leur puissance ; enfin, qu'on allait leur ôter aussi couteaux, ciseaux, canifs et jusqu'à leurs cuillers et leurs fourchettes, qui seraient remplacées par des couteaux et des couverts de bois. Voyant que ce n'était pas encore de la mort dont il était question, nous reprîmes courage ; quelques-uns même purent retrouver leur inaltérable gaieté; c'était à qui imaginerait des cachettes pour conserver ce qu'on voulait nous prendre ; et, effectivement, quoique cette fouille, qui dura deux jours, fût faite avec assez de rigueur, les fouilleurs n'eurent guère que ce qu'on ne voulut pas soustraire à leurs recherches. Ce pillage fut étendu jusqu'au général anglais O'Hara et à quelques officiers de son état-major, faits avec lui prisonniers de guerre à Toulon. Après avoir été ainsi dévalisé, il dit au concierge : « Monsieur, je vous prie de faire en sorte qu'aucun Français n'entre dans ma chambre; » ce qui était sans doute un outrage déplacé. Le général anglais n'ignorait pas que les personnes renfermées au Luxembourg ne ressemblaient en rien aux vils tyrans qui les dévalisaient. Il faut dire aussi que les effets qu'on nous prit furent mis sous les scellés, et qu'on promit de nous les rendre à notre sortie. Le plus grand nombre de ceux à qui ils appartenaient ayant été assassinés, ils sont devenus la proie de je ne sais qui; le reste était de peu d'importance, et n'a pas été réclamé.

Peu de jours après[1], les sbires du tribunal révolutionnaire, escortés par un escadron de gendarmerie, entrèrent à deux heures du matin dans la maison et en enlevèrent environ cent soixante personnes, qu'ils divisèrent en trois lots, pour comparaître, en trois audiences, devant le tribunal révolutionnaire : je dirai bientôt ce qu'elles devinrent.

Jusqu'à ce moment on avait laissé venir nos provisions de bouche du dehors. Ceux qui avaient de la fortune aidaient, de la manière la plus délicate, ceux qui en étaient dépourvus, de sorte que la nourriture de tous était assez bonne.

Dès ce moment il fut défendu aux gardiens des prisons de laisser entrer aucun aliment, pas même un breuvage rafraîchissant, pendant la plus extrême chaleur de l'année, sans une ordonnance du médecin. Chaque jour, vingt, trente de nos camarades nous étaient enlevés par ordre de Fouquier-Tinville, et aucun n'échappait.

Les malheureux détenus étaient considérés, même par les agents subalternes de nos tyrans, comme de misérables animaux qu'on pouvait tuer indifféremment, sans acception d'individus; ils voulaient égorger, n'importe quelle fût la victime.

Un jour, un des agents de Fouquier-Tinville vint à la prison avec une liste que son maître lui avait dit contenir dix-huit noms. Il en fait l'appel, et n'en trouve que dix-sept. « Mais, dit-il au guichetier, Fouquier m'a dit de lui amener

---

[1] En messidor an II.

dix-huit contre-révolutionnaires; il me faut encore une pièce. Un malheureux suspect passant alors devant lui, il lui demande son nom. Celui-ci le décline. « *Oui*, dit-il, *c'est toi* », et il le fait emmener par les gendarmes. Le lendemain il fut guillotiné.

Une autre fois, un de ces agents appelait dans la galerie un détenu d'environ cinquante ans, dont je ne me rappelle pas le nom, mais que je sais avoir été officier général en Corse. Celui-ci n'entendait pas, ou sachant de quoi il s'agissait, ne se pressait pas de répondre. Un jeune étourdi, d'environ dix-sept ans, jouait à la balle dans la galerie; il entend un nom à peu près conforme au sien, et demande si ce n'est pas lui qu'on appelle. « Comment te nommes-tu? — N.... — Oui, c'est toi; viens au guichet. » On l'entraîne à la Conciergerie, et le malheureux enfant de dix-sept ans est guillotiné en place d'un homme de cinquante.

Il fallait cependant prolonger notre triste existence jusqu'au moment fixé pour nous la ravir. On avait placé des tables et des bancs dans une partie des appartements qu'avait occupés madame de Balbi, lorsque Monsieur faisait sa résidence au Luxembourg : trois cents personnes pouvaient s'asseoir autour de ces tables : c'est là qu'on nous réunissait une fois par jour seulement. Là, le traiteur Lereyde, pour cinquante sous, provenant de la masse des effets qu'on nous avait enlevés, servait, dans de grands vases ou gamelles de fer-blanc, une soupe détestable, une demi-bouteille de vin qui ne valait pas mieux, deux plats, dont l'un de légumes nageant dans l'eau, et l'autre, toujours de viande de porc mêlée avec des choux : nous avions avec cela, par jour, un pain de munition, fourni par la république et pesant, je crois, une livre et demie. Il n'y avait pas d'autre repas. Ceux qui voulaient déjeuner ou souper étaient obligés de réserver quelque chose de leur portion quotidienne, ou de se décider à faire diète. Comme nous étions environ de huit cents à mille personnes, il y avait trois dîners, l'un à onze heures, l'autre à midi, et le troisième à une heure.

Là, qui que ce soit n'avait le plus léger privilége; le duc comme le savetier, l'octogénaire comme le jeune homme de vingt ans, la femme la plus délicate et la plus hautement titrée comme le plus rustre manant, étaient obligés de manger l'un à côté de l'autre à la gamelle, s'ils voulaient manger encore. Il fallait apporter avec soi une bouteille pour avoir du vin, et une assiette pour recevoir la portion qu'on vous servait; sans cela on eût couru risque de n'avoir ni vin ni portion, et, par conséquent, de mourir de faim. Nous étions, pendant ce dîner, continuellement entourés de guichetiers, dont la plupart, *alors*[1], étaient aussi farouches que leurs chiens.

Parmi les prisonnières se trouvaient les duchesses de Noailles et d'Ayen; la première était âgée d'environ quatre-vingt-trois ans et presque entièrement sourde; à peine pouvait-elle marcher : elle était obligée d'aller comme les autres à la gamelle et de porter avec elle une bouteille, une assiette et un couvert de bois; il n'était pas permis d'en avoir d'autre. Comme on mourait de faim, lorsqu'on allait à ce pitoyable dîner, chacun se pressait pour arriver le plus tôt possible, sans faire attention à ceux qui étaient à côté de soi. La vieille maréchale était poussée comme les autres; et, trop faible pour résister à ce choc, elle se traînait le long du mur, pour ne pas être à chaque instant renversée; elle n'osait avancer ni reculer, et n'arrivait à la table que lorsque tout le monde était placé. Le geôlier la prenait rudement par le bras, la faisait pirouetter et la faisait asseoir sur le banc. Un jour, croyant que cet homme lui adressait la parole, elle se retourne : « Qu'est-ce que vous dites? — Je dis, vieille b..., que tu n'as personne ici pour porter ta cotte; f...-toi là; » et il la plaça sur le banc, comme s'il y eût mis un paquet.

C'était pendant ces affreux dîners que les agents de la police révolutionnaire venaient nous demander nos noms,

---

[1] Avant ces derniers temps, ils nous traitaient avec humanité et même avec des égards; mais après le renvoi du concierge Benoît, ils furent presque tous changés. Guiard s'entoura d'hommes aussi brutaux que lui. (*Note de Beaulieu.*)

nos âges, nos professions, et de tout cela ils faisaient des listes pour servir aux tables de proscription qu'on dressait chaque jour en plus grand nombre.

Jusqu'au moment de l'enlèvement des cent soixante personnes dont j'ai parlé plus haut, le public avait eu la faculté de se promener dans toute l'étendue du jardin ; et les détenus, qui avaient vue sur la promenade, avaient la consolation de reconnaître dans la foule les personnes qui leur étaient chères. Celles-ci, de leur côté, cherchaient à distinguer les tristes objets dont elles étaient séparées. Quand on s'était ainsi réciproquement reconnu, on tâchait d'exprimer, par toutes sortes de signes, la douce satisfaction qu'on éprouvait à se revoir encore, et l'on se rendait compte, autant qu'il était possible, de son espoir et de ses peines.

Eh bien, nous fûmes encore privés de cette consolation. Ce muet langage de la tendresse, de la triste amitié, fut dénoncé comme une intrigue des conspirateurs ; on dit qu'ils faisaient venir leurs femmes et leurs petits enfants sous leurs fenêtres pour tâcher d'apitoyer le peuple en leur faveur, et lui rendre les patriotes odieux : les femmes et les enfants furent chassés, et des sentinelles impitoyables, placées dans les allées les plus voisines du château, eurent ordre d'écarter et même d'arrêter ceux et surtout celles qui voudraient en approcher. Plusieurs femmes furent entraînées dans les corps de garde et emprisonnées, mais dans d'autres maisons que celles où étaient détenus leurs maris ou leurs pères.

Bientôt un long cordeau divisa la promenade en deux : la partie qui était sous la vue des prisonniers fut interdite au public ; l'autre lui fut conservée.

Quoique les tyrans eussent eu la perfide adresse d'inviter seulement le peuple à ne plus fréquenter les allées comprises dans l'enceinte, il est inconcevable avec quel respect, quelle docilité on obéit à cette invitation. On eût dit que les mœurs de l'Asie, la honteuse faiblesse, l'imbécile lâcheté de ses habitants, avaient transmigré tout à coup chez ce peuple si fier, si énergique, dont les impétueux soldats portaient l'effroi dans toute l'Europe. Étrange phénomène de la bizarrerie du cœur humain, que tant de siècles ont vu se reproduire, sans qu'il soit possible, quoi qu'en disent tous nos analytiques scrutateurs, d'en assigner la véritable cause !

Mais plus la tyrannie est ingénieuse dans ses persécutions, plus aussi ceux qu'elle tourmente imaginent de moyens pour en atténuer les effets ; c'est un combat inégal, il est vrai, mais dans lequel néanmoins la force se trouve souvent en défaut contre la ruse. Le chevreuil timide, dans sa course légère, dépiste quelquefois la meute impitoyable acharnée à sa poursuite.

Malgré les sentinelles révolutionnaires, malgré les patriotiques cordons, malgré les mouches et les mouchards répandus partout, tant à l'extérieur que dans l'intérieur de la prison, les détenus avaient encore trouvé le moyen de voir leurs parents et leurs amis, et même d'être distingués par eux. On n'avait pas pensé aux lunettes d'approche ; ce moyen de communication n'avait pas été compris dans les mesures prohibitives prises avec tant de soin. A force d'argent distribué aux guichetiers, un grand nombre de prisonniers vinrent à bout de s'en procurer, et, après en avoir fait usage, ils les prêtaient à ceux qui n'en avaient point. Les personnes du dehors furent averties de se munir aussi de lunettes. Les signes ordinaires n'étant plus intelligibles, on en faisait de nouveaux à l'aide de la lunette ; et par cette innocente ruse on parvint non-seulement à se voir, mais quelquefois à s'entendre.

Le manége des lunettes ne tarda pas à être découvert, et dénoncé comme une conspiration nouvelle. Le geôlier eut ordre de faire une perquisition générale et de les enlever toutes ; mais on fut averti à temps, et quelque habile qu'il fût dans ses recherches, il ne put guère saisir que celles qu'on voulut bien lui abandonner, pour lui faire croire qu'on n'en avait pas d'autres.

Cependant la compression et la terreur augmentaient chaque jour ; notre prison n'était plus qu'un véritable sépulcre, où quelques agonisants s'agitaient encore, en attendant que la faux de la mort vînt terminer leur existence. D'odieux moutons circulaient sans cesse autour de nous[1], avec ordre d'observer toutes nos actions, d'interpréter toutes nos paroles, et de chercher des projets de conspiration jusque dans nos regards, jusqu'au fond de nos pensées. Chacun craignant d'avoir un de ces monstres à côté de soi dans celui avec qui il logeait, dans ceux même que jusqu'alors il avait regardés comme ses amis et pris pour ses confidents intimes, on n'osait plus s'aborder, se parler, ou si l'on s'adressait quelques monosyllabes, on tremblait qu'ils ne fussent métamorphosés en conspiration. Une foule considérable allait et venait sans cesse dans une vaste galerie, observant un silence profond; on osait à peine respirer et jeter quelques regards fugitifs sur son voisin.

Telle était notre déplorable situation. Tout paraissait fini pour nous, et cependant une lueur d'espérance pénétrait encore au fond de nos cœurs. Malgré la vigilance de nos inquisiteurs à nous séparer du reste des hommes, quelques nouvelles fugitives nous arrivaient de temps à autre; quelques journaux étaient introduits dans la prison, ils nous apprenaient que la division s'établissait parmi nos tyrans, et cette division paraissait une planche que portait vers nous le débordement révolutionnaire. Les assassinats devenaient si nombreux, si atroces, s'exécutaient sur toutes les classes de la société avec une telle impudence, qu'on devait en conclure la dissolution prochaine d'un ordre de choses aussi

[1] Il y en avait dix à douze au Luxembourg, dont quelques-uns s'étaient déterminés à faire cet horrible métier pour conserver leur vie; ils n'étaient que les acolytes des autres, et jouaient un rôle purement passif. J'en connais quelques-uns qui ont rendu service à plusieurs prisonniers, quand ils l'ont pu; je pense qu'il est inutile de les faire connaître. Lorsqu'ils ont reparu dans le monde, on les a vus reprendre sur-le-champ le chemin de l'honneur et le parti des honnêtes gens : de pareils hommes sont des lâches, sans doute; mais dans l'abjection où ils s'étaient enfoncés, ils conservaient encore des sentiments humains, et, sous ce rapport, ils méritent quelque indulgence. Trois ou quatre de ces moutons ont été condamnés à mort après le 9 thermidor; les juges ne se sont pas trompés, ce sont bien les véritables scélérats qui ont reçu la peine de leurs crimes. (*Note de Beaulieu.*)

monstrueusement abominable : les bourreaux une fois aux prises entre eux, il ne pouvait en résulter que le salut de leurs victimes.

La question qu'on se faisait à trois heures était de savoir si le boute-selle avait sonné pour le rassemblement des gendarmes casernés à côté de nous, qui devaient accompagner les condamnés au supplice; et à huit heures du soir, combien on avait assassiné de nos camarades ; or voici de quelle manière on apprenait cette nouvelle.

A sept heures et demie précises, un colporteur de journaux, c'était le seul que nous entendissions, passait dans le jardin, et, d'une voix de Stentor, faisait entendre quelques mots que je rapporterai textuellement. Ceux qui les ont entendus comme moi, qui même ont couru pour les entendre, ne seront peut-être pas fâchés que je les rappelle à leur mémoire. Quant au surplus des lecteurs, ils leur donneront une idée des principes de morale que les révolutionnaires voulaient inculquer au peuple, à qui ils ne cessaient de parler de morale et de vertu ; car certainement ce colporteur ne venait pas faire de telles publications sans y être autorisé, sans en avoir reçu l'ordre. Voici ce qu'il disait :

« Voilà l'ordre et la marche de toutes les cérémonies qui « ont été observées aujourd'hui à la Barrière renversée [1].
« Voilà la liste des gagnants à la loterie de la très-sainte « guillotine. Qui veut voir la liste? Il y en a aujourd'hui « soixante, plus ou moins. »

Il n'y avait pas de doute que celui qui venait crier ainsi dans un lieu où personne ne pouvait lui acheter, ne fût un émissaire envoyé par nos bourreaux pour entretenir nos alarmes; car il n'y avait personne sous nos fenêtres, l'effroi en éloignait tout le monde. Cependant on remarquait dans ses vociférations quelques mots qui étaient une critique san-

---

[1] La barrière du Trône, faubourg Saint-Antoine. On voulut répandre l'effroi parmi les indociles habitants de cette portion de Paris, comme dans le reste de la capitale, en les rendant, à leur tour, spectateurs de cette tuerie. (*Note de Beaulieu.*)

glante de la conduite des chefs révolutionnaires. Comment, disions-nous, peuvent-ils ordonner de crier que les jugements de leur tribunal ne sont qu'une loterie? Cela ne pouvait s'expliquer qu'en disant qu'un des partis, pour rendre odieux celui avec qui il avait affaire, manœuvrait déjà pour rejeter sur l'autre la masse des crimes commune à tous. Après avoir entendu ce farouche crieur, nous nous retirions des fenêtres; fondant encore quelque espoir sur la stupidité de nos tyrans, nous n'avions plus rien à espérer de leur politique.

Enfin, le 9 thermidor an II (le 27 juillet 1794), entre six et sept heures du soir, des prisonniers qui occupaient les appartements les plus élevés viennent nous dire qu'on sonne le tocsin à la maison commune; à cette nouvelle, chacun écoute et entend effectivement les sons perçants de la cloche, ainsi que le bruit de la générale que les tambours battent de toutes parts. Chacun se regarde, se fixe; on n'est pas longtemps à se comprendre; le concierge et ses guichetiers les plus affidés parcourent la maison; l'inquiétude qui se manifeste malgré eux sur leur figure; l'air plus humain, poli même, qu'ils affectent de prendre, nous font soupçonner quelque grand événement prêt à amortir la puissance de leurs maîtres. Les moutons reconnus comme tels sont à leur tour fixés, considérés; et il n'est pas difficile de s'apercevoir que le souci et l'effroi ont fait place, dans leur âme, à l'impertinence, à l'audace avec lesquelles ils affectaient de nous traiter. Ces observations ne nous laissent plus de doute que nous allons tous être égorgés à l'instant même, ou que la révolution, prenant un mouvement rétrograde, va changer notre sort, et entraîner la France dans un système nouveau. Malgré cette incertitude, nous désirons que le bruit continue, tous étant persuadés que dans l'état extrême où se trouvent les choses, nous ne pouvons échapper à la mort que par une crise extraordinaire, et cette crise paraît s'annoncer; nous pouvons y périr tous, il est vrai; les affreuses tortures de septembre, ou la liberté, voilà la chance que nous courons; voilà ce que nous annoncent les sons redoublés du tocsin et le bruit sourd de la générale, qui ne cessent de se faire entendre. Chacun fixe les meubles qu'il peut briser, pour les métamorphoser en armes en cas d'invasion et défendre un instant sa vie; quelques-uns projettent de remplir leurs poches de cendres, pour les lancer aux yeux des assassins, au moment où ils viendront nous saisir, pour être à même de les frapper plus sûrement et s'enfuir à la faveur du désordre.

Malgré le concierge et ses guichetiers, qui commencent à se déconcerter, plusieurs détenus montent sur les toits du château pour tâcher de découvrir ce qui se passe dans la ville : ils viennent nous instruire qu'une multitude innombrable couvre la rue de Tournon[1]; qu'on aperçoit au milieu une voiture, escortée par dix à douze gendarmes, qui s'avance à pas lents du côté de la prison; ils nous apprennent en même temps que le peuple fait retentir les airs d'applaudissements; sans doute quelque personnage de la plus haute importance est renfermé dans cette voiture, il ne peut appartenir à la classe de ceux qui ont égorgé le 2 septembre; des arrestations de cette nature sont, dans les circonstances où se trouve la république; trop peu remarquées pour inspirer un tel mouvement; c'est donc un des chefs de parti sur lesquels le peuple a les yeux fixés. La voiture s'arrête à la porte de la prison; on va y faire entrer le personnage; nous apprenons que c'est Robespierre : malgré l'état de trouble où nous sommes, la curiosité s'empare de nous, et chacun accourt pour tâcher de voir ce tyran, qui cependant est connu de la plupart d'entre nous; mais notre attente est trompée. Le savetier Willstrich était alors au Luxembourg, dont l'inspection lui était déléguée en qualité de municipal; il refuse de recevoir Robespierre, et ordonne qu'on le conduise à la maison commune, c'est-à-dire au milieu de ses plus déterminés partisans[2]. Les gendarmes obéissent. Robespierre part, nous

[1] Cette rue aboutit à la principale porte du Luxembourg. (*Note de Beaulieu.*)

[2] Ce savetier avait fait un coup de maître : il donnait au conseil de la commune un chef terrible, qui avait encore dans la populace d'innombrables

n'entendons plus de bruit autour de la prison, la tranquilllité se rétablit un peu dans l'intérieur, et l'espoir renaissant commence à dissiper les alarmes. Nous entendîmes, pendant la nuit, des proclamations rassurantes ; chacun s'endormit.

Le lendemain, dès le matin, quelques nouvelles se communiquèrent rapidement ; toutes les figures étaient changées ; la conformité des sentiments qui se développaient ainsi rapprochait ceux qu'un effroi mutuel avait séparés les uns des autres ; on n'osait pas encore dire hautement tout ce qu'on pensait ; mais on se serrait la main, et l'on se disait à voix basse : « Il est mort. » Cependant quelques détenus plaignirent Robespierre, dans lequel ils croyaient avoir un protecteur.

partisans. La Convention nationale était perdue, ou au moins tous les ennemis de Robespierre étaient exterminés, si tous les révolutionnaires de son parti s'étaient comportés avec autant d'intelligence que le savetier Willstrich. (*Note de Beaulieu.*)

LE LUXEMBOURG[1].

SOMMAIRE.

Aspect de la Conciergerie au mois d'octobre 1793. — Bonté du concierge Benoît. — Aventures galantes. — Distinction des classes. — Le carnivore Vincent, ami d'Hébert. — Les comédiens Grammont. — Cruauté de Lapalu; ses accès de fureur. — Le juif Kalmer; sa gourmandise. — Arrivée de Chaumette. — Sa douceur en prison; explications qu'il donne sur sa conduite. — Tartufe-Lhuillier. — Danton, Lacroix, Philippeaux, Camille Desmoulins, Dillon; leur attitude, leurs propos. — Arrestation du concierge Benoît, à la grande joie de Brichet. — L'administrateur de police Wilcheritz; plaisanteries que lui font les prisonniers. — Le concierge Guyard; sa dureté. — Prétendue conspiration du Luxembourg; épouvante des prisonniers; générosité des femmes. — Les dénonciateurs : Beausire, le mari de la d'Oliva, Boyenval, Benoît, Amans, etc. — Les cent soixante-sept victimes. — L'abbé de Fénelon. — Mademoiselle de Bois-Bérenger; son admirable charité. — Souffrances et privations des prisonniers. — La révolution du 9 thermidor; inquiétudes du concierge et des délateurs; leur châtiment. — Mise en liberté.

TABLEAU DU LUXEMBOURG FAIT PAR UN SUSPECT ARRÊTÉ EN FRIMAIRE AN II.

Le Luxembourg, où l'on renferma d'abord les députés prévenus de fédéralisme[2], ne devint prison pour les autres citoyens qu'au 20 vendémiaire[3], époque à laquelle on y

---

[1] Cette relation a paru d'abord dans l'*Almanach des prisons*, publié chez Michel, an III. Elle a été reproduite dans le deuxième volume de Nougaret, *Histoire des prisons*, pages 42 à 100. On y trouvera beaucoup de détails donnés déjà par Beaulieu, mais l'esprit dans lequel elle a été écrite est tout autre que l'esprit qui domine dans les ouvrages de l'auteur du *Diurnal*. Sans cette opposition, nous aurions été tenté d'attribuer à la même plume les pages qui précèdent et celles qui suivent. S'il faut attribuer celles-là à un royaliste, celles-ci à un républicain presque montagnard, on trouvera que la conformité des faits relatés par les deux écrivains est une présomption bien forte en faveur de la parfaite exactitude des deux récits.

[2] 2 juin 1793.

[3] 11 octobre.

conduisit des Anglais et des Anglaises [1]. C'est par ces étrangers que fut reçu le brillant contingent des suspects de la section de Grenelle. Des enfants, des adolescents, quelques ci-devant dames de haut parage, traînant à leur suite de fringantes femmes de chambre; des nobles avec leurs domestiques, et quelques plébéiens honnêtes et pauvres arrivèrent au nombre de près de cinquante, sur les dix heures du soir, à la lueur d'une quantité prodigieuse de flambeaux, escortés par un bataillon entier, après avoir traversé à pied les rues de Paris processionnellement.

Le concierge, nommé Benoît, septuagénaire, plus respectable encore par ses vertus que par son âge, les reçut avec humanité; il n'avait pas de lits à leur offrir, mais on voyait qu'il souffrait plus encore que ceux auxquels il ne pouvait présenter que les quatre murailles.

Chacun se prête un mutuel secours; les blouses, les redingotes et manteaux servent de matelas pour reposer la chair délicate des dames, et le gentilhomme se trouve fort heureux de bivouaquer sur une chaise à côté du sans-culotte.

Dès le lendemain, chacun reçut son lit de sangles, son matelas, de l'épaisseur d'une omelette soufflée, et le traversin économique.

A mesure qu'il arrivait de nouveaux pensionnaires, le sensible Benoît les conduisait vers ceux qui, par leur profession, leur pays, leur caractère, leur section ou leur âge, semblaient promettre au détenu une société plus agréable. Déjà se formaient les connaissances, déjà les petits comités se resserraient dans un cercle plus étroit : l'amour avait le plus de part dans le choix des sociétés.

Les Anglaises, moins vives, mais aussi tendres que les Françaises, se rangèrent à leur tour sous les drapeaux de la galanterie; les petits vers, les couplets, le jeu, la médisance et la musique, remplissaient les journées. Parfois, cependant, on était interrompu par la visite des municipaux, qui

[1] Miss Héléna Williams, l'amie des Girondins, a raconté sa captivité au Luxembourg, dans ses *Souvenirs sur la Révolution*, in-8º, 1824. Paris.

n'étaient rien moins que damoiseaux. Marino, administrateur de police, ensuite juge à Commune-Affranchie, et depuis guillotiné à Paris, ne se permit-il pas un jour de dire au cercle assemblé : « Savez-vous ce qu'on répand dans le public ?... Que le Luxembourg est le premier b.... de Paris; que vous êtes ici un tas de p..... qui...., et que c'est nous qui vous servons de m.... »

Des oreilles délicates devaient être déchirées par des reproches aussi grossiers, mais il fallait se faire à tout. Cet administrateur était moins dur envers les citoyens peu fortunés.....

La publicité de certaines aventures galantes, la luxure de quelques dames, parmi lesquelles il faut compter la citoyenne d'Orm[1]..., qui se payait avec usure de quelques années d'une abstinence forcée, firent prendre à l'administration de police le parti de séparer les deux sexes. Un jeune homme du dehors s'était, à prix d'argent, ouvert les portes de la prison, et, caché derrière un paravent, seule barrière à la curiosité indiscrète, il goûtait tranquillement, en plein jour, dans les bras de sa maîtresse, les plaisirs de l'amour. La dame, surprise en flagrant délit, feint de se fâcher, jette les hauts cris, se dit frappée, crie au viol et s'évanouit. Pendant cette scène, l'Adonis s'échappe avec la légèreté d'un trait et se fait ouvrir le guichet à la faveur d'arguments que le bon Basile appelait jadis irrésistibles.

Cependant le Luxembourg se peuplait : tous les jours on voyait arriver des légions de citoyens de Paris, arrachés à leur commerce et à leur famille : on les traînait à travers les rues, on les peignait au peuple sous les traits les plus noirs; et c'étaient pour la plupart de malheureuses victimes de la vengeance ou de la scélératesse. Ils entendaient retentir autour d'eux les cris funèbres : « A la guillotine ! » et arrivaient à demi morts au Luxembourg, où ils étaient tout étonnés de trouver un concierge humain et sensible qui prévenait leurs besoins et cherchait à deviner où il pourrait les placer pour qu'ils fussent plus avantageusement. Chaque

[1] Madame d'Ormesson.

arrivant était d'ordinaire conduit dans la chambre de ses co-sectionnaires. Il trouvait en eux des camarades, des amis et des frères. L'on vivait ensemble dans la plus étroite union : chacun à son tour balayait la chambre, allait à l'eau, faisait la cuisine ; les frais étaient tous en commun, et chacun payait son écot, qui, tout compris, n'excédait pas quarante sous par jour.

Un citoyen était-il trop pauvre pour subvenir à sa subsistance, le bon concierge prévenait presque toujours une demande qui pouvait l'humilier et chargeait un ci-devant d'y pourvoir. Une chose assez plaisante, c'est que ces messieurs estimaient leur fortune réciproque dans la maison par le nombre des sans-culottes qu'ils nourrissaient, comme ils faisaient jadis dans le monde par le nombre de leurs chevaux, de leurs maîtresses, de leurs chiens et de leurs laquais. En général, la noblesse faisait bande à part ; elle se familiarisait peu avec les citoyens des sections de Paris ; les rues de l'Université, de Grenelle, Saint-Dominique, qui étaient en masse au Luxembourg, conservaient l'étiquette la plus rigoureuse; on se traitait de « M. le prince, M. le duc, M. le comte, M. le marquis », on faisait salon avec gravité, et on disputait méthodiquement sur les pas et les visites.

Les républicains s'amusaient entre eux de ces ridicules grimaces, se moquaient de leurs préjugés, mais n'ajoutaient pas l'insulte aux maux de leur détention.

Ce n'est pas ainsi qu'en agissait Vincent[1]. Ce petit homme violent et emporté les injuriait tous de but en blanc. Quand on amena le général O'Hara et plusieurs autres prisonniers de marque, tant Anglais qu'Espagnols, il entra en fureur contre eux, et après les avoir accablés d'injures, il les aurait frappés, sans la contenance ferme des gendarmes. Son épouse avait la permission d'entrer et de le voir. Un jour que, assise sur son lit, elle l'entretenait tout bas de ses affaires, il saute

[1] Secrétaire général de la guerre, âgé de vingt-sept ans, d'un patriotisme fougueux, digne acolyte des terroristes, et guillotiné avec quelques-uns d'entre eux le 24 mars 1794.

à terre en écumant de rage, prend un couteau, et courant à un *gigot* cru et saignant qui était suspendu à la fenêtre, il en coupe une tranche et la dévore en disant : « Que ne puis-je ainsi manger la chair de mes ennemis ! » Hébert venait souvent le voir, et tous les jours de nouvelles députations, tant des sociétés populaires que des comités révolutionnaires, venaient le consoler et s'enivrer avec lui. Enfin il partit au bruit des instruments et des chants de victoire d'une députation nombreuse, qui le porta en triomphe chez lui. Il laissa dans la prison un scélérat associé aux projets sanguinaires qu'il avait formés avec Hébert; c'était Savard, d'horrible mémoire, qui reçut à bras ouverts les Grammont, Duret et Lapalu, chargés dès lors de l'exécration publique. Grammont, peu content d'avoir assassiné à Versailles les prisonniers d'Orléans, eut l'horreur de se vanter en plein café, au Luxembourg, d'avoir bu dans le crâne de l'un d'eux. Il avait élevé son fils dans ces principes atroces, et ce monstre était encore plus féroce que son père; l'un et l'autre étaient officiers de l'armée révolutionnaire [1]. Duret, qui était adjudant général, avait fait ses preuves avec Lapalu, qui déclara n'avoir fait périr que sept mille hommes dans les départements environnant Commune-Affranchie, où cet anthropophage faisait tout à la fois les fonctions de dénonciateur, de témoin, d'accusateur, de juge et de juré; il ajoutait,

---

[1] Ils furent condamnés à mort le 24 germinal an II, le même jour que Chaumette, Lucile Desmoulins et la femme d'Hébert. Grammont s'était fait remarquer par son insolence et sa brutalité en conduisant la reine Marie-Antoinette à l'échafaud. On l'avait vu jouer les rôles grecs et romains, sur la scène, les jambes nues, en vrai sans-culotte. Nourry, dit Grammont, est le type de l'homme de théâtre devenu révolutionnaire, type bien curieux à étudier. Nous espérons que quelqu'un s'en occupera et nous racontera le rôle du comédien et l'importance de la déclamation théâtrale dans la Révolution française. Quant à Grammont, il fut cruellement puni dans sa chair et dans son âme. On raconte qu'ayant voulu embrasser son fils au moment de monter sur l'échafaud, celui-ci le repoussa en lui disant : C'est vous qui m'avez conduit ici ! Et c'était vrai, et le châtiment était mérité. Après cette parole, le comédien dut trouver douce la hache de Sanson.

il est vrai, qu'il y avait dans ces départements quatre cent mille têtes fédéralistes qu'il aurait pu faire couper avec la même facilité, pour peu qu'il eût aimé à verser le sang. Digne héritier des projets de Vincent, ce scélérat, qui portait empreintes sur son visage la scélératesse et la férocité, devait, en sortant de sa prison, faire égorger la plupart de ses compagnons d'infortune. Déjà l'on faisait des listes, déjà plusieurs détenus avaient été sondés sur les motifs de leur arrestation ; on prenait leurs écrous, on donnait des espérances aux uns, on menaçait ouvertement les autres. Il s'était entouré de tous ceux qui lui paraissaient capables de seconder ses infâmes desseins ; mais la guillotine l'arrêta au milieu de sa carrière, ce qui réjouit singulièrement les habitants du Luxembourg.

Une quarantaine de malheureux pères de famille, cultivateurs ou artisans, avaient été envoyés par Lapalu[1] dans les prisons de la Conciergerie. Dans cet affreux séjour, manquant de tout, sans ressources, sans connaissances et sans secours, ils étaient pour la plupart tombés malades. On les transféra au Luxembourg, et, dès le premier jour, deux périrent par le manque de soins et la fatigue du transfèrement. Il se fit aussitôt une collecte dans la maison. Tous furent, en moins de vingt-quatre heures, habillés, couchés, chauffés et nourris. On eut le plus grand soin des malades ; mais on avait beau faire, il en mourait toujours de temps à autre, tant ils avaient été maltraités. Quand on annonçait la mort de l'un d'eux à leur persécuteur, il répondait avec un air farouche : « Tant pis, c'en est un de moins pour la guillotine. »

Ce monstre, comme Robespierre et tous les autres scélérats, disait toujours qu'on voulait l'assassiner. Quelques jours avant son transfèrement, lui et sa clique infernale s'étaient enivrés ; ils se promenaient derrière les nobles, les insultaient par des apostrophes virulentes, et s'attachaient surtout à deux ou trois sociétés où se trouvaient quelques

[1] Il était âgé de vingt-six ans, et fut condamné à mort avec Chaumette. La jeunesse de beaucoup de ces enragés est une particularité à noter.

jeunes femmes récemment arrivées avec leur mère; enfin, pour ne point occasionner de trouble, elles furent contraintes de remonter tranquillement dans leur chambre.

Cette conduite contraria les projets de nos cannibales, mais ne les déconcerta point. Le jeune Grammont, qui jouait aux barres avec deux ou trois de ces brigands, se jetait exprès à droite et à gauche sur ceux qui se promenaient dans la cour; il avait grand soin de ne renverser que des nobles et des vieillards. Ses complices l'encourageaient par leurs ris immodérés; enfin il se trouve un homme qui ose lui faire d'honnêtes représentations sur sa brutalité. Grammont rit, et faisant une pirouette, lui tourne le dos. Un de ses consorts répond insolemment : « S'ils ne sont pas contents, on les transférera à Bicêtre ». Le jeune Lamarelle, fils du particulier, vivement affecté de voir son père si cruellement outragé, répliqua avec chaleur : « Mon père est un honnête homme, et on n'enferme à Bicêtre que les coquins qui te ressemblent. » Le mot n'était pas lâché qu'il avait déjà reçu trois ou quatre violents coups de poing sur le visage; la figure en sang, les yeux hors de la tête, on l'arrache de leurs bras homicides. La dispute devenait générale, l'indignation était peinte sur tous les visages, et ces assassins provoquaient les citoyens avec une insolence qui aurait eu des suites fâcheuses sans la présence subite de Danger, administrateur de police, qui averti d'avance, attendait l'événement chez le concierge.

Chacun se plaignit de la conduite atroce des épauletiers: Lapalu couvrait toutes les voix et prétendait que c'était à lui qu'on en voulait, que l'on conspirait contre sa personne, et qu'on voulait l'assassiner. Enfin ce monstre délivra le Luxembourg de sa présence, et il alla attendre à Saint-Lazare, avec ses autres complices, la juste punition de ses forfaits.

Depuis son exécution, les détenus paraissaient respirer plus librement. La joie et la confiance animaient tous les visages. Un bien ne vient jamais tout seul : on vit arriver le président d'un comité révolutionnaire; c'était un morceau friand pour des détenus.

Ce président était le riche Kalmer, Juif et Allemand d'origine, qui avait abjuré sa religion par intérêt et s'était fait révolutionnaire par spéculation. Ce millionnaire était en sabots, affublé d'un méchant bonnet rouge et couvert de haillons. Parmi ceux qu'il lui avait plu de faire incarcérer au Luxembourg, se trouvaient deux frères pour la liberté desquels il ne demandait que mille écus; ils furent lui rendre leur visite. Il était inondé de flots sans cesse renaissants d'importuns compliments; les uns lui demandaient : Combien compte-t-on d'étrangers ou de gens payés par eux dans les comités révolutionnaires? Un autre : Combien en as-tu fait arrêter? Un troisième : Quel est maintenant entre vous le prix courant de la chair humaine? Quelques-uns voulaient savoir combien se payait une fausse dénonciation. On allait jusqu'à lui demander si les Juifs ne se regardaient pas actuellement en France comme en pays d'Égypte. D'autres, qui le connaissaient plus particulièrement, lui demandaient le prix de l'or et de l'argent, celui des femmes, et où il était en certaines circonstances critiques. Il répondait, sans se déconcerter, qu'il était fondateur d'une société populaire, et qu'il avait mis un comité révolutionnaire au pas. Il voulait donner de l'argent aux deux frères, espérant qu'ils se tairaient par intérêt; mais tout tourna à sa honte; honni et vilipendé, il eut la douleur de les voir sortir par ordre du comité de sûreté générale sans lui avoir compté les mille écus. Il avait voulu d'abord se nourrir avec lésinerie, espérant se faire passer pour un véritable sans-culotte; mais voyant qu'il n'était que trop connu, il donna dans un excès contraire. Tous les jours un âne chargé de provisions de toute espèce arrivait au Luxembourg pour satisfaire ses appétits gloutons. Lorsqu'on s'avisa de mettre le malheureux âne en réquisition, le chagrin fut compensé par le plaisir qu'il eut de voir arriver celui qui l'avait dénoncé au comité de sûreté générale, et que son comité révolutionnaire faisait mettre en prison, pour consoler et venger son cher président; mais, hélas! les joies sont courtes; le dénonciateur eut bientôt sa liberté, et Kalmer, ce sans-culotte à deux cent mille livres de rente, fut guillotiné pour intelligences avec les ennemis extérieurs.

Après lui vint un certain bossu, jadis écrivailleur dans la chicane; les uns, sur sa seule inspection, le garantissaient courtier d'espionnage; les autres, avec plus de justice, le déclaraient septembriseur. Il n'eut pas d'autre nom dans la prison que le petit septembriseur, nom qui lui était à peu près indifférent. Il disait un jour : « Au moins on ne m'accusera pas d'avoir volé. » Mais certain fournisseur de l'armée qui, avant la Révolution n'avait pas le sou vaillant, et qui disait avoir donné plus de cent mille livres à la nation, crut que c'était une épigramme lancée contre lui : il se fâcha, s'emporta. « Mon camarade, lui disait l'autre, je n'ai point eu intention de t'insulter, ni toi ni tes confrères. » Enfin, on les apaisa et ils s'embrassèrent : les loups ne se mangent pas.

Mais ces petites jouissances n'étaient rien en comparaison de la nouvelle de la joie que causa l'arrestation d'Hébert, Vincent et Momoro. Déjà les détenus se félicitaient tous de n'avoir plus à redouter un nouveau 2 septembre; déjà ils croyaient toucher au moment heureux où la justice nationale allait examiner les dénonciations, et rendre à leurs familles les citoyens innocents et patriotes. L'espérance renaissait dans tous les cœurs consternés. On vit arriver à son tour le fameux Chaumette. Ce n'était plus ce redoutable procureur de la commune, la terreur des filles de joie : c'était tout bonnement un individu tout honteux, aux cheveux plats et luisants. Semblable au renard surpris dans des filets, il portait la tête basse, son œil était morne et baissé, sa démarche lente et mal assurée, sa contenance triste et douloureuse, sa voix douce et suppliante. On ne pouvait l'entrevoir d'abord que par une chatière; chacun s'empressait d'y courir; enfin on ouvrit les corridors, et les députations ne lui furent point épargnées. Parmi les divers compliments qui lui furent faits, on distingua celui d'un certain original qui lui dit avec la gravité d'un sénateur romain : « Sublime agent national, conformément à ton immortel réquisitoire, je suis suspect, tu es suspect. » Puis montrant un de ses camarades : « Il est suspect, nous sommes suspects, vous êtes suspects, ils sont tous suspects. » Et lui faisant une profonde révérence, il se retire avec ses camarades et fait place à une autre députation. Ce premier choc étant passé, Chaumette tout étourdi n'osait descendre dans la cour, dont les détenus jouissaient depuis un mois environ. Mais on le rassura en lui disant qu'il n'avait à craindre que quelques plaisanteries auxquelles un homme d'esprit comme lui pouvait toujours répondre avec avantage. Il se rassura un peu, et cependant, craignant quelques huées générales, il ne vint que jusqu'au café. Là, il se disculpa de son réquisitoire sur les gens suspects, avec une douceur, une sensibilité qui semblaient annoncer le cœur le plus pur et le plus vertueux. Quelqu'un lui reprocha son réquisitoire sur le recrutement pour la Vendée. « Tu demandais, disait-il, qu'on choisît de préférence les clercs de notaires ou d'avoués, les modérés, les muscadins et les aristocrates, en y mêlant quelques patriotes clair-semés. Tu savais cependant mieux que personne qu'aucun citoyen ne voudrait partir ni comme aristocrate ni avec des aristocrates; tu savais mieux que personne qu'envoyer des contre-révolunaires pour combattre des contre-révolutionnaires, c'était doubler criminellement leur nombre et leurs ressources. Qu'est-il arrivé de ton réquisitoire? C'est qu'au lieu d'inspirer à la jeunesse française les élans sublimes du patriotisme et de la valeur, tu l'as abreuvée de rebuts et de dégoûts. Les jeunes gens sont restés chez eux, et c'est l'argent à la main qu'on s'est procuré des héros de cinq cents livres, qui, après avoir exercé sur leur route toutes sortes d'horreurs, passèrent en partie du côté des rebelles, ou revinrent à Paris faire le même commerce. C'est encore toi qui insultais les volontaires de la première réquisition; c'est toi qui disais qu'ils n'avaient point le corps velu ni les bras chargés de poils; qu'ils n'étaient bons qu'à être mis à la bouche du canon, etc., etc. Tu as tout fait pour exciter du mouvement dans Paris, en aigrissant ainsi ceux qui allaient verser leur sang pour la défense de leur patrie et de leurs magistrats. » Il fit à cette inculpation une réponse précieuse à recueillir. Il dit que, trompé par les exagérations de quelques malveillants, il s'était figuré que les jeunes gens de Paris ne partiraient pas sans peine, vu qu'ayant été élevés mollement et délicatement, ils ne devaient pas être très-braves; qu'ainsi, crainte de mouvement, il était prudent d'indisposer le peuple contre eux.

« Au surplus, ajoutait-il, j'ai bien réparé mon erreur, car c'est moi qui ai le plus contribué à faire juger et innocenter les jeunes gens arrêtés aux Champs-Élysées; et si j'ai, en effet, affligé la jeunesse parisienne; si j'ai, sans le vouloir, compromis son honneur, je lui en demande un pardon solennel. Eh! mes amis, quel est celui qui ne se trompe pas quelquefois?»

Le citoyen Cousin lui demanda s'il ne s'était pas aussi trompé lorsque, pressé par un peuple immense, qui demandait des subsistances à une municipalité également perfide et ignorante, il avait fait un réquisitoire pour qu'il fût mis deux gendarmes chez un citoyen qui, depuis un an, avait rendu ses comptes, et qui venait de quitter son lit, où il était depuis trois mois, pour voler au secours de ses concitoyens menacés de la famine, et se rendre au vœu des administrateurs, qui ne savaient plus où donner de la tête. « Je connaissais ton intègre probité, lui répondit Chaumette, je savais bien que tes comptes avaient été vérifiés et apurés, mais enfin nous étions fort embarrassés, il fallait bien trouver un moyen de satisfaire le peuple, qui était alors fort agité; et je n'ai pas trouvé d'expédient plus favorable que de mettre les scellés et des gardes chez tous ceux qui, depuis 1789, avaient administré les subsistances. — Grand merci de l'expédient, répliqua Cousin; je ne suis pas riche, et pour te tirer d'embarras, je me serais bien passé de dépenser cent pistoles à payer les gardes qu'il t'a plu de faire mettre chez moi. » — Quant à notre converti, voyant que l'on n'avait pas grande foi à sa contrition, il resta dans sa chambre, n'ayant pour toute société que quelques Hébertistes.

Un hypocrite bien plus adroit, mais qui ne se fit pas plus de prosélytes, arriva au grand étonnement de tous les détenus, qui le regardaient comme l'un des agents les plus affidés de Robespierre. C'était le tartufe Lulier[1]. Il refusa, crainte de se compromettre, de loger dans la chambre de son frère Chaumette; il coucha dans celle d'un citoyen fort riche, fort généreux, et qui, par là-dessus, joignait le mérite d'avoir dans sa cave les meilleurs vins de Paris. Lulier prétendait qu'un homme comme lui ne devait pas rester six heures en prison. Il ne parlait que des services qu'il rendait au public et aux particuliers; que de la délicatesse de ses sentiments, de la sensibilité de son cœur, de sa tendresse pour sa femme et sa fille. A l'entendre, il n'avait pas fait faire une seule arrestation; son âme était déchirée de voir tant d'innocentes victimes (il y en avait seulement au Luxembourg une quarantaine de sa section). Ceux qui le connaissaient voyaient clairement que le patelin en voulait au vin de Dumoulin, citoyen humain et sensible, et qu'il jouait les sentiments pour s'attirer ses bonnes grâces, comme il avait joué le patriotisme pour se donner une place bien lucrative. Voyant toutefois que les lettres qu'il écrivait à Robespierre restaient sans réponse, la terreur par laquelle il avait voulu régner régna sur son âme consternée. Les larmes étaient sa seule ressource. Il ne voyait aucun de ses cosectionnaires; mais, en revanche, quand il ne pleurait ni ne buvait, il était à faire sa cour au ci-devant duc de Gesvres, et il inspirait à tous les détenus le mépris et la pitié. Enfin il alla porter à Pélagie son fougueux

[1] C'est Lhuillier qu'il faut lire. Cet homme avait figuré au 10 août, et s'était signalé dans les massacres de septembre. Il fut nommé procureur syndic du département de Paris, prit une part active à l'insurrection du 2 juin; mais il eut le malheur de déplaire à Robespierre. Ne pouvant le fléchir par ses basses supplications, il prit le parti de se poignarder à Sainte-Pélagie.

désespoir, et là, dans l'un de ses accès, il se punit par sa propre main de ses fourberies et de ses crimes. Il était encore au Luxembourg, lorsqu'on annonça que Danton, Lacroix, Philippeaux et Camille Desmoulins étaient chez le concierge. Réal était arrivé la même nuit, et avec sa gaieté ordinaire il leur disait qu'ils seraient probablement de la même charretée, qu'ils joueraient les premiers rôles, tandis que lui, victime obscure et inconnue, son nom ne passerait pas même à la postérité. Il vit que Camille avait apporté des livres sombres et mélancoliques, tels que *les Nuits* d'Young et *les Méditations* d'Hervey. « Est-ce que tu veux mourir d'avance? lui dit Réal. Tiens, voilà mon livre, moi, c'est *la Pucelle d'Orléans*. » Quand Lacroix parut, Hérault-Séchelles quitta sa partie de galoche [1] pour aller l'embrasser. Simon en fit autant. Ce dernier n'était pas aussi bien vu que son collègue; on lui reprochait d'avoir dit à la Convention qu'il fallait que les détenus allassent grossir le limon de la Loire; d'ailleurs il était prêtre, et il conserva, tant qu'il fut au Luxembourg, la dénomination de Simon-Limon.

A son arrivée, Lacroix ne parla point; les ci-devant jouissaient infiniment; et l'un d'eux, appelé la Roche du Maine, qui était fort goguenard, dit en le voyant passer : « Voilà de quoi faire un beau cocher. » Camille et Philippeaux n'ouvrirent pas la bouche; mais quand on conduisit Danton, il dit, en affectant un rire forcé : « Quand les hommes font des sottises, il faut savoir en rire... Je vous plains tous ; si la raison ne revient pas promptement, vous n'avez encore que des roses. » Puis, rencontrant Thomas Payne, il lui dit bonjour en anglais, et ajouta : « Ce que tu as fait pour le bonheur et la liberté de ton pays, j'ai en vain essayé de le faire pour le mien; j'ai été moins heureux, mais non pas plus coupable... On m'envoie à l'échafaud : eh bien, mes amis, j'irai gaiement. » Quand ils furent chacun dans leur chambre, il

---

[1] Les prisonniers, pour passer le temps, s'amusaient à jouer à la galoche, c'est-à-dire qu'on mettait sur un bouchon de liége des pièces de monnaie qu'on essayait d'abattre avec des gros sous. (*Note de l'auteur.*)

se trouva qu'il n'y en avait qu'une entre celle de Danton et Lacroix, en sorte qu'ils pouvaient se parler, mais qu'ils étaient obligés d'élever la voix, de manière à être entendus de beaucoup de détenus. « Oh! si j'avais su qu'ils voulaient m'arrêter! s'écriait Lacroix. — Je le savais, répliqua Danton, on m'en avait prévenu, et je n'avais pu le croire. — Quoi! Danton était prévenu, et Danton s'est laissé arrêter! C'est bien ta nonchalance et ta mollesse qui t'ont perdu. Combien te l'a-t-on prédit de fois.! »

Le général Dillon [1] vint plusieurs fois pour parler à Lacroix; mais comme il touchait presque à sa fenêtre, et qu'il avait grand soin d'écarter les curieux, on n'en entendit rien. Quand les députés reçurent leur acte d'accusation, Camille remonta en écumant de rage, se promena à grands pas dans sa chambre; Philippeaux, sensiblement ému, joignait les mains, regardait le ciel; Danton revint en riant, et plaisanta beaucoup Camille Desmoulins. Rentré dans sa chambre : « Eh bien, Lacroix, qu'en dis-tu? — Que je vais me couper les cheveux, pour que Sanson n'y touche pas. Ce sera bien une autre cérémonie quand Sanson nous démantibulera les vertèbres du cou. — Je pense qu'il ne faut rien répondre qu'en présence des deux comités. — Tu as raison, il faut tâcher d'émouvoir le peuple. »

Quand ils partirent pour le tribunal, Danton et Lacroix affectèrent une gaieté extraordinaire; Philippeaux descendit avec un visage calme et serein, Camille Desmoulins avec un air rêveur et affligé. Il dit, avant d'entrer chez le concierge : « Je vais à l'échafaud pour avoir versé quelques larmes sur le sort des malheureux; mon seul regret, en mourant, est de n'avoir pu les servir. » Delaunay d'Angers partit sans même lever les yeux; Fabre d'Églantine était excessivement malade, on l'aida à se traîner jusqu'à la fatale voiture. Bazire partit avec Hérault-Séchelles, qu'il embrassa plusieurs fois

---

[1] Ce général buvait beaucoup, et quand il n'était pas ivre, il jouait au trictrac. (*Note de l'auteur.*)

avec affection. Ce dernier, qui n'avait point du tout été mis au secret, s'était promené tranquillement dans la cour environ deux heures, en attendant qu'on le vînt chercher pour le tribunal. Il fit ses adieux à ses connaissances comme s'il les quittait pour aller à une partie de plaisir. Son domestique, éploré, fondait en larmes; il l'invita à prendre courage, et consolait tous ses amis. Quant à Chabot, il était transféré depuis quelques jours à l'infirmerie de la Conciergerie : il s'était procuré au Luxembourg du sublimé corrosif, et la douleur lui ayant arraché des cris qui donnèrent l'alarme dans la maison, on prolongea sa vie et ses souffrances. Au milieu de ses tourments, il ne parlait que de son ami Bazire : « Pauvre Bazire, qu'as-tu fait? » s'écriait-il, etc.

Dillon recevait deux fois par jour des nouvelles du tribunal. L'on formait, on ne sait pourquoi, dans la maison, des vœux ardents pour Camille Desmoulins. Le surlendemain tous les détenus sont consignés dans leur chambre, toutes communications avec l'intérieur et l'extérieur sont interdites, la circulation des journaux est interceptée, et chacun attendait dans le silence et l'effroi les motifs d'une consigne aussi rigoureuse. On apprit bientôt que Laflotte avait dénoncé au comité de sûreté générale un complot tramé par Simon et Dillon. Les papiers publics en ont parlé dans le temps. Les prisonniers demandèrent avec instance aux administrateurs de police le transfèrement de ces deux prévenus de conspiration dans une autre maison d'arrêt, espérant qu'après les rumeurs se calmeraient, qu'on leur rendrait la cour, où ils ne pouvaient plus se promener, la faculté d'écrire à leurs parents, et de lire le journal du soir, comme par le passé. Chaumette, Simon, Dillon et autres, furent transférés et même guillotinés; mais les mesures, au lieu de s'adoucir, devinrent de jour en jour plus vexatoires et plus tyranniques.

Une calamité inattendue vint tout à coup porter l'alarme et la douleur dans le cœur des détenus; c'était l'arrestation du concierge. Cet homme sévère, mais compatissant, était véritablement précieux aux malheureux. Septuagénaire, père de six enfants, connu par son intacte probité, sa disgrâce devait affliger toutes les âmes honnêtes et sensibles. Le citoyen Lenain, homme puissamment riche, et qui venait de marier sa fille à l'un des fils d'un ci-devant garde du corps nommé Saint-Cry de Montplaisir, détenu lui-même au Plessis, lui avait remis dans la matinée un dépôt en or, qu'un autre ci-devant avait caché et dont il lui avait révélé l'endroit avant que d'aller au supplice. Benoît donne un reçu à Lenain, et prévient de suite l'accusateur public, tandis que Lenain, plus avide de sa liberté que d'argent, envoie le reçu au comité de sûreté générale et tâche de se prévaloir de sa dénonciation pour obtenir son élargissement. Le soir même Benoît est arrêté, les scellés apposés chez lui; sa famille éplorée vient faire aux détenus ses tristes adieux. Chacun était dans la désolation, et croyait avoir perdu un ami ou un père. Un seul homme se réjouissait au milieu de la consternation générale; c'était le fameux Brichet [1], ci-devant valet chez la Polignac, et qui depuis, fidèle à ses anciens maîtres, travaillait avec succès à faire abhorrer notre révolution, en persécutant et faisant emprisonner les patriotes vertueux. Il ne devait pas trouver beaucoup d'amis dans le Luxembourg, où ses victimes et sa réputation l'avaient devancé. Il n'est point d'humiliations qu'il n'ait éprouvées. Il était venu, selon l'usage de ses pareils, en sabots et en bonnet rouge. Après avoir essuyé les huées de tous les détenus, il alla chez le concierge; il voulait que ce brave homme mît dans un cachot et au secret quiconque l'appellerait M. Brichet. Le concierge se contenta d'inviter les détenus à respecter le malheur dans tous les individus, et lui conseilla de monter à sa chambre, ce qu'il fit en jetant sur Benoît et les détenus un regard furieux et menaçant. Mais ceux-ci, sans s'effrayer, lui criaient encore : « Adieu, monsieur Brichet. » Cette qualification lui était restée; il prétendait que c'était la faute du concierge, et M. Brichet ne pardonnait rien.

[1] Il a été guillotiné comme hébertiste.

Quelques jours après l'arrestation de Benoît, arriva la fameuse visite (mot honnête pour quelque chose qui ne l'était guère). Chaque détenu, à son réveil, trouva à sa porte une ou plusieurs sentinelles. Un administrateur de police, Polonais d'origine et savetier de profession, nommé Wilcheritz [1], vint signifier l'ordre de ne point communiquer. Les détenus se crurent à la veille d'un nouveau 2 septembre; déjà ils se faisaient leurs adieux et se préparaient à la mort. Mais on ne voulait cette fois que les dépouiller. Argent, bagues, assignats, argenterie, bijoux, boucles, nécessaires; ensuite les rasoirs, couteaux, canifs, ciseaux, fourchettes, clous, épingles, etc. [2]. Ils entassaient tout ce qu'ils prenaient dans une chambre, et n'en faisaient qu'un paquet qu'ils cachetaient, sans en faire l'inventaire. Dans ces moments de crise, il n'était point permis de recevoir ni de renvoyer ni linge, ni provisions, de façon que la majeure partie de ce qui était envoyé se trouvait égaré. Cette opération dura trois jours entiers; mais les deux derniers ne furent pas aussi lucratifs que le premier; on en devine aisément la raison. Les inquisiteurs reçurent même quelques plaisanteries qui les fâchèrent beaucoup. Dans une chambre, un citoyen, après leur avoir abandonné son portefeuille, s'en croyait débarrassé; on lui demande sa bague : « Quoi! reprit-il, vous donnez donc aussi dans la joaillerie? » On lui demande ses boutons de manches, ses boucles à jarretières, sa boucle à col et ses boucles à souliers. « Citoyens, répliqua-t-il, vous auriez plus tôt fait de me déshabiller. — Citoyen, répondit Wilcheritz,

---

[1]. Il a été guillotiné comme complice de Robespierre. Il faut remarquer que ce dernier avait à sa solde une infinité d'étrangers, qu'il avait placés dans les administrations. Le maire Fleuriot était Autrichien. (*Note du narrateur.*)

[2] Le général O'Hara ne fut pas exempt de ces perquisitions, et s'y prêta même de bonne grâce. Quand il fut dépouillé, il dit à Wilcheritz : « Monsieur l'administrateur, j'ai une grâce à vous demander, c'est qu'aucun Français n'entre dans ma chambre. » Il parlait un jour de la liberté de la presse à un prisonnier, et disait : « En Angleterre, nous pouvons écrire : le roi Georges, il est fou; mais vous, ne pouvoir pas écrire : Robespierre, il est un tigre.[» (*Note de l'auteur.*)

la justice est juste, tout cela te sera rendu à la paix, je t'en réponds. » Parisau[1] leur dit : « Citoyens, je suis désolé, vous arrivez trop tard ; j'avais bien ici trois cents livres, mais un citoyen vous a devancé, et me les a déjà dérobées ; je désire que vous soyez plus heureux ailleurs ; cependant comme on m'a dit que vous laissiez cinquante livres et que je n'en ai que vingt-cinq, s'il vous plaisait de parfaire la somme ? — Oh non, citoyen. — J'entends, vous ne venez que pour prendre. Il est malheureux qu'il y ait ici des citoyens plus actifs que vous. Au surplus, en suivant la marche que vous prenez, vous n'y perdrez rien, et tout rentrera dans vos mains. Vous êtes un océan auquel vont se joindre toutes les petites rivières. — Vous êtes bien honnête, repartit le Polonais ; mais ce n'est pas des compliments dont nous sommes en recherche aujourd'hui. »

Ils voulurent enlever dans une chambre une cafetière d'argent ; le propriétaire, pour la conserver, disait qu'elle était de métal anglais, et qu'il l'avait eue d'occasion. « C'est possible, répliqua l'un des administrateurs, car j'en ai une à la maison toute semblable. — Qui vous est venue d'occasion, repartit le propriétaire. — Que vous importe ? répliqua l'administrateur en rougissant. — Ne vous fâchez pas, citoyen, vous ne seriez pas le premier homme en place qui auriez eu des faiblesses ». On avait laissé aux horlogers, aux tailleurs, aux cordonniers et aux graveurs les outils nécessaires à leur état. Les perruquiers recevaient chaque matin leurs rasoirs, et les remettaient le soir à un guichetier. Ainsi, chacun pouvait encore travailler librement à son état ; il était enjoint seulement aux perruquiers de ne prendre que cinq sous par barbe ; mais chacun continuait de payer selon ses facultés. Laborde payait la sienne dix livres, les ci-devant n'étaient pas aussi généreux, mais ils ne payaient pas au *maximum*.

---

[1] Auteur connu par plusieurs pièces dramatiques. Quelques jours après la mort du tyran, on vint au Luxembourg pour lui apporter la liberté ; le malheureux avait péri dans une des masses ordonnées par Robespierre. (*Note de l'auteur.*) Parisau, journaliste, avait été guillotiné le 22 messidor.

Privés de toute communication, de toute nouvelle, de toute espérance d'être jugés, on demandait à Wilcheritz les journaux, la cour et les moyens de se justifier; sa réponse éternelle était : « Patience, la justice est juste; ce durement ne peut pas durer; patience.

— Patience, lui répliqua-t-on un jour, c'est la vertu des ânes, et non celle des hommes. — Tu n'es donc pas républicain? » répondit-il avec une présence d'esprit admirable. Chacun se mit à rire de l'à-propos, et, par compagnie, il se mit aussi de la partie, et, riant aux éclats, croyait avoir dit la chose du monde la plus spirituelle.

La fête de l'Être suprême, la prise de Mons, servirent d'occasion aux prisonniers patriotes pour se réunir, et pour témoigner, comme ils l'avaient fait lors de la reprise de Toulon, leurs sentiments joyeux et républicains. A la dernière fête, Wilcheritz s'était mis en costume de représentation; il avait de grands souliers tout neufs avec de superbes boucles d'argent mises de côté, de beaux bas de soie blancs ravalés, une large culotte de drap de soie noir, une longue veste de satin noir et un habit de taffetas rose; sa tête était chargée d'une demi-livre de pommade et d'une égale quantité de poudre; il tenait avec grâce un énorme chapeau de la main gauche, et de la droite l'administrateur muscadin portait une rose avec délicatesse, et l'enfonçait successivement tout entière dans chacune de ses narines. « Comme vous voilà brave! lui dit un républicain; mais, en vérité, je crois que vos boucles..... et vous nous disiez, en prenant les nôtres, qu'un bon républicain n'en devait pas porter. — Tu ne vois pas, ajouta un autre camarade, que ces boucles-là ne sont pas d'argent : c'est une *composition anglaise*. — Ta composition, disait un autre malin, je la déclare suspecte; est-ce que le citoyen aurait ça *d'occasion, par hasard?* » Et tout le monde de rire et d'applaudir. « Votre hasard et votre occasion, répondit avec dignité Wilcheritz, sont autant de grossièretés; au reste, je déclare, je donne ma parole d'honneur que je les avais avant la visite. — Oh! nous n'avons pas besoin de ce témoignage..... notre conscience était suffisamment éclairée, et d'ailleurs il n'y a encore personne dans la maison qui les ait reconnues pour avoir été à lui. » C'était avec de pareilles plaisanteries que les détenus s'amusaient aux dépens du pauvre Wilcheritz, qui, au demeurant, n'aimait pas la raillerie; mais il ne mettait pas son plaisir à tourmenter les individus, et ne faisait qu'exécuter machinalement les ordres qu'on lui donnait.

Les nobles, en général, se souciaient fort peu des concerts où l'on chantait les victoires de la République, très-peu s'y rendaient; ils restaient dans leurs chambres, où ils fabriquaient à loisir des nouvelles qui circulaient ensuite dans la maison et servaient de pâture aux prisonniers, qui étaient absolument sevrés de journaux; seulement on passait quelquefois, par fraude, le *Courrier républicain,* et il n'était pas gai de lire en tête : « Jugement du tribunal révolutionnaire, qui a condamné à la peine de mort trente, quarante, cinquante ou soixante conspirateurs. »

C'est à cette époque que le brave Benoît fut acquitté au tribunal révolutionnaire.

L'allégresse était générale dans la maison, tous les détenus étaient au comble de leurs vœux, on eût dit d'une famille à laquelle un père était rendu; chacun s'attendait à le voir rentrer dans ses fonctions; mais quelle fut la douleur des citoyens lorsqu'ils virent leurs espérances frustrées! Benoît obligé de quitter le Luxembourg, son successeur expulsé, et l'ancien concierge de la cave des morts de Lyon envoyé par le sanguinaire Couthon. La consternation était générale : on semblait prévoir les funestes événements qui ne tardèrent pas à avoir lieu.

Guiard (c'est le nom de cet homme féroce) était à peine entré dans la maison qu'il inventa des vexations inconnues jusqu'à ce jour. Il n'était plus permis de respirer l'air à la fenêtre, parce que deux malheureux s'étaient donné la mort en se précipitant du haut des toits. La nuit, des hommes armés de barres de fer, de sabres nus, venaient avec deux ou trois chiens énormes éveiller tous les citoyens, leur faire sortir la tête du lit, les compter et les accabler d'outrages. Il n'était plus permis de reposer; les sentinelles avaient ordre de crier toute la nuit et sans interruption : « Sentinelles, prenez garde à vous! » Tout billet qui renfermait quelques mots de consolation ou d'amitié était impitoyablement déchiré. On souffrait avec plus de patience que jamais, parce qu'on voyait que la commission interrogeait avec douceur un grand nombre de citoyens. On espérait que les patriotes seraient enfin rendus successivement à la liberté. Cet espoir fut confirmé par un mot de Guiard [1]. Après l'enlèvement des assignats, on délivrait aux détenus deux livres dix sous par jour, depuis le 1er floréal. Un matin que ce monstre payait, il dit avec le sourire du crime : « Oh! la première fois, il y en aura deux cents de moins à payer. »

On était bien éloigné de soupçonner ce qui arriva. Nuit fatale! nuit désastreuse! où cent soixante-neuf victimes furent arrachées au sommeil pour être traînées dans des chariots à la boucherie! Qui pourrait peindre la consternation et l'effroi de ceux qui avaient vu partir de leurs chambres des camarades, des amis, des parents, pour être traînés à l'échafaud? Personne n'osait descendre dans la galerie; la terreur et la mort étaient dans tous les cœurs; les détenus se rencontrant n'osaient se regarder ni demander des nouvelles de leurs amis. Les femmes éplorées étaient accourues en foule à la porte et au jardin. Dans tous les moments de crise, ces courageuses citoyennes ne manquèrent jamais de

---

[1] La plupart des faits rapportés ici se trouvent confirmés par le procès de Fouquier-Tinville. Nous renverrons le lecteur au *Tribunal révolutionnaire de Paris*, par M. Campardon, où ils trouveront les débats et le résumé du procès prononcé par le substitut de l'accusateur public Cambon. Le jugement rendu le 17 floréal an III (6 mai 1795) condamna à mort Fouquier-Tinville, Foucault, Sellier, Garnier-Launay, Leroy, dit *Dix-Août*, Renaudin, Prieur, Vilate, Châtelet, Gérard, Boyenval, Benoît, Lanne, Verney, Dupaumier et Hermann. Maire, Deliége, Harny, Naulin, Lohier, Laporte, Trinchard, Duplay, Brochet, Chrétien, Ganney, Trey, Beausire, Guyard et Valagnos, furent acquittés. — Guyard est qualifié commis aux fermes, grainetier et concierge de maison d'arrêt.

venir prodiguer à leurs époux infortunés les tendres consolations de l'amitié; les détenus eurent le spectacle déchirant du désespoir de quelques-unes, qui, cherchant en vain des yeux leurs malheureux maris, tombaient en défaillance et noyées dans leurs larmes.

O vous! femmes sensibles et courageuses, dont le zèle infatigable, dont la tendresse ingénieuse versa sur les plaies de vos malheureux époux le baume de la consolation; vous qui bravant les rigueurs des saisons, les menaces et les injures des guichetiers insolents, partageâtes si longtemps le poids de leurs chaînes; vous qui leur fîtes supporter la vie et la rigueur de leurs maux; la postérité admirera les généreux efforts de votre sensibilité et de votre vertu! Elle s'arrêtera avec plaisir sur l'histoire touchante de vos souffrances et de vos sacrifices; vous serez l'honneur et le modèle de votre sexe; mais en attendant que vous viviez éternellement dans la mémoire de nos descendants attendris, jouissez dans les bras de vos heureux époux de la juste récompense de votre dévouement courageux. Si le caprice ou l'inconstance vous préparaient de noirs chagrins, rappelez-leur votre conduite, et à l'instant ils oublieront leur injustice, et le nuage sera dissipé; recueillez leur amour et l'estime de vos contemporains; et que vos enfants, instruits par un si bel exemple, apprennent de la bouche de leur mère que l'humanité et la sensibilité sont les vertus dont les devoirs sont les plus doux à remplir.

Cependant on vit revenir triomphants ceux qui avaient été déposer au tribunal. Des cent soixante-neuf victimes, il n'y en avait pas une seule d'acquittée. Les dénonciateurs étaient au nombre de sept. Un d'entre eux avait rempli presque à lui seul toute la séance du tribunal; il avait parlé une heure et demie sur l'existence d'une prétendue conspiration au Luxembourg, dont aucun détenu n'avait jamais eu le moindre indice. On avait mis à la Conciergerie un des premiers guichetiers, pour avoir déclaré qu'il n'avait aucune connaissance de cette conspiration. On avait voulu faire convenir un autre porte-clefs que cette conspiration avait existé ; il l'avait formellement nié. On lui dit au tribunal : « Mais quand tu portais quelques paquets à ces contre-révolutionnaires, est-ce que tu ne les entendais pas tenir des propos aristocratiques? — Écoutez-moi, écoutez-moi tous, leur répliqua le bon Suisse ; entendez-vous ce qui se dit derrière cette porte qui est là-bas? — Non. — Eh bien, moi, c'est tout de même pour la conspiration. » Le peuple ayant applaudi, celui-ci ne fut pas emprisonné.

Parmi les témoins qui allèrent déposer, ainsi qu'on vient de le dire, et qui étaient au nombre de sept, le premier et le plus scélérat de tous était un déserteur de l'armée de l'Empereur, entretenu jadis par une dame du haut parage. Ce jeune homme était garçon tailleur de profession, et depuis qu'il était au Luxembourg, il s'en était évadé ; mais rencontré par un porte-clefs, sur le pont Neuf, il avait été obligé de rentrer le soir même dans la cage. Il était accusé d'avoir voulu faire des enrôlements pour les puissances étrangères. C'est cet homme taré qui était le premier faiseur de listes. Vauchelet, Julien, Meunier et d'Hilliers furent choisis pour faire les additions et retranchements qu'ils jugeraient convenables.

Boyenval [1], c'est le nom de l'infâme témoin qui se signala en cette affreuse circonstance, revint du tribunal avec un visage enflammé, les yeux étincelants, et se vantait hautement d'avoir parlé deux heures ; d'avoir, presque à lui seul, rempli toute la séance du tribunal, et d'avoir déclamé avec tant d'éloquence, qu'il en était surpris lui-même, et qu'il n'en était pas échappé un seul des cinquante-neuf qui furent mis le premier jour en jugement. Le second dénonciateur était Beausire, ex-noble, et connu même dans l'ancien régime par ses intrigues. Pour en donner une idée, il suffit de dire qu'il épousa la d'Oliva, qui, après avoir fait publique-

---

[1] Nous avons déjà dit que ce Boyenval fut condamné à mort comme complice de Fouquier-Tinville, le 17 floréal an III (6 mai 1795).

ment le métier de courtisane au ci-devant Palais-Royal, fut choisie pour représenter la femme de Louis XVI dans l'affaire du collier. Cet homme, accusé d'avoir été jadis attaché à la maison d'Artois, avait joué un certain rôle dans la Révolution; en 1790, commandant de la force de la section du Temple, il s'en était retiré lorsque son crédit commençait à baisser, et s'était retiré à Choisy, où il était parvenu à se faire nommer procureur de la commune. C'était le premier espion de Boyenval, qui disait cependant de lui qu'il s'en servait, mais que Fouquier-Tinville ne l'aimait pas et qu'il le ferait guillotiner quand il le voudrait.

On a remarqué que tous ceux qui avaient gagné à ce Beausire de l'argent au jeu, avaient été compris dans la conspiration.

Le troisième était un nommé Benoît, ci-devant mouchard, qui à force d'intrigue était parvenu à se faire nommer commissaire du pouvoir exécutif dans le département de l'Eure; il paraissait, d'après ses récits, qu'il y avait fait arrêter un assez grand nombre de citoyens. Il n'était pas richement payé par l'administration de police, car il devait à tout le monde et ne trouvait plus à qui emprunter. Il était tellement méprisable, que ses complices mêmes ne voulaient pas frayer avec lui, et finirent par le faire transférer aux Carmes, où il continua à servir Robespierre. Venait ensuite un aide de camp de l'armée de Carteaux, nommé Amans; ce jeune homme, plus coupable que les autres, parce qu'il avait plus d'éducation, réunissait toutes les qualités d'un scélérat accompli : à une dissimulation profonde il joignait un empire si absolu sur lui-même, une hypocrisie si parfaite, que le miel semblait couler de ses lèvres empoisonnées. On le nommait, avec quelque raison, *le troisième volume de Robespierre*.

Le cinquième était le riche Lenain, dont il a déjà été question, qui pour sauver de la réquisition le fils d'un garde du corps plus que suspect, lui avait donné sa fille en mariage. Cet homme était renommé, même dans la maison, pour son aristocratie puante et sa ridicule bigoterie. Quant au sixième, c'était un des commissaires de police de la section Révolutionnaire, chargé, au mois de septembre 1792, de la police de la Conciergerie, et tout à fait digne de cette place. C'est lui qui fut chargé de l'opération, vraiment conforme à ses goûts, de faire laver les habits ensanglantés des victimes égorgées, et, ce qui était plus lucratif, de délivrer leurs extraits mortuaires. Disgracié par sa section, et bientôt remplacé, il se trouvait compris dans la loi du 17 septembre. Il avait longtemps laissé pousser ses moustaches; mais à l'affaire de Lapalu, Grammont [1], etc., l'administrateur Danger lui ayant dit publiquement qu'il ne les aimait pas depuis qu'il avait vu un de ses hommes à moustaches convaincu au tribunal révolutionnaire de faux témoignage et guillotiné à la place des malheureux qu'il avait voulu faire traîner à l'échafaud, il avait pris le parti de les faire couper, et de renoncer au moins à l'extérieur des faux dénonciateurs.

On fut étrangement surpris de trouver mêlé parmi ces hommes méprisables un citoyen dont les principes avaient toujours paru s'éloigner des maximes féroces et sanguinaires de la tyrannie vandale. Jadis président de la section de Brutus, des querelles de section l'avaient fait arrêter; son extérieur annonçait la franchise et la probité; il n'avait ni les propos atroces des cannibales, ni leur regard menaçant et farouche. Il se nommait Vauchelet, et on a douté au Luxembourg s'il n'avait pas plus coopéré à empêcher de plus grands maux qu'à augmenter le nombre des victimes; on a douté s'il était un patriote imprudent, ou le plus astucieux de tous les scélérats. On n'était pas aussi heureusement porté en faveur de Meunier, ancien capitaine du centre, ni de Julien, qui, d'abord adulateur rampant de la Fayette, dont il était aide de camp, avait écrit contre lui lorsqu'il fut terrassé. On était bien loin de les comparer aux autres; la scélératesse et la pusillanimité sont également dangereuses, mais non pas également révoltantes.

[1] Le procès commença le 21 germinal an II (10 mars 1794).

Aussitôt que l'on connut la cheville ouvrière de cette horrible machination, on vit plusieurs détenus, soit par frayeur, soit par désir de sauver leurs parents, leurs amis ou leurs personnes, former auprès de ces tyranneaux subalternes une cour très-assidue. Rien n'égalait l'audace et la ridicule insolence de ces assassins. Boyenval surtout révoltait autant par l'atrocité de ses propos que par la scélératesse de sa conduite. « Le premier qui me regarde de travers, disait-il, je le fais transférer à la Conciergerie. » Il se permettait publiquement les familiarités, les caresses les plus indécentes vis-à-vis d'une peintresse dont deux heures auparavant il avait fait guillotiner le mari, pour avoir reçu dans sa chambre des ci-devant qui venaient se faire peindre. On ajoute même que le petit Néron employa les menaces pour jouir, la nuit même, des faveurs de cette jeune veuve infortunée, avec laquelle il resta jusqu'à onze heures et demie sans chandelle. Il se vantait d'aller toutes les nuits au comité de sûreté générale et de salut public; d'avoir la confiance et l'amitié de Fouquier-Tinville; que toutes les têtes du Luxembourg étaient à sa disposition; qu'il y était en réquisition; qu'on entendrait parler de lui; qu'il se servait de bien des gens qui y passeraient comme les autres; qu'une fois sorti, il aurait une bonne place; mais que, lui rapportât-elle cent livres par jour, il les *boufferait*, parce que, s'il amassait, on le guillotinerait aussi pour avoir son argent. Il annonçait d'avance ceux qui devaient être transférés à la Conciergerie ou arrêtés. Un jour, il se plaignit que dans une chambre où étaient les citoyens de la section des Amis de la Patrie, on l'avait traité de scélérat; il prédit hautement qu'ils y passeraient tous. En effet, on en guillotina plusieurs le jour même où le patron de ce tigre fut mis hors la loi. Plusieurs autres étaient déjà transférés à la Conciergerie, et les pièces de ceux qui restaient remises au tribunal.....

Il ne s'était point passé de jour depuis la fameuse enlevée des cent soixante-neuf, qu'on n'eût arraché du Luxembourg de nouvelles victimes. La vieille maréchale de Noailles, quoique octogénaire, sourde et aveugle, quoique arrivée après le supplice de ceux qu'on disait être les auteurs d'une conspiration, y fut comprise avec toute sa famille. On y fit entrer aussi tous ceux qui avaient rendu quelques services aux ci-devant, tous leurs domestiques; ils en laissèrent cependant un dont les vertus méritent ici une mention particulière. Lui et son frère étaient depuis leur enfance au service du citoyen Lamarelle, dont le fils fut si rudement maltraité par la Palu et les siens. Ce citoyen généreux avança à ses maîtres tout ce dont ils eurent besoin pendant dix mois de prison; et quand il vit enlever le mari, la femme, la nièce et le fils, quand il sut qu'ils étaient condamnés avec deux ou trois complices de la Palu pour la même conspiration, il eut le courage de les défendre hautement et d'ajouter que la mort seule pourrait l'empêcher de publier leur innocence. On fit transférer son frère aux Carmes quelques jours avant la chute de Robespierre.

Ce trait en rappelle un autre non moins précieux. Un Savoyard était parvenu à être porte-clefs dans la maison; brusque sans dureté, jamais il ne se permettait aucune menace, aucune injure. Il apprit que celui qui l'avait accueilli à Paris, qui l'avait instruit, qui avait pourvu à tous ses besoins, que le père nourricier de tous ses compatriotes, le sensible Fénelon, était inscrit sur la liste des transférés; ce pauvre garçon se livrant aux mouvements de son cœur, court se jeter dans les bras de son bienfaiteur, il l'embrasse et le baigne de ses larmes, qui coulaient en abondance; il retenait le bras du gendarme qui le conduisait; il l'appelait son père et voulait l'empêcher d'avancer. « Console-toi, lui disait le respectable vieillard, la mort n'est point un mal pour qui ne peut plus faire de bien. Ta sensibilité est en ce moment pour mon cœur une bien douce récompense. Adieu, mon ami! adieu, Joseph! Pense quelquefois à moi. — Ah! je ne vous oublierai jamais. » Et ses larmes coulaient par torrents; ce malheureux ne pouvait s'arracher des bras de celui qu'il nommait son père; le concierge fut averti, il parut, et Joseph fut chassé.

Ceux qui furent acquittés au tribunal rapportèrent quelques détails intéressants sur les condamnés[1]. Les deux frères Robert ne voulurent jamais se séparer, ils se tenaient toujours étroitement serrés et furent exécutés immédiatement l'un après l'autre. Mais le tableau le plus attendrissant fut celui d'une jeune femme nommée Bois-Bérenger. Son père, sa mère et sa jeune sœur avaient reçu leur acte d'accusation; elle seule ne l'avait point reçu. « Dieux! s'écriait-elle en versant des larmes de désespoir, vous mourrez avant moi; je suis condamnée à vous survivre! » Elle s'arrachait les cheveux, embrassait tour à tour son père, sa sœur, sa mère, et répétait avec amertume : « Nous ne mourrons point ensemble! » Pendant qu'elle s'abandonnait ainsi à la douleur, l'acte d'accusation arrive. Qui pourrait peindre la joie qui éclata aussitôt sur son visage! La danse succède aux larmes, elle court, vole en sautant dans les bras de ses parents, les embrasse de nouveau avec transport : « Maman, s'écriait-elle, nous mourrons ensemble! » On eût dit qu'elle tenait dans ses mains leur liberté et la sienne; elle se coupa elle-même les cheveux, mangea avec appétit et gaieté, et donna aux hommes, jusqu'à l'échafaud, l'exemple d'un courage héroïque et de la piété filiale. Sa conduite dans la prison avait forcé la critique à convenir que certaines liaisons qu'on lui reprochait avec le ci-devant président Molé-Champlâtreux provenaient moins d'un fonds de galanterie que de sensibilité. C'était elle qui était la garde-malade de l'épouse de l'ex-ministre Amelot; ce fameux distributeur de lettres de cachet n'avait pas été oublié dans celles que répandaient si généreusement les quarante-huit comités révolutionnaires; l'embastilleur se trouvait enfin à son tour embastillé; il venait d'avoir le malheur de perdre le peu d'esprit qu'il avait reçu de la nature. S'il se fût contenté d'écrire au ci-devant prince de Condé pour l'inviter à un repas auquel il devait engager

[1] 19 messidor an II.

tous les rois, tous les princes de l'Europe et même la Convention, parce que, disait-il, il n'avait pas de rancune; s'il se fût contenté de mettre en réquisition par une lettre de cachet trois cents négresses pour les besoins du Luxembourg (voilà quelles étaient ses folies), on en aurait ri; mais le monsieur avait conservé toute sa méchanceté; il battait sa femme et tous ceux qui le contrariaient; on était forcé de le lier et de le garrotter. Cette malheureuse épouse, dont il avait fait le tourment pendant sa brillante carrière, succomba sous le poids de ses chagrins, et essuya une assez longue maladie durant laquelle la jeune Bois-Béranger ne la quitta ni jour ni nuit.

Les citoyens acquittés confirmèrent ce qui avait été dit par les dénonciateurs, qui tous avaient parlé en faveur de le Maire, qu'il ne lui avait pas été fait le plus petit reproche, qu'il n'avait pas eu besoin de faire entendre la moindre justification, et que cependant il avait été condamné à la mort.

On expliquait ce fait en disant que les témoins ayant tous promis individuellement de s'intéresser en faveur de ce patriote vertueux qui, du fruit de son travail, nourrissait sa mère et sa sœur, on avait apparemment parlé en secret à l'accusateur public pour faire guillotiner un homme qui avait eu le malheur de gagner au jeu de l'argent à Beausire. Outre la douleur qu'on avait de voir chaque jour enlever à ses côtés un concitoyen dont le temps et le malheur avaient souvent fait un ami précieux; outre l'attente cruelle où chacun était d'être transféré et guillotiné soi-même; outre les persécutions sans nombre que le génie barbare du concierge et de son complice Verner suscitait tous les jours; outre les alarmes perpétuelles où le silence forcé des familles et le refus des journaux plongeaient tous les détenus, survint une nouvelle calamité qui devait opérer sur le physique les maux dont le moral était depuis longtemps affecté. Je parle des tables communes, cette institution si précieuse en elle-même, si elle n'eût pas été abandonnée à des hommes avides qui spéculaient pour empoisonner ou faire mourir de faim les citoyens qu'ils devaient nourrir. On se plaignait un jour à Wilcheritz qu'un seul repas par jour ne suffisait pas à des hommes accoutumés à en faire trois ou quatre, surtout quand il était aussi mesquin, surtout quand la viande était pourrie, surtout quand on servait des légumes secs, pleins de cheveux, de bourbe et de vers. Il répondit qu'il ferait donner des haricots et des pommes de terre, et qu'il connaîtrait ceux qui oseraient se plaindre. Le concierge recevait des plats infects, mais se contentait de lever les épaules, et buvait ensuite avec le fournisseur. Ce qu'on demandait arriva; les maladies se multiplièrent, et les malades n'avaient aucun secours; il fallait pour entrer de la tisane une permission du médecin, qui devait être visée par l'administration de police, dans les bureaux de laquelle la permission restait encore plusieurs jours; enfin, quand on l'obtenait, ce n'était qu'à prix d'argent qu'on pouvait se procurer les drogues ordonnées.

Chacun dépérissait, la mort était peinte sur tous les visages; on n'entendait pour toute nouvelle que la voix sépulcrale d'un scélérat soudoyé qui venait sous les fenêtres des malheureux détenus crier : « La liste des soixante ou quatrevingts gagnants à la loterie de la sainte guillotine. » Des barrières avaient ôté la triste et dernière consolation que pussent avoir les prisonniers en apercevant leur famille ou leurs amis. Tous avaient fait le sacrifice de leur vie, et attendaient avec une morne résignation l'instant du supplice. Les malheureux qui l'osaient prévenir étaient regardés par ces mangeurs d'hommes comme des scélérats plus consommés, et ils insultaient avec barbarie à leurs cadavres et à leur mémoire.

Telle était l'horrible situation des détenus du Luxembourg, qui déjà n'étaient plus que des cadavres ambulants, lorsque la glorieuse révolution du 9 thermidor vint les rendre à la vie. Le bruit de la générale et du tocsin avaient d'abord glacé toutes les âmes de terreur et d'effroi. Chacun croyait entendre sonner sa dernière heure, et telle était l'horrible anxiété de tout le monde, qu'on faisait avec résignation le sacrifice de sa douloureuse existence. Le sanguinaire Hanriot avait paru l'après-midi même pour rassembler la gendarmerie casernée dans le Luxembourg. Trois fois le son lugubre de la fatale trompette, qui annonçait chaque jour aux détenus le sacrifice de nouvelles victimes, s'était fait entendre. Ce monstre, dont tous les exploits consistaient à briser des scellés, à massacrer des hommes désarmés, avait menacé avec son sabre les prisonniers, qui tous ne songeaient plus qu'à vendre chèrement leur vie, s'il était possible. Déjà ils s'étaient fait leurs tristes adieux, lorsqu'on entendit la fameuse proclamation qui invitait tous les citoyens à se ranger autour de la Convention nationale et les décrets courageux qu'elle avait rendus contre les triumvirs. Qui pourrait peindre les transports, l'enthousiasme et la joie des détenus!

Le lendemain, c'était à qui apprendrait à son voisin une nouvelle aussi heureuse pour la république. Tous s'embrassaient les larmes aux yeux, et faisaient éclater par leurs nombreux applaudissements et les cris mille fois répétés de Vive la Convention! vive la République! leur admiration et leur ivresse. Quels beaux moments pour ceux qui vinrent recueillir les expressions sincères de l'allégresse générale! Mais comment représenter l'abattement et la rage des agents subalternes d'un monstre altéré de sang humain? Le trouble, la discorde et l'esprit de vertige s'étaient emparés de leurs âmes pusillanimes. Cachés dans leur affreux repaire, ils s'accusaient les uns les autres.

L'affreux concierge Guyard[1], frappé de terreur, fuyait le Luxembourg avec ses sabres, ses pistolets et ses chiens; et

---

[1] Ce monstre qui avait fait ses preuves dans la ville de Lyon, sous Marino, qui, huit jours après son installation au Luxembourg, dénonçait au tribunal, comme conspirateurs, des citoyens qu'il ne connaissait pas même de nom; ce vil scélérat, vendu à la police, dont il était l'ancien espion, ne voulut pas recevoir Robespierre et ses complices, lorsque les gendarmes l'y conduisirent en vertu d'un décret de la Convention. (*Note du narrateur.*) Ce refus du concierge était un trait de génie. Si la Commune eût su en tirer parti, la Convention était perdue. En lui renvoyant Robespierre, Guyard le mettait à sa tête.

cependant la veille un de ses enfants répondit à un citoyen qui se plaignait du mauvais vin : « Allez, allez, on vous en f.... du bon. » Le même jour, le neveu de Guyard, ancien boucher, disait que la maison serait bientôt vidée, parce qu'il fallait que ça finisse d'une manière ou d'une autre. On apprit avec la plus grande satisfaction que le farouche Verner, que sa scélératesse bien connue avait fait nommer concierge de Saint-Lazare, avait été arrêté.

Les faiseurs de listes, pâles et tremblants, s'inculpaient mutuellement en essayant de se justifier. Amans ne put dissimuler la frayeur où il était qu'on ne trouvât chez Robespierre les lettres atroces qu'il lui écrivait journellement. Julien et Vauchelet prétendaient avoir arraché onze victimes dans les premières listes ; ils assuraient que les autres ne leur avaient point été communiquées, et ils dévoilèrent une autre atrocité que l'on ne connaissait pas encore. Peu de jours avant la chute de Robespierre, l'administration de police, par l'organe de Faraud, avait fait demander à Boyenval une liste de deux cents autres conspirateurs, et l'engageait à se défier de ses coassociés, et surtout d'un certain Leymerie, qui avait toute la confiance de Vauchelet, et à s'entendre pour cette fois avec les administrateurs de police Cordas, Masset et Cailleux-Verrous (c'est le nom qu'on lui donnait dans la prison, où il était arrivé trois jours après qu'il avait fait tout verrouiller).

Ces trois administrateurs eurent de longues conférences avec Boyenval, dont l'indiscrétion et la bêtise surpassaient l'insolence et la scélératesse. Il fit part des ordres qu'il avait reçus à ses cochambristes ; car la plupart de ces messieurs étaient réunis, selon la loi du proverbe : Qui se ressemble s'assemble. Ceux-ci effrayés des soupçons qu'ils croyaient ne pas mériter et des dangers qu'ils couraient eux-mêmes, écrivirent deux lettres, l'une à Carnot et l'autre à Amar. Un des leurs, le Tellier, qui, quoique arrêté comme suspect, venait, on ne sait comment, d'obtenir sa liberté par ordre du tribunal révolutionnaire, devant lequel il n'avait pas paru, fut chargé de porter ces lettres, dont on n'eut point de réponse. Ils déclarèrent encore que Benoît, l'espion qui était proprement l'homme de l'administration, n'avait été transféré aux Carmes que pour avoir mis d'Hilliers et autres patriotes sur la liste et avoir publiquement annoncé qu'il en transférerait encore quatre cents, imprudence, disait Vauchelet, qui pouvait compromettre la tranquillité de la maison. Le fait est que Benoît continua aux Carmes le métier affreux qu'il avait commencé au Luxembourg, et engloba dans de prétendues conspirations les meilleurs patriotes qui s'y trouvaient; ce n'est que par miracle que Dufourny ait été réservé pour les dernières fournées.

Toutes ces confessions et les propos horribles tenus par ces monstres avant la chute du triumvirat furent précieusement recueillis : on ne savait où rassembler toutes ces notes; enfin on conjura, au nom du patriotisme, Réal de s'en charger. Ce citoyen, par sa gaieté, était pour les détenus un trésor précieux ; il ranimait leur courage, les consolait par ses discours et les accords de sa mélodie. Il jouait du violon, il chantait sans cesse, et attendait la mort en faisant de la musique. Il était toujours étonné de n'être pas de la dernière fournée, lui qui avait dit au tyran Robespierre de dures vérités, lorsque tant d'autres se prosternaient pour adorer l'idole[1].

Deux jours après, deux représentants du peuple vinrent recueillir eux-mêmes les dépositions et les réclamations des détenus. On se ressentit de leur présence par la liberté qu'on obtint de prendre l'air dans la cour, d'écrire à sa famille, d'apercevoir dans le jardin ses parents et ses amis, et de faire entrer du fruit et du vin. La nourriture devint plus saine et plus copieuse, les guichetiers furent moins insolents, et les visites nocturnes plus rares et plus honnêtes ; les cris des sentinelles

---

[1] Réal, ancien partisan d'Hébert, accusateur public, tour à tour défenseur des membres du comité révolutionnaire de Nantes et de leurs victimes; des Babouvistes et des Vendémiairistes, préfet de police sous l'Empire et sous les Cent-jours.

moins perçants et moins répétés ; en un mot, on put dormir, boire, manger, prendre l'air et recevoir du dehors les tendres consolations de l'amour et de l'amitié. Quel heureux changement pour le physique et le moral! Il ne se passait pas un repas qu'on ne bût avec transport à la santé de la République, à celle de nos armées, et surtout à la santé de la Convention.....

On apprit bientôt la liberté de Réal et la réarrestation des dénonciateurs Lenain, Julien, Letellier et Vauchelet; l'on vit leurs complices, le front humilié, le visage défait, l'oreille basse et les yeux baissés, traverser la cour pour aller les rejoindre à Pélagie. On garda vis-à-vis d'eux le silence du mépris, et ils n'essuyèrent pas une injure, pas un reproche de ceux qu'ils voulaient envoyer à la boucherie. Ce fut aussi la conduite que l'on tint vis-à-vis des représentants David et Lebon : ce dernier affectait la sensibilité d'une petite-maîtresse. David, au contraire, se vantait de n'avoir pas signé de sortie, et annonçait que, si c'était à recommencer, il en agirait encore de même. On se permit cependant quelques mots à l'égard d'un membre du tribunal révolutionnaire, tels que « Feu de file! ma conscience est assez éclairée. Vous me donnez un démenti, donc vous insultez le tribunal. Hors des débats. » L'un de ces hommes de sang disait qu'il n'avait rien à se reprocher, qu'il avait toujours voté pour la mort. Mais le plaisir de voir enfin les coquins sous le glaive de la loi n'égala point celui dont furent transportés tous les détenus en apprenant le décret bienfaisant qui devait rendre à la liberté une foule de patriotes qui, victimes de leur courage ou de haines particulières, n'étaient point compris dans la loi du 17 septembre. Avec quelle douce satisfaction, avec quel enthousiasme on serrait dans ses bras, on couvrait de baisers le patriote fortuné qui obtenait justice et liberté! Qu'elles étaient sincères les bénédictions dont on couvrait la Convention nationale! Avec quels transports on demandait au ciel sa conservation, par les cris mille fois répétés de *Vive la Convention nationale!* La musique, les chants patriotiques, animaient encore cette scène attendrissante. Un peuple immense attendait les élargis à la porte et les embrassait avec transport. Tableau délicieux! ne vaux-tu pas bien le spectacle affreux des victimes innocentes et non entendues qu'on traînait par centaines à l'échafaud?

Tableau du Luxembourg fait par un suspect, arrêté en frimaire, l'an deuxième[1].

« C'est un spectacle assez divertissant de voir arriver dans un misérable fiacre deux marquis, une duchesse, une marquise, un comte, un abbé, et deux comtesses qui s'évanouissent en descendant et qui ont la migraine en montant. Il n'y a pas encore longtemps que je vis arriver la femme de Philippe le guillotiné; elle loge à côté de Bazire et de Chabot, qui sont toujours au secret et se morfondent en entendant la voix aigre d'un colporteur qui crie «La grande colère du père Duchesne contre le frocard Chabot. » Dans le même corridor logent M. de la Borde de Méréville, M. le président Nicolaï, Mélin, ci-devant commis de la guerre sous Ségur. Dans l'autre corridor, à main gauche, habitent M. de la Ferté, M. le duc de Lévis, M. le marquis de Fleury, M. le comte de Mirepoix; tous les matins en se levant ils braquent leurs lunettes d'approche, et ils ont l'agrément de voir que leurs hôtels ne sont pas changés de place dans la rue de l'Université. Au bout du corridor, dans la bibliothèque, repose un groupe de généraux qui se racontent les uns aux autres leurs victoires.

» Dans un cabinet à droite, vivent conjugalement et paisiblement M. le maréchal et madame la maréchale de Mouchy, qui trouvent que les comités révolutionnaires n'ont pas le sens commun d'enfermer des gens de leur qualité, qui ont

---

[1] Publié dans l'*Almanach des prisons* (pages 133 à 136), et une seconde fois dans l'*Histoire des prisons* (t. II, p. 100 à 104).

donné leurs chevaux pour les charrois et cinq cents livres pour les veuves de la section.

» Le maréchal a l'habit marron carré, la veste descendant sur les genoux, les cheveux blancs, et ressemble méthodiquement à un ministre protestant. Quant à la maréchale, elle a pris le costume aimable de nos sans-culottes femelles, en conservant cependant la forme du caraco de 1777, les deux falbalas qui ombragent le derrière. Il n'est point rare de rencontrer la ci-devant maréchale en pet-en-l'air, un bougeoir dans la main gauche, une canne dans la droite, grimpant l'escalier avec la précipitation d'une bergère de Suresnes qui gravit le mont Valérien.

» Les prisonniers sont au nombre de dix ou douze dans une chambre; chacun y fait ses dispositions comme Robinson, lorsqu'il n'espéra plus voir rentrer dans la baie aucun vaisseau du continent; chacun a son lit de sangles et le petit matelas. Les uns font leur cuisine, pendent le gigot à la fenêtre pour l'attendrir, les autres ont recours à la marmite perpétuelle du traiteur Coste.

» Les gens riches ont soin des pauvres; cela se fait de bonne grâce et sans recommandation; tout le monde fraternise; cependant chacun paraît s'éloigner de celui qu'on nommait sous l'ancien régime Son Altesse Sérénissime le prince Charles de Hesse, révolutionnaire par appétit, et renfermé par mesure de sûreté.

» C'est là qu'on voit les hommes de tous les partis et de toutes les factions, qui aimaient la liberté pour leur compte. L'aristocrate le plus encroûté est auprès du monarchien, qui se querelle avec le modeste feuillant. Le fédéraliste peste contre tous les trois et leur prouve qu'ils n'ont rien entendu à la contre-révolution, et que tout se serait arrangé pour le mieux sans la révolution du 31 mai.

LES MADELONNETTES[1].

SOMMAIRE.

Arrivée des prisonniers. — Humanité du concierge Vaubertrand. — Description de la prison. — Dureté des administrateurs et particulièrement de Marino. — Gentillesse de Vaubertrand fils. — Le chevalier de Bussey. — Les dénonciateurs et les espions. — Prétentions nobiliaires; traits de générosité. — Les riches prisonniers nourrissent les pauvres. — *La chambre de la Montagne.* — Les curés transférés à Bicêtre. — Les visites. — Les adieux des prisonniers envoyés à Port-Libre.

Les nombreuses arrestations des premiers jours de septembre 1793 (vieux style) encombrèrent tout à coup cette prison, et d'une maison de force en firent une maison d'arrêt. Au commencement de ce mois, les Madelonnettes comptaient peu de prisonniers; ce qu'on appelait *la paille* logeait au troisième étage, elle se composait de fabricateurs de faux assignats, de faussaires et de voleurs. Cette tourbe ayant voulu s'évader, on la fit descendre au rez-de-chaussée, où on eut soin d'empêcher de nouvelles tentatives.

Les premiers suspects qui étrennèrent cette maison furent les citoyens des sections de la Montagne, du Contrat social, des Marchés, etc., au nombre de quinze à vingt par contingent de chaque section; les citoyens de la Montagne furent placés dans le corridor du troisième, et jurèrent de ne point se séparer que d'après un ordre supérieur; les sections qui vinrent ensuite furent confinées dans le local qu'occupaient les pailleux : c'étaient des chambres de cinq pieds carrés, de neuf de haut, donnant sur les derrières, ayant chacune deux fené-

---

[1] Cette relation, écrite par Coittant, a été publiée pour la première fois dans le *Tableau des prisons de Paris,* pour faire suite à l'*Almanach;* Paris, chez Michel (p. 24 à 45); — une seconde fois dans l'*Histoire des prisons,* de Nougaret, t. II, p. 156 à 190.

tres de six petits carreaux et ornées de grilles bien solides ; dans chacune de ces chambres se trouvaient douze crèches, accolées trois ensemble, chaque crèche avait un pied et demi de large sur six pieds de long, et garnie d'une mauvaise paillasse toute chargée de vermine.

Le concierge de cette maison, Vaubertrand fils, homme exact mais sensible, dont le caractère ne s'est jamais démenti pendant cent jours que je suis resté dans cette maison, cherchait toutes les occasions d'adoucir le sort des citoyens qui n'étaient que suspects. L'institution des crèches, inventées pour avilir l'espèce humaine, disparut par ses soins, et les objets de première nécessité furent distribués avec affabilité aux prisonniers.

La première nuit de notre arrivée, il fallut coucher sur la paille ; le lendemain on nous donna des matelas ; et quelques jours après, nos chambres furent décorées de tablettes et de petits meubles très-commodes.

Les bois de lit tenant plus de place que les crèches, on n'en put placer que huit dans chaque chambre ; chacun mit la main à l'œuvre, et en moins d'une heure les crèches furent démontées et les lits placés, ce qui réduisit les chambrées, de douze qu'elles étaient, à huit citoyens.

Ces premiers jours de captivité peuvent être appelés avec vérité le siècle d'or. Nous étions tous sensibles à la perte de notre liberté ; mais n'ayant rien à nous reprocher, nous supportions cette privation avec cette fermeté qui caractérise l'homme probe, le véritable républicain qui sait se soumettre aux lois. Hélas ! nous ne prévoyions pas les jours de douleur et de désespoir qui ont marqué depuis notre existence ! On n'égorgeait pas encore, les boucheries n'étaient pas en permanence.... Mais n'anticipons pas sur les événements.

Nous jouissions alors de la permission de voir nos femmes, nos parents, nos amis, qui venaient tous les jours nous apporter des consolations et de l'espérance.

Les commensaux de notre corridor étaient plusieurs artistes du Théâtre-Français, Boulainvilliers, de Crosne, le général Lanoue, Fleurieu[1]; ils nous avaient précédés de quelques jours, et ils occupaient à deux des chambres de huit pieds carrés. Cette maison qui ne devait contenir que deux cents personnes, en renferma bientôt deux cent soixante-dix à deux cent quatre-vingts; cette augmentation resserra les prisonniers, et on couchait dans les corridors. Ces corridors avaient cinquante pas de long. A l'une des extrémités étaient des latrines infectes, qui répandaient dans toute la maison une odeur tellement insupportable qu'il était impossible de s'y promener, et l'on ne pouvait tenir les portes ouvertes, sous peine de tomber en asphyxie....

Tous les agents de l'autorité étaient de glace pour nos maux. Arrivait-il quelqu'un d'entre eux, aussitôt il était entouré : on lui faisait le tableau déchirant de l'affreuse situation de plusieurs détenus : l'agent de la tyrannie écoutait avec distraction, jouait l'homme affairé, lâchait quelques mots insignifiants, disparaissait, et laissait dans l'abattement des malheureux luttant contre la mort et le désespoir.

Le 8 octobre (vieux style), on nous annonça la visite des administrateurs de police, dont l'un était Marino, de la section de la Montagne, l'un des bourreaux de Lyon, connu de tous les prisonniers comme le plus hardi scélérat. Il arrive avec une grotesque dignité, une allure insolente, un habit sale, chapeau gras, écharpe pareille : on se précipite autour de lui; on lui présente des mémoires; on cherche à exciter sa sensibilité. L'anthropophage administrateur donne à tout le monde des réponses évasives et entre dans la chambre qui renfermait les citoyens de sa section. Il parcourt des yeux ses victimes (car c'était d'après ses dénonciations que ses cosectionnaires avaient été arrêtés) ; il les contemple avec le souris du tigre, et les accable de grossièretés. Avec un pareil brigand, on ne pouvait pas parler de sa liberté; on se contente de lui demander le jardin. « Patience, bons citoyens, répond le Néron écharpé, on établit de belles maisons d'arrêt à Picpus, à Port-Libre, etc. Ceux qui auront le bonheur ou le

---

[1] Fleurieu, ex-ministre de la marine. (*Note du narrateur.*)

malheur d'y aller, y trouveront des jardins où ils pourront se promener. » Puis un prisonnier s'évertua jusqu'à se plaindre à Marino de sa détention, qui n'était motivée que sur des suspicions très-légères ; son écrou portait : « Suspecté d'être suspect d'incivisme. » L'administrateur lui répondit froidement : « J'aimerais mieux être accusé d'avoir volé quatre chevaux, volé enfin ou assassiné, que d'être suspecté d'incivisme. »

Un grand hussard, à larges moustaches, logeait au premier ; il présenta humblement sa requête à Marino ; il l'appelait avec respect *Monsieur*. — « Parle en républicain ; je tutoie tout le monde : point de *Monsieur;* mais *Citoyen,* et tutoie-moi. — Eh bien, par la S..... nom d'un Dieu, fais-moi sortir d'ici et donne-moi la liberté. »

Il sortit le troisième jour : on avait besoin d'hommes à moustaches.

Marino termina la visite en nous annonçant, avec un visage rayonnant, l'arrêté de la commune qui nous défendait de communiquer au dehors ; l'ordre fut exécuté sur-le-champ.

Il fallut donc nous séparer de vous, maîtresses adorées, épouses vertueuses, amis trop chers ! On ne connut plus dans notre prison les douces étreintes de l'amour, les délicieuses émotions de la piété filiale, les tendres épanchements de l'amitié ; toutes les consolations nous furent enlevées. La farouche tyrannie avait prononcé ses arrêts, il ne restait à ses victimes qu'à obéir. Cet ordre rigoureux paralysa en nous toute espèce de sentiment, nous en fûmes anéantis. Le temps et la philosophie cicatrisèrent nos blessures, et nous reprîmes l'attitude d'hommes qui savaient supporter le malheur. L'espérance jetait quelques fleurs sur nos chaînes, l'amitié les allégea, les goûts sympathisèrent, et dès lors se formèrent des liaisons que la mort seule détruira.

Des scènes épisodiques venaient quelquefois nous distraire des ennuis de notre captivité : le concierge Vaubertrand avait un fils âgé de quatre ans : cet enfant avait déjà toutes les vertus de ses parents ; l'affabilité, la douceur et la sensibilité brillaient dans son jeune âge. Il venait souvent nous voir, et affectionnait particulièrement le citoyen Dazincourt, artiste du Théâtre-Français, qui le divertissait beaucoup, et le citoyen Coittant, qui lui faisait avec des cartes des petits chats, des ânes, des chiens, des oiseaux, etc.

Le 11 octobre, vieux style, deux jeunes femmes qui ne connaissaient pas l'arrêté de la commune fondirent en larmes à la porte de la prison, et faisaient les plus vives instances pour voir leurs maris. Une d'elles trouvant sur son passage cet aimable enfant, le prit dans ses bras, en le priant d'obtenir du gardien l'entrée de la prison qu'il lui avait refusée. L'enfant se jette aux genoux du gardien. « Je t'en prie, laisse entrer la citoyenne; tu vois, je suis à tes genoux. »

Rien n'émeut l'inflexible gardien, l'enfant supplie et n'obtient rien; les larmes coulent, le désespoir est dans les yeux des deux femmes sensibles, elles sont obligées de s'en retourner sans avoir rien obtenu.

La fille du citoyen Fleury, artiste du Théâtre-Français, enfant de quatre ans, aussi intéressante qu'on l'est à cet âge, quand on réunit tout ce qui en fait le charme, se présente dans le dehors et dit bonjour à son papa, qu'elle aperçoit par la fenêtre; on l'arrache de sa vue, les pleurs de l'innocence ne peuvent toucher le stupide gendarme.

Malgré tous les dégoûts dont on cherchait à nous abreuver, nous jouissions cependant de la douceur de parler à nos proches par nos fenêtres; le son de leur voix était un bonheur pour nous; on nous en priva, et voici ce qui en fut cause : un des gendarmes préposés à notre garde se conduisit grossièrement envers la femme d'un prisonnier; on dit même qu'il s'oublia jusqu'à se porter à des voies de fait. Une douzaine de femmes à la langue déliée et aux gestes significatifs, qui étaient venues voir leurs maris, furent témoins de la scène; elles traitèrent le gendarme d'une manière assez verte; celui-ci alla porter ses plaintes à la commune, et les ordres furent donnés de ne plus parler par les croisées.

Séquestrés du monde entier, nous passions cependant quelquefois des moments assez agréables. Dans notre corridor, surtout celui du troisième, il s'était établi une amitié dont les nœuds se resserraient tous les jours par le malheur commun. La nouvelle d'un décret favorable, d'un succès, d'une victoire, nous rendait notre gaieté.

Les bons mots, les plaisanteries faisaient un peu de diversion à notre ennui. Dazincourt était toujours jovial. « N'est-il pas étonnant, disait-il, de me trouver ici? Qu'on y retienne des empereurs, des rois, des tyrans, des ducs et des marquis, cela se conçoit, mais que je me voie en leur compagnie, moi qui ne suis qu'un pauvre valet sans-culotte, oh! certes, il y a de l'injustice ! »

Notre petit ange, Vaubertrand fils, nous donnait aussi des consolations. Voici la conversation qu'il eut un jour avec son aimable mère, femme autant estimable que sensible, qui venait souvent examiner s'il ne nous manquait rien de ce que la loi nous accordait. Il y avait dans la maison un petit jardin, où le concierge seul avait droit d'entrer. « Nous ne voyons personne dans le jardin, dit l'enfant; allons rendre visite à nos *pigeonniers* (c'était ainsi qu'il nous appelait). — Eh bien, mon fils, allons-y. — Maman, il faut leur ouvrir les portes ; ils n'ont rien fait de mal; oh! je t'en assure, ils n'ont rien fait. — Mais, mon fils, tu veux donc me faire guillotiner ? — Non, maman. — Mon ami, ce n'est pas moi qui ai les clefs, ce sont les gardiens. — Oh bien, si tu veux, je vais les amuser, et pendant ce temps tu les prendras, et nous leur ouvrirons les portes. » — Ainsi s'exprimait ce charmant enfant.

Nous avions établi dans notre prison une police correctionnelle. C'était à ce tribunal qu'étaient traduits les dénonciateurs qui venaient grossir le nombre des prisonniers. On les recevait de manière à les guérir de la manie dénonciative, en cas qu'ils recouvrassent leur liberté.

Le 23 octobre, vieux style, le ci-devant chevalier de Bussey, Américain, est reconnu par le citoyen Saint-Hilaire, qu'il avait fait arrêter. « Quoi! dit Saint-Hilaire, coquin, scélérat, te voilà ici? il y a donc une justice humaine? Citoyens, cet homme est un monstre qui a employé des moyens infâmes pour me faire arrêter : c'est un espion. » Aussitôt on entoure le ci-devant chevalier, qui pâlit et qui cherche en vain une réponse pour justification. On insiste pour qu'il parle : toujours même silence. Les sarcasmes, les huées tombent sur lui; il bat en retraite dans une chambre où on ne veut pas le recevoir. L'indignation est prête à éclater, lorsqu'un gardien vient le chercher pour le mettre à la paille. Les pailleux, déjà instruits, ne veulent pas de sa compagnie et le repoussent très-rudement. Enfin, on le relègue provisoirement dans la loge du cochon, jusqu'à ce qu'on lui ait trouvé un autre gîte.....

Quelques jours après cette mésaventure, une scène d'un autre genre vint nous égayer; un jeune homme, ci-devant conseiller au parlement, était logé au second étage, dans une chambre à huit personnes ; il voulut occuper celle de Saint-Prix, dans laquelle il vaquait une place par la sortie de Duval, son commensal.

Il la disputait à un ci-devant procureur au parlement, Duchemin, homme aussi doux et honnête que l'autre était altier et bouffi d'orgueil. Le concierge l'avait promise à Duchemin, à qui elle appartenait par droit d'ancienneté. Après quelques contestations, le jeune conseiller lui dit : « Je suis étonné que vous éleviez des difficultés de vous à moi; il ne devrait pas y en avoir. — Monsieur, lui répondit le procureur, si vous aviez mis plus d'honnêteté dans votre demande, j'aurais pu vous satisfaire; mais ici nous sommes tous égaux, et je soutiendrai mes droits : c'est au concierge à décider entre nous deux. » Et de suite il lui tourna le dos. Le père du conseiller, Villiers de Montmartin, était là, et dit au procureur : « Et à moi, monsieur, me la disputerez-vous? — Sans doute, répliqua Duchemin : si c'eût été pour vous, votre âge aurait pu me faire transiger, mais c'est pour votre fils, aussi jeune que moi, et je ne céderai rien de mes prétentions, qui sont fondées sur la justice et sur mon droit d'ancienneté. » En définitive, la chambre lui resta. Dazincourt dit à ce sujet : « Je suis bien persuadé qu'il n'aurait pas demandé à être dans la mienne si elle eût été vacante, car il se serait sans doute refusé à demeurer avec un pauvre valet ; il aimait mieux partager la chambre d'un empereur[1]. » Le jeune la Tour du Pin-Gouvernet, âgé de treize ans, ayant été témoin de la dispute, dit : « Voilà comme sont tous ces nobles de robe! » Le citoyen Laborde, de la section de la Montagne, lui répondit : « Va, va, tu as beau dire, ta noblesse est aussi bien f..... que la sienne. »

Un facétieux fit les deux couplets suivants, qui furent affichés à la porte du corridor et qui coururent toute la prison, de sorte que le sobriquet, *de vous à moi*, resta au conseiller :

Air : *Du haut en bas.*

LE CONSEILLER.

De vous à moi,
Faites, monsieur, la différence.
De vous à moi,
Dit le conseiller en émoi,
Je dois avoir la préférence ;
Eh! songez donc à la distance
De vous à moi.

LE PROCUREUR.

De vous à moi
Quelle est donc cette différence?
De vous à moi,
Soyez enfin de bonne foi ;
Égaux en droits par la naissance,
Je n'admets aucune distance
De vous à moi.

Duchemin tomba malade assez dangereusement. Pendant tout le temps de sa maladie, il n'eut point d'autre garde-

[1] Saint-Prix remplissait au théâtre les premiers rôles du tragique.

malade que Saint-Prix, son camarade de chambre, qui lui donnait bouillon, médecine, etc., et qui, après trois nuits de veille, en sortit une fois avec les lèvres aussi noires que du charbon.

Le citoyen Boivin, marchand de vin, porte Bernard, était accusé d'avoir souffert la vente du numéraire dans sa maison ; il avait déjà été interrogé au tribunal révolutionnaire ; il allait y paraître une seconde fois pour être jugé. Un matin il est appelé ; il part. Nous n'étions pas sans inquiétude sur l'issue de son jugement. Enfin, nous apprenons qu'il est acquitté. Lui-même arrive sur les cinq heures du soir et nous confirme cette heureuse nouvelle, et il ajoute : « J'ai été acquitté sous caution ; on m'a demandé mille écus ; ne les ayant pas, j'ai offert de souscrire un engagement beaucoup plus fort ; j'ai été refusé. Il me faut la somme demandée, sinon je vais rester en prison jusqu'à ce que je l'aie trouvée. » Logette, négociant, rue de la Chanvrerie, voyant son embarras, lui dit : « Il ne vous manque que cela pour avoir votre liberté ? Voilà mille écus ; allez jouir de ce bien précieux. — Permettez au moins que je vous fasse mon billet. — Non : la parole d'un honnête homme me suffit. »

Les larmes de la reconnaissance sont la récompense du bienfaiteur ; ils s'embrassent, et Logette, pendant cette scène attendrissante, paraissait lui-même l'obligé.

Cependant la nouvelle s'était répandue dans la prison que Boivin devait garder prison jusqu'à ce qu'il eût trouvé mille écus pour sa caution. Elle parvint jusqu'à Vanhove l'aîné, qui faisait sa partie de piquet avec Fleury ; il tire son portefeuille en s'écriant : « Que je suis heureux ! je puis faire sa somme. J'ai à peu près quatre mille cinq cents livres ; quinze cents me suffiront pour le temps que je compte rester en prison. Où est-il ? » Il court pour les lui offrir. Boivin était parti. Il apprend que Logette l'avait prévenu ; il se console de n'avoir pu obliger un frère en pensant qu'il s'est trouvé dans la prison un homme que la fortune avait mis dans la position de venir au secours d'un malheureux.

Jadis les prisons étaient presque toujours l'école du crime : la nôtre était devenue celle de la bienfaisance. Combien de fois l'honnête Dupontet n'a-t-il pas été éveiller la sensibilité des détenus, en leur présentant le tableau déchirant de l'infortune et des besoins de quelques-uns de nos camarades! Et je dois dire que ses démarches n'étaient pas infructueuses : l'indigence était secourue et jamais humiliée.

Un jour, un pailleux, recommandable par sa probité, est acquitté par le tribunal révolutionnaire. Le décret qui accorde une indemnité aux citoyens dont l'innocence a été reconnue n'existait pas encore; ce malheureux est absolument nu. Il avait vingt lieues de route à faire pour retourner chez lui. On fait une collecte; il est aussitôt équipé de pied en cap; on lui donne de quoi se rendre dans ses foyers; et comme le produit de la collecte avait été considérable, le surplus fut distribué aux autres pailleux, qui, en reconnaissance, formèrent des vœux pour leurs bienfaiteurs.

Le temps n'adoucissait pas nos maux; la tyrannie se faisait une étude de les rendre plus accablants; pour nous distraire, nous faisions de la musique. On exécutait tant bien que mal des quatuors de Pleyel. Notre charmante concierge ne nous abandonnait pas et assistait assez régulièrement à ces petits concerts. C'était la seule femme que nous voyions. Voici un couplet qui fera connaître cette aimable famille; il n'a pas été chanté.

Air : *Jeunes amants, cueillez des fleurs.*

On voit l'amour et la beauté
En voyant le fils et la mère;
De même on voit l'humanité
En voyant le fils et le père.
O mes amis, qu'on est heureux
De trouver en lui le bon frère,
L'ami sincère et généreux
Qui souffre de notre misère!

Ce couplet donna l'idée de faire des bouts-rimés sur les

mêmes rimes; voici ceux qui remportèrent le prix; ils sont de Reynal, de la section de la Montagne.

A LA CITOYENNE VAUBERTRAND.

Même air.

Dans ton sourire, la . . . . . *bonté*
Nous peint la plus tendre des *mères;*
De ton époux . . . . *l'humanité*
Peint aussi le meilleur des . . *pères :*
Chacun de nous serait . . . . *heureux*
Si la loi, qui nous fit ses . . . *frères,*
Voulait que ses soins . . . . . *généreux*
Pussent adoucir nos . . . . . . *misères.*

Concierges du 10 thermidor, que ne peut-on en rimer autant en votre honneur!

Le 7 novembre, vieux style, Marino nous honora d'une seconde visite. Sa mission consistait à établir une sorte d'égalité dans la maison, de faire manger le riche avec le pauvre, le tout aux dépens du premier. Il voulait aussi que les prisonniers de la paille quittassent leurs affreuses demeures pour occuper des chambres, et *vice versa ;* il voulait que les suspects allassent prendre la place des pailleux. Heureusement ce projet n'eut pas lieu ; on lui fit observer que la paille était presque entièrement composée de criminels, de voleurs, de fabricateurs de faux assignats, et qu'il y aurait de l'inconvenance, malgré son grand système d'égalité, à favoriser des brigands en déplaçant des citoyens qui n'étaient que prévenus d'incivisme. Marino n'insista pas sur cet objet, mais il donna l'ordre d'organiser les tables communes. Puis il parcourut toute la maison, interrogea les individus sur leur fortune, et assigna aux personnes aisées des pauvres à nourrir.

Arrivé à la chambre de la Montagne, où étaient ses cosectionnaires, ceux-ci voulurent l'entretenir des causes de leur détention ; mais Marino, sans les écouter, alla chercher de

Crosne (il a été guillotiné dans une fournée), l'amena dans cette chambre et lui dit : « Tiens, mon fils, voilà les hommes de ma section ; il faut que tu en aies soin, entends-tu bien? — Oui, citoyen. — Assieds-toi là. — Oui, citoyen. » En le flattant sur la joue : « Ah çà! tu payeras le fricot, entends-tu bien?. — Oui, citoyen. — La chambre, les frais, le vin? — Oui, citoyen. — Tiens, voilà le président, en désignant Jousseran, il fera la carte de toute la dépense, entends-tu? — Oui, citoyen. — Tu as de la fortune, ils n'en ont pas, c'est à toi à payer, entends-tu? — Oui, citoyen. — N'y manque pas. — Non, citoyen. — Et tu leur donneras le gigot à l'ail, les pommes de terre et la salade. — Oui, citoyen. » Après ce colloque, il quitta de Crosne en lui donnant le petit soufflet sur la joue.

Sorti de cette chambre, il distribua des tables aux citoyens la Michaudière, Villemain et autres, et dit aux artistes du Théâtre-Français qu'il leur enverrait un fermier général pour les nourrir, parce qu'il sentait le besoin qu'ils pouvaient en avoir. Il dit aussi à de Crosne et à Villemain que sous le règne de l'égalité ne devant pas y avoir de paille, il enverrait chercher leurs matelas ; il leur recommanda surtout, pour pièce fondamentale, le gigot à l'ail.

Marino était ce jour-là en belle humeur, et sa visite nous avait égayés. Il fallut de suite exécuter ses ordres. Tout s'arrangea à merveille : de Crosne s'offrit de bonne grâce ; mais la chambre de la Montagne, qui, sans renfermer des citoyens très-fortunés, n'avait eu besoin jusqu'alors des secours de personne, car tout le monde était solidaire, déclara qu'elle était en état de se suffire à elle-même. De Crosne insista pour être utile aux moins aisés, et demanda si un bon curé que l'on avait accueilli dans cette chambre n'éprouvait pas des privations sensibles. Ce curé s'était ouvert depuis quelques jours sur son peu de fortune à l'un des citoyens avec lesquels il vivait ; ceux-ci s'étaient déjà fait un plaisir de l'obliger. De Crosne apprit d'eux que ce bon curé devait le loyer de sa chambre et partie de la nourriture qu'il faisait venir du dehors, et dès lors il eut soin de délivrer le curé des inquiétudes qu'il aurait pu avoir sur ces deux articles.

On nous entretenait depuis longtemps d'une translation de prisonniers qui devait s'exécuter ; elle eut lieu définitivement. On commença par nous enlever tous les curés, parmi lesquels était celui de Saint-Roch. Il avait une fièvre brûlante, accompagnée d'un transport très-violent ; son état ne toucha point les administrateurs de police, qui le firent partir avec ses autres confrères. Nos adieux furent touchants ; les larmes inondaient nos visages. Tous furent transférés à Bicêtre, et nous apprimes, le lendemain, qu'ils avaient été réunis cinquante-six dans une même salle, où ils avaient passé la nuit sur des chaises, et qu'il leur était impossible de se procurer rien du dehors, même en payant....

Les défenseurs officieux étaient les seules personnes qui eussent le droit d'entrer dans la prison. Cahier, l'un d'eux, était dans ce qu'on appelait le foyer du troisième ; il cherchait un prisonnier dont la défense lui avait été confiée ; ses yeux se fixent sur un brave sans-culotte, le citoyen Grappin, qui, le 2 septembre 1792 (vieux style), l'avait arraché des bras des assassins et lui avait sauvé la vie. Ils restent immobiles, se reconnaissent, les larmes s'échappent de leurs paupières, tous deux se précipitent, confondent leurs embrassements, et restent plusieurs minutes dans cette attitude, sans pouvoir proférer une parole ; ils la recouvrent et la perdent de nouveau dans de douces étreintes. « Eh ! brave homme, s'écrie Cahier, pourquoi te trouvé-je ici ? » Grappin lui raconte les motifs de son arrestation. « Quelle injustice ! reprend Cahier ; dispose de moi, de ma fortune ; ma vie t'appartient, tu me l'as donnée une seconde fois ; sois tranquille, je ne dormirai pas que je n'aie obtenu ta liberté. » Cette scène avait attendri tout le monde, chacun fondait en larmes. Grappin, qui avait sauvé plus de soixante personnes à l'Abbaye, lors des massacres, ne recouvra sa liberté que par la révolution du 10 thermidor.

On parlait toujours de la translation générale des prisonniers ; le but de l'administration était de rendre cette maison à sa première institution, c'est-à-dire de n'en plus faire qu'une maison de force. Nous nous préparions à une séparation douloureuse; on nous promettait que dans notre nouveau séjour nous pourrions voir nos parents et nos amis, et que nous jouirions d'un air plus salubre ; cette espérance diminuait les regrets que nous avions de quitter nos aimables concierges. Cependant on saisissait tous les moyens de rendre nos chaînes plus pesantes, et on y parvenait aisément. Le 5 frimaire, une femme apporta une paire de souliers à un des trente-cinq voleurs qui étaient à la paille; elle y avait caché une lime. Elle voulut remettre ces souliers par les barreaux de leurs chambres, qui sont au rez-de-chaussée ; un des gardes s'y opposa, et voulut voir les souliers ; la femme essaya de retirer la lime, mais elle le fit si maladroitement que l'on s'en aperçut. Le rapport de cette tentative fut aussitôt envoyé à la commune ; elle expédia un ordre portant défense à tous les prisonniers de se mettre à la fenêtre ni de parler à personne.

Dans le commun malheur, tout le monde fraternisait. Ceux qui, jadis dans le monde, avaient joué les personnages les plus brillants, se trouvaient fort heureux de venir prendre leur café dans le passage d'un étroit corridor qui servait de chauffoir commun, modestement assis sur une mauvaise paillasse, ou sur une pile de bûches. Quand le petit ménage était fait, qu'on s'était seulement salué et qu'on avait déjeuné, on voyait le ci-devant lieutenant de police, perruque bien poudrée, souliers bien cirés, chapeau sous le bras, se rendre chez les ci-devant ministres, la Tour du Pin, Saint-Priest, le frère de l'ex-ministre, et puis chez Boulainvilliers; puis enfin chez les ci-devant conseillers au Parlement. De retour chez lui, venaient à leur tour Boulainvilliers, la Tour du Pin, les ex-conseillers, en grande cérémonie, qui rendaient la visite; c'était là l'occupation de la matinée.

Le 27 frimaire, la translation tant annoncée s'exécuta, et

cinquante-quatre prisonniers furent conduits des Madelonnettes à Port-Libre, rue de la Bourbe.

Nous nous croyions assez forts pour supporter avec résignation cette douloureuse séparation. Ce moment fut terrible : le visage inondé de larmes, nous ne pouvions nous décider à nous quitter, nous nous embrassions, nous nous pressions mutuellement, et les sanglots s'échappaient avec peine de notre cœur oppressé. La même scène se passait dans tous les corridors, dans toutes les chambres; on se dit adieu comme pour l'éternité. Hélas! combien furent éternels! On promit de s'écrire, et aucun prisonnier ne négligea ce devoir sacré de l'amitié. Quand on fut sorti des guichets les yeux humides, on se tendait encore les bras... Enfin, nous sommes partis.

MAISON D'ARRÊT DE PORT-LIBRE

COMMUNÉMENT APPELÉE LA BOURBE [1].

Cette maison, agréablement située et en bon air, comprenait plusieurs bâtiments, et contenait, le 26 frimaire [2], deux cents et quelques détenus, dont vingt-sept fermiers généraux et vingt-sept receveurs généraux des finances, qui y avaient été envoyés par décret, pour être à portée de se communiquer et de se concerter pour la reddition de leurs comptes.

Parmi les autres prisonniers remarquables par leur fortune, on voyait le citoyen Perigny, ancien administrateur des domaines; Lamillière, son gendre, ex-intendant des ponts et chaussées; Angran, ex-président au parlement; le ci-devant comte de Bar, qui des Madelonnettes avait été transféré au Luxembourg, et de cet endroit à Port-Libre, avec sa femme et sa mère.

Les autres femmes étaient la citoyenne veuve de Sabran, morte aux Madelonnettes, de la petite vérole; d'Aguay, de Crosne et son fils, jeune homme de quatorze ans, la citoyenne Desmenières, avec sa famille, composée d'un fils et d'une fille [3], les citoyennes Chabot et Duplessis, avec chacune leur fille.

Les hommes habitaient ce qu'on appelle le grand bâti-

[1] Cette relation, due à Coittant, a paru d'abord dans le *Tableau des prisons de Paris*, dans le *Second Tableau des prisons de Paris*, dans le *Troisième Tableau des prisons de Paris*, en morceaux détachés qui ont été réunis avec des additions considérables par Nougaret dans le deuxième volume de son *Histoire des prisons*. Elle a été réimprimée par MM. Berville et Barrière, dans le deuxième volume de leurs *Mémoires sur les prisons*. — Elle est coupée de trop d'incidents pour que nous ayons pu en donner un sommaire.

[2] 16 décembre 1793.

[3] Aucune des personnes qui viennent d'être nommées n'a été traduite devant le tribunal révolutionnaire.

ment, composé de deux étages ayant chacun un grand corridor et trente-deux cellules, les unes ayant vue sur l'Observatoire et sur la rue d'Enfer, et les autres sur le cloître, qui servait autrefois de cimetière.

Au bout de chaque corridor, il y avait deux grands poêles bien chauffés.

Il y avait en outre un autre bâtiment, faisant face à la rue d'Enfer, et ayant vue sur la campagne. Il était élevé de troi étages, à chacun desquels il y avait trois grandes salles communes où, dans les premiers jours de la translation, on coucha jusqu'à vingt et vingt-deux. Celle du rez-de-chaussée portait le nom de l'Unité; celle du premier, celui de salle du Républicain, et celle du second, celui de salle des Sans-Culottes. Le troisième était divisé en quatre chambres à feu, et à trois et quatre lits. Les femmes occupaient un bâtiment séparé par un guichet. La décence et les mœurs exigeaient cette séparation. Les riches étaient au corridor du premier, dans des cellules à deux lits, et les sans-culottes au deuxième; car on en avait beaucoup amené de la Force et autres prisons. Les deux corridors ne communiquaient point ensemble. Un factionnaire, placé au pied de l'escalier qui y conduisait, ne laissait passer que pour aller aux latrines.

L'évasion de trois prisonniers, qui avait eu lieu quelques jours avant notre arrivée des Madelonnettes, avait nécessité qu'on mît plusieurs sentinelles dans l'intérieur, pour la sûreté du concierge Haly, dont la figure n'était rien moins que prévenante, et à qui il manquait l'esprit d'ordre et la tête nécessaires pour l'administration d'une maison aussi considérable; son cœur, au fond, était assez bon. Petit de taille, c'était un petit despote. Sa réponse ordinaire à ceux qui lui présentaient quelque requête ou lui faisaient des observations, dans ses moments d'humeur, était celle-ci : « Tais-toi, je te ferai mettre à Bicêtre. Apprends que je suis le maître ici. » Et, de fait, il a tenu plus d'une fois parole. Il a depuis été concierge au Plessis.

On remarquait dans cette maison trois classes bien distinctes. Celle de ceux qui payaient pour les indigents; celle de ceux qui se nourrissaient eux-mêmes, et celle des payés. Cette distinction répugnait à ceux qui avaient les principes d'égalité profondément gravés dans le cœur, et cette classe était nombreuse.

Il y avait au fond du corridor du premier un grand foyer, qu'on appelait le Salon, dans lequel on dressait six tables de seize couverts chacune, où dînaient les riches. On donnait trente sous par jour à ceux qui ne pouvaient pas se nourrir, et le pain à tous les prisonniers aux dépens des riches, qui donnaient chacun en raison de leurs facultés.

Pour subvenir aux dépenses de la maison, on avait établi une administration intérieure, qui était parfaitement organisée. Un trésorier faisait la collecte, et ordonnançait toutes les dépenses : bois, eau, lumières, poêles, tablettes dans les cellules, chaises et autres menus meubles. Tout s'achetait et se faisait aux dépens des riches. On leur fit même acheter un chien pour les garder, qu'ils payèrent deux cent quarante livres. Il ne faut pas oublier les frais de la garde, qui montaient journellement à cent cinquante livres. On a constamment payé ces frais jusqu'en prairial, époque où la commune fit sa visite, et prit pour son compte l'administration intérieure des prisons.

Le soir on se réunissait au salon, au milieu duquel on dressait une grande table; chacun apportait sa lumière, hommes et femmes. Les hommes se mettaient autour de la grande table; les uns lisaient, les autres écrivaient; c'était un véritable cabinet de littérature. On observait le plus grand silence, ceux qui se chauffaient ayant l'attention de parler bas.

Les femmes se rangeaient autour d'une petite table et y travaillaient aux ouvrages de leur sexe, les unes à broder, les autres à tricoter.

Ensuite venait un petit souper ambigu ; chacun s'empressait de mettre le couvert, et la gaieté remplaçant le silence, faisait oublier qu'on était en prison. Effectivement, rien n'y ressemblait moins que cette maison. Point de grilles, point de verrous ; les portes n'étaient fermées que par un loquet. De la bonne société, excellente compagnie, des égards, des attentions pour les femmes ; on aurait dit qu'on n'était tous qu'une seule et même famille réunie dans un vaste château. La famille augmentant par les nombreuses arrestations, désorganisa le régime de la prison.

On envoyait par masses des riches et des sans-culottes. On couchait sur la liste les arrivants pour les faire contribuer. On établit des collecteurs par corridor, et on faisait des efforts pour subvenir aux frais de la dépense, qui excédaient toujours la recette. Cependant on vint à bout de se trouver au pair. Le nombre des citoyennes ayant augmenté en raison des arrestations, elles venaient au salon à sept heures du soir : alors les lecteurs levaient le siége ; les femmes prenaient la place, y faisaient leurs petits ouvrages, surtout de la charpie, et les hommes conversaient avec elles. Puis, à des jours déterminés, on variait les loisirs par de la musique ou par la lecture de différents ouvrages. Vigée[1] ne contribua pas peu à nous rendre le séjour de la prison moins horrible. Enfin, d'autres fois, on proposait des bouts-rimés ; les amateurs se faisaient un plaisir de les remplir. C'est ainsi que nous dévorions nos peines, nos tourments, et que nous cherchions à nous tromper nous-mêmes sur notre pénible situation.

Le ci-devant baron de Wirbach, la première viole-d'amour que nous ayons jamais entendue, était d'une grande ressource pour les prisonniers ; il se prêtait de la meilleure grâce du monde à adoucir notre sort.

Si quelques personnes paraissaient n'être pas les amies de l'égalité, cette petite disparate s'effaçait par l'union qui régnait entre tous les détenus ; car la défense de communiquer ayant été levée dès le premier jour, tous les sans-culottes de la prison communiquèrent avec les autres prisonniers, assis-

---

[1] Auteur connu dans la littérature par plusieurs ouvrages estimés. Vigée était frère de madame Lebrun.

tèrent à nos concerts, à nos lectures, et n'étaient pas le moindre ornement du salon; cependant, à neuf heures, il fallait se rendre à l'appel. Chacun se retirait dans ses cellules, mais toujours dans l'espérance de se revoir le lendemain. C'était avec une véritable peine qu'on entendait la malheureuse sonnette, qui nous forçait de nous séparer, et surtout quand c'était au milieu d'une lecture ou d'un concert. Quelquefois le concierge nous donnait un quart d'heure de plus, et nous lui en témoignions notre gratitude. Après avoir assisté à l'appel, on pouvait se réunir, soit au foyer, soit dans ses chambres. Les hommes ou les femmes qui avaient des connaissances logées dans les bâtiments extérieurs de la maison avaient la faculté d'aller y passer le reste de la soirée, munis toutefois de cartes signées du concierge. Ces petites jouissances rendaient moins dure la privation de la liberté.

L'argent fait tout en prison plus que partout ailleurs; aussi c'était en donnant beaucoup qu'on se procurait ces cartes, un logement commode, une chambre à feu et la permission de voir ses parents. Cet abus, en enflant le portefeuille du gouverneur de la maison, faisait murmurer hautement les sans-culottes, indignés d'une préférence que l'avidité accordait à l'opulence. Chaque arrivant trouvait un frère, un ami qui l'accueillait, et, par d'obligeantes prévenances, tempérait l'effervescence d'une première douleur. Cependant rien n'échappait à l'œil observateur, et il était facile de découvrir parmi les prisonniers ceux qui n'étaient pas d'un goût bien prononcé pour notre révolution. C'était surtout à la lecture du journal du soir, qui se faisait tout haut dans le foyer, que les personnages se signalaient. A la nouvelle d'une victoire, on voyait passer le bout de l'oreille. Les figures pâlissaient, des soupirs étouffés, des contractions de nerfs, des trépignements de pieds annonçaient l'aristocratie incorrigible. Chaque prisonnier était dans la croyance qu'en sa qualité de suspect il resterait dans la maison, jusqu'à ce qu'il plût aux autorités d'alors de les en faire sortir; mais on s'aperçut de son erreur le 18 mars (vieux style), époque où l'on commença à extraire de cette maison des hommes qui furent envoyés à l'échafaud.

Depuis ce temps, Port-Libre devint, comme les autres prisons, l'antichambre de la Conciergerie et du tribunal révolutionnaire, et nous ne comptâmes de jour heureux que celui où l'on ne venait chercher personne.

Il y avait trois promenades : celle dite des palissades, dont on parlera dans la suite et dont on n'eut la jouissance qu'en prairial; celle de la cour du cloître et celle de la cour de l'acacia. Celle du cloître, qu'on nous donna dès les premiers jours de notre arrivée, était la seule dont nous jouissions depuis plus de trois mois. Quand celle des palissades fut prête, et que les communications furent établies, il s'y rendait peu de monde, et on n'y voyait guère que les veuves, enfants et parents de ceux qui avaient été suppliciés. C'était là qu'ils se livraient à leur douleur. Ils se réunissaient, se consolaient mutuellement de leurs pertes, et la terre fut souvent imbibée de leurs pleurs. Celle de l'acacia tirait son nom d'un grand et bel acacia, autour duquel on avait fait un banc de gazon. C'était le rendez-vous de la gaieté. On s'y retirait après l'appel et on y prenait le frais jusqu'à onze heures du soir. Ceux qui occupaient les bâtiments environnants pouvaient y passer la nuit, car on ne la fermait pas. Cependant tout se passait avec la plus grande décence, et jamais aucune anecdote scandaleuse n'a exercé la critique ni flatté la méchanceté. A mesure que le nombre des pensionnaires augmentait, on mit en réquisition pour les loger le pavillon de l'acacia, celui du nouveau greffe, un autre bâtiment donnant sur la rue de la Bourbe et sur la cour dite sablée, dans lequel on entrait par les escaliers dits de Jean-Jacques Rousseau et de Marat : l'infirmerie était placée en bon air, ayant vue sur le boulevard qui conduit aux Invalides.

Ce fut encore à Dupontet qu'on dut un établissement aussi précieux. Grâce aux soins des comités révolutionnaires, tous les bâtiments furent bientôt pleins, et dans les derniers temps le concierge fut obligé de refuser des prisonniers qu'on amenait. Cette maison contenait en tout six cents personnes; et ce nombre ne diminua jamais, malgré les charretées de victimes qu'on en amenait tous les jours.

Dans la quantité des gardiens, il s'en trouva de serviables et d'humains, comme aussi on en rencontra de féroces et de barbares; du nombre des premiers étaient Garnier, Desjardin, Guillebaut, Lamblin.

Le journal qui suit cette description fera connaître le cœur généreux des premiers et la froide atrocité des autres, qui, guidés par le plus sordide intérêt, se pliaient à toutes les volontés des tyranneaux, et se faisaient un plaisir d'enchérir sur leurs ordres.....

JOURNAL DES ÉVÉNEMENTS ARRIVÉS A PORT-LIBRE, CI-DEVANT PORT-ROYAL, DEPUIS MON ENTRÉE DANS CETTE MAISON.

Du 27 frimaire[1] an II de la République française.

Sorti d'une prison infecte, chacun de nous aimait à respirer un air plus pur et plus salubre et s'applaudissait de n'être plus sous les énormes verrous ni sous les grilles d'une maison de force. Les chambres n'étaient fermées qu'avec de simples loquets, les fenêtres dégagées de barreaux, et on ne s'apercevait qu'on était dans une maison d'arrêt que par le greffe et la grosse serrure de la porte d'entrée du bâtiment dans lequel on nous avait mis.

Le greffier, ou celui qui en faisait les fonctions, était lui-même détenu et se nommait Brissolier; il nous reçut avec affabilité et s'occupa, ainsi que le concierge Haly, de nous marquer nos logements.

Quoiqu'on sût qu'on devait se munir de lits, tous n'avaient pas eu la précaution de s'en procurer, et bien qu'on

[1] 17 décembre 1793.

s'entr'aidât en se prêtant des matelas, quelques-uns furent obligés de coucher par terre.

Les vétérans de la prison cherchaient à connaître nos figures et ne communiquaient pas avec nous. Cependant quelques-uns ayant été reconnus, on leur fit accueil et donner des logements plus commodes.

Nous arrivions par détachements des Madelonnettes, c'est-à-dire qu'un fiacre nous voiturait par masses de trois.

Quand nous vîmes arriver le bon docteur Dupontet, notre joie fut extrême; nous étions pour lors au lieu dit le foyer ou le salon. Notre air de satisfaction éveilla la curiosité; on voulut connaître le nouvel hôte; nous esquissâmes quelques-uns de ses traits, et on se réunit à nous, en s'applaudissant de posséder un citoyen dont l'humanité avait été et pouvait encore être si utile. Que de services ne rendit-il pas dans cette nouvelle prison!... Que de malheureux arrachés à une mort certaine. Il faut le dire, le régime des prisons n'était pas consolant pour les détenus en bonne santé; il était horrible pour les malades; c'était presque un miracle de sortir de l'infirmerie après y être entré. Dupontet fit souvent les avances aux indigents des médicaments nécessaires pour leur guérison. Il faut espérer qu'on ne verra plus un aussi grand nombre de citoyens jetés arbitrairement dans les fers.

Cette journée ne fut remarquable que par l'intérêt que les invalides du Port-Libre prenaient à notre sort et par la reconnaissance que nous leur témoignions pour leurs aimables prévenances.

Du 28. — L'administration intérieure de la maison, établie pour venir au secours des malheureux, prit des informations et s'enquit de ceux qui pouvaient contribuer aux frais de la prison et de ceux qui ne pouvaient se nourrir. C'était le citoyen Bagneux, ci-devant fermier général, qui s'acquitta de cette mission. — Il nous arriva encore du monde des Madelonnettes, qui compléta la liste des cinquante-quatre qui devaient venir à Port-Libre. On nous donnait des nouvelles de nos amis, et nous apprîmes que ce qui restait de prisonniers suspects aux Madelonnettes seraient transférés à Picpus et à Saint-Lazare.

Du 29. — Ce jour arrivèrent les citoyennes Fougeret, la mère et les trois filles, qui donnèrent, pendant notre séjour à Port-Libre, les preuves les plus touchantes de la piété conjugale et filiale. Elles entrèrent dans la prison d'un air gai et satisfait et s'écrièrent : « Oh! que nous sommes contentes! ils ont rempli nos désirs, nous demandions tous les jours à être mises en état d'arrestation pour pouvoir demeurer avec notre père : son innocence nous rassure et nous l'aimons tant! Oh! sans doute il triomphera. » Les pleurs que la joie faisait couler à cette intéressante famille, qui se voyait réunie, ne tarissaient point : elle était alors bien loin de prévoir le coup qui l'a frappée. — Voici pourquoi Fougeret fut arrêté. On lui demanda une contribution révolutionnaire de trente mille livres pour une terre qu'il avait à..... On le rançonnait pour une somme quatre fois plus forte que celle exigée par la loi. Il eut beau observer qu'il avait énormément payé en contributions volontaires et patriotiques et que c'était commettre une exaction, il ne gagna rien que la prison, quoiqu'il eût offert de s'accommoder avec les contrôleurs révolutionnaires. Il a depuis été supplicié.

Du 30. — On nous avait promis pour ce jour la jouissance du jardin ; on nous tint parole. C'était la cour du cloître, servant ci-devant de cimetière aux religieuses : quatre grands ifs et une vingtaine de tilleuls nous offriront un peu d'ombre cet été. Au surplus, le cloître, qui est autour, nous promet une promenade fraîche ; si nous n'en avons pas d'autres, notre plus doux espoir est de n'en pas profiter.

Du 1ᵉʳ nivôse. — Le concierge, toujours allant et venant accompagné de son greffier, donna des ordres pour rendre les grandes salles commodes ; on s'occupa aussi des noms à leur donner pour faciliter la remise des lettres et paquets. Il aurait semblé qu'on voulût nous faire faire un bail emphytéotique.

Du 2. — Plusieurs chambres se trouvant prêtes dans les bâtiments de l'intérieur, on y fit passer plusieurs prisonniers, ce qui mit au large ceux qui étaient entassés les uns sur les autres dans les grandes salles. La famille Fougeret embellit notre salon et y répandit une gaieté qui nous avait été inconnue jusqu'à ce jour.

Du 3. — Dès le matin nous fûmes honorés d'une visite de Grandpré[1], secrétaire du ministre de l'intérieur, qui s'informa de quelle manière on était chauffé; il ordonna de faire placer, dans le jour, des poêles dans les grandes pièces, aux dépens de qui il appartiendrait; de faire mettre des carreaux de vitre où il en manquait; enfin, il donna les instructions nécessaires pour que nous fussions logés d'une manière salubre. — Le soir, autre visite de Biquet, administrateur de police, qui donna les mêmes ordres : ces actes d'humanité nous réjouirent beaucoup; et comme nous étions en accès de bonne humeur, nous fîmes chanter quelques couplets au fils de du Crosne, qui s'en acquitta fort risiblement et qui amusa beaucoup les femmes. — Voici un trait de bonhomie peu commun. Le citoyen Laborde, de la section de la Montagne, avait eu le matin une rixe avec un de ses chambristes; le concierge arrive lorsque les parties finissaient leurs débats; il leur recommande la paix et la concorde, et les prévient qu'en cas de nouvelle rumeur il les fera transférer à Bicêtre; après cette mercuriale fraternelle, des embrassements terminent la querelle. Sur les trois heures de l'après-midi, on demande Laborde chez le concierge; un gendarme s'empare de lui et le conduit au tribunal de police correctionnelle. Ne sachant à quoi attribuer la cause de son déplacement, il raconte au gendarme l'aventure du matin; celui-ci le rassure, en lui disant que ces sortes de disputes n'avaient rien de grave en elles, et qu'il en serait quitte pour une prolongation de détention d'un mois ou deux. Arrivé dans la salle du tribunal, il trouve un tailleur

[1] Il est fort question de Grandpré dans les *Mémoires* de madame Roland. Nous y renvoyons le lecteur.

avec qui il avait eu jadis une contestation au sujet d'un habit qu'il avait voulu lui faire payer trop cher et pour solde duquel il lui avait donné un coup de pied au cul. Laborde avait oublié le tailleur, l'habit et le coup de pied. L'affaire avait déjà été portée chez le juge de paix, qui avait mis les parties hors de cour, dépens compensés. Le tailleur, se trouvant mal jugé, avait assigné Laborde pendant sa détention; un honnête huissier avait soufflé l'assignation; bref, on appelle la cause, on la juge, et Laborde est renvoyé. « Citoyen, lui dit le président, vous êtes libre. » Le gendarme ouvre la barrière, le prend par la main et l'invite à se retirer. Étourdi du coup, Laborde dit aux juges : « Mais, citoyens, je n'ai pas été incarcéré pour le coup de pied au cul. — Cela ne nous regarde pas », lui répond l'accusateur public. Un des juges lui demande quelle est la cause de son arrestation. « J'ai été arrêté comme suspect. — Puisque les choses sont ainsi, reprend le président, mettez en marge du jugement qu'attendu que le citoyen Laborde a déclaré avoir été mis en état d'arrestation pour cause de suspicion, il sera remis entre les mains du gendarme pour être réintégré dans la maison de Port-Libre »; ce qui fut exécuté.

Rentré dans la prison, il raconta son histoire; beaucoup de détenus auraient voulu s'être trouvés dans de pareilles circonstances : ils se seraient conduits tout différemment que Laborde.

Du 4. — Un événement funeste nous a attristés toute la journée. Pendant que les jeunes gens jouaient aux barres dans le jardin, un malheureux prisonnier, nommé Cuny, autrefois valet de chambre du ci-devant marquis de Coigny, s'est coupé la gorge dans un cabinet attenant au cloître; on ne s'aperçut de ce suicide qu'un quart d'heure après qu'il fut consommé.

Arrivé depuis deux jours à Port-Libre, Cuny avait couché dans une des grandes salles, où il avait fait le récit de son infortune; le matin, la tristesse et l'abattement étaient sur son visage; on cherchait à le consoler. Comme son projet était fortement conçu, il avait lui-même affilé son couteau et fait son testament de mort, qu'on trouva dans sa poche, lorsque des officiers municipaux dressèrent le procès-verbal de cet événement. Cuny ne mourut pas sur-le-champ.

Copie littérale du testament de Cuny.

« La personne qui est la cause de ma mort est le citoyen commissaire de ma section, qui a fait l'inventaire de ma chambre, m'ayant toujours rebuté, ne me laissant jamais parler ni m'expliquer, me rebutant sur chaque parole que j'avais la liberté de dire, me traitant de coquin et de voleur. En l'entendant, selon lui, j'avais tout volé mes effets, soit à mes maîtres, soit à d'autres; ne pouvant m'expliquer et ne pouvant pas dire la pure vérité, faisant toujours le procès-verbal à mon désavantage, pour pouvoir me faire aller à la guillotine, me disant les choses les plus dures; selon lui, j'étais le plus grand coquin de l'univers; me coupant toujours la parole lorsque je l'avais, ne pouvant m'expliquer et dire la vérité, j'ai été obligé de faire sa volonté, me rebutant sur tout, me faisant des reproches d'avoir économisé; mais il ne savait pas ce que j'ai économisé : c'était pour mes neveux et nièces, surtout pour un pauvre orphelin, que j'ai toujours aimé et assisté : je n'attendais plus que la mort pour les satisfaire. Il n'y a donc plus que le comité de surveillance de la Convention nationale qui peut venir à leur secours sur ma fortune.

» J'espère qu'elle aura des égards à ma demande pour des malheureux sans-culottes; je prie le concierge d'en faire part au Comité de salut public. »

Signé : CUNY, valet de chambre du ci-devant marquis de Coigny.

A Paris, le 4 nivôse, l'an II de la République française, une et indivisible.

Cuny avait beaucoup d'assignats en feuilles et autres; plus

une très-belle montre d'or. On le porta à l'infirmerie, et il fut confié aux soins de Dupontet, qui ne le quitta qu'à sa mort.

Ce jour-là et le précédent fournissent plusieurs exemples de suicide. — Girardot, ancien banquier, qui dans les premiers jours de septembre (vieux style) fut amené aux Madelonnettes, se poignarda de sept coups de couteau dans la maison de santé de Belhomme, où il avait été transféré. — Aux Madelonnettes, un nommé Lafarre se tua d'un coup de couteau.

Du 5. — Le matin, l'état du malheureux Cuny donnait encore quelque espoir; mais à trois heures il a expiré, après avoir souffert plus de vingt-huit heures.

Les vingt-sept fermiers généraux furent transférés à l'hôtel des fermes. Ils firent leurs adieux à tout le monde, reconnurent grassement les services du concierge, et laissèrent quatre mille livres pour l'achat des matelas pour l'infirmerie, et pour venir au secours des citoyens indigents : ils furent généralement regrettés.

Le soir, nous apprîmes avec plaisir la mise en liberté du citoyen Boulard, de la section de la Montagne.

Du 6. — Point de nouveaux prisonniers, Dieu merci; mais un très-beau salon orné des grâces et de l'esprit : on y chante différents couplets composés par Matras, négociant de Lyon.

Du 7. — On s'occupe d'un nouveau règlement pour la maison; on s'est arrêté à un régime plus conforme à l'égalité que le précédent. Il est question de réfectoire.

Il nous est arrivé deux prisonniers des Madelonnettes, qui nous ont donné des nouvelles de nos anciens camarades qui y étaient restés, et les détails suivants sur le suicide de Lafarre. On amena aux Madelonnettes, sur les huit heures du soir, le nommé Lafarre, ex-marquis, à ce qu'il disait sur son écrou. Il était recommandé au concierge de le garder avec plus de soin que les autres prisonniers; Vaubertrand le logea au quatrième étage, à la chambre numéro 43; il y rencontra Louis Roux, ex-administrateur de la police, auquel il s'ouvrit sur les causes de son arrestation. Il avait été appréhendé à l'instant qu'il émettait un faux assignat. Roux lui observa que l'homme le plus honnête pouvait en recevoir de faux, et les remettre dans la circulation sans connaissance de cause, qu'ainsi il pouvait bannir toute espèce d'incertitude. Lafarre lui répondit que ce n'était pas l'affaire des assignats qui l'inquiétait le plus; mais que, portant un nom, il appartenait effectivement à des émigrés; il craignait que cette circonstance ne le conduisît au tribunal révolutionnaire, et qu'il allait réfléchir à cela.

Le concierge se rappelant l'ordre qui lui avait été donné de surveiller ce prisonnier, le fit mettre au secret.

A peine enfermé, il se tua d'un coup de couteau. On présuma, par le sang qui avait jailli sur le mur, qu'il s'était appuyé contre pour exécuter son dessein. Au bout d'un quart d'heure, comme on allait faire la fermeture, on le trouva mort, et on dressa procès-verbal de l'événement.

Du 8. — Cette journée s'annonça assez mal : nous apprîmes qu'on avait volé à la citoyenne Debar la mère, pendant le temps qu'elle était au salon, une montre d'or enrichie de diamants. On ne fit aucune perquisition pour la retrouver; on nous annonça ensuite un nouveau règlement d'administration intérieure, qui supprimait les soupers du salon.

Du 9. — On nous amena pendant la nuit beaucoup de prisonniers, entre autres le citoyen Chevilly de Cipière, ancien intendant d'Orléans; Vigée, l'auteur de *la Fausse Coquette* et de *l'Entrevue*; Jules Rohan, et Chaugrand, ci-devant chevalier de Saint-Louis.

On commença à manger au réfectoire; la cuisine était assez mauvaise; on se flatta qu'elle serait meilleure le lendemain.

On avait écrit en lettres majuscules autour du réfectoire les maximes suivantes :

« L'homme libre chérit sa liberté, lors même qu'il en est privé. »

« Les événements, les.... [1] ne changent point son cœur; la

[1] Ce mot est illisible sur le mur.

liberté, l'égalité, la raison, sont toujours les divinités qu'il encense. »

« Mœurs, vertu, candeur, voilà les principes du vrai républicain. »

« Nature, patrie, raison, voilà son culte. »

« Dans la liberté sont renfermés les droits de l'homme, c'est la raison, l'égalité, la justice. »

« La République fait le bonheur de la société; elle range tous les hommes sous la bannière de l'intérêt commun. »

— Le traiteur qu'on avait chargé de notre subsistance était un nommé Desnoyers, ci-devant coiffeur : on s'apercevait qu'il était plus expert à donner un coup de peigne qu'à faire un ragoût; mais où il excellait, c'était dans la tenue de ses mémoires de fournitures de viande, de légumes, etc. : le bourreau nous écorchait vifs; nous payions au poids de l'or, et tout était servi froid et de la plus détestable qualité. — Le soir, quand les femmes furent sorties du salon, le ci-devant baron de Witterbach suspendit par le son enchanteur de son instrument le cours de nos peines et de notre douleur.

Du 10. — L'on célébrait à Paris la prise de Toulon; les victoires de la République ne nous étaient pas étrangères, nous chantâmes les exploits de nos guerriers.

On nous amena onze nouveaux hôtes, dont six femmes, du nombre desquelles était la citoyenne de Magny, épouse du citoyen Chouart de Magny, ex-receveur général des finances : nous fîmes tout ce qui dépendait de nous pour égayer nos nouveaux hôtes et rendre leur position moins douloureuse.

Du 11. — On amena dans la journée la famille Villiers de Montmartin; le citoyen de Bussy et sa fille; la citoyenne Mandar, épouse de Mandar, ci-devant officier aux gardes, et fils de celui qui fut tué à la journée du 10 août. La citoyenne fille de Bussy, âgée de dix-huit ans, n'était pas encore écrouée, mais elle avait mieux aimé perdre sa liberté que d'abandonner sa mère. On amena aussi la famille Sombreuil, le père, le fils et la fille : tout le monde sait que cette courageuse citoyenne se précipita, dans les journées du mois de septembre, entre son père et ses assassins, et parvint à l'arracher de leurs mains; depuis, sa tendresse n'avait fait que s'accroître, et il n'est sorte de soins qu'elle ne prodiguât à son père, malgré les horribles convulsions qui la tourmentaient tous les mois pendant trois jours, depuis cette lamentable époque. Quand elle parut au salon, tous les yeux se fixèrent sur elle et se remplirent de larmes.

Du 12. — Lavoisier [1], de la section de la Montagne, supplicié le 9 thermidor, nous fut amené le matin; on l'arrêta au moment qu'il allait offrir ses armes à son comité révolutionnaire : comme il était sans linge et sans chapeau, il sollicita la permission d'aller jusque chez lui, bien escorté, chercher ce dont il avait besoin pour se rendre en prison. — « Bah ! répondit le commissaire, il faut que tu marches comme cela ! » Les gardes, plus humains, prirent sur eux d'acquiescer à sa demande.

Du 13. — On fit le soir de la musique au salon; on y chanta plusieurs morceaux, et les couplets suivants, faits par le citoyen Coittant.

LE SALON DE PORT-LIBRE.

Air du vaudeville des *Visitandines.*

Dans ce salon, point de parure
Ni d'ornement que la beauté
Sortant des mains de la Nature,
Riche de sa simplicité.   *Bis.*
On n'y rencontre aucune glace;
On ne s'y mire qu'en ses yeux,
Et chacun de nous est heureux
De pouvoir y prendre une place.

D'un côté vous voyez le sage
De la lecture s'occuper;
De l'autre, le jeune et bel âge
Rire, causer et travailler.   *Bis.*

---

[1] C'était un commis aux domaines. Le fermier général a été guillotiné le 19 floréal.

C'est près de vous, belle jeunesse,
C'est au milieu de votre cour
Que se tient l'assise d'amour,
Et l'école de la tendresse.

Le fils aîné de Cythérée
Est prisonnier ainsi que nous,
Et tant que dure la soirée,
Il veut folâtrer avec vous.   *Bis.*
Quoique léger, on suit ses traces ;
N'allez pas vous inquiéter :
Vous savez qu'il doit habiter
Le même temple que les Grâces.

Ne vous trouvant plus à la ville,
Il vous suit dans cette maison,
Qui devient son plus cher asile ;
Voici quelle en est la raison :   *Bis.*
Il reçut l'ordre de sa mère
En quittant le séjour des cieux,
De venir égayer ces lieux,
Pour nous faire oublier la terre.

Si notre âme est émerveillée
Par un aussi riant tableau
Qui nous retrace la veillée
D'un ancien ci-devant château,   *Bis*
Mères sages autant qu'affables,
Cela ne peut vous alarmer :
On donne l'exemple d'aimer,
Quand on est comme vous aimables.

Après le concert, Vigée nous lut son *Épître à la Comtat* et son *Ode sur la Liberté*. Ces deux morceaux ont été vivement applaudis.

Du 14. — On nous a amené plusieurs femmes, entre autres les citoyennes de Gaville et de Moncrif.

Du 15. — Rien de nouveau que l'arrivée de Larive, artiste distingué du Théâtre-Français.

Du 16. — Beaucoup d'ennui et beaucoup d'arrivants.

Du 17. — Le nombre des citoyennes qui s'agglomèrent dans la prison fait craindre que le salon ne soit bientôt plus assez spacieux pour les contenir toutes; il est question de le supprimer, et d'y faire quatre chambres pour héberger ceux que la mauvaise fortune conduira dans ces lieux; on est venu prendre des mesures pour ces dispositions; cela jette beaucoup de noir dans les esprits. On est encore incertain sur l'endroit où on se réunira; les uns disent que ce sera dans l'église, d'autres, dans le réfectoire. Quoi qu'il en soit, la société des femmes nous devient de jour en jour plus nécessaire.

On s'est fort amusé ce soir : le petit de Crosne, âgé de quinze ans, d'une simplicité sans exemple, devant partir demain pour aller rejoindre son père dans une autre maison d'arrêt, voulut chanter quelques couplets en forme d'adieu; un prisonnier lui composa les suivants, d'un genre assez burlesque, et qu'il chanta accompagné de la viole-d'amour du citoyen Witterbach.

Air : *Je suis né natif de Ferrare.*

Je suis né natif de la ville,
Où par les soins de mon cher père,
J'ai appris à si bien chanter;
Citoyennes, vous le voyez.   *Bis.*
Adieu toute la compagnie;
Adieu, messieurs, adieu, mesdames;
Je suis fâché de vous quitter,
Mais il faut aller voir papa.   *Bis.*

Je ne jouerai donc plus aux barres,
Je ne ferai donc plus ma cour
A toutes ces jeunes beautés;
Mais, citoyennes, vous riez.   *Bis.*
Il est pourtant bien agréable
De voir en plein hiver des roses
Qu'ailleurs je ne retrouverai;
Mais je ne vous oublierai pas.   *Bis.*

Cette petite comédie a beaucoup diverti.

Du 18. — La citoyenne de Crosne, son fils, et Angran, sont partis pour Picpus. Nous possédons ici Malesherbes, Rosambeau et son fils. On nous a amené ce matin le citoyen Robin, député à l'Assemblée législative, qui nous a assuré qu'il y avait douze cents arrestations de signées au comité de sûreté générale. Il était accompagné du ci-devant baron de Margueritte, maire de Nîmes, ex-constituant, qui était avec nous aux Madelonnettes, et nous a annoncé comme surcroît de société le citoyen Fleury, et la tout aimable citoyenne Devienne, tous deux artistes du Théâtre-Français.

Du 19. — Notre concierge est en état d'arrestation chez lui; différents sujets y donnent lieu, mais particulièrement celui-ci : mécontent de quelques gardiens, il les renvoya; un de ceux-ci avait laissé entrer dans l'intérieur la femme d'un prisonnier. Voici comment ce dernier s'y prit pour se venger : le concierge Haly, par un de ces abus trop communs dans les maisons d'arrêt, donnait, pour une somme quelconque, des cartes qui facilitaient l'entrée de la prison à celui qui en était porteur. Le jour même de l'expulsion d'un des gardiens, un jeune homme entre malgré la loi à Port-Libre; il était muni d'une carte signée du concierge. Le gardien chassé, instruit par ses confrères de cette contravention, va faire son rapport au comité révolutionnaire de sa section; malheureusement pour le concierge, le jeune homme, comme intrus dans la prison, est une pièce probante. — On assigne une autre cause à son arrestation : on prétend qu'il a été dénoncé pour n'avoir donné aucun secours à une jeune femme qui, après plusieurs instances pour voir son mari, et après être restée quarante-huit heures à la porte de la maison d'arrêt, était tombée évanouie. — On a transféré hier à la Force un de nos camarades des Madelonnettes, Ménil-Durand. Cet homme, ex-noble, d'un caractère remuant, a déplu au concierge, qui a usé envers lui de son droit de déplacer qui bon lui semble; ce droit, tant soit peu féodal, fait trembler tous les prisonniers, qui ont soin de mettre beaucoup de circonspection dans leurs demandes ou requêtes à monsieur le concierge.

Du 22. — On a découvert aujourd'hui le voleur de la montre de la citoyenne Debar; on n'aurait jamais soupçonné l'auteur de ce vol : c'est un jeune élégant, de la plus aimable figure, doux, aimable auprès des femmes, passant pour avoir de la fortune, et faisant une dépense qui annonçait la plus grande aisance; il se nomme Duvivier. Voici comment la chose a été éventée : il avait eu l'audace de faire passer la montre dans du linge sale à une fille d'opéra qui était sa maîtresse, et l'avait chargée de la vendre ou de l'engager. Cette fille n'en trouva que cinq cents livres, mais qu'on ne voulut lui donner qu'à condition qu'elle exhiberait le consentement du propriétaire. Apparemment que la venderesse avait eu la bonne foi de dire que la montre ne lui appartenait pas; elle fit part à son amant de la difficulté qui s'opposait à la vente; le greffier, en visitant la lettre, s'aperçut de l'escroquerie, et la fit passer au jeune homme, qui fit une réponse où toute l'intrigue fut dévoilée. On fit venir alors le voleur, qui avoua tout. On va le transférer dans une autre maison d'arrêt, où sans doute il ne languira pas.

Cette bassesse d'un jeune homme bien né a révolté tous les prisonniers.

Du 23. — Plusieurs détenus se sont escrimés dans l'art des bouts-rimés; voici ceux faits par Laval-Montmorency :

> L'amour séduit les cœurs sous l'air de la . *constance;*
> Il semble dans nos bras arrêter le . . . . *bonheur.*
> Les souris, les doux soins, la tendre. . . *prévenance,*
> Nous ont bientôt plongés dans une aimable *erreur.*
> Le dieu dont l'artifice endort notre . . . . *prudence,*
> De ses rêves flatteurs charme notre. . . . *sommeil.*
> O songe d'un instant! éclair de . . . . . *jouissance!*
> Que suivent la surprise et l'ennui du . . . *réveil!*
> Le premier charme a fui; l'objet que l'on . *caresse,*
> Pour un nouvel amant médite une . . . . *faveur.*
> Amour, si c'est un jeu pour toi que la . . *tendresse,*
> Pourquoi viens-tu donner le voile à la. . . *pudeur?*

BOUTS-RIMÉS DE V.GÉE.

C'est à tort que dans la . . . . *constance,*
On croit trouver le vrai . . . . *bonheur :*
Mêmes soins, même . . . . *prévenance,*
Mêmes penchants sont une . . . . *erreur.*
Retenons cet avis dicté par la . . . . . *prudence :*
L'amour a quelquefois un moment de . . . *sommeil,*
Il s'endort dans la . . . . *jouissance,*
Et l'on n'est pas toujours bien sûr de son . *réveil.*
Il faut pour être heureux risquer une . . . *caresse,*
Laisser surprendre une . . . . *faveur,*
Varier ses plaisirs, laisser à la . . . . . *tendresse*
Gagner en volupté ce que perd la . . . . *pudeur.*

AUTRES DU CITOYEN C. T. A LA CITOYENNE DEDAH.

En vous voyant, je crois à la . . . . . . *constance ;*
Quand je suis près de vous je connois le . *bonheur.*
Je vous offrirais bien doux soins et . . . . *prévenance,*
Mais en blâmant une agréable . . . . . . *erreur,*
Vous sauriez à l'amour opposer la . . . . *prudence ;*
Vous n'empêcherez pas du moins que le . *sommeil*
Me ménage une . . . . *jouissance ;*
Elle sera détruite au moment du . . . . . *réveil ;*
N'importe : heureux celui qu'un prestige . *caresse,*
Qui jouit d'une . . . . *faveur,*
Et qui peut dans un songe, enfant de la . *tendresse,*
Dans ses bras, sur son sein, voir mourir la *pudeur !*

Nous avons entendu des chants d'église, tels que le *Gloria in excelsis,* le *Credo,* l'*Offertoire,* enfin la messe complète ; le soir, les vêpres, complies et salut, rien n'y a manqué ; cet office s'est célébré dans l'église de l'Institution de Jésus. — Il paraît que la liberté des cultes est en plein exercice ; je doute qu'on la permette longtemps.

Du 15. — Deux personnes sont entrées dans le bercail, le citoyen Évrard et sa femme : le mari était ci-devant secrétaire de l'intendant de Châlons ; le motif de leur arrestation est d'avoir un fils émigré ; effectivement, leur fils, âgé de treize à quatorze ans, qui était tambour ou musicien dans un régiment, a disparu. La mère raconte un accident dans cette affaire qui n'est pas à l'avantage de nos révolutionnaires, qui crient si fort aux mœurs. La famille Évrard a une fille de la plus rare beauté; elle a été à la Convention solliciter l'établissement d'un lycée de musique, y a été remarquée par les amateurs; elle a été depuis dans les comités réclamer la liberté de ses parents. On lui a fait entendre

> Qu'il est avec le ciel des accommodements.

La douleur de la mère est si profonde, qu'elle nous a, à tous, arraché des larmes.

Du 25. — Rien. — *Du 26.* — Sont arrivés aujourd'hui la citoyenne de Vigny et son fils, qui est impotent. On nous annonce aussi une nouvelle pensionnaire; c'est la citoyenne Prévost, âgée de quatre-vingt-onze ans; une fortune de cent mille livres de rente a fait présumer qu'elle était en état de contre-révolution. Les arrestations sont plus nombreuses que jamais : on remplit la Force et Saint-Lazare. — Les travaux d'une nouvelle promenade se poussent avec activité; on assure que nous pourrons en jouir d'ici à quelques jours; cela étendra un peu les limites de notre liberté, je veux dire que nous aurons un peu plus d'espace pour exercer nos jambes.

Des 27 et 28. — Rien. — *Du 29.* — Un décret rendu aujourd'hui fait espérer aux vingt-trois ou vingt-quatre receveurs généraux des finances leur liberté provisoire; ce sera une perte pour la maison, qu'ils défrayaient en grande partie.

Du 1er pluviôse. — Il est arrivé aujourd'hui un événement fâcheux au salon; on lisait le journal du soir, comme à l'ordinaire; à l'article du tribunal révolutionnaire, on vient à nommer dans la liste des suppliciés le citoyen et la citoyenne de Charas. Au même instant Labretèche, qu'on ignorait être de leurs parents, tomba roide; on eut toutes les peines du monde à le rappeler à la vie.

Du 2. — Les receveurs généraux des finances attendent

l'ordre de leur liberté provisoire, qu'ils croient ne pouvoir pas arriver avant quatre jours, attendu les longues formalités; leurs familles, qui sont à Port-Libre, sont dans la désolation d'être obligées de se séparer.

Du 3. — Rien. — *Du 4.* — Les receveurs généraux des finances nous ont quittés aujourd'hui; la prison a été tout en mouvement; les adieux de ceux qui y laissent leur famille furent touchants; les larmes inondaient les yeux des épouses et des enfants qui y restaient.

Une brigade d'administrateurs de police, de membres des comités révolutionnaires, d'officiers de paix, d'inspecteurs de police, vinrent chercher les citoyens ci-après nommés, tous receveurs généraux : D'Aucour, Delorme, de Foissy, de Bondy, de Launay, d'Ablois, Auguié, Choart, Magni, Darjuzon, Randon-Dhanucourt, Thirion, Marinier, Tonnelier, Marquet, Randon de Pommery, Parseval, Vurson, Fougeret, Bergeret, Montbreton, Montcloux, Landry. Durney resta, comme ayant rendu ses comptes.

Du 6. — Notre salon, jadis le séjour de la gaieté et de l'égalité, s'est changé en un ci-devant salon de bonne compagnie. Les femmes se parent avec le plus grand soin, elles se rangent autour d'une grande table; les hommes les regardent, et puis c'est tout. Les amis ou les personnes de leur coterie leur parlent à l'oreille et leur disent des douceurs. Toutes n'ont pas la même fierté; un froid bonjour, une inclination de tête, sont le seul signe d'attention qu'elles donnent à celui qui s'évertue jusqu'à leur adresser la parole. En général, ce salon ne présente plus l'attrait des premiers jours.

Du 7. — Les arrivés d'aujourd'hui sont : la famille Ménardot, les citoyennes Leprêtre de Châteaugiron, la mère et les deux filles, venant d'Évreux. L'une d'elles s'est trouvée mal plusieurs fois au greffe, et a été agitée de convulsions effrayantes. Puis, la citoyenne Lachabeaussière, qu'on a mise au secret. Son mari est aux Madelonnettes[1], et ses deux filles

---

[1] Lachabeaussière, auteur connu par plusieurs ouvrages estimés; directeur de l'Opéra, ordonnateur des fêtes nationales. (*Note du narrateur.*)

à Pélagie; ils sont tous au secret. — On reproche à cette famille d'avoir logé le député Julien de Toulouse, avec qui elle n'a jamais eu de relations. On assigne une autre cause à leur détention. Il paraît prouvé que leur gendre, pour assouvir une basse vengeance, avait employé le ministère de Héron, agent du comité de sûreté générale, pour conduire cette famille à l'échafaud.

Du 8. — Le nombre des prisonniers va toujours en croissant : on sera bientôt obligé d'en renvoyer. On nous a amené aujourd'hui la citoyenne Saint-Remy de la Mothe. On la prit d'abord pour la Mothe-Collier : mais comme on s'est rappelé qu'elle était morte en Angleterre, on a reconnu définitivement que ce n'était que sa sœur. Il nous est encore arrivé sept nouveaux camarades d'infortune : la famille d'Aubigny, composée du père, de la mère, des deux filles et du mari de l'une d'elles, nommé Leroi ; ils étaient accompagnés de Chamilly d'Étoges, fils de Chamilly, l'un des valets de chambre de Capet, qui est lui-même au Luxembourg.

Un vol assez considérable vient d'être fait à Jousseran, arrivé tout fraîchement des Madelonnettes. On lui a pris huit mille cinquante livres. Jousseran avait dix-sept assignats de quatre cents livres et cent cinquante livres de petits assignats, dans un portefeuille qu'il avait mis dans la poche d'un gilet : le tout enfermé dans une cassette de sapin à mauvaise serrure. Il logeait dans une cellule à deux personnes, qui ne fermait qu'au loquet. On lui avait apporté un paquet de linge avant le dîner, qu'il avait négligé de serrer. En sortant du réfectoire, il trouve sa cassette ouverte et fracturée ; il visite son gilet, plus de portefeuille. On nomme des commissaires pour se mettre à la recherche du vol ; ils se transportent dans toutes les chambres du bâtiment ; ils font une perquisition exacte sans rien découvrir. On employa un second moyen, qui ne réussit pas mieux ; ce fut de laisser ouverte une chambre noire, avec invitation à tous les citoyens d'y entrer les uns après les autres, et d'y rester deux minutes, afin de donner au voleur, s'il était susceptible de remords, le temps de remettre le portefeuille. L'opération finie, il ne se trouva rien. Des commissaires de la section se sont transportés ici pour recevoir la déclaration de Jousseran.

Notre concierge est parti pour la Force, et c'est un guichetier de cette prison qui le remplace provisoirement; il s'appelle Huyet. Nous n'avons pas encore d'idées bien fixes sur cette arrestation; on pense que les dénonciations de ses gardiens l'ont seule motivée : peut-être est-ce une mesure générale que l'on prend; car nous apprenons à l'instant que plusieurs concierges d'autres maisons d'arrêt ont été également arrêtés. Quoi qu'il en soit, celui de Port-Libre était très-despote, méconnaissait les principes de l'égalité, mais était très-accessible aux recommandations effectives, telles que les bouteilles de vin, pâtés, etc.

Du 10. — Notre nouveau concierge est peu communicatif; il commence à visiter son nouvel empire et cherche à connaître ses pauvres sujets. Il paraît plus fait pour remplir sa place que le précédent. Son extérieur n'a rien de farouche. Il veut que chaque prisonnier ait, à son tour d'ancienneté, des chambres plus commodes ou regardées comme telles. Il paraît désirer aussi que chacun paye proportionnellement à ses revenus. On espère que tout ira bien avec ce nouveau gouverneur. Son ménage est composé d'une femme et de deux filles, qui n'ont rien de remarquable qu'une honnête laideur.

Du 11. — Plusieurs prisonniers dont la résidence est ancienne dans la maison, et qui étaient mal logés parce qu'ils n'avaient pas capté la bienveillance du concierge expulsé par des cadeaux ou assignats, ont pris des chambres plus commodes et plus saines.

Du 12. — On cherche tous les moyens possibles de procurer de l'agrément aux femmes dans le salon. On proposa des bouts-rimés à Vigée et à quelques autres. Les rimes étaient, *croc*, *broc*, *carcasse* et *filasse*. Ces rimes, assez baroques, firent qu'on ne s'empressa pas de les remplir. Lamalle, ci-devant avocat, courut la chance. Voici comment il s'en tira :

En amour, je ne suis pas . . . . *croc;*
Je n'aime point ni bouteille ni . . . . . . *broc,*
Encore moins une vieille. . . . . *carcasse,*
Et je déteste la . . . . *filasse.*

Ce badinage amusa un instant, et il fut arrêté que ce seraient les femmes qui proposeraient les rimes, et qu'elles donneraient un prix à celui qui les remplirait le mieux. Voilà une académie parfaitement organisée.

Du 13. — Notre ancien concierge, Haly, est revenu aujourd'hui; on prétend qu'il va reprendre sa place; mais auparavant il veut avoir quelques jours pour arranger ses affaires, de manière qu'il ne fera que coucher cette nuit, et il ne sera à demeure dans notre maison que dans deux ou trois jours. Il est plus aimé que haï de certaines personnes qui l'ont singulièrement accueilli. Il a rendu sa petite visite à chaque prisonnier en particulier; au total, avec son air brouillon, on le préfère au nouveau concierge, qui, habitué au régime d'une maison de force, s'enivre tous les jours, et n'a pas tous les égards qu'on doit à des citoyens qui ne sont que suspects. — La citoyenne Debar, la jeune, a proposé aux amateurs des bouts-rimés, dans la séance du soir de notre académie; Vigée, Laval-Montmorency, Coittant et Chéron de l'Assemblée législative, allèrent les méditer et les remplir dans leurs cellules. Chacun ayant apporté son travail, on en fit lecture.

Voici les bouts-rimés de Vigée :

Un songe sous vos traits m'offrait le doux . *plaisir;*
Je m'approche, le vois, le contemple à . . *loisir :*
A mes vœux, m'écriai-je, ah! ne sois point *rebelle,*
Je porte une âme pure, un cœur tendre et *fidèle.*
Dans les lieux où je suis en proie à la . . . *douleur,*
Par grâce, de mes maux daigne adoucir . *l'aigreur.*
Je m'éveille... L'amour ainsi de nous . . *s'amuse,*
Et son plus grand bienfait souvent cache une *ruse.*

BOUTS-RIMÉS DE LAVAL-MONTMORENCY.

Au fond de la prison vit encor le . . . . *plaisir*.
Le jour peut éclairer notre sombre . . . . *loisir*.
Ce dieu toujours enfant, et rarement . . . *fidèle*,
D'un seul de ses regards soumet un cœur *rebelle*.
Il dispense aux mortels la joie et la . . . *douleur*;
Des maux les plus cruels il adoucit . . . . *l'aigreur*;
Mais il tourmente aussi le couple qu'il . . *amuse*,
Et sourit, dans les airs, du succès de sa . *ruse*.

Vigée nous lut ensuite l'opuscule suivant, qu'il appelle son Paradis :

AUX CITOYENNES DÉTENUES AVEC MOI A PORT-LIBRE.

Nouvel Adam, par plus d'une Ève
Dans ces lieux je me vois tenté.
Citoyennes, ainsi votre présence achève
Un tableau par l'esprit avec peine enfanté,
Et d'un séjour par la crainte habité,
Où le cœur n'a ni paix ni trêve,
Me fait d'un autre Éden le séjour enchanté.
Si l'illusion est un crime,
Dans le timide aveu d'une erreur légitime
Si l'on ose entrevoir des projets trop hardis,
Dès ce soir, j'y consens, que j'en sois la victime,
Et que, pour me punir de mes vers étourdis,
Le dieu qui sous nos pas ouvre et ferme l'abîme,
Vous chasse de son paradis!

Du 13. — On a fait ce soir sortir un instant du secret la citoyenne Lachabeaussière, pour prendre un peu l'air. Cette malheureuse victime d'une atroce dénonciation a fait verser des larmes à tous les assistants. Ses jambes étaient prodigieusement enflées et ses yeux très-malades. Elle s'occupe de dessin, et nous a fait voir un portrait de sa fille, peint par Isabey, qui est d'un fini précieux. Elle espère n'être plus au secret dans deux jours [1], et obtenir la permission de faire venir sa fille avec elle.

[1] Elle n'en est sortie qu'en fructidor, deux jours avant sa liberté. (*Note du narrateur.*)

Du 14. — On nous a amené le fameux Potin de Vauvineux, si connu par sa banque où l'on échangeait les assignats pour des matières d'or et d'argent; il était accompagné de Rolland, ci-devant receveur des tailles d'Orléans et contrôleur de sa caisse. Ce charlatan a essuyé quelques plaisanteries, dont il s'est tiré à merveille.

Sont encore arrivés Lecoulteux de Canteleu, ex-constituant, et Saint-Priest, qui était avec nous aux Madelonnettes. Quatre agents des autorités supérieures sont venus conférer avec le banquier Duruet; ils l'ont engagé à faire valoir son crédit auprès de l'étranger, pour en obtenir des subsistances. Duruet a observé aux envoyés que la qualité de prisonnier empêchait toute espèce de négociations à cet égard. Il a donc réclamé préalablement sa mise en liberté; on ne sait s'il l'obtiendra.

Du 15. — Les nouveaux pensionnaires d'aujourd'hui sont le ci-devant comte de Thiars, ancien commandant de la ci-devant province de Bretagne; le citoyen Darmaillé, oncle de d'Hauteville, ci-devant page de Capet, et le ci-devant prince de Saint-Maurice, fils du ci-devant prince de Montbarrey, avec sa jeune épouse. — Nous avons sous les yeux, depuis quelques jours, un spectacle bien déchirant. La citoyenne Malessi, femme divorcée de Grimoard, fille de la citoyenne Lachabeaussière, est arrivée depuis peu dans cette maison. Cette femme, pleine de grâces et de majesté, et enceinte dans ce moment, a sollicité son transfèrement, pour être à portée de rendre des soins à sa mère, qui est toujours au secret. On sort cependant quelquefois cette victime de son cachot. Ce soir, on l'amena au foyer; elle y rencontra sa fille, qui se précipita dans ses bras, et elles restèrent serrées l'une contre l'autre pendant un quart d'heure sans pouvoir articuler une seule parole. Que ce langage était éloquent! tout le monde fondait en larmes. — Les malheurs de la citoyenne Lachabeaussière ont tellement affecté sa sensible fille, que son esprit s'est aliéné. C'est la Nina de la piété filiale. Mon cœur se déchire chaque fois que je la considère. Si elle essaye quelque ouvrage à l'aiguille, elle travaille une minute ou deux, puis se levant avec précipitation, elle parcourt les corridors et va s'asseoir à la porte du cachot de sa mère : elle écoute ; si elle n'entend rien, elle pleure et s'écrie douloureusement et à demi-voix : « O ma mère, ma tendre et malheureuse mère ! » Si elle entend marcher ou faire quelque mouvement, elle lui parle et reste des heures entières assise par terre. Sa voix douce est l'accent de la douleur et de la folie. Vient-elle se rasseoir au foyer, ses grands yeux se fixent, et elle ne voit personne. Elle soupire, elle gémit. Sa figure et son corps sont tourmentés de convulsions. Ses organes sont si vivement frappés, qu'elle ne prend aucune espèce de soins de sa personne ; elle ne se coiffe point ; ses cheveux sont abandonnés au vent ; elle se couche, sans se couvrir la tête, dans une cellule où elle demeure seule.

Quand la citoyenne Lachabeaussière fut mise au secret dans une chambre qui était destinée à servir de logement aux gardiens, elle fut obligée de coucher pendant quatre jours avec une chienne qui nourrissait six petits ; deux gardiens y couchèrent aussi les deux premières nuits. Cette femme, d'une constitution délicate, ne put résister à l'odeur infecte qui s'exhalait des ordures de cette portée de chiens. Elle pria qu'on la débarrassât d'une compagnie aussi désagréable. On ne lui rendit ce service qu'après bien des supplications. Quand on retira la paille, on s'aperçut que le séjour des ordures avait dégradé le carreau. La citoyenne Lachabeaussière, connaissant peu les usages des prisons, ne savait si elle pouvait témoigner sa reconnaissance aux guichetiers qui l'avaient délivrée d'une infection qui l'aurait conduite au tombeau. Elle tenait à la main son portefeuille, dont elle avait tiré un assignat de cent sous ; elle le regardait sans oser l'offrir. Un des gardiens s'approche : « Qu'est-ce que tu fais de cela ? — Mais, citoyen,... je ne sais si je puis vous offrir quelque chose ? — Oui, nous prenons, donne. » Et elle acquitta le bienfait. On a laissé à cette citoyenne un chien d'un instinct surprenant, et qui fait sa seule consolation. Brillant est son nom. Cet animal connaissait si bien les gardiens bienfaiteurs de sa maîtresse, Garnier et Desjardins, qu'il ne se trompait jamais dans son choix. Avait-elle quelque besoin, elle disait à son chien qui était dehors : « Je n'ai pas déjeuné, ou, Je n'ai pas dîné ; ou, enfin, J'ai besoin de prendre l'air, va chercher Garnier ou Desjardins » ; et Brillant allait chercher le gardien, lui sautait au cou, et ne le quittait pas qu'il ne vînt vers sa maîtresse. Ce chien avait contracté beaucoup d'aversion pour le concierge ; et comme il ne pouvait se venger sur lui des mauvais traitements qu'il faisait éprouver à sa maîtresse, il se rejetait sur son chien, et, quoique beaucoup plus petit et plus faible, il ne le quittait qu'après l'avoir terrassé.

La citoyenne Malessi portait chaque jour à son infortunée mère une partie de sa subsistance, dont elle se serait souvent passée sans ce soin filial. Un jour elle invoquait, avec l'accent de la douleur, l'ouverture du cachot, pour remplir ce devoir. Par malheur, la troupe des geôliers était à table et se régalait d'un civet de chat, autre victime de leur dégoûtante barbarie ; ni la résignation courageuse ni l'intéressant maintien de cette jeune personne ne fléchissent les Cerbères. « Que ta mère attende, lui disent-ils avec tous les accompagnements grossiers d'un langage digne d'eux, nous ne sommes pas ses valets. » Des pleurs échappent à sa fille. « Tu pleures, lui dit un des sbires ; attends, attends, je veux bien me déranger, mais à deux conditions : la première, de manger du chat, et la seconde, de boire dans mon verre. » En vain des représentations douces essayent de démontrer le dégoût invincible que sa grossesse et ses souffrances lui donnent pour manger du chat et boire du vin, dont elle ne boit jamais ; point de clefs sans cela. Il fallut bien que la tendresse filiale surmontât cette humiliation ; elle se détermina à subir les deux épreuves, l'inconvénient qui devait en être la suite, le rire indécent et les sales plaisanteries des auteurs de cette gentillesse ; ce ne fut qu'à ce prix qu'elle obtint, au moins au bout d'une grande demi-heure, le droit de porter à manger à sa malheureuse mère et de la voir quelques minutes.

Du 16. — On est venu interroger huit religieuses qui sont au secret. On a voulu leur faire prêter le serment de la liberté et de l'égalité; elles ont refusé en disant qu'elles ne vivaient pas sous le règne de la liberté, puisqu'elles étaient prisonnières. Quant à l'égalité, elles ne voyaient pas que ce fût plus sous son règne, puisque celui qui les interpellait mettait tant de hauteur et d'arrogance dans ses interrogations. On les a menacées du tribunal révolutionnaire, elles ont répondu qu'elles y iraient avec plaisir. « Mais renoncez-vous à votre pension? leur a-t-on dit. — Non, parce qu'elle représente des biens qu'on nous a pris. — Mais la loi défend de payer ceux ou celles qui refusent de lui obéir, et comment vivrez-vous? — La Providence aura soin de nous. — Mais la Providence ne vous donne pas de pain. — Nous ne demandons rien à personne. — Comme la République ne souffre pas d'ennemis dans son sein, on vous déportera : où voulez-vous aller? — En France, qui est notre patrie. » — Ces huit religieuses ont été depuis guillotinées comme fanatiques.

Du 17. — La commune vient de faire paraître un règlement sur le régime des prisons. Il est dit dans un des articles : que l'égalité doit alléger les chaînes de ceux qui, privés de leur liberté par mesure de sûreté générale, en ressentent plus vivement le poids par le défaut de fortune, et que pour l'exécution du décret qui prescrit une nourriture égale pour tous les prisonniers, il n'entrera dans les maisons d'arrêt aucune nourriture du dehors, excepté le vin. Chacun sera nourri à raison de cinquante sous par tête. Cette mesure n'a satisfait personne. Une des phrases de ce règlement porte : qu'il faut que les riches expient leur fortune. D'après cette expression, il paraît que la richesse est réputée pour crime dans le vocabulaire révolutionnaire des municipaux.

Du 18. — Il y a eu aujourd'hui salon. La séance a été intéressante. Vigée nous a lu la pièce de vers suivante, qui a été fort applaudie.

A L'ACACIA[1].

Arbre dont la feuille légère
Aux amants réunis sous tes rameaux nombreux
Prête son ombre tutélaire,
Arbre chéri, que ton sort est heureux !
Dès que la Nuit, suivant sa route obscure,
Couvre de son rideau l'azur brillant des cieux,
L'Amour, pour préparer ses larcins et ses jeux,
Choisit le trône de verdure
Dont s'entourent tes pieds noueux.
De la pudeur en secret tourmentée,
Discret témoin, tu vois tous les combats,
Et sa langueur modeste et son chaste embarras.
Tu vois la main que presse une main agitée,
Le bras que mollement enlace un joli bras,
L'innocence confuse et jamais irritée,
Le baiser qui s'approche et qu'on n'évite pas.
Toi seul es dans la confidence
Des soupirs hasardés, de ces mots suspendus,
Toujours mal prononcés, toujours bien entendus ;
De ces aveux craintifs la timide éloquence
Provoque le désir et prévient le refus.
Oh ! que le temps respecte ton grand âge,
Bel arbre ! le dieu que tu sers,
Le dieu qui s'applaudit de ton utile ombrage,
Doit te sauver du courroux des hivers.
Tous les matins, que sa main empressée,
D'une eau pure à tes pieds discrètement versée,
T'offre en tribut les flots réparateurs ;
Tandis que des zéphyrs doucement caressée,
Ta tête de l'Aurore amassera les pleurs.
Surtout que la hache barbare
S'émousse à ton aspect, crainte de te flétrir !
Puisqu'ici-bas tout doit mourir,
Tu mourras, mais du moins que le destin bizarre,

---

[1] Cet arbre était planté dans une des cours de Port-Libre.

> Et de nos jours cruellement avare,
> Ne hâte pas l'instant où le fer destructeur
> Devra sur toi déployer sa fureur !
> Quand ton heure sera venue,
> Je veux qu'un simple monument
> Te rende aux regrets de l'amant,
> Au souvenir de l'amante ingénue ;
> Je veux que sur la pierre émue
> Ces faibles vers se gravent tristement :
> « Ici, des cœurs exempts de crimes,
> Du soupçon dociles victimes,
> Grâce aux rameaux d'un arbre protecteur,
> En songeant à l'amour oubliaient leur douleur ;
> Il fut le confident de leurs tendres alarmes ;
> Plus d'une fois il fut baigné de larmes.
> Vous que des temps moins rigoureux
> Amèneront dans cette enceinte,
> Pleurez cet arbre généreux :
> Il consolait la peine, il rassurait la crainte,
> Sous son feuillage on fut heureux. »

Le citoyen Coittant a donné lecture d'une romance de sa composition sur le dévouement de la citoyenne Sombreuil, qui, à la journée du 2 septembre, a arraché son père des bras sanglants des assassins.

La citoyenne Sombreuil était présente ; elle écoutait, la tête baissée ; son visage était baigné de pleurs. L'auteur de la romance s'avance vers elle et lui dit : « En célébrant le courage, je n'ai suivi que l'impulsion de mon cœur, et je me trouve très-heureux d'avoir pu rehausser l'éclat de la vertu captive en consacrant le récit d'une belle action. — Citoyen, répondit la citoyenne Sombreuil, j'en ai reçu la récompense dans le temps, je la reçois encore aujourd'hui. »

Le citoyen Grappin, sur l'invitation de plusieurs prisonniers, nous a donné les détails les plus curieux sur divers événements arrivés dans les premières journées du mois de septembre 1792. Ce brave homme est parvenu à sauver soixante à soixante-dix victimes, parmi lesquelles sont les citoyens Sombreuil, Cahier, le juge de paix de la section du

Temple; Duperron, juge de paix de celle de Bonne-Nouvelle; Valroland, maréchal de camp; un marchand de bois de Nancy; douze femmes; pour les autres, il n'a jamais su leurs noms.

Grappin était un des huit députés de sa section (Contrat-Social) nommés pour aller réclamer deux prisonniers qui allaient être égorgés. On avait déjà été trois fois à l'Abbaye pour les découvrir; les commissaires, voyant leurs démarches infructueuses, allaient se retirer, lorsque Grappin demande au concierge son registre d'écrou, le compulse et parcourt en vain la prison avec lui. Grappin était désespéré; le concierge lui dit : « Ne vous découragez pas, peut-être sont-ils dans la petite église. Ils y vont ensemble; elle contenait à peu près quatre cents prisonniers, du nombre desquels étaient deux cent quarante-six Suisses qui avaient mis bas les armes à la journée du 10 août. On les met tous en rang; le concierge faisait l'appel, lorsqu'un jeune homme essaye de se sauver en sautant par une fenêtre; on le crible de coups de fusil; ce bruit répand l'effroi dans l'église, le concierge se sauve avec le registre, et Grappin reste enfermé dans cet asile de la mort. Il était en uniforme, il en impose à la tourbe des guichetiers; il descend entre les deux guichets, où siégeait le grand juge Maillard, assisté de quelques autres assassins. On allait livrer un citoyen aux bourreaux qui attendaient leur proie. Il était père de six enfants. Grappin a le courage de prendre sa défense. « Je n'ose pas assurer, dit-il, qu'il est innocent; mais s'il n'est pas coupable, les juges auront à se reprocher d'avoir fait égorger le nourricier d'une famille nombreuse, et d'avoir fait couler le sang du juste. » La harangue fait son effet; on écoute l'accusé, il se justifie, il est sauvé. Ce succès encourage Grappin. Il vole retrouver le concierge. Ils vont ensemble dans une chambre où étaient renfermés huit prisonniers, qu'il reconnaît pour la plupart. Ils étaient plongés dans l'abattement le plus profond; ils attendaient, dans un morne silence, qu'on vînt les arracher à leur cachot, pour les traduire devant le fatal tribunal. « Rien n'est encore désespéré, leur dit Grappin. Écrivez à vos sections, pour qu'on vienne vous réclamer. » Ces malheureux écrivent; Grappin se charge de leurs lettres, et descend chercher ses collègues, qui étaient partis, et qui avaient eu le bonheur de trouver et de sauver les deux citoyens qu'ils avaient réclamés au nom de la section. Grappin allait sortir de l'Abbaye, lorsqu'il rencontre les exécuteurs qui amenaient le citoyen Sombreuil, gouverneur des Invalides. Il parvient à suspendre leur fureur; la soif du meurtre s'éteint un instant chez ces monstres tout haletants de carnage. Il s'approche du citoyen Sombreuil; celui-ci l'assure qu'il n'a pas quitté son poste au 10 août, qu'il n'a contre lui que quelques dénonciations que ses ennemis ont surprises à la bonne foi d'un petit nombre d'invalides. Grappin le fait introduire dans un cabinet retiré; les bourreaux n'avaient pas quitté leur proie. La fille du citoyen Sombreuil s'était précipitée à leurs genoux : « Prenez ma vie, leur disait-elle, mais sauvez mon père. » Grappin essaye de fléchir les assassins; il leur propose d'envoyer des commissaires aux Invalides pour s'assurer si véritablement Sombreuil n'avait pas quitté l'hôtel le 10 août. Maillard expédie l'ordre, on part. On rapporte une lettre du major, qui atteste la vérité du fait. Les égorgeurs ne la trouvent pas valable. Grappin insiste : « Mais, citoyens, vous ne prononcerez pas un jugement inique, vous entendrez ses dénonciateurs; les vieux défenseurs de la patrie sont incapables de trahir la vérité. Ordonnez, je pars avec quatre citoyens dignes de confiance, nous irons aux Invalides, et nous en rapporterons des témoignages dignes de foi. » Les assassins balancent un instant; ils cèdent. Un second ordre est expédié. Grappin arrive aux Invalides, il était quatre heures et demie du matin; le major se lève, les pouvoirs sont exhibés, la générale bat, les invalides se rassemblent dans la grande cour au nombre de huit cents. Grappin monte sur une table. « Amis, s'écrie-t-il, que ceux qui ont des dénonciations à faire contre Sombreuil passent d'un côté; que ceux qui n'ont rien à dire passent de l'autre. Douze s'ébranlent et en entraînent cent cinquante; ils voulaient écrire et motiver leurs dénonciations. Grappin n'avait qu'une heure pour sauver le citoyen Sombreuil. « Nous n'avons pas le temps d'écrire, leur dit-il; encore une fois, que ceux qui ont des plaintes à former les fassent publiquement, et qu'ils ne parlent que d'après leur âme et conscience. « Une dispute survenue entre quelques invalides faillit faire perdre à Grappin le fruit de ses soins généreux. De braves gens, qui n'avaient rien à reprocher au citoyen Sombreuil, ne voulaient pas passer du côté des dénonciateurs, malgré les instances et les menaces de quelques séditieux; la rixe prenait un caractère inquiétant; des coups de crosse avaient déjà été donnés, lorsque Grappin fait retirer des rangs les plus mutins, et les fait conduire dans leurs chambres. Quand le calme est rétabli, il recommence l'épreuve, et la minorité articule verbalement ses dénonciations.

Dans cet état de choses, Grappin témoigne sa satisfaction aux invalides, et fait remarquer aux commissaires qui l'accompagnaient que la très-grande majorité n'avait point inculpé le citoyen Sombreuil, qu'elle lui avait au contraire rendu justice; il leur fait aussi observer que l'esprit de parti avait seul dirigé les dénonciations qui avaient été faites. Après cet exposé, il invite les commissaires à circonstancier le rapport des faits; ceux-ci s'en excusent, et répondent à Grappin que ce qu'il dira sera bien dit, et qu'ils sont disposés à l'appuyer de toutes leurs forces.

On retourne à l'Abbaye. Arrivé devant les juges, Grappin rend compte de sa mission. Les égorgeurs ne paraissent pas satisfaits; il presse, il invoque le témoignage des commissaires; le jugement est rendu, Sombreuil est acquitté. Il vole vers ce citoyen et sa fille, qui étaient restés dans le fatal cabinet; il leur annonce leur délivrance; il les accompagne jusqu'au dehors de la prison; il les montre à la populace en lui disant : « C'est un brave officier, c'est un bon père de famille. » Après les avoir conduits quelques pas, il les embrasse et les confie à des hommes qui reconduisaient chez eux le peu de citoyens qui échappaient à la boucherie.

Grappin rentre à l'Abbaye, il a le bonheur de sauver encore plusieurs victimes, entre autres un vieillard de quatre-vingt-cinq ans, que les bourreaux allaient mettre en pièces : c'était à qui lui arracherait la vie. Il le charge sur ses épaules, et parvient à le soustraire à la rage des assassins. Après avoir déposé ce vieillard en lieu sûr, Grappin se ressouvient qu'il a reçu des lettres à l'Abbaye adressées à différentes sections. Il monte en voiture; arrivé dans l'enceinte des délibérations, il implore l'humanité des citoyens; l'éloquence d'un homme de bien électrise tous les esprits, des commissaires sont nommés, ils vont réclamer les huit prisonniers détenus à l'Abbaye, ils sont sauvés : le citoyen Cahier était du nombre. Lors de l'arrivée des commissaires, il paraissait devant le redoutable tribunal; l'espérance avait fui de son cœur; il allait être livré aux bourreaux; il avait déjà donné sa montre à un des juges; il sanglotait et s'écriait : « Adieu ma femme, mes enfants! » Le tribunal était aux opinions sur l'affaire des Suisses. On délibérait si on les ferait exécuter ou si on les enverrait à la commune. Grappin devient leur défenseur officieux : « Dans un combat, dit-il, tout ce qui périt est de bon droit; mais après la victoire, il y aurait de la barbarie à assassiner des hommes qui, égarés par leurs chefs, ont ensuite déposé les armes. Laissez-les vivre, et rendez-les à leur patrie. Ils y publieront nos bienfaits, notre courage et notre générosité. Les Treize cantons ont toujours été alliés avec la France; voulez-vous en faire des ennemis, en massacrant leurs enfants? Je pense donc que le seul parti à prendre est de conduire les Suisses à la commune. »

Cet avis est adopté; Grappin monte au conseil général, il y plaide la cause des Suisses avec chaleur. Pétion, qui était présent, frappé de l'énergie de son discours, lui dit : « Brave homme, allez à la Force, et dites de ma part qu'on se retire, et que la loi seule juge les coupables. » Pétion fait accompagner Grappin par un municipal. Ils arrivent à la Force, où l'on massacrait encore. Ils font, au nom de Pétion, des représentations aux assassins; on n'y a aucun égard. Grappin retourne à la commune, s'empare de Pétion et l'emmène presque malgré lui à la Force. Arrivé à cette prison, le maire de Paris prend la parole. A sa voix les exécutions sont suspendues; cependant les flots d'une multitude avide de carnage et de sang continuaient à se presser. Grappin monte sur des planches, harangue la populace et lui représente qu'il est instant pour elle de se retirer dans les sections, pour y déjouer les complots de quelques scélérats qui conspirent contre sa liberté. La multitude se retire, la cavalerie bouche les avenues, et les massacres finissent avec le jour. Grappin, né pauvre, n'ayant reçu d'éducation que de la nature, lutta soixante-dix-huit heures contre les assassins pour leur arracher leurs victimes, et il en sauva un grand nombre. Homme vertueux! que ton nom, béni de tes contemporains, passe glorieux à la postérité! Le lendemain des exécutions, Maillard, les juges égorgeurs et quelques bourreaux avaient entraîné Grappin chez Martin, marchand de vin à l'Apport-Paris, où on devait déjeuner. Il fut question de s'adjuger les effets et bijoux des victimes, qui avaient été inventoriés dans un procès-verbal fait sur les lieux, et que Grappin avait signé. Ceux qui avaient de l'argent devaient en acheter une partie, le reste des effets aurait été distribué à ceux qui n'en avaient pas. Grappin était de ces derniers, il ne voulait pas se souiller d'un pareil brigandage. Il sortit pour aller rendre compte de ces faits au maire, qui invita deux municipaux à se transporter chez le marchand de vin. Les municipaux, dont un était le nommé Lenfant, ne voulurent pas se compromettre, et les assassins se partagèrent paisiblement les dépouilles. J'ai depuis entendu dire au citoyen Rolland, qui était commissaire aux scellés des effets des massacrés, et à la comptabilité de la commune, qu'il y avait dans le compte des sommes allouées pour cette *expédition* (c'était le mot technique), un article de trente-six livres payées à une femme pour avoir fait son devoir dans ces épouvantables journées.

— Il nous est arrivé aujourd'hui un citoyen qui a beaucoup fréquenté Bazire et Chabot, et qui nous a raconté sur ces deux personnages des anecdotes assez curieuses. Bazire est né à Dijon, et occupait aux anciens états de la ci-devant province de Bourgogne une place de dix mille livres par an; il épousa une femme riche, et tenait à Dijon une maison assez splendide; il s'occupait de botanique, d'histoire naturelle, et recevait chez lui les savants de la ville. Cet homme avait naturellement le cœur bon, mais le plus souvent il se laissait entraîner par les impulsions qu'il recevait. Il se lia avec Chabot, moine défroqué très-paillard. L'ex-capucin, par une industrie assez active, était parvenu à se donner un mobilier assez propre. Il désirait traiter chez lui quelques amis; il parla à Bazire de l'emplette d'une cuisinière; Chabot voulait avoir maison montée. Une jeune fille, arrivée fraîchement de Dijon, était venue chez Bazire implorer sa protection et ses bons offices. Bazire la proposa à Chabot, qui l'accepta. Comme elle était grande et bien faite, l'impudique lui donna doubles gages. La cuisinière quitte ses ajustements villageois, une demi-parure relève ses rustiques attraits; ce n'est plus Jeannette tout court, c'est mademoiselle Jeannette, cousine issue de germain de M. Chabot, et gouvernante en chef de sa maison.

Tandis que ces arrangements se faisaient à l'amiable à Paris, madame Bazire avait renvoyé chez elle, à Dijon, une cuisinière qui l'avait volée; elle avait mandé cet événement à son mari et lui défendait de la recevoir si elle venait à Paris. La cuisinière arrive, et, nonobstant l'avertissement, Bazire la prend à son service. Madame Bazire, qui probablement s'ennuyait beaucoup à Dijon loin de son époux, résolut de lui causer une surprise agréable. Elle arrive à Paris à l'improviste, et la première personne qu'elle rencontre chez son mari est la cuisinière qu'elle avait renvoyée. Sa surprise est extrême. « Bonjour, madame Bazire, lui dit cette fille. — Que faites-vous ici? — Mais, madame, je suis avec monsieur. — Mademoiselle, commencez par vous retirer sur-le-champ, et que je ne vous revoie jamais. » La fille sort sans mot dire; arrive, sur ces entrefaites, la cousine Chabot, qui dit d'un ton léger : « Où est Bazire? Mais c'est bien singulier, on ne le trouve jamais, ce Bazire. » Madame Bazire était dans la stupéfaction; elle ne reconnaissait pas Jeannette de Dijon, qui était toute fringante, avec un bonnet à la mode, une pelisse et des bas de soie. « Mais qui êtes-vous, mademoiselle? dit madame Bazire. — Je suis la cousine de Chabot, député à la Convention nationale; il est bien surprenant que ce Bazire ne soit point ici, il m'avait promis de s'y trouver : c'est un homme bien étonnant. — Mademoiselle, monsieur Bazire va venir tout à l'heure. » Pendant ce colloque, madame Bazire examinait la cousine et tâchait de se remettre ses traits. « Pourrais-je vous demander, mademoiselle, où vous êtes née? — A Dijon, madame. — Eh bien, mademoiselle, je vous prie de ne plus remettre les pieds ici, tant que j'y demeurerai. » La cousine s'en alla un peu décontenancée. Bazire arrive à son tour; il cache sous des caresses l'embarras où il se trouve. Madame Bazire, après lui avoir adressé des reproches très-amers, lui raconte ce qui s'est passé en son absence. Elle lui signifie que son intention est de ne pas voir Chabot le dissolu, et que pendant son séjour à Paris elle entend qu'il n'ait d'autre société que la sienne dans l'intérieur de sa maison. Elle lui déclare en même temps qu'elle ne sortira jamais avec lui pour aller au spectacle ou ailleurs, et que toute espèce d'intimité est absolument rompue entre elle et lui. Ce régime sévère dura tant qu'elle resta à Paris. Un jour que madame Bazire se disposait à sortir pour aller au spectacle, un homme à cheveux noirs se présente et demande à parler à son mari. On l'introduit dans son cabinet. Pendant ce temps, la cuisinière, qui avait laissé une corbeille d'argenterie dans l'antichambre, était allée aider sa maîtresse à s'habiller. L'homme aux cheveux noirs n'ayant pas été longtemps sans sortir, elle entend un cliquetis d'argenterie, quitte sa maîtresse et court à l'antichambre : la corbeille avait disparu ; elle descend précipitamment et crie au voleur. On saisit le quidam sous un des guichets du Louvre (Bazire demeurait rue Saint-Thomas) ; il fut mis entre les mains de la garde, et Bazire ne put le sauver, quoiqu'il en eût manifesté le désir. — Le comité de sûreté générale voulant s'assurer si les correspondances étaient bien surveillées à la poste, fit faire un paquet adressé au ci-devant comte d'Artois. Il fit arrêter la malle à quelques lieues de Paris ; on trouva le paquet. Parmi les autres lettres, Bazire en décacheta une écrite par une princesse étrangère détenue à l'Abbaye peu de jours après les exécutions de septembre, et dont les caractères étaient tracés avec son sang. Elle avait exprimé dans cette lettre, qui contenait un paquet de ses cheveux, les sentiments les plus tendres et la ferme résolution de mourir. La sensibilité de Bazire fut vivement émue ; il envoie un gendarme pour connaître l'écrou de cette femme : il n'en existait point. Il donne un mandat pour la faire venir. Cette infortunée, croyant que c'était son arrêt de mort qu'on allait prononcer, se jette aux genoux de Bazire, qui lui dit en la relevant : « Je n'ai point trouvé de charges contre vous au comité, et comme il n'y a pas de raison pour que vous soyez privée de votre liberté, je vous la rends, et je suis très-heureux de pouvoir vous être utile. » Tous ces détails nous ont un peu distraits des ennuis de notre captivité.

Du 7 ventôse. — Depuis six heures du matin, il se fait beaucoup de bruit dans la maison. Concierge, greffier, guichetiers, chiens et gardes sont en mouvement pour deux prisonniers qui, à l'aide d'une planche passée transversalement, se sont évadés. L'un est un Italien nommé Palmaleoni, né à Venise, espion du ministre des affaires étrangères, qui lui donnait de temps en temps des subsides.

Dans la journée il s'est passé un autre petit événement. Un amant idolâtre de sa maîtresse lui a voulu faire passer un billet dans la manche d'un gilet ; le pauvre billet a été découvert. Cet accident a redoublé la surveillance du concierge et des gardiens.

Du 8. — L'évasion de l'Italien nous a valu une visite nocturne, pour s'assurer si nous étions tous dans nos lits. Ce Palmaleoni a été repris deux fois dans la ville, mais il a eu l'adresse d'échapper à la surveillance. Il avait très-bien pris ses mesures, car il avait renvoyé de Port-Libre ses livres, un de ses matelas et sa petite valise. Malheureusement la valise n'a pu arriver à bon port, elle a été saisie au moment où elle était rendue à sa destination. Le commissionnaire et plusieurs autres personnes ont été arrêtés. Quelques municipaux sont venus constater l'évasion par un procès-verbal et ont mis en état d'arrestation le concierge chez lui, le tout pour la forme.

Du 14. — On nous a amené ce matin Berthaux, adjudant de l'armée révolutionnaire. Ce patriote à moustaches pleurait comme un enfant ; tous les prisonniers fuient ce misérable, qui était bien insolent lorsque, escorté de cinquante coupe-jarrets, il allait porter l'effroi et la désolation dans les familles, en enlevant nuitamment de bons citoyens victimes de fausses dénonciations. Le traiteur qui nous fournit nous a appris l'arrestation d'Hébert, Ronsin, Vincent et autres scélérats. Comme il était fort lié avec Hébert, il a reçu une lettre de sa femme qui lui mande cette triste nouvelle. Le Père Duchesne a été conduit à la Conciergerie, pieds et mains liés. On nous a amené deux hommes à bonnet rouge, dont un a été cocher du ci-devant Roi. On les a priés d'ôter leurs bonnets, parce qu'il n'y a que le concierge, les porte-clefs et les commissionnaires qui aient le droit d'en porter. Tel est le règlement de la prison. — La femme Momoro vient d'arriver et nous a confirmé l'arrestation d'Hébert. En nous apprenant celle de son mari, elle a dit au greffe qu'on s'était assuré d'elle pour l'empêcher d'aller réclamer son mari à la section, mais que cette mesure n'empêcherait pas les patriotes de se remuer.

Du 25. — On disait ce matin au jardin que notre traiteur

était arrêté. Il était sorti pour défendre son ami Hébert. Il est arrivé un gendarme, portant l'ordre de ne point laisser communiquer les conspirateurs, ni verbalement ni par écrit, avec les personnes du dehors. Le concierge, fort embarrassé, répondit qu'il ne soupçonnait de conspirateur que l'homme à moustaches arrivé hier. Toutes les lettres sont arrêtées jusqu'à nouvel ordre.

Du 26. — Notre traiteur a été cité au tribunal révolutionnaire comme témoin à la décharge d'Hébert. Il est arrivé ce matin un huissier du même tribunal qui a apporté quatre assignations : une pour le concierge et les trois autres pour des guichetiers. On est venu chercher les deux Frey, beaux-frères de Chabot, qui se disaient comtes de l'Empire, faisaient ici une très-grande dépense et trouvaient que notre traiteur ne vendait pas assez cher deux côtelettes et une bouteille de vin de Bordeaux pour la somme de onze livres. On a aussi amené au tribunal, ou au moins à la Conciergerie, un nommé Glaudy, du pays de Chabot.

On a signifié ce soir un ordre du comité de sûreté générale de ne laisser entrer aucuns journaux. Cet ordre nous a d'autant plus contristés, que la curiosité est plus puissamment éveillée par les grands intérêts qui fixent l'attention universelle.

La citoyenne Vaucresson est morte aujourd'hui; elle a béni son fils dans ses derniers instants, et lui a souhaité des enfants qui lui ressemblassent. Les gardiens sont venus nous rendre une visite sur le minuit; il paraît que la surveillance est à l'ordre du jour. Quelques détenus craignaient qu'il n'y eût des projets contre les prisons.

Du 27. — Ce matin deux gendarmes sont venus chercher Duruet, ancien banquier de la cour et ancien receveur général des finances, pour le conduire au tribunal révolutionnaire. On ignore la cause de cette traduction. Tout le monde est dans l'inquiétude sur le sort de cet honnête citoyen, qui n'a fait que du bien partout où il a demeuré, et qui verse encore des bienfaits sur ceux qui l'entourent. — On est venu également chercher le nommé Tarin, imprimeur, à qui on a mis les menottes. On nous a amené trois anciens officiers aux gardes dont on ne sait pas encore les noms. Duruet et Tarin sont rentrés dans la soirée, à la grande satisfaction de tous les prisonniers.

Du 28. — Duruet a reçu dans la nuit d'hier son acte d'accusation : il est parti ce matin à sept heures pour le tribunal; il doit monter au fauteuil à neuf, et son jugement sera prononcé entre dix et onze. Quelle justice! grands dieux! Nous sommes tous dans l'inquiétude. On assure que cet acte d'accusation contient des délits très-graves. Il en a pris lecture et s'est couché fort tranquillement. Le matin, ayant fait attendre les gendarmes, qui étaient déjà de très-mauvaise humeur, il leur dit obligeamment qu'il était désespéré de les avoir retardés si longtemps, mais qu'il fallait au moins paraître d'une manière décente au tribunal. Un d'eux lui répondit que ce n'était pas la peine de se faire si beau pour aller à la guillotine. Une femme qui vient d'arriver nous a raconté qu'on faisait courir le bruit dans Paris que nous étions en insurrection et qu'on devait amener des canons à notre porte. Cette nouvelle nous a tous consternés, nos idées se sont portées sur des époques affreuses, et nous avons frémi. Cependant nous avons été un peu rassurés par l'imprimeur Tarin, qui nous a annoncé que le commissaire qui l'avait interrogé lui avait dit : « Nous savons qu'il y a de bons patriotes dans les prisons; reportez à vos malheureux compagnons d'infortune des paroles de paix et de consolation; dites-leur que quand l'affaire des conspirateurs sera terminée, on les mettra en liberté. Nous savons qu'ils ont couru de grands dangers; mais annoncez-leur qu'il ne leur arrivera rien et que nous périrons avant eux. » — Nous avons reçu la visite de deux administrateurs de police, qui nous ont promis que sous deux ou trois jours l'ordre d'arrêter les lettres serait levé. — Nous avons appris avec une vive satisfaction l'arrestation de Chaumette. On prétend qu'il s'était caché chez Patris, imprimeur de la Commune, rue

Saint-Jacques, au ci-devant couvent des Filles Sainte-Marie, où l'agent national avait loué deux cellules. — Un guichetier nous a annoncé le jugement de Duruet; il a été condamné à mort. On dit qu'il était accusé d'avoir fait passer des fonds chez l'étranger et d'avoir payé une lettre de change de six mille livres tirée sur lui de Londres. Ce citoyen est généralement regretté; il jouissait de l'estime de tous les prisonniers. — On nous a amené quatre ou cinq individus qui ne se sont point encore fait connaître. Un d'eux est, dit-on, membre d'un comité révolutionnaire.

Du 29. — La femme Momoro est toujours triste; elle tremble beaucoup sur le sort de son mari. Nous ignorions que cette femme avait figuré la déesse de la Raison dans une mascarade de l'invention de Chaumette. Cette circonstance lui attire des railleries qu'elle feint de digérer assez facilement. Cette déesse est très-terrestre : des traits passables; des dents affreuses, une voix de poissarde, une tournure gauche; voilà ce qui constitue madame Momoro. — On a débarqué douze prisonniers qui, par leur costume et leur langage, ont tout l'air d'être du bord d'Hébert et Chaumette. Nous ne sommes pas tranquilles sur le compte de ces gens-là, si la faction sort saine et sauve du tribunal. Personne n'a pu se faire à la mine de ces coupe-jarrets. Tous les prisonniers se tiennent sur leurs gardes, en cas d'événement. — Le rapport envoyé à Robespierre par Laboureau, un des accusés dans cette affaire, et qui a été ensuite acquitté, pourra jeter quelques lumières sur les menées de ces misérables. Cette pièce est extraite des papiers trouvés chez Robespierre.

Rapport de ce que j'ai vu et entendu depuis ma détention.

Je n'ai commencé à communiquer avec les détenus que quand il a fallu que je me présentasse au tribunal. Là, en déjeunant, je les ai vus; mais, de la totalité des accusés, je n'y ai reconnu que Momoro, comme président de ma section; Ronsin, pour l'avoir vu une fois seulement aux Cordeliers, le soir de sa remise en liberté; Vincent, pour l'avoir vu non-seulement aux Cordeliers, mais encore à la société populaire de ma section, et à ma section, car il se fourrait partout; Hébert, pour l'avoir vu une fois à la commune, où je demandais à parler à Chaumette sur quelque chose qui concernait le comité révolutionnaire de ma section, et pour l'avoir vu deux fois aux Cordeliers; et Ducroquet, commissaire aux accaparements, lequel était de ma section. Pour ce qui est des autres accusés, je ne les ai jamais connus et les ai vus pour la première fois au tribunal.

Je n'ai pu tirer aucun renseignement de Vincent, parce qu'il s'est constamment méfié de moi. Depuis ma première entrevue pour le tribunal, jusqu'au moment où j'ai été appelé pour être acquitté, il parlait souvent à l'oreille de Momoro et de Ronsin, et fermait son papier lorsque je voulais y regarder.

Pour ce qui est de Momoro, il m'a témoigné de l'amitié, beaucoup de reconnaissance, m'a plaint et a certifié de mon innocence, mais ne m'a communiqué aucune chose qui tînt à une conspiration; il a affecté même de me faire conserver l'opinion qu'il croyait que j'avais de lui. Comme je lui ai demandé ce que c'étaient que Pereyra et Dubuisson, il m'a répondu que c'était la faction Proli; que c'était un reste de la faction de Dumouriez; que le parti qui lui en voulait avait implanté cette faction dans leur affaire pour les rendre criminels et préparer une opinion défavorable sur leur compte, c'est-à-dire sur lui Momoro, et Vincent, Ronsin et Hébert; que c'étaient des fripons et des voleurs; que quant à Laumur, c'était un aristocrate qu'on avait aussi implanté là pour leur donner un air de conjuration; que l'aristocratie leur avait mis cet homme en avant, et que Westermann, son accusateur, était aussi coquin que lui Laumur; que si on faisait bien, on l'arrêterait aussi.

Ronsin a constamment paru gai, sans que j'aie pu deviner si c'était sa conscience ou l'effet du déguisement, jusqu'au moment où il a dit cette phrase à Momoro : « Qu'est-ce que tu écris? Tout cela est inutile; ceci est un procès politique : vous avez parlé aux Cordeliers, tandis qu'il fallait agir; cette franchise indiscrète vous a perdus; on vous arrête en chemin, et sur le coup de temps; vous deviez savoir que tôt ou tard les instruments des révolutions sont brisés. Il vous restait une ressource, vous l'avez manquée. Cependant, soyez tranquilles, s'adressant à Hébert, Vincent et Momoro, le temps nous vengera; le peuple victimera les juges et fera justice de notre mort. J'ai un enfant que j'ai adopté, je lui ai inculqué les principes d'une liberté illimitée; quand il sera grand, il n'oubliera pas la mort injuste de son père adoptif : il poignardera ceux qui nous auront fait mourir; il ne faut pour cela qu'un couteau de deux sous. » Le jour qu'on lut le journal d'Hébert, il lui dit : « Tu as verbiagé; ta réponse était bien simple : il fallait la mettre en parallèle de certains numéros de Marat. Apprêtez-vous à mourir, leur dit-il, je jure que vous ne me verrez pas broncher. »

Hébert n'a rien dit qui portât caractère; il a paru faible, embarrassé, et la dernière nuit, dans la prison, il a eu des accès de désespoir.

J'oubliais de dire que Ronsin, poursuivant sa harangue à Momoro, Hébert et Vincent, leur dit en faisant un geste affirmatif : « Il y a déjà longtemps que je me suis aperçu que vous étiez mirés et suivis dans le sénat par un homme craintif, rusé et dangereux (du moins voilà ce qu'il m'a paru vouloir dire par un terme figuré dont je ne puis me souvenir); il vous a surpris, parce que vous ne vous en êtes pas assez méfiés : il faut mourir. » Et se tournant vers moi : « Laboureau, me dit-il, d'après ce que m'a dit Momoro de toi, tu es un bon garçon; il n'y a rien ici qui te regarde, et je te réponds que tu seras remis en liberté. » Ensuite parlant à Hébert, qui lui dit qu'il croyait la liberté perdue, il lui répondit : « Tu ne sais ce que tu dis; la liberté ne peut maintenant se détruire; le parti qui nous envoie à la mort y marchera à son tour, et cela ne sera pas long. »

Du 2 germinal. — Le départ de notre traiteur pour le tribunal révolutionnaire a mis notre dîner en souffrance; nous attendons avec la plus vive impatience l'issue de l'affaire d'Hébert et compagnie. La nouvelle de leur supplice sera un jour de fête pour tous les prisonniers; il paraît que ces scélérats voulaient épurer les prisons à leur manière; il est certain que Ronsin vint dernièrement à Port-Libre prendre connaissance de l'état de la maison, du nombre et de la qualité des prisonniers qu'elle renfermait. Ce fut vers une heure du matin qu'il fit cette visite, avec le concierge, à la lueur d'un flambeau. Comme je dormais profondément alors, je ne les vis point; les détenus qui ne dormaient pas le remarquèrent très-bien; il était en uniforme, avec une houppe rouge à son chapeau. Ronsin s'enivra ensuite chez le concierge, où il passa la nuit. Le lendemain matin il sortit avec un coupe-jarret qui était venu avec lui. — On transfère beaucoup de prisonniers à Sainte-Pélagie, parmi lesquels sont Cypierre et son domestique, Rosambeau et Pasquier, ci-devant conseillers au parlement de Paris; ils sont accusés d'avoir signé, pendant la chambre des vacations en 1790, une protestation contre le décret de la Constituante qui cassait les parlements.

Du 4. — Je faisais ce matin un tour au jardin, avec la ci-devant princesse de Saint-Maurice; les gardiens vinrent nous prier de nous retirer. Madame de Saint-Maurice, un peu fâchée de cette invitation, s'écria : « O mon Dieu! ceci ressemble au collége; mais qu'est-ce qu'on apprend avec ces figures bêtes? » — Enfin, la bande des Hébert, Chaumette, Ronsin, Momoro, etc., a reçu la juste punition de ses forfaits. Cette nouvelle fait l'entretien et la joie de tous les prisonniers. — Un administrateur de police a visité les nouvelles palissades qui s'élèvent autour de notre promenade; il s'est amusé à écrire dessus avec de la craie : *Rue de la Liberté.* A coup sûr, ce municipal est un homme atroce.

La déesse de la Raison n'a pas été du tout raisonnable

pendant la journée; elle s'est beaucoup lamentée sur l'accident arrivé à son mari[1].

Du 5. — Nous avons deux nouvelles pensionnaires : l'une d'elles est la citoyenne Beaufort, bel esprit, et qui recevait chez elle les poëtes et les savants du quartier. On l'a dite maîtresse du député Julien (de Toulouse), qui a pris le bon parti de se cacher pour éviter la guillotine. La romance suivante pourra donner une idée de son talent :

A MON FILS

A QUI L'ON AVAIT REFUSÉ L'ENTRÉE DE PORT-LIBRE.

Air : *Comment goûter quelque repos.*

O vous, dont les sensibles cœurs
Savent aimer avec tendresse,
Venez partager ma tristesse,
Donnez un soupir à mes pleurs ;
Et puisse le destin sévère,
Pour vous, hélas ! moins rigoureux,
Vous épargner le mal affreux
D'être à la fois captive et mère !   *Bis.*

O toi, l'objet d'un pur amour,
Toi dont je pleure en vain l'absence,
Conserve longtemps ton enfance,
De sentir éloigne le jour :
Reste à cet âge où l'on ignore
Les soins d'un douteux avenir,
Où le pénible souvenir
N'éveille point avant l'aurore.   *Bis.*

Quand je te pressais dans mes bras,
J'oubliais le poids de mes chaînes,
Ton sourire écartait mes peines,
Le bonheur errait sur tes pas :

---

[1] Nous dirons, à notre tour, que cette plaisanterie est d'un homme atroce. Les haines politiques oblitèrent le sens moral, chez les modérés comme chez les exagérés.

> L'ordre nouveau qui nous captive
> Double les maux que j'ai soufferts;
> J'aurais aimé jusqu'à mes fers
> Près de l'enfant dont il me prive. *Bis.*

Du 6. — On nous a amené aujourd'hui le citoyen Noiret, employé à la poste, qui a été mis en liberté hier et réincarcéré aujourd'hui. Voici comment : Il sortait du Luxembourg par ordre du comité de sûreté générale; arrivé chez lui, il causait avec un de ses voisins par la fenêtre. Celui-ci lui demanda s'il n'avait pas connu au Luxembourg un de ses parents qui y était détenu; sur l'affirmative, il lui demanda quand il comptait retourner au Luxembourg. « J'irai demain, répondit Noiret, pour y chercher mes effets. — Vous me rendriez un grand service si vous vouliez vous charger de remettre une lettre à mon parent. — Oh! pour une lettre, non; les ordres sont trop sévères, je n'en ferai rien. »

Un certain Dufaye entendit cette conversation et alla dénoncer Noiret comme s'étant chargé d'une lettre pour le Luxembourg. Noiret se rend à cette maison d'arrêt et va trouver ses anciens camarades d'infortune; il était à peine avec eux qu'on le fait demander au greffe; le concierge lui signifie qu'il a reçu des ordres pour le garder au Luxembourg. Noiret demande la cause de cette nouvelle arrestation; on lui répond qu'il est soupçonné d'avoir apporté une lettre, au mépris des règlements. « Je me souviens, dit Noiret, qu'hier un de mes voisins me pria de lui faire le plaisir d'en remettre une de sa part à un de ses parents qui est ici, mais je l'ai refusé. Au surplus, il sera très-facile de vérifier le fait; je n'ai pas encore vu ce parent; il n'y a qu'à le faire descendre, on l'interrogera pendant que je resterai dans ce cabinet. » Le concierge donne des ordres, on procède à l'interrogatoire en présence du greffier. La vérité jaillit des réponses du parent. Noiret est justifié. Le concierge lui dit qu'il faut attendre l'arrivée d'un administrateur de police, qui décidera sur le fait. Arrive, sur les cinq heures, l'administrateur Danger, qui fait subir un interrogatoire à Noiret; on lui demande ce qu'il pense en général du Luxembourg; il répond qu'il est persuadé qu'il y a beaucoup de patriotes détenus, et qu'ils méritent, ainsi que lui, d'avoir leur liberté. Après cet interrogatoire, Noiret part pour la mairie; Danger lui promet de faire son rapport à la police. Noiret est oublié pendant trois heures dans un cabinet obscur, où il subit encore un interrogatoire; il y passe la nuit, puis la matinée; enfin un gendarme lui annonce qu'il a reçu l'ordre de le conduire à Port-Libre. « Camarade, lui dit-il, prenons-nous une voiture? — Pourquoi? il fait beau. — C'est que si tu n'en prends pas, je te ganterai. — Me ganter! c'est violent! — Je ne puis m'en dispenser. » — Bref, on prend une voiture, et Noiret vient augmenter le nombre des pauvres prisonniers de Port-Libre.

Je viens d'avoir sous les yeux un spectacle bien affligeant pour l'humanité. Un de nos camarades d'infortune est tombé en démence, il se nomme Bazelaire; c'est un des plus beaux hommes de la République; il était autrefois capitaine dans les grenadiers de France. Ce malheureux fait une foule d'extravagances qui alarment beaucoup les femmes. Il avait mis aujourd'hui sa culotte en place de son bonnet de nuit et il s'efforçait de passer sa jambe dans un bonnet de coton. Le docteur Dupontet assure qu'il n'y a que la liberté qui puisse lui rendre la raison. — On débite pour nouvelles le renouvellement du comité de sûreté générale. On prétend que non-seulement Panis et Sergent en seront chassés, mais même qu'ils seront mis en jugement comme spoliateurs des deniers publics : c'est la commune qui les accuse. — On nous a amené une femme de la ci-devant cour, madame de Simiane, la belle maîtresse de Lafayette. — On dit que Gouttes, évêque constitutionnel d'Autun, a été guillotiné.

Du 7. — Le citoyen Noiret vient d'obtenir sa liberté; son dénonciateur a été arrêté; on voulait l'amener ici, nous nous y sommes tous opposés; il est allé ailleurs.

Du 11. — Nous avons appris l'arrestation de quatre députés de la Convention nationale : Camille Desmoulins, Danton, Lacroix, Philippeaux, et de plusieurs administrateurs de police : c'est probablement quelque conspiration nouvelle. — Le trait de la femme de Lavergne, commandant de Longwy, qui a crié *Vive le Roi!* pour périr avec son époux, a singulièrement attendri. Cette malheureuse a été exécutée aujourd'hui.

Du 13. — La journée a commencé par l'arrivée des ci-devant marquis et marquise Lavalette, qui nous ont été amenés du Luxembourg. Hier, on a transféré à la Conciergerie les beaux-frères de Chabot. Un nouvel administrateur de police est venu nous rendre visite. Celui-ci avait du moins la figure humaine. Il a promis beaucoup de choses, comme de nous faire recevoir les journaux, de tâcher d'obtenir que les détenus voient leurs parents, de forcer enfin notre impitoyable traiteur à nous donner de la nourriture supportable. — L'affaire de Danton, Chabot, Fabre d'Églantine, etc., pique singulièrement la curiosité de tous les prisonniers. On veut que tous ces messieurs aient prodigieusement volé ; on prétend même que Danton a fait des acquisitions pour plus de cinq cent mille livres. Pour Fabre d'Églantine, on sait assez généralement qu'il vivait d'emprunts en 1790 et 1791 ; sa fortune avait pris une face plus riante ; il habitait un des appartements les plus élégants de Paris. Ce qui est assez remarquable, c'est que son ancien ameublement est actuellement sous sa remise ; il consiste en un mauvais lit, deux chaises de paille, un pot de chambre et une misérable table de noyer, sur laquelle il composait ses comédies et tragédies.

Du 14. — On nous a amené un membre de la société populaire du Contrat social. C'est le plus fougueux jacobin qu'il soit possible de voir. Il a été reçu comme il le méritait par ses cosectionnaires et n'a pu rester dans l'intérieur de la prison ; il sera transféré à la Force.

Du 15. — Les accusés montrent une grande fermeté

devant le tribunal révolutionnaire et se défendent d'une manière très-vigoureuse. Un citoyen qui a été témoin des débats nous a rapporté que Danton fait trembler juges et jurés, il écrase de sa voix la sonnette du président. Celui-ci lui disait : « Est-ce que vous n'entendez pas la sonnette? — Président, lui répondit Danton, la voix d'un homme qui a à défendre sa vie et son honneur doit vaincre le bruit de ta sonnette. » Le public murmurait pendant les débats. Danton s'écria : « Peuple, vous me jugerez quand j'aurai tout dit : ma voix ne doit pas être seulement entendue de vous, mais de toute la France. »

Du 16. — Nous avons appris aujourd'hui l'exécution de Danton et compagnie. Le supplice de ces gens-là nous a moins étonnés que celui d'Hébert. On nous a amené ce soir Victor Broglie, l'ex-constituant.

Du 25. — On est venu chercher ici le nommé Marino, qui a méconnu la représentation nationale dans la personne du député Pons de Verdun, et qu'un décret a renvoyé au tribunal révolutionnaire[1]. On a également enlevé un ex-chanoine du Mans, accusé de fanatisme. Ce dernier est revenu avec un acte d'accusation; on lui a donné un défenseur officieux. Ce bon chanoine, qui est âgé de soixante-quatorze ans, a subi un interrogatoire de deux heures; à chaque réponse qu'il faisait, on lui disait qu'il mentait. Sans doute on viendra le chercher au premier jour pour subir son jugement.

Du 28. — On nous a enlevé un prisonnier pour aller au tribunal révolutionnaire; c'est le citoyen Roussel, père de deux fils émigrés et chez lequel on a trouvé plusieurs chansons aristocratiques.

Du 1ᵉʳ floréal. — Nous avons appris aujourd'hui, avec la plus vive douleur, la condamnation et l'exécution de plu-

---

[1] Marino, dont il a été souvent question dans ce livre, avait été peintre sur porcelaine; on l'impliqua dans la conspiration de l'étranger et dans l'assassinat de Collot d'Herbois. Il fut conduit à l'échafaud revêtu de la chemise rouge.

sieurs membres du ci-devant parlement de Paris, assassinés par le tribunal révolutionnaire. Rosambeau a emporté les regrets de tous les prisonniers; il serait difficile de réunir autant de vertus que cet estimable magistrat. Il a laissé dans le deuil et le désespoir son beau-père, B. Malesherbes, son épouse, ses deux filles, ses fils et ses deux gendres, qui gémissent tous dans notre maison d'arrêt.

Du 2. — Plusieurs bruits circulent dans la prison; on dit qu'il est arrivé à Paris trois chariots de prisonniers, chargés chacun de soixante infortunés, entassés les uns sur les autres; on prétend que ce sont des ouvriers qui voulaient aller à la messe, en dépit d'un arrêté de je ne sais quel proconsul montagnard. Ils avaient tous l'air riant, excepté un vieillard, vêtu proprement, qui pleurait. — Le tribunal révolutionnaire continue le cours de ses assassinats. On raconte que cinquante magistrats d'anciennes cours souveraines sont actuellement en présence de leurs bourreaux. On parle aussi de la traduction prochaine de Chapellier et de d'Esprémesnil; ces deux ex-constituants, très-opposés d'opinion, périront ensemble comme conspirateurs. Fouquier-Tinville a fait sortir de la Bourbe, pour l'approvisionnement de son charnier, les ci-devant duchesses du Châtelet et de Grammont, la citoyenne de Rosambeau, le citoyen et la citoyenne de Châteaubriand : le premier, gendre du citoyen Rosambeau; la seconde, sa fille; et le vertueux Malesherbes, grand-père de cette famille, dont il ne reste plus ici que trois enfants de Rosambeau et les citoyens d'Aunay et de Tocqueville, ses gendres. Le jeune homme et ses deux sœurs poussaient ce soir des cris affreux. Leur malheureuse mère, depuis l'assassinat de son mari, avait tout à fait perdu la tête et était tombée dans le délire. Au moment où on est venu la chercher, elle a rassemblé toutes ses forces et repris ses esprits; elle est allée chez mademoiselle de Sombreuil et lui a dit ces paroles remarquables : « Mademoiselle, vous avez eu le bonheur de sauver monsieur votre père, et moi je vais avoir celui de mourir avec le mien et de suivre mon mari. »

Après avoir prononcé ce petit discours, elle est retombée dans son premier état, s'est précipitée hors de la chambre, sans savoir où elle portait ses pas. — On nous a amené un vieillard de soixante-dix-huit ans, avec son fils, âgé d'à peu près trente ans. Ils se nomment Chemilly et habitent à Paris la section de Brutus. Ce septuagénaire a autrefois servi dans le régiment des gardes; son fils est capitaine réformé de dragons; tous deux sont hors du service depuis longtemps.

Du 3. — Deux brigands d'un comité révolutionnaire sont venus aujourd'hui méditer ici sur l'instabilité des choses humaines. — On a arrêté notre gargotier, qui, non content de nous empoisonner, nous volait avec une impudence sans égale. Ce coquin ne craignait pas de nous vendre trente sous soixante-douze haricots. On a dressé procès-verbal de tous ses vols, et les plaignants sont admis à déduire les friponneries du maraud. — On a disposé de nouveaux guichets; nous avons gagné d'un côté la liberté de divaguer sans carte dans tous les bâtiments séparés du nôtre, qui s'appelle faubourg Saint-Germain; mais nous sommes privés de la faculté d'aller au greffe et dans la cour d'entrée. — Nous avons appris l'exécution de la famille Rosambeau; la consternation a été générale. — On nous a amené aujourd'hui M. de la Rochefoucauld et mademoiselle de Béthizy, fille de l'ex-comte de Béthizy. Elle fait l'apprentissage du malheur encore bien jeune : elle n'a que dix-sept ans ; elle fut obligée de suivre son père, lorsqu'il émigra, il y a trois ans ; un décret de la Constituante la déchargea du délit d'émigration. Revenue en France, elle s'adonna aux métiers les plus durs et les plus fatigants, pour pourvoir à sa subsistance ; elle fut tour à tour ouvrière et blanchisseuse. Hélas! cette jeune et intéressante personne n'est peut-être pas encore parvenue au terme de ses maux. — Plusieurs prisonniers racontent différentes anecdotes sur le vertueux Malesherbes. Lorsqu'on vint chercher Rosambeau pour le mettre en prison, son épouse pria M. de Malesherbes, son père, de faire un mémoire en faveur de son mari. M. de Malesherbes en composa un, dans lequel il prit la défense de son gendre, et s'attacha à prouver qu'on ne pouvait point punir de mort un magistrat qui avait fait son devoir en déposant son opinion sur quelques innovations dans une protestation signée de ses collègues. M. de Malesherbes, étant détenu ici, adressa une lettre à un de ses amis, dans laquelle il s'applaudissait d'avoir été honoré de la confiance de Louis XVI, qui l'avait chargé de sa défense. Cette lettre passa au visa du greffe; on la lui rendit en lui observant qu'elle pourrait avoir pour lui des conséquences funestes, si on parvenait à en savoir le contenu. M. de Malesherbes la garda un moment dans ses mains et dit au greffier : « Vous avez raison, cette lettre pourrait bien me faire guillotiner. » Il rêva et resta quelques minutes dans l'indécision, et dit ensuite : « Qu'importe? elle partira. Telle est mon opinion, je serais un lâche de la trahir; je n'ai fait que mon devoir. » La lettre partit; elle a servi depuis dans l'espèce de procédure où il a été assassiné. — Châteaubriand savait aujourd'hui qu'il devait être transféré le lendemain pour être mis en cause au tribunal. Il a dissimulé ses craintes à sa femme et a montré la plus grande fermeté et la plus profonde résignation. En général, tous nos compagnons d'infortune nous quittent, pour aller à la boucherie, avec le sang-froid le plus tranquille, je dirais presque avec héroïsme.

Du 5. — On nous a encore amené aujourd'hui deux patriotes; c'est ainsi que les gardiens nomment les membres des comités révolutionnaires. — On vient d'arracher des bras de leurs mères mesdemoiselles de Brion et de Bissy, la première âgée de quinze ans et la seconde de dix-neuf ans. Comme elles n'étaient point en état d'arrestation, et que la piété filiale les avait seule portées à s'associer au sort de leurs mères, elles ont été comprises dans le décret qui expulse de Paris toutes les personnes attachées à la caste ci-devant nobiliaire. — Toute la maison a frémi en apprenant le supplice de plusieurs victimes qui s'étaient concilié l'estime de tous les prisonniers; on prétend cependant que l'accusateur public a dit à l'un des témoins : « Eh bien, on doit avoir eu peur dans la maison de Port-Libre, quand on a connu les exécutions de plusieurs personnes qui en faisaient partie. Cela devait être ainsi. Mais vous pouvez assurer les citoyens qui y restent que je n'ai aucune note contre eux en ce moment, et qu'ils peuvent rester tranquilles. » — Ces paroles, qui nous ont été rapportées, ont un peu calmé les esprits abattus par la terreur.

Du 6. — Encore trois nouveaux prisonniers : Decotte, ci-devant président-rapporteur du point d'honneur; Gui, secrétaire du ci-devant maréchal de Noailles, et l'agent national de la commune de Tours.

Du 7. — Un général révolutionnaire, nouvellement débarqué, nous a donné une petite comédie qui a fait beaucoup rire. Ce personnage s'est montré dans le jardin en grand uniforme; le collet brodé, le chapeau galonné et orné de ses plumes. Malheureusement la taille trahissait un peu le héros; il n'avait guère que quatre pieds trois pouces, et pour comble d'infortune, on avait appris dans la maison que ce général était un ancien aboyeur de la foire Saint-Germain, ci-devant attaché à une ménagerie. Un prisonnier assez jovial l'accosta dans son passage et s'écria : « Le voilà, le voilà, ce grand Talala qui a été à la Vendée, ce grand animal d'Afrique qui a des dents et qui mange des pierres; venez, messieurs, venez le voir, il n'en coûte que deux sous après l'avoir vu! C'est ce grand général des bois, qui est venu des déserts de l'Arabie dans une montgolfière et qui est descendu à la Bourbe; c'est celui qui a une culotte blanche et un gilet noir; voyez, voyez! » — Cette petite scène a fait diversion à notre ennui. Ce général révolutionnaire fraye avec quelques Jacobins qui sont ici. Parmi ces derniers est un nommé David, de la section du Contrat-Social. Lorsqu'il est arrivé ici, il crevait d'embonpoint; aujourd'hui il n'a plus que la peau et les os. On prétend qu'il a pris une part très-active dans les journées de septembre; il paraît être actuellement déchiré par les remords.

Du 8. — On a transféré aujourd'hui à la Conciergerie M. de Nicolaï, qui était autrefois président du grand conseil. Il a montré une grande fermeté en nous quittant. Il était à table, quand un gardien est venu le chercher; il lui a demandé pourquoi on l'appelait. « C'est un gendarme qui est en bas, répondit le gardien. — Oh bien! c'est bon, dit M. de Nicolaï, je sais ce que c'est; qu'il attende. » Il acheva de dîner, prit un verre de liqueur et se rendit au greffe, en disant à ceux qui étaient sur son passage : « Ce n'est rien ; cela ne sera pas long, ce n'est qu'une levée de scellés. » Le gendarme lui demanda s'il n'emportait rien. « Non, ce n'est pas la peine. » Il avait depuis huit jours une douleur à l'épaule; on l'engageait à consulter le médecin. « Non, répondit-il, cela n'est pas nécessaire, le mal est trop près de la tête, l'une emportera l'autre. » — Monsieur et madame Terray, neveu et mère de l'abbé Terray, sont aussi partis pour la Conciergerie. M. Terray m'a raconté qu'il avait un fils en pays étranger; qu'il l'envoya en 1790, à l'âge de quatorze ans, achever ses études à Oxford et à Berlin. Il paraît que cette émigration sera le prétexte de sa condamnation.

Du 13. — Des commissaires du comité révolutionnaire de la section des Tuileries sont venus chercher, par ordre du comité de sûreté générale, Sombreuil père et fils, Montmorency, les ci-devant princes Jules de Rohan et de Saint-Maurice. On croyait d'abord que c'était pour les conduire au tribunal révolutionnaire; mais nous avons appris depuis qu'on les avait transférés à Sainte-Pélagie, et mis au secret tous cinq. Il est difficile de se peindre la consternation de toute la maison et le courage des transférés. On a examiné tous leurs papiers. Mademoiselle de Sombreuil encourageait son père. « Il ne peut rien vous arriver, lui disait-elle, vous avez toujours été vertueux, la justice protégera l'innocence; mais si le crime en ordonnait autrement, je ne vous survivrais pas, et j'irais bientôt vous rejoindre. » — Elle se promenait en tenant d'une main son père, et de l'autre Grappin, son libérateur. M. de Sombreuil disait à sa fille en montrant

Grappin : « Si cet honnête homme n'était pas marié, je ne voudrais pas que tu eusses d'autre époux [1]. »

Du 14. — Ce matin, je vis mademoiselle de Sombreuil, qui avait l'air très-calme; mademoiselle Chabert avait passé une partie de la nuit dans sa chambre; elle avait reçu une lettre de son père, qui lui recommandait le calme et la résignation. Il lui écrivait qu'il était inutile de demander à venir avec lui, parce que toute espèce de communication était impossible. Il espérait, au surplus, être interrogé dans la soirée [2]. Nous avons appris, sur les quatre heures du soir, que nos anciens compagnons d'infortune étaient sortis du secret. On pense qu'ils n'ont été transférés que d'après la dénonciation de quelques scélérats qui habitent avec nous.

Du 15. — Encore une famille dans la douleur : c'est celle de Fougeret, ci-devant receveur général des finances. Un gendarme est venu le chercher ce matin. D'après un décret, il était en arrestation chez lui, sous la sauvegarde d'un gendarme. Il avait préféré revenir ici pour vivre avec ses parents. Cet événement a jeté la désolation dans toute la maison. — Fougeret est revenu ce soir; il a été interrogé; les inquiétudes sur son compte ont cessé. Ce retour nous a fait à tous le plus vif plaisir.

Du 16. — Madame de Sénozan, sœur de feu M. de Malesherbes et à peu près du même âge, a été amenée au tribunal. Cette respectable dame était très-affligée.

Du 17. — Une force armée considérable rôde actuellement (huit heures du matin) dans le jardin. Des hommes bardés de rubans tricolores distribuent de tous côtés les sentinelles, qui sont doublées. Nous ignorons le sujet de cet appareil. — On nous apprend que trois prisonniers ont été visités, et qu'on leur ôte couteaux, rasoirs et ciseaux. — Il est trois heures, et on sonne la cloche de l'appel. C'est pour

---

[1] C'est un des miracles de la prison qu'un tel langage.

[2] De Sombreuil alla à l'échafaud en chemise rouge, comme complice de l'assassinat de Collot d'Herbois, le 29 prairial an II.

nous consigner chacun dans nos chambres; on nous assure que l'opération ne sera pas longue, mais, en attendant, toute communication est interdite. L'alarme est générale. Je viens de faire le sacrifice de mes poésies, toutes très-fugitives; je ne ferai celui de mon journal qu'à la dernière extrémité, et je le sauverai, si je le puis.—Au milieu des alarmes auxquelles nous sommes en proie, nous avons appris la mort du nouveau Sénèque Luillier, agent national du département de Paris, qui s'est ouvert les quatre veines au Luxembourg. Périssent ainsi tous les brigands!

Du 18. — Nous sommes toujours consignés. J'ai caché ce journal sous les cendres, derrière la grosse bûche du fond, au risque d'être brûlé. S'il en revient, je le continuerai. J'ai caché mes ciseaux, ma montre et un rasoir dans les trous de la ventouse de ma cheminée. J'espère que ces petits meubles échapperont aux recherches de nos inquisiteurs. — Il est resté cette nuit cent hommes de garde. On dit qu'il y a des canons à la porte et des charrettes toutes prêtes pour le transfèrement. Les instants qui s'écoulent sont affreux; c'est une agonie perpétuelle. Les commissaires instrumentent dans les autres bâtiments; comme j'habite la dernière chambre du dernier étage du dernier bâtiment, je serai sans doute examiné un des derniers.

Du 19. — Les commissaires travaillent toujours. On dit qu'ils traitent plusieurs prisonniers avec une grande sévérité. Ils ne laissent pas les couteaux à tout le monde; ils brisent la pointe de ceux qu'ils n'emportent pas. On répand même qu'ils font mettre absolument nus certains individus. La mesure me paraît très-rigoureuse.

Tout le monde est triste, les communications sont tout à fait interceptées, on laisse des sentinelles à la porte de ceux qui ont été interrogés. On ne sait pas encore trop à quoi tout ceci aboutira. — On ne peut se procurer à dîner, les ordres sont très-sévères, rien ne transpire du dehors. Cependant on a appris que les fermiers généraux avaient été assassinés sur la place de la Révolution. — Les commissaires, après leur dîner, sont passés dans notre bâtiment; ils ont commencé leur visite par le premier corridor, et ils y sont restés jusqu'à minuit, pour examiner à peu près cent personnes. Cette opération s'est faite avec plus de célérité que nous ne l'aurions imaginé; mais elle a beaucoup resserré les communications que nous avions jusque-là avec les prisonniers de ce bâtiment. D'autres commissaires ont remplacé les premiers inquisiteurs, épuisés de fatigue.

Du 20. — Au moyen de quelques signes convenus avec les prisonniers des autres bâtiments, nous avons appris qu'on ne faisait pas de questions relatives à la détention, qu'on ne prenait pas les montres et qu'on n'examinait pas les papiers. Cette nouvelle nous a un peu tranquillisés.

Quelques détenus, plus indiscrets que les autres dans leurs signes, ont donné l'éveil aux sentinelles, et on a donné sur-le-champ la consigne de fermer toutes les fenêtres. — Après le dîner, les commissaires sont entrés dans notre corps de logis. Deux de ces messieurs, tout fiers du ruban tricolore qu'ils portaient, avaient la figure la plus repoussante. L'un était ci-devant marchand d'habits sous les piliers des halles. Ils ont été très-longs dans leur examen, et sont restés plus de deux heures dans la chambre du n° 35, que j'ai habitée à mon arrivée dans cette prison. Ils ont pris des femmes avec eux pour fouiller les dames. Nous avons été informés ce matin qu'ils avaient fait déshabiller plusieurs personnes, entre autres les citoyennes Coutures et Roussel, femmes de chambre de la Dubarry, et madame Poissonnier, ci-devant attachée à la Reine.

Du 21. — On nous fait espérer que nous serons visités aujourd'hui. Nous attendons cet instant avec beaucoup d'impatience, car on nous rendra sans doute après la liberté des communications. Ceux qui ont passé à l'examen peuvent se promener dans le jardin, et les fenêtres peuvent actuellement s'ouvrir. Le citoyen Poissonnier nous a dit ces deux mots latins : *Sicut infans,* qui signifient sans doute qu'on vous met nus comme lorsque vous naissez. — Au milieu de ce tracas, nous bénissons la Providence, qui a pourvu d'une manière toute particulière à notre dîner. M. de Lambise, capitaine de marine, qui a commandé l'année dernière la station de Saint-Domingue et qui est ici avec sa femme, avait une petite provision d'œufs et de beurre qu'il avait déposée dans notre chambre avant qu'on interceptât les communications. Aujourd'hui mon cochambriste, qui est très-lié avec M. de Lambise, nous dit qu'il pouvait nous offrir des œufs qui ne lui appartenaient pas, mais qu'il espérait ne pas être désavoué par le propriétaire. En conséquence, je me suis constitué cuisinier, j'ai fait une bonne soupe aux herbes et une excellente omelette à la célestine; nous avions de plus une ample salade : nous avons fait un repas délicieux. Il s'est perdu entre deux compagnons un pari de vingt-cinq livres, qui doit être mangé sous peu. Voici le sujet : j'avais pour aide de cuisine un ex-chanoine de Troyes qui, soufflant très-mal le feu, reçut de mon bras un coup de serviette tellement appliqué, que la marque fut imprimée sur-le-champ sur sa jambe. Il défit son bas et nous fit voir une tache noire. Un de nos cochambristes dit qu'il plaisantait, et que cette marque ne venait pas du coup; le pari s'engagea, et le soir la marque disparut. — Après le dîner, je descendis chez Larive, et tandis que j'y étais, les commissaires apparurent et nous consignèrent rigoureusement dans nos chambres. Après leur examen, ils dirent aux trois prisonniers visités qu'ils pouvaient aller se promener, et que pour eux ils se rendaient à la mairie, où ils avaient affaire. Ce contre-temps nous a beaucoup affligés, car nous étions ajournés à demain pour la visite.

Un moment après nous apprimes que d'autres commissaires municipaux étaient en exercice. J'allai passer la soirée chez Émery. A peine étais-je entré que les commissaires se rendirent dans la chambre voisine. Ils demandèrent combien il y avait encore de chambres à visiter. On leur répondit qu'il n'y en avait plus que trois. Après s'être assurés du nombre de prisonniers qu'elles contenaient, ils voulaient se retirer sans terminer leur opération. Je leur observai qu'il y avait déjà cinq jours que nous n'avions joui de la promenade, et que nous avions le plus grand besoin de prendre un peu l'air; je les engageai de finir ce soir, ce qu'ils promirent. Il était alors dix heures et demie. A la tête de mon lit est une porte de communication avec la chambre voisine, elle est tellement disposée que l'on ne peut parler un peu haut sans être entendu de l'autre pièce; nous étions convenus que les prisonniers de la première chambre qui passeraient à l'examen élèveraient la voix pendant l'interrogatoire, de manière que nous pussions recueillir les demandes et les réponses.

Ne voulant pas subir l'humiliation d'être déshabillé par les commissaires, je me mis au lit; mes camarades de chambrée en avaient fait autant. Le silence le plus profond régnait parmi nous. J'étais aux écoutes, l'oreille clouée à la serrure de la porte de communication. J'avais conservé mon couteau sous mon oreiller. D'après les interrogatoires, j'appris qu'on enlevait les couteaux, rasoirs et ciseaux. Je me levai et allai cacher mon couteau sous les cendres. Les commissaires arrivèrent enfin dans notre chambre. Le concierge qui les accompagnait me dit : « Ah! ah! tu savais donc, l'ami, que nous allions venir, puisque tu t'es couché? tu mérites d'aller au cachot. » Je m'aperçus ensuite que le concierge, qui voulait railler, avait voulu m'effrayer par cette plaisanterie. On me demanda si j'avais un rasoir. « Oui. — Des ciseaux? — Oui; et en même temps je déposai le rasoir et les ciseaux. — As-tu un couteau? — Non. — Des assignats? — Tiens, voilà mon portefeuille; et je tirai un corset de cinq livres et deux billets de dix sous. — Oh! oh! dit affectueusement un des commissaires, oui, parbleu, je connais celui-ci, c'est un bon enfant. — Mais qui êtes-vous, vous qui me connaissez? — Dans trois jours tu le sauras. — Y a-t-il longtemps que vous me connaissez? — Oui. — Comment m'appelé-je? — Coittant : je te dis que tu es un bon enfant, et je ne dis pas cela de tout le monde. » Enfin ce commissaire ne voulut jamais me dire qui il était, malgré toutes mes sollicitations. Ces messieurs gardèrent mon antique rasoir et mes vieux ciseaux. L'examen ne fut pas long, nous étions tous en chemise, en vrais sans-culottes. Comme ces commissaires s'en allaient, après nous avoir fait signer le procès-verbal des effets qu'ils emportaient, j'insistai de nouveau auprès de mon interrogateur pour me dire qui il était. Il me répondit à l'oreille qu'il donnerait le lendemain de ses nouvelles à quelqu'un qui était de ma connaissance. Je n'ai plus entendu parler de ce commissaire. — Aussitôt après leur départ, j'allai retirer de ma cachette ma montre, mes ciseaux neufs, un rasoir, et mon pauvre journal, que le feu avait un peu endommagé. Ainsi se passèrent cent onze heures de véritable agonie. Je regrette beaucoup quelques petites fables que je jetai dans le feu ; l'indulgence de l'amitié y avait ajouté quelque prix.

Du 22. — Les communications sont entièrement rétablies. Les commissaires, malgré leur surveillance et leurs précautions, n'avaient pu empêcher les prisonniers de savoir quel était le but de leurs recherches. Chacun s'empressa de cacher les objets auxquels il était attaché. Un prisonnier avait déposé vingt-cinq louis en or dans des latrines sous de la paille. Après la visite il n'eut rien de plus pressé que de voler vers son trésor. Malheureusement il avait disparu ; en vain il fouille dans la paille, ses recherches sont inutiles ; il dirige ses pas dans un autre coin et trouve une pareille somme qu'un autre avait cachée et dont il s'empara. Il paraît que, dans cette aventure, quelqu'un s'est trouvé *subito* propriétaire de vingt-cinq louis, dont un pauvre prisonnier aura été dépouillé. Un autre avait caché des assignats sous un tas d'ordures. Un chien, en cherchant des os, découvre et met en évidence les assignats. Un prisonnier s'aperçoit de la manœuvre et recouvre charitablement les assignats. Le maudit chien revient à la charge, et les découvre une seconde fois. Sur ces entrefaites passe un gardien qui aperçoit les assignats et qui les empoche sans façon. Quand le malheureux propriétaire voulut reprendre son dépôt, il ne trouva plus que la place. — Tout le monde avait mis son esprit à la torture pour soustraire à la voracité des inquisiteurs son argent et ses bijoux. Les uns les avaient cachés sous des seuils de porte, sous des appuis de fenêtre; d'autres les avaient mis sous des bandes de papier collées sur des fentes de cloisons, des crevasses de mur, et quelques autres enfin sous des couvertures de livres, en les décartonnant. — Deux prisonniers, pleins de jovialité, se débarrassèrent assez adroitement de la visite des municipaux. Ils avaient déposé leurs assignats sur la partie haute du chambranle de leur porte. En attendant la visite, ils s'amusaient à fumer quelques pipes. Ils étaient tranquillement sur leurs lits, quand la sainte hermandad arrive. La cellule était tellement pleine de fumée que la lumière s'éteint. On rallume la bougie. « Ouf! dit un des visiteurs, on étouffe ici. » A ces mots les fumeurs lui lancent, ainsi qu'à la compagnie, plusieurs bordées de fumée. Les municipaux ne pouvant respirer, toussaient avec grand bruit. « Est-ce que vous n'aimez pas la pipe? » dit un des fumeurs à l'un d'eux; et il lui obscurcit absolument la vue par une nouvelle bouffée. « Est-ce que vous ne fumez pas? » dit l'autre en renouvelant la bordée. « Oh, mon Dieu! on ne peut pas tenir ici, criaient les frères visiteurs; avez-vous des armes, des bijoux, des assignats? — Voyez, cherchez; et les flots de fumée roulaient dans la chambre. — Oh! non, dit un des tricolores en toussant, il n'y a rien ici de suspect; signez et passons ailleurs. »

Le corrégidor et sa bande furent plus heureux chez le général du Blaisel, vieillard presque octogénaire, homme probe, et qui, s'en rapportant à la bonne foi municipale, n'avait pris aucune précaution pour cacher ses effets. Il avait à peu près pour trente mille livres d'assignats à face, provenant d'un remboursement. La vue d'une aussi forte somme réjouit singulièrement les brigandeaux. « Oh! oh! dit l'un, voilà bien des assignats à face royale. Pourquoi en as-tu tant? — C'est qu'on me les a donnés. — Mais, dit un autre en s'en emparant, il y en a beaucoup. — Oui; mais il me paraît qu'ils sont assez de votre goût; allez, continuez vos rapines; emportez ces effigies; mais vous ne m'enlèverez point soixante-dix-huit ans d'honneur, de courage et de probité. » Les municipaux, ne comprenant rien à ce langage, sortirent en ricanant et les poches bien garnies.

Ces messieurs vexaient les prisonniers en proportion de leurs richesses présumées. Quand ils ne trouvaient rien ou peu de chose chez un homme qui, par son nom ou sa qualité, leur promettait une ample moisson, ils ne finissaient pas leurs recherches, et lorsqu'elles étaient infructueuses, il n'est sorte d'injures dont ils n'accablassent le malheureux détenu. Pendant l'opération municipale, on nous a amené madame Audoin, la très-digne moitié de M. Audoin, ex-vicaire de Saint-Thomas d'Aquin, gendre de papa Pache et son adjoint dans le ministère de la guerre. Cette femme a amené son enfant avec elle. — Le bruit court dans la prison que Madame d'Orléans et l'homme du 21 janvier, le général Santerre, ont été exécutés. Ce bruit s'est trouvé faux. — M. Fougeret vient d'être amené; on suppose que c'est pour une confrontation.

Du 23. — Les cris perçants et affreux des filles de M. Fougeret nous apprennent que cet infortuné vient d'être égorgé par le tribunal. C'est quelque chose d'horrible que d'être le témoin de l'excès de la douleur de toutes les familles qui ont un père, un fils, un époux, une épouse à redemander aux assassins brevetés du gouvernement. On meurt autant de fois qu'on enlève une victime et qu'on apprend sa mort. Madame Fougeret annonça cette triste nouvelle à ses trois filles en leur disant : « Votre père est tué. » Ces enfants, qui adoraient leur père, le venaient voir régulièrement deux fois par jour, quelque temps qu'il fît, aux Madelonnettes, où il était ci-devant détenu. Je les ai vues arriver ici avec leur mère; elles bénissaient le ciel de leur arrestation, puisqu'elles étaient réunies à leur père. Infortunées! elles étaient bien loin de prévoir alors le coup qui les frappe aujourd'hui. Madame Demesmères, sœur de M. Fougeret, était dans un état horrible; comme elle est sujette aux attaques de nerfs, elle est tombée dans des convulsions effrayantes. Ces sortes de spectacles se renouvellent souvent dans cette prison. Quelle vie, grands dieux!

Du 24. — On nous a amené cette nuit une femme de Mazarin, âgée de quatre-vingt-quatre ans, sa demoiselle de compagnie et son jardinier. — Le nombre des prisonniers augmente tous les jours; mais on les amène de manière qu'on ne peut ni les voir ni les connaître. — Il court un bruit sourd sur les commissions populaires; il paraît certain qu'elles sont organisées et qu'elles vont entrer en activité.

Du 27. — On a conduit ici plusieurs patriotes renforcés à bonnet rouge, tels que des membres de comités révolutionnaires et des municipaux. Le major des Invalides les a suivis. — On parle toujours des commissions, comme devant être bientôt en activité; quelques-uns assurent même qu'elles y sont déjà. — On dit aussi que les comités révolutionnaires de Paris ont été en députation au comité de salut public, où ils ont été mal reçus. On ajoute que la division a éclaté entre le comité-roi et le comité de sûreté générale.

Du 29. — La citoyenne Malessi, fille de madame de la Chabeaussière, vient d'accoucher d'une fille dans notre prison. C'est en vain que sa malheureuse mère, qui est toujours au secret, a demandé à la voir. Cette inhumanité fait frémir tout le monde d'indignation. Voici une romance que madame de la Chabeaussière a composée sur ce douloureux événement :

UNE MÈRE A SA FILLE, NÉE EN PRISON.

Romance.

Air : *Je l'ai planté, je l'ai vu naître.*

Aimable enfant qui viens de naître
Au milieu des fers, des tombeaux,
Puisses-tu ne jamais connaître
Le cruel auteur de nos maux!

> Goûte sur le sein de ta mère
> Un bonheur innocent et pur.
> Que le sort d'un coupable père
> A tes yeux soit toujours obscur.
>
> Tandis que ta paisible enfance,
> Exempte de soins, de douleurs,
> S'écoulera dans l'innocence,
> L'Éternel séchera nos pleurs.
>
> La France libre et fortunée
> Ayant fait périr ses tyrans,
> Par la justice gouvernée,
> Suspendra ses glaives sanglants.
>
> Alors, au destin qui m'accable
> Succéderont des jours charmants,
> Et le sort fait pour les coupables
> N'atteindra plus les innocents.

— Il est arrivé aujourd'hui trois professeurs (mâles et femelles) de morale publique au jardin des Tuileries et autres endroits publics. Ces instituteurs populaires, qui tenaient des cours de loi agraire sur des chaises, ont été arrêtés pour avoir voulu donner une trop grande extension aux droits de l'homme. — On a transféré à la Conciergerie le ci-devant baron de Margueritte, ex-constituant et ancien maire de Nîmes.

Du 30. — La nouvelle du jour est que la commission populaire est définitivement nommée et qu'elle doit aujourd'hui prêter serment. Un arrêté du comité de sûreté générale, adressé au concierge, et qui vient d'être rendu public, ne laisse plus aucun doute sur l'organisation de cette autorité révolutionnaire. D'après cet arrêté, il est enjoint au concierge d'exécuter ponctuellement les ordres de la commission et de lui exhiber l'état de ses prisonniers, leurs noms, prénoms, âges, qualités, les motifs de leur arrestation, le nom des autorités qui ont délivré les mandats d'arrêt.

Du 3 prairial. — La nourriture commence à devenir détestable, l'ennui nous assiége, l'incertitude nous tue. J'avais demandé quelques livres philosophiques; on n'en a pas permis l'entrée. On ne tolère que les romans. Les livres dits de dévotion sont absolument prohibés, comme pouvant exalter les têtes. Les livres de morale sont également proscrits, parce qu'on ne veut pas que l'on pense. Misérables tyrans! pauvre espèce humaine! quelle révolution! — Nous avons ici un ancien laquais de la ci-devant comtesse de Méhu, qui fait les fonctions de greffier ou plutôt de mouchard. Il a dit à quelqu'un, en confidence, qu'il était à la Bourbe par ordre du comité de sûreté générale pour reconnaître les aristocrates. Le misérable se nomme Petit.

Du 4. — La nouvelle du jour est que Collot d'Herbois a failli être tué d'un coup de pistolet : on assure aussi que les jours de Robespierre ont été en danger. Ces bruits n'ont attristé personne.

Une nouvelle disposition de police vient de niveler les prisonniers pour la nourriture; on nous accorde à chacun cinquante sous pour nous restaurer; les plus riches même ne dédaignent pas de recevoir la petite ration pécuniaire; la crainte d'être notés les rend très-exacts à toucher la rente journalière. C'est cependant quelque chose d'assez original que de voir l'ancien garde des sceaux de France, Hue de Miromesnil, aller chercher modestement les cinquante sous alloués par la nation. Tout ceci se fait au nom de l'égalité.

Du 6. — Le comité de sûreté générale vient de nous donner de ses nouvelles dans une affiche placardée dans l'intérieur de la prison. Il nous apprend que ceux d'entre nous qui seront jugés ennemis de la République, ennemis de la nation, ennemis de Robespierre, du tribunal révolutionnaire, etc., seront guillotinés ou déportés, *ad libitum*. De plus, il ordonne que les prisonniers n'auront aucune espèce de communication avec le dehors, plus de livres, plus de lettres, plus de consolation. Un cuisinier est en réquisition pour toute la maison, les prisonniers seront tous au régime de l'égalité. Il y aura deux boîtes à la porte pour y déposer les paquets de linge sale, qui reviendra blanchi par la même route. Cette extrême rigueur laisse beaucoup de noir dans les idées. Le désespoir est dans les yeux du plus grand nombre.

Du 8. — La femme Momoro vient d'obtenir sa liberté. Elle était si étonnée de ce bonheur qu'elle avait peine à le croire ; la bonne femme s'est mise à pleurer en sortant.

Du 12. — On vient de nous enlever l'ex-marquis de la Valette, ancien officier aux gardes, pour aller au tribunal révolutionnaire. Les cris de sa malheureuse femme nous ont appris ce funeste événement. Elle s'était pendue au cou de son mari, ses jambes étaient entrelacées dans les siennes ; dans cette situation, elle priait le guichetier de l'emmener avec son mari. Cette scène déchirante avait attendri tout le monde, excepté l'inexorable guichetier, qui, impatienté du retard, s'écria avec une voix rauque : « Allons, est-ce bientôt fini ? » — Ce misérable guichetier avait déjà porté le désespoir dans l'âme de cette épouse infortunée. Les fenêtres de madame de la Vallette donnaient précisément sur le jardin où son mari jouait au ballon. « Appelle ton mari, lui cria le guichetier. — Pourquoi donc? — Appelle-le toujours. — Mais, mon ami, dis-moi pourquoi? — Pour aller au tribunal. » Madame de la Valette, à cette triste nouvelle, tomba roide sur le plancher.

Du 14. — On nous a enlevé trois prisonniers pour approvisionner le tribunal révolutionnaire : madame le Pescheux, de Lyon, et deux juges de paix du département des Ardennes.

Du 15. — Encore cinq procès pour le tribunal révolutionnaire : Viart, Mezeray, commis ; Roger, agent national d'un district, prévenu de s'être approprié une partie de l'argenterie de l'église de Gennevilliers ; le ci-devant marquis Villeneuve de Trans, et Laigle, domestique ; ils sont tous accusés d'avoir blasphémé contre le gouvernement révolutionnaire dans un petit café qui est dans l'enceinte de notre prison.

Sept témoins ou *moutons* sont assignés pour témoigner Les Jacobins dont j'ai déjà parlé ont voulu jouer un tour au docteur Dupoutet, qui le leur a bien rendu. Ces messieurs, qui s'étaient laissé gagner au jeu quelques assignats par le docteur, lui dirent, pour se venger, qu'on le demandait au greffe pour aller au tribunal révolutionnaire. Le bon docteur, un peu étourdi, descend en robe de chambre et en bonnet de nuit; il s'aperçoit alors qu'on a voulu le jouer. Il avait dans sa poche deux grains d'émétique qu'il portait à un malade. Il va dans la chambre d'un des Jacobins et verse l'émétique dans une bouteille de vin. Le terroriste a été purgé d'importance.

Du 17. — Les *moutons* sont revenus du tribunal; ils nous ont raconté qu'il n'y en avait que trois de condamnés. Viart avait tellement perdu la tête qu'on fut obligé de le faire descendre du fauteuil. — Voici les noms des moutons : Cupif, ci-devant inspecteur du jardin des Tuileries; Cruan, cordonnier; Latour, ex-dragon; Caron, ancien domestique et officieux dans la prison; Folatre, ancien commandant du bataillon de Bonne-Nouvelle; Schaff, horloger; Roger, surnommé *le sot*. Quatre de ces *moutons* étaient plus connus par leur scélératesse : c'étaient Cupif, Cruan, Latour et Roger. Comme ils craignaient le ressentiment ou le désespoir des malheureux prisonniers, ils demandèrent à l'administrateur Benoît d'être transférés; celui-ci, qui les protégeait, les fit placer dans un petit corps de bâtiment adjacent à la première cour. Ces quatre brigands étaient inaccessibles; mais ils avaient la faculté d'aller partout pour exercer leur ministère. Dès ce moment ils marchaient la tête levée, et des hommes n'ont pas rougi d'aller mendier leur protection. Les administrateurs de police venaient plusieurs fois par décade recevoir les dénonciations que ces scélérats avaient concertées entre eux. La chambre qui renfermait ces quatre monstres était située au fond de la cour, à droite, dans un angle du bâtiment. Elle communiquait auparavant dans l'autre aile, par une chambre voisine de la leur, dont on avait condamné la porte. Les prisonniers qui l'habitaient entendaient assez distinctement tout ce qui se disait dans la chambre des moutons, et ils auraient été entendus de même s'ils n'avaient pris la précaution d'étendre une couverture très-épaisse sur la porte, de manière que le son de la voix ne pénétrait pas dans l'autre pièce. Un citoyen qui était dans cette chambre, ayant vu monter l'administrateur Benoît, eut la curiosité d'entendre leur colloque ; en conséquence, il se plaça entre la porte et la couverture. Il entendit les quatre dénonciateurs passer en revue la plupart des prisonniers. Benoît tenait la plume et prenait note des dénonciations. Celui-ci était un aristocrate ; celui-là avait l'air de mépriser les sans-culottes ; un autre était accusé d'avoir de la tristesse sur la figure quand il apprenait l'exécution d'un prisonnier ; un autre était ennemi de Marat, de Robespierre, etc. L'administrateur faisait aussi des questions sur tel ou tel détenu, et quand les dénonciateurs n'avaient rien à articuler contre lui, ils finissaient par dire qu'ils le soupçonnaient d'aristocratie. L'administrateur, en se retirant, les engagea à toujours bien servir la République et à continuer de dénoncer les aristocrates. Il leur parla de justice et même de vertu.

Après le départ de l'administrateur, les quatre moutons se prirent d'un grand éclat de rire ; chacun se disputait la gloire d'avoir fait le plus de dénonciations. « La mienne, disait l'un, était mieux imaginée que la tienne ; elle avait au moins un air de vérité. — J'aime mieux la mienne, répliquait un autre ; elle est plus forte. » Tous se réunissaient pour s'applaudir de conduire bien vite leurs victimes à l'échafaud. Le citoyen qui écoutait de pareilles horreurs, transporté de fureur, voulait enfoncer la porte, appeler du monde et faire dresser procès-verbal de tout ce qu'il avait entendu. Les trois prisonniers, tout aussi irrités que lui, craignant que cette dénonciation ne les fît périr un peu plus tôt, parvinrent, à force de prières, à calmer l'indignation du prisonnier, qui depuis me raconta cette horrible aventure. Et voilà quels étaient les brigands qui disposaient à leur gré de la vie des malheureux détenus.

Du 20. — Nous avons célébré la fête de l'Être suprême. J'avais fait un hymne qui fut chanté, et dont les dames entonnèrent les strophes; tout cela alla tant bien que mal; on dansa ensuite la carmagnole en grande ronde et à grands chœurs. Puis vint une prière à l'Être suprême, de la composition de Vigée, chantée par mademoiselle de Béthizy, qui y mit beaucoup d'onction. — L'air *Si vous aimez la danse* eut son tour, puis *la Marseillaise*. — Larive déclama, par intermède, des vers de *Guillaume Tell*, et le pauvre hymne de Chénier, répudié par Robespierre. Vigée fit la clôture de la fête par la lecture d'un hymne pour la fête du Malheur, et d'une ode à la Liberté, de sa composition. — L'administrateur Benoît assistait à la cérémonie, tout ébahi; car le bonhomme n'avait jamais entendu tant d'hymnes.

Du 21. — Les sans-culottes ont fait le lendemain de la fête; ils ont déjeuné entre eux, ont beaucoup braillé, et ont fini par s'enivrer complétement. Ils voulaient même danser absolument; les dames n'ont pas été de cet avis, et le bal a été ajourné.

Du 24. — On nous a amené ce matin une bonne grosse fermière du bourg de l'Égalité, dont le fils a émigré. Cette femme avait quelque argent et quatre ou cinq paires de ciseaux qu'on lui a pris. Cette pauvre femme ne put s'empêcher de s'écrier en les remettant : « Il fallait donc me dire qu'on devait me les prendre, je les aurais laissés chez moi. »

Du 25. — On nous a enlevé l'ancien président le Rebours. On n'a trouvé que lui sur le registre des écrous, parmi plusieurs victimes qu'on cherchait dans notre maison. On a donc été ailleurs.

Du 26. — J'étais à me promener ce matin sous les arbres du petit cloître, lorsqu'un camarade d'infortune, s'avançant tristement vers moi, me demanda si j'étais capable de fermeté. Je lui répondis affirmativement. « Eh bien, prépare-toi, on vient te chercher pour le tribunal avec Gamache. Le gendarme est au greffe. » Je montai alors dans ma chambre; je confiai à mon ami ma montre, ma boîte et le portrait de mon Hélène; je le priai de remettre ces divers objets à mon amie. Il me le promit; il descendit ensuite pour s'assurer de ce qui se passait au greffe. Il revint tout joyeux, au bout d'un quart d'heure, en m'annonçant qu'une erreur de nom l'avait fait trembler pour mes jours. Cette nouvelle me rassura un peu; cependant j'étais parfaitement résigné. — L'infernal Benoît vient de nous signifier l'ordre de ne plus nous servir de lumière; nous avons obéi sans murmure. Nous soupons et nous nous couchons à la lueur du réverbère. Nous avons appris l'exécution du président le Rebours et de Fréteau.

Du 27 [1]. — Nous ne serons plus obligés de nous coucher sans lumière; l'administrateur de police vient de nous permettre d'en avoir jusqu'à dix heures et un quart. On est venu hier soir chercher Gamache, et il est parti pour le tribunal. Il dit au gendarme qui vint le prendre : « Mon ami, je suis un vieux militaire, je ne sais point résister à la consigne ni aux ordres supérieurs; je n'ignore point que tu as le droit de me lier; mais ne crains rien, je saurai mourir en homme de ma race. » On nous assure qu'il n'a point été garrotté, et qu'il est mort avec beaucoup de courage. Il était fort entiché des principes de l'ancienne noblesse.

Du 28. — Il est défendu au concierge de laisser parvenir jusqu'à nous le journal.

Du 29. — Rien. — *Du 30.* — Nous avons célébré une fête patriotique, assemblés dans le corridor du deuxième étage. La citoyenne Beaufort, femme de lettres, et qui possède aussi le talent de la peinture, a prononcé un discours; puis on a chanté des hymnes, et on est passé dans le jardin, où l'on a dansé la carmagnole. — On met au nombre des guillotinés le fameux Marino, de ma section (celle de la Montagne), ce scélérat qui, sans doute, est cause de l'arrestation de beaucoup d'entre nous. Plusieurs administrateurs de police ont eu,

[1] Le citoyen Coittant a bien voulu nous donner cette suite de son intéressant journal, qui n'avait point encore été imprimée. (*Note de Nougaret.*)

dit-on, le même sort. Nos ennemis périssent, et nous sommes toujours dans les fers [1].

Du 1er messidor. — J'étais engagé à souper, sans lumière, puisqu'il est défendu d'en avoir passé dix heures. Nous nous y sommes amusés autant que des prisonniers pouvaient le faire dans notre position : c'était chez la citoyenne Collet de Chalons, avec Vigée et autres.

Du 2. — J'ai été voir ce matin mon portrait, peint de mémoire par le citoyen Fougeret, ainsi que plusieurs camées où semblait respirer la malheureuse famille de cet artiste estimable. En sortant de chez lui, j'ai été entendre, à la chapelle, des quatuors d'harmonie fort bien exécutés, grâce à ma basse et à ma quinte. — En passant par le greffe, on m'a dit que nous n'avions plus la faculté d'écrire ni de recevoir des lettres : nous voilà resserrés plus que jamais.

Du 6. — Deux prisonniers mandés ce matin à la mairie ont été interrogés par la commission. Ils nous ont assuré que les commissaires leur avaient dit qu'il y avait quatre cents rapports de faits pour des mises en liberté. — La commission a paru ce soir dans notre prison, et a interrogé sept détenus. On prétend qu'elle met beaucoup de sévérité dans ses interrogatoires. Mais chacun des interrogés est content, parce que l'espérance n'abandonne jamais l'homme. On est étonné seulement qu'elle n'interroge pas les plus anciens prisonniers ; elle semble les prendre au hasard.

Du 7. — Des gendarmes ne composent plus notre garde ; ce sont les sections qui font ce service. Cela nous importe peu, puisque le service se fait maintenant en dehors.

Du 8. — Broglie, ex-constituant, est parti ce soir pour le tribunal... Sans doute nous ne le verrons plus [2]. Quoiqu'il

---

[1] On ne peut pas s'empêcher de remarquer le plaisir avec lequel le narrateur annonce que quelqu'un de ceux qu'il déteste a été guillotiné ; n'importe pour quelle cause, on a bien fait ! Personne ne remarque que si la mort était un juste châtiment de ses crimes, le prétexte de cette mort était absurde, odieux, injuste !

[2] Guillotiné le 9 messidor.

fût informé de son sort deux heures d'avance, il n'en fut pas moins tranquille. On venait d'achever son portrait en miniature; il en disposa en faveur d'une de ses amies. Vigée était chez lui et lisait quelques-uns de ses ouvrages; il tira sa montre, et lui dit : « L'heure approche; je ne sais si j'aurai le temps de vous entendre jusqu'à la fin; mais n'importe, continuez toujours en attendant qu'on vienne me chercher. »

Du 9. — Rien. — *Du 10.* — On nous a amené une jeune femme de dix-huit ans, grosse de sept mois, avec son mari : elle est petite-fille de M. de Fleury, avocat général, et fille de M. de Montmort.

Du 11. — J'ai eu une grande conversation avec le citoyen Loppin, membre de la commission, à qui j'ai assuré que j'ignorais les motifs de mon incarcération depuis dix mois. Il m'a promis de s'en occuper. Quelques personnes m'ont fait observer que cet entretien me ferait peut-être aller plus vite à la guillotine [1]. Mais qu'importe la perte de la vie, quand on gémit dans les fers?

Du 12. — Nous avons eu la visite d'un nouvel administrateur de police. Il s'appelle Dumoutier; c'est un ancien fripier des halles. On le dit honnête homme. Il a le plus grand désir que le réfectoire s'établisse. On nous fait espérer que ce sera sous deux ou trois jours, et nous mangerons tous en famille.

Du 13. — Rien. — *Du 14.* — Je me flattais hier de ce que nous avions été quelques jours tranquilles; ma consolation n'a pas duré longtemps. Ce matin, on nous a enlevé quatre de nos compagnons d'infortune. Boisgelin, avec qui nous avions été aux Madelonnettes, ex-noble, et qui en avait la hauteur; la citoyenne Coquet, belle-mère de Duvaucel, fermier général guillotiné, et dont une fille est émigrée. Sachant que sa dernière heure approchait, elle se coupa elle-même

---

[1] Rien n'était plus vrai, car ce Loppin signa mon arrêt de mort, que 'ai vu aux archives du comité de sûreté générale depuis ma sortie, et qui est joint à mon dossier. (*Note de Coittant.*)

les cheveux, en disant : « Les coquins n'auront pas cet honneur »; et elle les déposa, avec son portrait, entre les mains d'une de ses amies, pour les remettre à sa fille. Le troisième est le citoyen Poirier, marchand de vin, rue Saint-Thomas du Louvre; on ne connaît pas son affaire, ainsi que celle du quatrième, le nommé Brousse, cultivateur. — Notre nouvel administrateur veut que les prisonniers soient bien traités; il a accordé la promenade aux deux femmes qui sont au secret, les citoyennes Audoin et l'infortunée de la Chabeaussière, qui, renfermée depuis si longtemps, ne pouvait faire un pas sans se reposer. — On nous a amené un cordonnier enchaîné, puis un septembriseur : ce dernier n'a pas trouvé seulement à se loger.

Du 16. — Il nous a fallu renvoyer nos basses, quintes, violons, parce qu'on nous a signifié qu'on ne voulait plus ici de musique. — On nous enleva ce matin le nommé Thierry, président de la section du Bonnet-Rouge : nous ne savons si c'est une nouvelle victime pour l'échafaud. — Cinq personnes sont parties d'ici, savoir : quatre pour le tribunal révolutionnaire, Cassenac et sa femme, Tourangeaux, et deux autres du même pays; puis Hegasse, pour le tribunal criminel du département : l'affaire de ce dernier est pour faux assignats par lui reçus il y a deux ans, et rendus à celui qui les lui avait remis, mais accusé de n'en avoir pas fait sa déclaration. Cassenac et sa femme sont prévenus d'avoir eu des correspondances avec les émigrés, d'avoir été à la Vendée combattre avec les révoltés, et mis en liberté par la commission militaire de Tours, soupçonnée de ne la donner qu'aux aristocrates. Les deux autres Tourangeaux étaient membres de cette commission. — On a amené trois personnes de la Force ici, dont deux femmes qu'on dit être filles publiques, et un nommé Férière.

Du 18. — Deux gendarmes sont venus chercher Prestat et Doinel. Le premier a seulement été interrogé par la commission, relativement à des vols qui furent faits le 10 août au château des Tuileries. Il paraît que Daubigny, adjoint du ministre de la guerre et membre de la commission, prévenu d'avoir volé une grande quantité d'assignats, et qui avait été acquitté, va être repris sous œuvre : il faut que tôt ou tard les coquins soient punis.

Vigée fit pour *sœur Collette,* notre charmante commensale, les jolis couplets que voici, au sujet de l'apôtre Pierre, son patron :

Air : Comment goûter quelque repos.

Pierre fut un de ces mortels
Qu'adora la sainte ignorance ;
Longtemps il obtint dans la France
Des oraisons et des autels ;
Maintenant la philosophie
Veut oublier jusqu'à son nom :
Mais quand Pierre est votre patron,
Je ne puis croire qu'on l'oublie.

Pierre comme nous a gémi
Dans une prison redoutable ;
Mais les doux plaisirs de la table
N'y consolaient point son ennui ;
Plus malheureux encor peut-être,
Il n'y connaissait pas l'amour :
Et qui vous voit dans ce séjour
Est du moins sûr de le connaître.

Pierre a les clefs du paradis,
Nous disait le pieux grimoire ;
Chacun de nous daignait le croire,
Chacun voulait s'y voir admis.
Il en est un dont sur la terre
Vous avez bien les clefs aussi :
Nous aurions tous pour celui-ci
Déserté celui de saint Pierre.

Entre eux je soupçonne pourtant
Une ressemblance certaine :
On n'entrait dans l'un qu'avec peine,
Il doit de l'autre en être autant.

Mais le vôtre en cela l'emporte :
A la chasteté Pierre ouvrait ;
Près de vous qui s'en prévaudrait
Resterait toujours à la porte.

Je me souviens de certain trait
Qu'en riant toujours on répète ;
Celui de gentille Perrette
Tombant avec son pot au lait.
Un fol espoir en fut la cause.
De grâce, ne l'imitez pas :
Si vous tombez... dans le faux pas,
Que l'amour soit pour quelque chose.

Du 19. — On nous a amené ce matin madame et mademoiselle Beaumarchais, qui auraient été des nôtres si nous avions eu de la place pour les loger. Elles ont été renvoyées ailleurs. — Nous avons encore eu l'arrivée de la femme d'un membre de comité révolutionnaire, qui, d'après son écrou, s'est permis des injures contre Robespierre.

Du 20. — Nous avons aujourd'hui célébré une fête nationale, mais sans musique, puisqu'elle nous est défendue ; Vigée avait fait les paroles, et Leclerc le chant. — Une famille de notre maison est dans le deuil, celle de Bar, parce que le père de la jeune femme a été guillotiné hier, pour cause de la prétendue conspiration du Luxembourg. — Le nouveau concierge fait ses adieux. C'est Benoît qui reprend le gouvernement de cette maison. Cela ne fait aucune sensation, sans doute parce qu'on n'a pas eu le temps d'apprécier celui qui se retire.

Du 21. — Il nous est venu deux administrateurs de police pour s'occuper encore du réfectoire en commun. S'ils reparaissent demain, comme on nous l'a promis, nous leur représenterons combien il est dur de nous priver de fruit et de lait, qu'on ne peut faire entrer de dehors, tandis que les prisonniers ont le plus grand besoin de se rafraîchir le sang.

Du 24. — Le réfectoire est enfin organisé ; il nous paraît fort sage. Il y aura deux tables de deux cent quarante couverts chacune, et l'on sera divisé de dix en dix. La première sera servie à une heure; la seconde à deux heures. Les détenus auront de la viande deux fois par décade; ils se pourvoiront de ce qui leur est nécessaire, attendu que le traiteur ne fournira que soupières et plats; chaque détenu se fournira de vin jusqu'à nouvel ordre, et on leur allouera pour cet objet deux sous par jour; il aura un pain d'une livre et demie journellement. Nous nous proposons de nous amuser à ces grandes tables. — On a amené ce matin quatre détenus au tribunal révolutionnaire, entre autres les curés de Saint-Cyr et de Marly. Celui de Saint-Cyr est un sieur Benaud-Murcier, qui composait un journal de harpe et de clavecin.

Du 25. — Nous sommes tous descendus pour voir la première table. Elle était nombreuse en femmes. C'était réellement un beau coup d'œil. Les commensaux de cette première table se rassemblèrent sous le cloître; et il était piquant de voir, par exemple, la ci-devant princesse Saint-Maurice et autres de sa trempe, attendre, avec les sans-culottes qui mangent à cette table, mais en petit nombre, le moment d'entrer pour prendre leur réfection. Quelle différence… je ne dis pas seulement d'un temps plus éloigné, mais d'hier, où ces personnes mangeaient des mets délicats et recherchés! Notre dîner fut médiocre, et il y eut un peu de confusion. On nous avait donné de la soupe, de la raie et sept médiocres artichauts pour dix, mais le tout était en trop petite quantité. Les sans-culottes se plaignent hautement, avec d'autant plus de raison qu'il n'y aura qu'un seul repas par jour. — Mouchet, envoyé au tribunal depuis le matin, en est de retour; il resta deux heures sur le fauteuil, en attendant qu'on eût interrogé seize prévenus; quand on voulut s'occuper de lui, on reconnut qu'il y avait erreur de nom, et on le fit retirer.

Du 26. — On nous a amené aujourd'hui deux membres d'un comité révolutionnaire, dont l'un, dit-on, porte sur les épaules les marques de la féodalité, c'est-à-dire une fleur de lis. Leurs figures ont quelque chose de répugnant. Ils furent fort mal accueillis des citoyens de leur section qu'ils avaient fait incarcérer. Mais le moment le plus désagréable pour eux a été celui où ils sont entrés au réfectoire, avec trois ou quatre coquins de leur espèce, qui sont ici depuis peu; les huées dont on les a assaillis leur ont fait voir quelle était l'opinion publique à leur égard. — L'ordre a été parfaitement rétabli au réfectoire, pour que les mets fussent mangés chauds. Comme c'était notre jour de viande, on a servi à chaque table de dix un morceau de bœuf de cinq livres, des choux et des haricots verts. — Les sans-culottes de la maison ont, ce soir, célébré l'anniversaire du 14 juillet par des discours, des chants et des danses.

Du 27. — On nous a amené ce matin un homme bien estimable, le chevalier de Florian, auteur de *Numa*, d'*Estelle*, etc. Il nous a appris que Parny, le poëte du naturel et des grâces, était aussi incarcéré, mais il ignore dans quelle maison d'arrêt.

Du 28. — On est venu chercher ce matin, pour le tribunal, une malheureuse sœur converse qui servait de berceuse à l'enfant de madame Malessi. On nous a amené en même temps vingt personnes, neuf de Tours, dont, parmi les hommes, un marche avec des béquilles, et deux ou trois femmes, dont une superbe. Les onze autres sont les maîtres, les valets et commensaux d'un hôtel garni, rue des Deux-Portes, près de Saint-Severin, où se cachait, dit-on, un homme mis hors la loi. — On a renvoyé tous les chiens de la maison; il n'y en avait que cent quatre-vingt-dix; mais on a respecté celui de M. de la Chabeaussière. Il est certain que cet animal est incomparable. Aujourd'hui, le gardien alla prendre madame de la Chabeaussière pour la conduire à la promenade; le chien l'accompagnait: quand il vit de quel côté l'on tournait, il prit les devants et attendit à la porte l'arrivée de sa maîtresse, la porte ouverte, il se jeta au cou du gardien et le lécha, en signe de remercîment et de reconnaissance, puis il alla se cacher dans la chambre de celle qu'il aurait voulu ne quitter jamais.

Du 30. — Nous avons eu une petite fête dans le réfectoire. Le citoyen Cupil, ordonnateur de toutes celles qui ont eu lieu jusqu'à présent, est venu planter le simulacre de l'arbre de la liberté, c'est-à-dire attacher une forte branche au tuyau du poêle et prononcer un discours analogue. Vers les six heures, on s'est rassemblé au réfectoire, où l'on a chanté d'abord une chanson de Florian, puis un hymne au peuple français, par Vigée, musique du prisonnier Leclerc. On s'est ensuite rendu au jardin, où l'on a fini par un hymne à l'Éternel, de Coittant.

Du 2 thermidor. — Comme nous dînions au réfectoire, le concierge est venu nous prendre nos couteaux, et il n'en a laissé qu'un seul pour dix personnes ; mais nous avions eu soin de cacher les autres. Ainsi la plupart d'entre nous seront obligés de manger comme les animaux. Quelle honte pour ceux qui veulent un tel avilissement et pour ceux qui sont forcés de s'y soumettre !

Du 3. — Dès le matin, à notre réveil, nous apprenons qu'il y a trois chariots à la porte et dix gendarmes à cheval qui attendent quarante prisonniers. Aussitôt l'alarme se répand de toutes parts, chacun craint pour soi. Enfin, nous apprenons qu'il s'agit de transférer ceux des détenus qui se sont plaints le plus vivement des abus de la maison. Gonille, ci-devant commissaire national au tribunal criminel du département, ayant voulu plaisanter le greffier en feignant de désirer être de l'émigration, fut mis sur la liste à son insu, contraint de partir avec les autres, ce dont il faillit enrager de dépit. — On nous enleva à cette époque la plupart des maris qui faisaient mauvais ménage avec leurs femmes, tels que le ci-devant marquis de Ferrières et Poissonnier.

Du 4. — Nous apprîmes que nos transférés, conduits au Luxembourg, étaient vingt-sept dans une pièce et seize dans une autre. — On nous avait amené, dans la nuit, une riche marchande du palais, prévenue d'avoir suivi le culte religieux, d'avoir fait dire la messe dans son domicile. Elle pleure et se désespère.

Du 5. — On a ouvert le guichet à quatorze religieuses de Sainte-Aure, qui, dans ce quartier, vivaient en communauté. Les vieilles et les jeunes ne paraissaient nullement effrayées. Elles ont mangé au réfectoire, et étaient là comme chez elles. Le soir, on nous a amené neuf autres femmes, dont la plus jolie est la citoyenne Van Robes; les unes venaient des Anglaises et les autres de différentes maisons de santé. Toutes nous ont assuré qu'on leur avait dit que notre maison allait être spécialement destinée aux femmes en arrestation, et que nous serions transférés. — A la nuit tombante on est venu chercher le citoyen du Blaisel, ancien lieutenant général, pour le traduire au tribunal révolutionnaire. Cet homme, âgé de soixante-dix-huit ans, était retiré aux Chartreux depuis quinze années, et ne se mêlait en rien de la révolution. Il n'emporta qu'une chemise et un bonnet, en disant : « Voilà sans doute la dernière que je mettrai. » Il fut guillotiné.

Du 6. — Il nous est arrivé ce soir quarante-cinq femmes venant des Bénédictines anglaises. Tout cela nous annonce quelque grand changement dans notre maison...

Il n'était que trop vrai, une grande partie d'entre nous est arrachée de son ancienne retraite et transférée à la maison d'arrêt des Carmes.

PROMENADE DU MATIN AU PRÉAU DE LA MAISON DE DÉTENTION
DE PORT-LIBRE, CI-DEVANT PORT-ROYAL,

PAR LE CITOYEN AYMERIE.

Ma muse, éveille-toi; comment! tu dors encore?
  Sous ta fenêtre, au lever de l'aurore,
    Arrivent de tous les côtés
    Des groupes de divinités.
    Aimant des mortels la présence,
    Elles viennent chaque matin
    Dans l'asile de l'innocence
    Y respirer un air serein.

Je distingue Diane à sa taille élégante[1],
Sans ses carquois, sans ses chiens, ni ses traits :
La candeur, la bonté forment tous ses attraits.
La nymphe qui la suit n'est pas moins séduisante[2].
De quel éclat sont éblouis mes yeux !
Du vrai génie on voit briller les feux.
Tout me donne à penser que ce sont les trois Grâces[3],
Car on entend, en marchant sur leurs traces,
Que tour à tour en s'appelant ma sœur,
Que ce doux nom est dicté par le cœur,
Toutes de même aussi fraîches que belles.
    A sa vivacité,
    Par sa franche gaîté,
On reconnaît la plus jeune d'entre elles.
    Qui vient si doucement
    Avec un air modeste[4]?
Sa vue inspire un nouveau sentiment.
Elle a je ne sais quoi qui me paraît céleste ;
    Elle guide les pas
    D'un père respectable,
On ne peint point la vertu plus aimable.
A de si nobles traits on ne se méprend pas.
    Un peu plus tard, je vis paraître
    Deux nymphes traversant le cloître[5],
    L'Olympe n'a rien de plus beau
    A présenter que ce tableau.
Joignez ensemble et le lis et la rose,
    Une fleur fraîchement éclose[6],
Tout ce qu'enfin peut être plus parfait,
Et vous aurez la moitié du portrait.
On m'assura que l'autre était sa mère ;
    Comment pouvoir le deviner !
Les croire sœurs, c'est tout ce qu'on peut faire,
D'être trompé j'eus lieu de soupçonner.
    Ce lieu si propre à la retraite
    Inspire une douce langueur ;

---

[1] La citoyenne Châteaugiron, *dite* le Prestre.
[2] Sa sœur.
[3] Les citoyennes Fougeret.
[4] La citoyenne de Sombreuil.
[5] Les citoyennes Minière.
[6] Sa fille.

On peut y jouir du bonheur
  De la solitude parfaite.
 A peine enfin l'astre brillant du jour
 A dissipé de la nuit les ténèbres,
Et fait cesser les cris de ses oiseaux funèbres;
Avant qu'aucun mortel ne trouble ce séjour,
   Arrive une aimable famille[1],
Plus respectable encor par ses propres malheurs :
Elle y vient pour verser de légitimes pleurs.
  De l'infortune on respecte l'asile;
  On goûte ici l'entière liberté.
Apollon quelquefois veut accorder sa lyre :
L'un y vient pour rêver, un autre pour y lire,
   Selon que l'esprit est affecté.
     C'est là que la plus tendre mère[2],
     Qu'on prive de voir son enfant,
     Sur un portrait baisé souvent
     Apaise sa douleur amère.
     Vingt fois le jour, un jeune époux
     Soupire après sa compagne fidèle[3] :
     Pour lui c'est un plaisir bien doux
     Que de pouvoir s'occuper d'elle.
   Quand le soleil planant sur l'horizon,
    Que sa course rapide à l'autre pôle avance,
     A l'estomac pour redonner du ton
     Au déjeuner alors on pense.
     On apporte un repas frugal,
     Tel qu'on le trouve à la campagne ;
     Brillante gaîté l'accompagne,
   Et c'est un mets qui n'a pas son égal.
Aucune fleur n'éclôt : une triste verdure
 Languissamment croît en ce lieu désert :
   L'amour n'a point animé la nature,
   On n'y voit qu'un chétif couvert,
Une stalle, où naguère une jeune novice
Venait dévotement pour entendre l'office,
     Tient lieu d'un frais gazon;
     Son appui sert de table;

---

[1] Les citoyennes Rosambeau.
[2] La citoyenne Gasville.
[3] Le citoyen Aymerie.

Là, cette troupe aimable,
Sans apprêt, sans façon,
Posant des mets sans symétrie,
Chacun mange à sa fantaisie :
Les faunes, les bergers sont admis au banquet ;
L'un, dans la coupe de Glycère,
Y répand à grands flots du lait ;
Sur une tartine légère
Du beurre fraîchement battu
Pour cette nymphe est étendu.
Avec la rave un peu piquante
On aiguise les appétits ;
Pour animer la blonde languissante,
On lui donne quelques radis.
Tour à tour chacun conte une petite histoire
Pour charmer la société,
Telle que fournit la mémoire,
Sans altérer la vérité.
Bientôt la troupe se sépare :
Fanny pour prendre son pinceau,
Louise accourt à son fuseau.
Un semblable bonheur pour demain se prépare.
C'est en ménageant le plaisir,
En faisant du temps bon usage,
Qu'on apprend à savoir jouir :
Quelle philosophie est en effet plus sage ?

LE DÉSARMEMENT INUTILE A PORT-LIBRE.

Pourquoi troubler du beau sexe l'asile,
Troubler tous les cœurs à la fois,
Pour un désarmement qui devient inutile
Si l'on ne peut lui ravir son carquois ?
Vous avez pris à maintes belles,
Couteaux, canifs et fins ciseaux,
Qui ne servaient qu'à d'innocents travaux.
Vous leur laissez des armes plus cruelles !
Il fallait dérober à Lise ces grands yeux
Qui d'un regard peuvent séduire ;
A la jeune Chloé le souris gracieux

Qui met les sens dans le délire :
A l'aimable Céphise aussi prendre l'esprit :
Peut-elle nous parler sans être séduisante?
D'un farouche tyran l'Amour souvent se rit.
    Rendez Louise moins touchante.
    Que n'attire pas la douceur
    De l'incomparable Phrosine?
    Plus dangereuse est Philippine
    Par l'innocence et la candeur.
Mais les talents sont-ils donc moins à craindre?
L'Amour sans doute inventa l'art de peindre.
Fanny séduit en prenant son pinceau,
Comme Angélique esquissant un tableau.
Et sur un clavecin que Chloris a de grâces
En faisant voltiger ses dix doigts délicats,
Dont notre œil ébloui ne peut suivre les traces!
    Chante, Philis; de ta voix les éclats
    Pénètrent jusqu'au fond de l'âme,
    Font naître la plus vive flamme.
    Quand une seconde Sapho[1]
    Fait aussi retentir l'écho
    Des doux sons de sa muse tendre,
De se laisser charmer qui pourrait se défendre?
    Églé paraît, la blancheur de son teint
    Sur elle attire un œil vif et malin;
    Daphnis a des lèvres de rose,
    Dorine le minois fripon,
    Adèle montre un pied mignon,
Lolotte est une fleur nouvellement éclose....
Dans mon trouble charmant, je ne finirais pas
    Si je voulais vous passer en revue,
    Divins attraits, ô célestes appas
    Qu'un voile épais dérobe à notre vue!
Tout le confirme ici; la touchante beauté
    Sans cesse contre nous conspire,
    Et l'univers est son empire;
Près d'un sexe enchanteur on perd la liberté.
Que vous sert d'avoir pris de si futiles armes,
Trop barbares geôliers, tyrans de la raison?
Pour charmer votre esprit au sein de la prison,
Il fallait à ce sexe enlever tous ses charmes.

[1] La citoyenne Beaufort.

MAISON D'ARRÊT DES CARMES.

TRANSFÈREMENT D'UNE PARTIE DES DÉTENUS DE PORT-LIBRE A LA MAISON D'ARRÊT DES CARMES.

L'orage, après avoir grondé pendant quelques jours, éclate enfin; nous supportions à Port-Libre la perte de notre liberté; nous y avions fait des connaissances, des amis : tout à coup, le 7 thermidor an deuxième, des listes de transfèrement se distribuent, et il nous faut monter dans de funestes chariots, au nombre de quarante-cinq, sans savoir où nous allons. Parmi les transférés, on remarquait Coittant, Laroche, Quoinat, Vigée. Plusieurs de ceux qui devaient aussi être compris dans l'émigration s'étaient rachetés à force d'argent.

Nos doutes se dissipèrent après que nos chariots eurent longtemps roulé avec lenteur, entourés d'une forte escorte de gendarmerie à cheval; on nous descendit dans la maison d'arrêt des Carmes. Qu'elle était désagréable, affreuse, en comparaison de celle que nous venions de quitter! On nous renferma dans une vilaine écurie, où nous restâmes plusieurs heures sans qu'on eût l'air de songer à nous. Après une attente qui parut bien longue, nous en sortîmes quatre à quatre pour aller nous coucher dans des corridors, dans des cachots où l'humidité était si grande, que le matin nous tordions nos habits. Nous n'en fûmes tirés qu'à dix heures et demie, dévorés par mille insectes de toute espèce, et nous presque morts de faim, car on avait refusé de nous laisser prendre quelques provisions à Port-Libre. En attendant l'heure du réfectoire, on nous distribua un morceau de pain.

Ici les corridors ne sont point éclairés; on n'a pas toujours la jouissance du jardin ; l'on n'a pu longtemps entrevoir les femmes que par leurs fenêtres, qui sont détenues au nombre de vingt, et ne mangent au réfectoire qu'après les hommes. Les corridors sont vernis ; quoique spacieux, ils sont peu aérés et infectés par le méphitisme des latrines. Les fenêtres sont bouchées aux trois quarts, de sorte qu'on ne reçoit le jour que d'en haut, et encore le peu d'ouverture qu'elles ont est-il grillé avec de forts barreaux. C'est directement une prison de force dans toute son horreur. Les détenus ne soignent point leurs personnes comme à la Bourbe ; ils sont décolletés, pour la plupart sans cravate ; en chemise, en pantalon, malpropres, les jambes nues, un mouchoir autour de la tête, point peignés, la barbe longue. Les femmes, nos tristes compagnes d'infortune, sombres, rêveuses, sont vêtues d'une petite robe ou d'un pierrot, tantôt d'une couleur, tantôt d'une autre. Du reste, on est assez bien nourri ; à l'unique repas du réfectoire, nous avons le pain à discrétion et chacun une demi-bouteille de vin. Mais notre concierge est dur, rébarbatif.

Pendant toute la nuit du 9 au 10 thermidor, nous avons entendu beaucoup de bruit, battre le rappel, la générale, sonner le tocsin, des cris dans le lointain, des proclamations qui nous parvenaient d'une manière confuse. On nous avait verrouillés de bonne heure dans nos cellules ; tout cela nous causait la plus vive inquiétude.

Le lendemain, notre anxiété se dissipa en partie. Nous apprenons qu'à trois heures du matin on est venu mettre Santerre en liberté. Nous ne sommes instruits qu'en partie des étranges événements qui se sont passés, de ceux non moins extraordinaires qui arrivent. Mais nous acquérons la certitude que sans la chute de Robespierre et celle de la commune orgueilleuse et conspiratrice, nous devions tous être massacrés. Le nommé Grépin, administrateur de police, à la tête d'une troupe de scélérats, attendait à notre porte l'affreux signal du carnage ; dans son impatience féroce, deux fois il se fit ouvrir la porte de notre prison, et c'était pour nous égorger. Lorsqu'il apprit que l'humanité triomphait, il accourut se cacher au milieu de nous; mais on refusa de le recevoir : il pleura, il dit qu'il n'avait été élu que malgré lui, qu'il n'était d'aucun complot, qu'il ne voulait que le bien.

Destournelles, ex-ministre des contributions publiques, que nous avons eu pour commensal aux Madelonnettes, partageait nos alarmes dans la maison des Carmes ; mais il était toujours le même, affectant des prétentions à l'esprit et se donnant ridiculement les airs d'un ministre ; il paraissait avoir oublié tout le monde, entre autres Coittant, quoiqu'il le connût depuis dix-sept années [1].

Santerre vint nous faire une courte visite d'amitié le 11, et nous donna l'espoir consolant que l'on s'occupait de briser les fers des patriotes. En réjouissance des heureux événements, nous chantâmes des hymnes dans les corridors, et nous ne rentrâmes dans nos cellules qu'à dix heures du soir.

Deux nouveaux administrateurs de police nous ont assuré que notre sort allait être adouci : la promenade du jardin nous est accordée ; nous aurons du papier, les journaux ; nous pourrons écrire et recevoir des réponses. Les détenues pourront se promener avec nous.

Nos prisonnières les plus remarquables sont les citoyennes Custines jeune, Lameth, d'Aiguillon, Narravelle-Fenaud, Beauharnais, Croiselle, âgée de quatorze à quinze ans et enceinte. Ce fut pour cette dernière qu'ont été faits les vers suivants, composés et gravés dans un cachot, aux Carmes, par Beauvoir [2], qui fut guillotiné avec les quarante-six victimes de cette maison :

Amour, viens recevoir ma dernière prière ;
Accorde à Désirée un avenir heureux ;

[1] Aussi Coittant, auquel est due probablement cette relation, se venge ici du dédain de d'Estournelle, qui d'ailleurs était un imbécile.
[2] Noble sous-lieutenant, guillotiné le 5 thermidor.

Daigne ajouter surtout à sa belle carrière
Les jours que me ravit un destin rigoureux.

Si de l'excès des malheurs qu'on essuie
Naît quelquefois notre félicité,
Bientôt sera répandu sur ma vie
Le charme heureux qui suit la volupté.

Mon cœur brûlant adore Désirée.
Quand Atropos viendra trancher mes jours,
Le dernier des soupirs sera pour les Amours
Qui lui diront combien elle fut adorée.

On a conduit parmi nous, ce soir, la veuve du guillotiné Fleuriot, ex-maire de Paris.

Nous avons appris l'exécution à mort de six de nos compagnons de la maison de la Bourbe : Saint-Roman, les Montcrif père et fils, Burton le jeune, Lavoisier. Le jour que nous en partîmes, on enleva pour le tribunal la citoyenne Derigny, son fils, et Thiare. Rien ne nous était plus sensible que ces enlèvements, et c'est une consolation que de n'en être plus les douloureux témoins.

Tandis que les mises en liberté sont très-fréquentes, on vient de nous amener Lebas, grand et bel homme.

Aujourd'hui 19 thermidor, trois mises en liberté : Destournelles, Dufourny et un autre.

Dans le nombre des sorties d'aujourd'hui, nous avons eu celle de la citoyenne Beauharnais. Cette femme était généralement aimée ici. Le plaisir d'apprendre que Tallien venait soulager ses peines en brisant ses fers excita mille applaudissements, auxquels elle fut si sensible qu'elle s'en trouva mal. Quand elle fut revenue à elle-même, elle nous fit ses adieux, et sortit au milieu des vœux et des bénédictions de toute la maison [1].

Laroche vient d'obtenir sa sortie (21 thermidor) : le voilà

---

[1] C'est maintenant l'épouse du vainqueur d'Italie, du général Bonaparte. (*Note de Nougaret.*)

donc libre et sa fille bien heureuse, car elle l'aime tendrement.

Vigée est aussi rendu à ses amis; les Muses n'auront plus la douleur de voir un de leurs favoris relégué dans le fond d'une prison.

Pour affliger encore nos âmes, il vient de nous arriver vingt-huit prisonniers du département du Nord, arrêtés par ordre de Joseph Lebon. Ils viennent pour être jugés par le tribunal révolutionnaire. Ils ont été traités en route avec une barbarie qui fait frémir. Ils étaient partis au nombre de cinquante-huit; mais on a eu l'inhumanité d'éloigner les maris de leurs épouses, les pères de leurs enfants. Un de ces malheureux était au désespoir : on l'avait séparé de sa femme et de six filles plus aimables les unes que les autres.

Notre concierge Aubert, le 25 thermidor, reprend sensiblement ses manières brutales. Sans doute que les prisonniers sont menacés de nouvelles mesures attentatoires à leur repos. La conduite des concierges et guichetiers à notre égard est le thermomètre de notre position funeste. Quand nous les voyons doux et s'efforcer d'être gracieux, les circonstances nous sont favorables. Se montrent-ils insolents et farouches, soyez sûrs que le vent n'est plus en notre faveur.

Sous le règne de l'ancien concierge et de l'ancienne municipalité, on a pris à deux détenus de cette maison, à l'un onze cents livres, à l'autre dix mille livres; non-seulement on refuse de leur restituer ces sommes, mais on a l'inhumanité de les laisser au dépourvu de tout, sans draps, sans chemises, sans bas et sans souliers.

PÉLAGIE[1].

SOMMAIRE.

Rigueurs de la captivité pour les détenus de Sainte-Pélagie. — Utilité des *sonnettes*. — Le club des cellules inventé par Marino. — Familiarité de l'épicier Cortey envers une princesse. — Arrivée des complices de Robespierre. — La famille Duplaix. — Madame Duplaix se pend dans sa prison.

Cette prison humide et malsaine renfermait, sous le règne affreux de Robespierre, environ trois cent cinquante prisonniers. On y a vu successivement les hommes qu'il faisait poursuivre comme ses assassins, et les républicains courageux qui avaient fait quelques efforts pour démasquer son hypocrisie. Tous étaient détenus sans savoir pourquoi, car on ne leur permettait pas la lecture de leur écrou ; et tel qui le matin se flattait de ne pouvoir être atteint par le jugement d'une commission populaire, à deux heures après midi était transféré à la Conciergerie et guillotiné le lendemain. C'est ainsi que souvent, faute d'avoir pu préparer sa défense, l'homme qui n'avait pas le talent d'improviser se trouvait pendant le court espace des débats, qui roulaient presque toujours sur une vingtaine d'affaires, toutes différentes les unes des autres, dans l'impossibilité d'éclairer le jury sur le genre des inculpations qui lui étaient faites.

[1] Cette relation a paru d'abord dans l'*Almanach des prisons* (pages 157 à 167). Elle a été reproduite dans le deuxième volume de l'*Histoire des prisons* de Nougaret.
Avant la Révolution, Sainte-Pélagie était divisée en deux parties. L'une, du côté de la rue du Puits-de-l'Hermite, servait de refuge aux femmes et aux filles renfermées par ordre du Roi ; l'autre partie, qui était occupée par des femmes honnêtes, avait son entrée par la rue Copeau. Elles y payaient pension : l'on élevait là de jeunes demoiselles.
Nous rappelons à nos lecteurs qu'ils trouveront dans les *Mémoires* de madame Roland les détails les plus curieux sur le régime intérieur de la prison de Sainte-Pélagie, où cette illustre victime a écrit ses *Mémoires*.

Une cellule de six pieds carrés, éclairée par une fenêtre étroite garnie de larges barreaux de fer transversalement rangés, recevait humblement les malheureux que des commotions révolutionnaires avaient renversés, ou que des vengeances particulières avaient destinés à l'échafaud.

Une mauvaise paillasse, un matelas aussi dur que le marbre, et une couverture à demi usée, composaient tout l'ameublement de ce triste manoir, continuellement infecté par les ordures du prisonnier qui l'occupait, et à qui il n'était pas permis d'aller satisfaire ailleurs les besoins de la nature. A son arrivée, un porte-clefs à large figure garnie d'épaisses moustaches, à la voix rauque et au ton menaçant, lui demandait avec un sourire sardonique : « As-tu des sonnettes? » (de l'argent). S'il répondait oui, on lui faisait apporter une cuvette, un pot à l'eau et quelques plats fêlés qu'il payait le triple de leur valeur : mais si malheureusement il se trouvait avoir le gousset vide, on lui disait : « Ma foi, pays, tant pis pour toi; mais ici, on n'a rien pour rien ». Alors le misérable était obligé de vendre à vil prix une partie de ses effets pour obtenir les choses le plus strictement nécessaires à la vie. Un citoyen qui occupait, dans le mois de floréal, le n° 10 du corridor du second étage, sacrifia pour vingt-cinq livres une bague d'or de cent écus, afin de se procurer le mince nécessaire dont nous venons de parler.

Pendant les mois de floréal et de prairial, on ne donna pour toute nourriture aux prisonniers qu'une livre et demie de mauvais pain et un plat de haricots très-durs, ordinairement accommodés avec de mauvaise graisse ou du suif. Les riches trouvaient le moyen de se procurer d'autres mets en les payant fort cher; mais les pauvres n'avaient pour sustenter leur estomac épuisé par la douleur que ce ragoût infect et malpropre.

Au commencement de messidor, l'administration de police institua, d'après un arrêté du comité de sûreté générale, une cuisine dans chaque prison, et les prisonniers furent alors nourris tous d'une manière uniforme; chaque individu recevait pour sa journée une soupe qui était ordinairement passable, une demi-bouteille de vin, et trois plats de différents mets; et nous devons dire que si le vin et les ragoûts étaient presque toujours détestables, c'était la cupidité du traiteur et non le défaut de surveillance qui en était cause; car les réclamations sur cet objet ont toujours été entendues avec complaisance et affabilité.

C'est sous ce régime de fer que les prisonniers détenus au secret imaginèrent, pour charmer l'ennui dont ils étaient dévorés, de former entre eux une espèce de club dont ils avaient fixé la séance à huit heures du soir. Quoique les portes de chaque chambre fussent d'une épaisseur prodigieuse, on s'était néanmoins aperçu qu'il était possible de se faire entendre d'un bout du corridor à l'autre en criant un peu haut. Le premier qui conçut l'idée bizarre de ce délassement fut le citoyen Marino, ex-administrateur de police, membre de la commune du 10 août et prorogé dans les fonctions municipales jusqu'au jour de son arrestation. A l'aide de cette invention, on s'instruisait réciproquement et avec ordre de tout ce qu'on avait appris des porte-clefs dans le courant de la journée; et pour n'être pas compris dans le cas où l'on serait entendu de quelqu'un d'entre eux, ou des gendarmes qui étaient apostés sous les fenêtres, au lieu de dire : « J'ai appris telle chose », on disait : « J'ai rêvé telle chose. »

Il fallait, pour être reçu membre de cette société, n'être ni faux témoin ni fabricateur de faux assignats. Quand il arrivait un candidat (c'est ainsi qu'on nommait les prisonniers nouvellement arrivés), le président était chargé de lui demander, au nom de la société, son nom, sa qualité, sa demeure et le motif de son arrestation; et quand il était bien reconnu qu'il ne s'était pas rendu coupable des délits qui emportaient l'exclusion, le président le proclamait membre de la société en ces termes : « Citoyen, les patriotes détenus dans ce corridor te jugent digne d'être leur frère et ami. C'est le malheur et la bonne foi qui les unissent entre eux;

ils n'exigent de toi d'autres garants que ceux-là. Je t'envoie l'accolade fraternelle. » Et la société, pour éviter le bruit du claquement des mains, criait en signe d'applaudissement : Bon! bon!

Les séances ont constamment eu lieu jusqu'au mois de messidor, temps auquel les prisonniers obtinrent de l'administration de police la faculté de se promener dans les corridors, deux heures le matin et autant le soir. Alors ils se dirent ouvertement ce qu'auparavant ils n'osaient se confier que paraboliquement. Il en résulta même des liaisons particulières entre plusieurs, dont le caractère sympathisait parfaitement.

Un jour, Cortey, l'épicier, qui se trouvait de complicité avec le ci-devant comte de Laval-Montmorency, l'ex-marquis de Pons, Sombreuil, ci-devant gouverneur des Invalides, etc., tous prévenus de conspiration et guillotinés depuis, faisait des signaux à travers la fenêtre du corridor à la ci-devant princesse de Monaco, et lui envoyait des baisers; le marquis de Pons, qui était présent, lui dit avec hauteur : « Il faut que vous soyez bien mal élevé, monsieur Cortey, pour vous familiariser avec une personne de ce rang-là; il n'est pas étonnant qu'on veuille vous guillotiner avec nous, puisque vous nous traitez en égal. »

Les jours s'écoulèrent sans rien produire de remarquable, jusqu'au 9 thermidor, qu'on vit arriver Lavalette, Dumas, un aide de camp de Hanriot et plusieurs autres partisans et complices de Robespierre. Chacun se demandait, en les voyant, qui avait pu culbuter ainsi ces hommes jadis si puissants par leurs protecteurs et leur popularité. On fit à ce sujet diverses conjectures, qui toutes n'avaient aucun rapport avec le véritable motif de leur arrestation.

Le soir, on demanda pour eux séance extraordinaire; elle eut lieu. Le président leur fit, au nom de la société, les interpellations d'usage. Aucun d'eux ne voulut y répondre. Pour se venger de leur silence obstiné, chacun se mit à faire sur eux les plaisanteries les plus piquantes. « Maintenant, disait-on, que nous avons parmi nous le confident intime du doge et le magistrat suprême de la République, nous pouvons nous tranquilliser. Il serait beau de voir arriver le doge lui-même ; en pareil cas, nous ne pourrions nous dispenser de lui envoyer une nombreuse députation, et de lui donner une garde imposante, pour l'escorter dans le cas où le médecin Sanson viendrait chercher Sa Majesté pour lui faire la petite opération dont il nous faisait espérer le succès ».

D'autres plaisanteries de ce genre finissaient à peine, qu'on entendit sonner le tocsin ; cela réveilla l'attention. On crut qu'un incendie considérable s'était manifesté dans un des quartiers de Paris ; mais on changea bientôt d'avis quand on entendit un des guichetiers, nommé Simon, crier à son dogue : « Va te coucher, Robespierre! » Un instant après, on amena toute la famille Duplaix[1]. Un des prisonniers s'écria : « Je vous annonce le Ganymède de Robespierre et son premier ministre. » On apprit dès lors, d'après plusieurs questions qu'on leur fit, toutes les circonstances qui avaient accompagné la chute du tyran.

Le lendemain matin, aussitôt que les femmes aperçurent tous ces individus mêlés parmi les prisonniers, elles s'écrièrent : « Vous êtes avec vos sacrificateurs, vous devriez assommer ces gueux-là. » On se contenta de les molester un peu, parce qu'on avait besoin d'eux pour apprendre tous les détails de l'insurrection. Le 11 thermidor, sur les neuf heures, le bruit se répandit que la femme Duplaix s'était pendue dans la nuit ; un citoyen annonça cette nouvelle, disant : « Citoyens, je vous annonce que la reine douairière

---

[1] Duplaix était jadis un pauvre menuisier qui ne se doutait guère du rôle qu'il jouerait dans la Révolution. Robespierre, lors de l'Assemblée constituante, vint loger chez lui et s'en fit un zélé partisan. Le père, la mère, les fils, les filles, les cousins et cousines, etc., ne juraient que par Robespierre. Celui-ci, par reconnaissance, fit le père juré assassin sous la direction de Fouquier-Tinville ; ses deux fils furent créés ses gardes du corps sous l'obédience de Boulanger, capitaine de ses gardes. La mère Duplaix devint supérieure des dévotes de Robespierre, et ses filles furent choisies pour chefs de file dans ce corps respectable. (*Note du narrateur.*)

vient de se porter à un excès un peu fâcheux. — Quoi donc? qu'est-il arrivé? s'écriaient Duplaix père et fils, qui ne savaient pas ce qu'il voulait dire. — Citoyens, ajoutait-il, c'est un grand jour de deuil pour la France, nous n'avons plus de princesse ». Ce qui nous amusa le plus dans tout ceci, c'est que le soir même Duplaix fils donna dix francs à un guichetier pour aller s'informer de la situation de sa mère, qu'il croyait en liberté, et que le même homme vint lui dire qu'elle jouissait d'une parfaite santé. Il est resté très-longtemps dans cette croyance; ce qui a valu de sa part au guichetier peu scrupuleux au moins une cinquantaine d'écus pour des commissions supposées [1].

ÉPITRE A MES AMIS

PAR UN PRISONNIER A SAINTE-PÉLAGIE, LE CITOYEN LAFISSE, MÉDECIN.

Où croyez-vous, mes amis, que l'ennui,
Ce dieu de plomb, à la bouche béante,
Au regard fixe, à la marche traînante,
Qui, sans les voir, rassemble autour de lui
Des vains projets la troupe mensongère,
Mille beaux plans en Espagne tracés,
Maints beaux écrits chez Duchêne entassés,
Et tant de vers faits pour une bergère ;
Où croyez-vous qu'il ait fixé sa cour?

Il eut jadis un plus ample domaine ;
On le voyait, dès la pointe du jour,
Sous la fourrure et la pourpre romaine,
Dormir encor au palais de Thémis ;
Puis, lentement, s'étendant sur Paris,
En longs cheveux, en épée, en jaquette,
De nos Laïs il ornait la toilette,
Nonchalamment leur disait des fadeurs,

[1] Il n'y a que la rigueur d'une longue captivité, avec la mort en perspective, qui puisse faire goûter l'atrocité de telles plaisanteries.

Justifiait l'humeur de la coquette,
Et de la prude excitait les vapeurs;
Jusqu'à Versailles il suivait l'étiquette,
Bâillait au bal, au parterre, au sermon,
Au thé d'Iphise, au souper de Damon,
Partout enfin, même à l'Académie.

Mais de son puits la Vérité sortie,
La Liberté souriant aux Français,
Du dieu fallot ont renversé l'empire;
Chez eux l'ennui ne trouve plus d'accès.
L'amour brûlant que la patrie inspire,
Dans tous les cœurs nourrit l'activité.
Vieillesse, enfance, et jeunesse, et beauté,
Tous réunis, courant même fortune,
Sont occupés de la cause commune.
La Liberté remplace tous les dieux.
De nos guerriers les exploits glorieux
Inspirent seuls Thalie et Melpomène.
Dans tous les clubs, aux temples, sur la scène,
Le triste ennui serait fort mal reçu.
Ce dieu banni par les fiers démocrates,
Même au café rarement aperçu,
Se traîne encor chez les aristocrates;
De ses États le reste a disparu.
Car dans ce Louvre où par la tyrannie
Il s'était vu si grandement traité,
Dans ce palais qu'habite le Génie
Qui des humains fonde la liberté,
Ne croyez pas qu'il eût l'effronterie
D'aller montrer son visage hébété.
Où donc est-il? Eh quoi! sans vous le dire,
Mes chers amis, ne devinez-vous pas?

Si devers l'est vous dirigez vos pas,
Dans ce quartier fameux par le délire
Dont saint Médard frappa tant de cerveaux,
Dans ce faubourg appelé Saint-Marceau,
De saint Marcel qu'on ne fête plus guère;
Si vous suivez presque entier le chemin
Qui mène droit au superbe jardin,
Où l'œil surpris voit la nature entière,

La mousse et l'if, le platane et le lierre,
Avec tant d'art mis en ordre par Thouin ;
Montant à droite, à très-peu de distance,
S'ouvre la rue à qui, non sans raison
(De nos aïeux voyez la prévoyance!),
On a donné de la Clef le beau nom ;
Ce n'est la clef que porte le saint-père
Qui fait entrer au benoît paradis ;
Ce n'est la clef de la porte où Cerbère
Mord tout venant ; c'est encore bien pis.
Pour dévoiler cet horrible mystère,
Quelques instants différons, mes amis.

Dans cette rue est un vieux monastère,
Où, dans le temps des frivoles plaisirs,
Fille novice et femme peu sévère,
De la nature écoutant les désirs,
Dans un réduit obscur et solitaire,
Venaient payer, par de mortels loisirs,
Quelques moments d'une joyeuse vie
En se vouant à sainte Pélagie.
Vous demandez pourquoi cette maison
De telle sainte avait reçu le nom ;
Mais sur ce cas légende ni Vulgate
Ne disent rien. On croit que la béate,
D'après le sens du grec et du latin[1],
Eut des rapports, marcha sur mêmes traces,
Avec Cypris, qui, par un beau matin,
Du sein des mers naquit avec les Grâces.

Pourquoi parler de Vénus, de l'Amour,
Dieux inconnus dans cet affreux séjour?
Par d'autres soins mon âme est agitée.
Vous savez tous que de cette maison,
Jadis couvent, de nonnes habitée,
Ces derniers temps ont fait une prison.
En un seul point elle a changé d'usage :
Pour desnonnains, fille ou femme peu sage,

---

[1] Le nom de sainte Pélagie vient évidemment du mot latin *Pelagus*, ou du mot grec *Pelagos*, qui signifie la mer. De très-graves auteurs prétendent que cette sainte est la même que Vénus, que des moines savants ont logée en paradis sous ce nom par dévotion ou par reconnaissance. (*Note de l'auteur.*)

Vous y verrez au moins deux cents reclus,
Dont la plupart ne péchèrent pas plus.
Vous attendez que d'un crayon fidèle
De ce manoir je vous trace le plan ;
Que je vous dise, en style de roman,
Si des dehors l'architecture est belle ;
Mais arraché, dans la nuit, au sommeil,
Dans cet enfer devançant le soleil,
A la lueur d'une lampe funèbre,
Sous vingt guichets fort étroits et très-bas,
Courbant le dos, ne voyant que ténèbre,
Je dirigeais à grand'peine mes pas.

J'arrive enfin à la porte fatale.
La lourde clef dont les énormes dents
Ont le pouvoir d'entr'ouvrir ce dédale,
Dans la serrure est mise en plusieurs temps ;
Le ressort fuit sous le fer qui le mâche ;
Le pêne crie, et trois fois de sa gâche
En frémissant s'arrache avec efforts.
Des longs verrous la tige raboteuse
Avec aigreur tourne dans ses supports.
La porte s'ouvre ; une tempête affreuse
Semble gronder le long des corridors.
Ainsi Milton nous dépeint la barrière,
Qui dans l'enfer tient captifs les démons,
Avec fracas roulant sur ses vieux gonds
En imitant les éclats du tonnerre.

J'entre : que vois-je ! ô ciel ! ô mes amis !
Le cœur me manque, une sueur glacée
Couvre à l'instant tous mes membres transis ;
Sur cette paille en un coin ramassée,
Quel dieu, quel diable est lourdement assis?

A son massif, à sa figure blême,
Ses bras pendants, ses yeux appesantis,
Ses bâillements l'un par l'autre suivis ;
A tous ces traits puis-je le méconnaître?
Je veux le fuir, mais, bientôt arrêté,
Dans tous les yeux je le vois reparaître,
Et par lui seul tout me semble habité.

Le jour obscur, la triste oisiveté,
Et le silence, et l'uniformité,
Ont dans ces lieux établi son empire;
On s'en pénètre avec l'air qu'on respire;
De son fardeau chacun est tourmenté;

Car que fait-on dans ce fatal repaire?
On boit, on mange, on rêve et l'on digère.
On s'est levé pour se coucher le soir;
Le lendemain de même on recommence.
On ne voit point, dans ce sombre manoir,
D'où vient le vent qui souffle sur la France.
La promenade est un corridor noir
Qu'éclaire à peine une seule fenêtre,
En tout portant douze petits carreaux,
Qui laissent voir six monstrueux barreaux,
Bien traversés, scellés en fort salpêtre.
Vous jugez bien que les ris et les jeux
Sont exilés pour jamais de ces lieux.
Un jour pourtant, quand l'heureuse nouvelle
Du lâche Anglais expulsé de Toulon,
Nous arriva soudain dans la prison,
La joie alors devint universelle;
Et dans le sein de la captivité,
Chacun criait : Vive la Liberté!
Mais cette joie, hélas! fut passagère.

Au point du jour, un pesant balayeur
Du corridor vient gratter la longueur,
Et lestement déplace la poussière.
Lorsque Phébus entame sa carrière,
D'un guichetier l'officieuse main,
De chaque porte explorant la ferrure,
De nos verrous vient ouvrir la serrure.
Chacun alors peut se mettre en chemin,
Mais sans beaucoup s'éloigner de son gîte.
Dans le quartier, une horloge maudite,
Dont le marteau paresseux et traînant,
A chaque coup hésitant de s'abattre,
Semble à regret frapper l'airain sonnant,
Annonce une heure au plus au bout de quatre,
Et sonne encor plus de vingt fois par jour.

PÉLAGIE.

Lorsque la nuit revient dans ce séjour,
Trois fois la cloche annonce la clôture.
Un guichetier, avec un gros pilon,
Semblable à ceux des enfants de Purgon,
De nos barreaux sonde la contexture.
Sur la traverse il frappe lourdement;
Sur les barreaux mis verticalement,
En ligne oblique il coule avec adresse,
Faisant tinter à son tour chaque pièce,
Pour être sûr que le tout soit entier;
Puis le concierge, avec des yeux sévères,
Regarde encor après le guichetier
Si ses dindons sont tous dans leurs galères,
Et poliment nous dit : « Bonsoir, mes frères. »
Tout cela fait, on ferme les verrous.

O des plaisirs le plaisir le plus doux!
Divin sommeil, au moins sur ces retraites
Si tu pouvais répandre tes pavots!
Je ne veux point de tes faveurs secrètes,
Mais donne-moi l'oubli de tous mes maux!
Toi, de l'ennui le compagnon fidèle,
Toi seul ici n'as point suivi ses pas;
Toujours je bâille en ces nouveaux états,
Sans que tes doigts y couvrent ma prunelle;
Ou si jamais je dors quelques moments,
De vingt gros chiens, renfort de nos gendarmes,
La voix bruyante et les longs hurlements,
Dans tous mes sens réveillent mes alarmes.
Qui me l'eût dit, que cinquante ans d'honneur,
Un zèle ardent à servir ma patrie,
Et l'innocence inutile au bonheur,
Me conduiraient à Sainte-Pélagie?

ENVOI.

Amis, l'Apollon que je sers
N'est pas l'Apollon des bons vers,
Vous l'avez déjà dit peut-être.
J'ai voulu vous peindre l'ennui :
Je crains, en vous parlant de lui,
De vous l'avoir trop fait connaître.

SAINT-LAZARE[1].

SOMMAIRE.

Le régime de la prison de Saint-Lazare. — Conspiration imaginée par Manini, qui coûte la vie à quatre-vingts personnes. — Fouquier-Tinville et les dénonciateurs à la buvette. — L'inspecteur Dupaumier. — Rigueurs de la détention à partir de floréal.

FAITS HISTORIQUES ET ANECDOTES SUR LA MAISON D'ARRÊT DE SAINT-LAZARE.

..... Voici la relation des faits qui se sont passés à Lazare, dans le courant de messidor et thermidor de l'an deuxième de la République.

Depuis longtemps les prisonniers de Lazare essuyaient les privations des choses les plus nécessaires à la vie; on avait eu la barbarie de refuser du lait à des femmes enceintes; on a chassé même des gardiens pour leur en avoir procuré; on ne permettait qu'un seul repas, qui consistait dans quatre onces de viande, deux portions de légumes des plus modiques, dont la malpropreté était dégoûtante; il n'y avait que le pain de supportable.

Toutes lettres pour ses affaires les plus pressantes étaient interdites; on confisquait l'argent que nos parents, nos amis nous envoyaient; on était enfin comme mort à la société et absolument séparé du monde.

On pouvait jeter les yeux dans la rue de Paradis par une grande fenêtre au bout d'un corridor; c'est là qu'on pouvait jouir du bonheur de voir ses amis et ses parents, en tremblant pour leur sûreté, étant à chaque instant exposés à

---

[1] Cette narration et celle qui suit, très-brèves l'une et l'autre, ont été publiées dans l'*Almanach des prisons* et sa suite, et dans le recueil de Nougaret.

être enlevés par les rondes que les administrateurs de police faisaient constamment autour de ces lieux. Cet instant de félicité était encore troublé par des gens qui chaque jour nous annonçaient par des gestes trop expressifs que nous étions destinés à être guillotinés; on remarquait entre autres un fort de la halle qui venait très-souvent nous donner cette affreuse pantomime.

Ces tableaux lugubres, la mauvaise nourriture, la barbarie du concierge, la solitude morne à laquelle on était livré, tout concourait à fatiguer l'esprit, à abattre l'âme [1], à entretenir la douleur. Les vieillards furent les premiers à se ressentir des suites de ce cruel régime; leur situation pénible ne put jamais émouvoir les administrateurs de police [2]. Ils refusèrent avec opiniâtreté de laisser entrer du bouillon, des médicaments; ce n'est qu'après les sollicitations les plus pressantes, qu'après avoir mis sous leurs yeux les peintures les plus touchantes, qu'on put obtenir de faire entrer un peu de tisane et du tabac en poudre [3].

Les journaux avaient une entrée des plus difficiles, et c'était toujours au poids de l'or; nous apprenions par cette voie les nouvelles des succès de nos armées. Les armes de la République partout victorieuses nous consolaient de nos maux; nous apprenions aussi par cette voie les différents complots que l'on attribuait aux prisonniers : réunis en petit comité d'amis, nous ne nous dissimulions pas les craintes

---

[1] Le citoyen Vanseyre, Belge réfugié, renfermé dans cette maison, ne pouvant supporter les angoisses de la persécution, s'est précipité d'un troisième étage. (*Note du narrateur.*)

[2] L'administrateur Bergo était ivre la plupart du temps; s'il venait à jeun à Lazare, il commençait sa journée par un copieux déjeuner avec sa commère Semé; le jour de la fête à l'Être suprême, il trouva le vin si délicieux, qu'on fut obligé de le coucher : il ne se réveilla que vers le soir, furieux contre sa commère de n'avoir pas été réveillé pour aller en grand costume à la fête. (*Note du narrateur.*)

[3] Nous réussîmes à tromper la surveillance de nos argus : on était parvenu à faire remplir de grosses bouteilles de vin de Malaga vieux, sur lesquelles on attachait une étiquette, où on écrivait *tisanne*. On remplissait de même un bocal de café en poudre, sur lequel on faisait écrire, *tabac en poudre*. (*Idem.*)

qu'on ne cherchât à en forger un pour la maison Lazare; nous ne nous dissimulions même pas qu'il y avait un projet de porter les détenus au désespoir par les traitements les plus inhumains.

Telle était notre situation à l'époque où le commissaire des administrations civiles, police et tribunaux, est venu à Lazare.

Nous avons su qu'il avait fait appeler les nommés Manini et Coquerie, serrurier; nous avons cru que c'était un membre de la commission populaire qui venait interroger les détenus; tous les cœurs étaient livrés à l'espérance, chacun de nous croyait faire entendre le cri de la vérité et démontrer que son arrestation était l'effet des haines ou des vengeances personnelles. On me fit aussi appeler dans la chambre du concierge Semé; j'y vis deux citoyens qui m'étaient inconnus; l'un d'eux, m'adressant la parole, me dit :

« Je sais que tu es un bon patriote, je connais ta probité, j'espère que tu justifieras l'opinion que j'ai de toi. Voici un ordre du comité de salut public de rechercher dans les maisons d'arrêt les ennemis de la Révolution. »

Je pris l'ordre et le lus en entier. Il me demanda ensuite si j'avais connaissance d'un complot d'évasion tramé à Lazare? Je répondis que non; que si ce complot avait existé, il aurait été difficile qu'il eût échappé à la surveillance des patriotes qui étaient dans cette maison. Il me demanda si les prêtres et les nobles n'étaient pas les ennemis de la révolution? Je répondis que je ne croyais pas qu'ils fussent bien partisans du gouvernement révolutionnaire, mais que je n'avais aucune preuve matérielle qu'ils en fussent les ennemis. Il me demanda ensuite si je connaissais Manini? Je répondis que non, que ses traits m'étaient même étrangers. « Il est facile à reconnaître, répondit-il; il est le seul des détenus qui porte des lunettes; informe-toi ce que c'est que Manini; il a dénoncé qu'il avait découvert un complot d'évasion à Lazare; je n'ai pas grande confiance dans cet homme, qui bavarde beaucoup.

»Voici les listes des complices qu'on m'a données. » Et il se mit à m'en lire les noms.

Je vis avec frémissement plusieurs de mes amis notés sur ces listes et nombre de citoyens et de citoyennes incapables de conspirer contre leur patrie. Je m'élevai fortement contre cette dénonciation, au risque de me compromettre; je pris la défense de ceux que je connaissais avec assez de chaleur pour les faire rayer des listes[1]. Je ne fus pas aussi heureux pour le jeune Maillé; je représentai inutilement qu'il n'était qu'un étourdi de seize ans, qui ne songeait qu'à folâtrer. « Laissons-le toujours, me dit-on, il s'en retirera peut-être. — Et Duclos, en qui je n'ai remarqué que de l'attachement à sa patrie? — Oh! pour celui-là, c'est un chevalier de Saint-Louis », me répondit-on encore.

On me requit de signer mes observations, ce que je fis sans balancer.

Celui qui m'interrogea me dit alors en regardant sur les listes qu'il avait entre les mains : « En voilà une centaine, il doit y en avoir plus que cela ici. » Je répondis : « Je ne crois pas qu'il y ait beaucoup de conspirateurs ici. — Nous en avons trouvé trois cents au Luxembourg, nous en trouverons bien autant à Lazare », répondit le commissaire.

J'étais très-attentif à jeter les yeux sur les listes et les papiers qui étaient sur la table du commissaire. Je lus plusieurs pièces, dont une entre autres était une dénonciation qui parut être de l'écriture du concierge, où il était dit : qu'il se faisait des rassemblements d'aristocrates dans la chambre de la ci-devant comtesse de Flavigny, dans celle de la citoyenne Cambon, femme d'un président du parlement de Toulouse, et chez la citoyenne Lassolay.

Le greffier était consulté et vérifiait les écrous, pour fixer l'opinion du commissaire et guider son travail. Dès l'instant

---

[1] Voici les noms des citoyens que Jobert parvint à faire rayer : les citoyens du Roure, Mollin, Martin, Poisonnier père, médecin de réputation, Millin, Montron, Delmas, Duparc, Legaie, Pardaillon, ex-constituant; les citoyennes Franquetot, Glatigny-Lassolay et sa fille.

que je fus renvoyé par ce commissaire, je me rendis dans la chambre des citoyens Millin et Cholet; le citoyen Seymendi s'y rendit aussi, et là je leur rendis compte de mon interrogatoire, de la dénonciation de Manini, des listes que j'avais vues, et de la défense hardie que j'avais osé prendre de plusieurs citoyens que j'avais même été assez heureux de faire rayer. Je leur témoignai le désir que j'avais eu d'en faire davantage, mais qu'il serait possible que je fusse moi-même victime de mon zèle. Je rendis aussi compte à du Roure des mêmes faits; et, connaissant sa fermeté, je n'hésitai pas à lui confier qu'il était noté sur la liste que j'avais vue. La tête faible de Millin, accablé par des chagrins et des souvenirs douloureux, ne m'a pas permis de lui faire la même confidence; Seymendi et Cholet en furent seuls informés. J'engageai la citoyenne Glatigny à prévenir Duclos du sort dont il était menacé; elle l'amena, avec beaucoup d'adresse, à s'occuper de sa défense; peu à peu nous lui fîmes pressentir sa destinée : il la vit de sang-froid, s'y prépara avec courage, et nous l'aidâmes, avec le citoyen du Roure, à faire un mémoire pour prouver son patriotisme et son innocence. Je l'avais embrassé avant son départ; je l'avais encouragé à se défendre avec confiance [1]. Il a suivi mes conseils, et il a été acquitté et ramené à Lazare au milieu de la joie universelle. J'avais lu chez un écrivain public à Lazare des certificats de civisme donnés à la citoyenne Franquetot et au citoyen Montron par leurs communes et leur département; je leur demandai des copies pour justifier les réclamations que j'avais faites en leur faveur.

Quelques jours après la visite du commissaire à Lazare, il y revint, et mes amis s'empressèrent de m'en prévenir. Je leur disais : « Mais je n'ai que faire chez lui; s'il me demande, j'irai. » Alors ils me représentèrent que si je n'y allais pas,

---

[1] Au moment où Duclos était sur les banquettes du tribunal, Jobert envoya, par un exprès, à l'accusateur public, une déclaration à décharge de l'accusé, pour affirmer son patriotisme, signée par trois patriotes connus. (*Note du narrateur.*)

ils ne sauraient rien de ce qui se passerait ; que je pourrais encore sauver d'autres victimes, qu'eux-mêmes n'étaient pas sans inquiétude sur leur sort. Je me rendis à leurs vœux, et je fis demander au commissaire une conférence. Il me l'accorda, et je lui dis : « Je viens vous répéter qu'il n'y a point de conspiration à Lazare ; que Manini n'est point un homme en qui on peut avoir confiance : c'est un comte du Milanais qui veut à tout prix obtenir sa liberté. J'ai pris des renseignements sur quelques citoyens compris dans cette prétendue conspiration. Voilà des notes et des certificats qui prouvent leur civisme et leur amour pour notre révolution. »

Je ne m'aperçus pas qu'on eût ajouté d'autres citoyens au travail du commissaire, et je me retirai pour tranquilliser mes amis. Je ne le revis plus. Il résulte de ce travail abominable que quatre-vingts personnes environ furent envoyées au tribunal révolutionnaire.

Le même jour Manini et Coquerie se firent transférer au Plessis. Le lendemain, les gendarmes vinrent chercher Pepin de Grouette, Mollin et un jeune gardien, pour témoigner contre les prévenus de cette conspiration. Manini et Coquerie, quoique dénonciateurs, servirent aussi de témoins.

A leur retour, nous apprîmes que Pepin de Grouette, interpellé s'il connaissait les accusés, s'était retourné insolemment vers eux, les avait lorgnés longtemps les uns après les autres, et s'adressant aux jurés il leur dit : « Je ne vois aucun patriote parmi ces gens-là ; ce sont tous des aristocrates. » Interpellé s'il avait existé une conjuration à Lazare, il affirma que oui, et qu'il l'avait dénoncée aux autorités constituées. Interpellé s'il avait vu que les nobles avaient placé des fleurs de lis pour en parer leurs fenêtres, en haine de la révolution, il répondit que oui, qu'il les avait vues. J'affirme, et tout Lazare affirmera avec moi, que ces prétendues fleurs de lis étaient de simples tubéreuses.

Duclos fut vivement apostrophé par Manini dans les débats ; il lui soutint qu'il était un conspirateur, parce qu'il avait parlé à un détenu qu'il lui désigna : voilà toute la preuve qu'il produisit contre ce bon citoyen, qui avait commandé la garde nationale au Cap, dont les propriétés avaient été incendiées, et dont les infortunes étaient à leur comble.

Ces dénonciateurs et ces témoins, Manini, Pepin de Grouette, Mollin et un gardien de Lazare, furent plusieurs fois déposer au tribunal révolutionnaire; chaque fois il y avait un dîner de préparé à la buvette de la Conciergerie, payé par Fouquier-Tinville [1]; et là, en présence des gendarmes, chacun se vantait du nombre des victimes qu'il avait conduites à l'échafaud. C'est au milieu de ces orgies qu'ils méditaient sans doute encore de nouveaux forfaits [2].

Ce n'était pas le premier dont Pepin de Grouette était soupçonné : il était accusé d'avoir exigé des faveurs et de l'argent en même temps, des femmes des accusés traduits au tribunal du 10 août, dont il était président, et d'avoir eu la scélératesse de les avoir fait condamner à la mort; d'avoir effrontément volé de toutes mains, lorsqu'il était commis à l'hôtel-Dieu; faits qui lui ont été reprochés publiquement, et pour lesquels il a été chassé de l'assemblée électorale de 1793. Voilà ces monstres exécrables [3] qui ont conduit à l'échafaud quatre-vingts détenus de Lazare, et qui avaient conçu l'espérance illusoire d'échapper à la juste punition de leurs crimes en suivant les projets cruels de Robespierre.

Jetons maintenant des regards effrayés sur quelques vexations et cruautés des anciens membres de la commune conspiratrice.

Un certain Dupaumier, chargé de l'inspection de la maison d'arrêt dite la Folie-Renaud, où je fus transféré de la Con-

---

[1] Le traiteur a enregistré les noms de ces convives. On invite les incrédules à les aller vérifier. (*Note du narrateur.*)

[2] Coquerie se vantait particulièrement de recevoir de Vergennes des assignats de vingt-cinq livres pour envoyer à sa femme, qu'il accablait de beaucoup d'autres petits profits. « Cela n'a pas empêché, dit-il, que je l'aie fait guillotiner. » (*Note du narrateur.*)

[3] Coquerie allait de chambre en chambre prendre les numéros et les noms des détenus; tout le monde tremblait, personne n'osait même le jeter par les fenêtres. (*Idem.*)

ciergerie, se fit un jour entourer des détenus de l'un et de l'autre sexe. Après plusieurs lieux communs rebattus et usés, sur l'aristocratie et les conspirateurs, il s'écria qu'il voudrait voir une guillotine permanente à la porte de chaque prison, et qu'il se ferait un plaisir d'y attacher avec son écharpe tous ceux qui y seraient condamnés. C'est ce même Dupaumier qui mit un pauvre jardinier en arrestation pour avoir laissé contre le mur d'un jardin voisin une petite échelle dont il venait de se servir pour tailler un espalier. C'est lui qui consigna pendant trente-cinq jours neuf agents de service et garde-malades, sans salaires, sans secours, sans vivres, sans argent, uniquement par suite de la persécution exercée contre le locataire de la maison. C'est lui qui, après avoir interdit toute communication au dehors, après avoir chassé les commissaires, renfermé les pourvoyeurs, les cuisiniers, les agents, abandonna inhumainement les détenus, sans autres aliments que des salaisons pourries et quelques productions de jardinage. C'est lui qui, après une visite humiliante pour des hommes, révoltante pour des femmes, s'empara de l'argent des détenus sans inventaire préalable, et qui enleva leurs rasoirs, couteaux, ciseaux, tire-bouchons, canifs, etc., etc. Eh bien, pour récompense de ces hauts faits, il obtint peu de temps après la direction de la maison nationale de Bicêtre, où il a su, dit-on, se maintenir jusqu'à présent. On croira difficilement que ce coupable administrateur ait pu être remplacé par un homme aussi atroce que lui; cependant Dumoutier, quoique sous des formes moins acerbes, justifia bientôt qu'il était digne de lui succéder. Celui-ci fit la guerre aux vieilles lames de couteau rouillées, aux petits instruments d'acier pour les dents; il retira jusqu'aux grandes épingles des femmes, en jurant qu'il enverrait au tribunal révolutionnaire celles à qui il en trouverait par la suite. A l'échafaud pour une épingle!... O tyrannie!... ô ma patrie!...

Dans une de ces translations imaginées pour molester les malheureux prisonniers, le même Dumoutier se présenta à quatre heures du matin, suivi d'un grand chariot, pour enlever les citoyennes détenues et les conduire aux Anglaises. Une d'elles, qui touchait au terme de sa grossesse, ayant été éveillée sans ménagement, ressentit une commotion subite qui lui présagea son prochain accouchement; elle demanda à rester quelques jours; on l'accusa de feinte, d'imposture, et elle ne fut pas écoutée. Ses prières réitérées, ses pleurs, les sollicitations de ses compagnes, tout fut inutile; il fallut s'acheminer avec les autres. Cette jeune infortunée se traîne donc, soutenue par quelques hommes, jetant des cris de douleur et de désespoir : elle a à peine traversé le jardin et atteint le seuil de la porte que la crise redouble; on n'a que le temps de l'introduire dans une chambre voisine, elle tombe sur un lit et accouche en présence de ce barbare, de ses sbires et de toute la maison.

Les tyrans méconnaissaient la voix de l'opprimé : les outrages, les fers et la mort étaient son partage. Le citoyen Maillé, âgé de seize ans [1], a été conduit à l'échafaud pour avoir observé qu'un hareng salé de son dîner était mangé et rempli de vers. Cette observation fut regardée par les agents de Robespierre comme une étincelle de rébellion, et ce malheureux jeune homme fut guillotiné. Ce fait était à la connaissance des détenus qui existèrent longtemps dans la maison de Lazare. La citoyenne Maillet a été enlevée de cette maison par méprise, au lieu de la citoyenne Maillé, et conduite au tribunal de sang; cette malheureuse a été condamnée à mort et exécutée, quoique la méprise fût reconnue, sous le prétexte qu'elle le serait vraisemblablement dans peu et qu'il valait autant lui faire son affaire aujourd'hui. Un individu a aussi été livré à la mort pour avoir refusé une somme de deux cents livres aux vingt-huit ou trente assassins qui faisaient les listes de proscription; ces infâmes, mêlés parmi les prisonniers, déposaient au tribunal et décidaient de la vie des victimes qui y étaient conduites. Ces vingt-huit ou trente

---

[1] Guillotiné le 6 thermidor. Voyez le *Tribunal révolutionnaire* de M. Campardon.

coquins étaient désignés comme les seuls qui devaient échapper à la guillotine sur huit cents personnes qui étaient détenues dans la maison.

Au mois de floréal, les administrateurs de police vinrent enlever aux prisonniers leurs assignats, bijoux, couteaux, rasoirs et ciseaux, et continrent, pendant ces vols, les détenus par petites troupes, dans des espaces resserrés, afin de les extorquer plus facilement. Toute correspondance avec le dehors a été interdite aux prisonniers, et leurs parents ne purent savoir le danger qu'ils couraient ; on avait eu soin de changer le concierge de la maison, qui était suspect de trop d'humanité, pour mettre à sa place un scélérat nommé Sumé, qui refusait un bouillon à un malade à l'extrémité. La nourriture était horriblement mauvaise : des harengs salés, de la merluche et des fromages remplis de vers, pendant les chaleurs de l'été, et le vin, un composé très-préjudiciable à la santé. On suppose des conspirations, et en trois jours on entasse dans les chariots quatre-vingt-dix victimes, qui furent conduites à l'échafaud. Dans le moment où l'on enlevait ces victimes, les guichetiers se précipitaient avec les plus affreux transports dans les corridors, ainsi qu'une meute de chiens.

Autre relation sur Saint-Lazare.

Les détenus n'ont pas eu beaucoup à se plaindre ni du régime de cette prison, ni des agents qui y étaient employés, jusqu'à l'arrivée du farouche Verner, élève de Guyard, envoyé par Robespierre pour tourmenter ses malheureuses victimes. Depuis cette époque, les prisonniers ont souffert horriblement. Une nourriture aussi malsaine que dégoûtante, du pain abominable, du vin falsifié et empoisonné, causaient une foule de maladies dangereuses ; ceux qui échappaient à la mort n'échappaient pas à la faim, qui était ordinairement très-aiguisée ; ajoutez à cela les terreurs que Verner jetait dans l'âme des détenus, et vous aurez une idée de leur triste position.

Une chose assez comique, c'étaient les écrous. Ici on lisait : Vivian, perruquier, prévenu d'imbécillité et de peu de civisme (ce malheureux est resté un an au secret); là : Robert, pour avoir négligé de renouveler sa carte de citoyen; d'autres étaient incarcérés comme suspects d'être suspects d'incivisme.

Dans les derniers temps, Herman, président des commissions populaires, venait faire un travail sur les listes qui lui étaient présentées ; c'était Verner qui était directeur général des assassinats. Dans les interrogations qu'on faisait subir aux prisonniers, on leur demandait : « As-tu voté pour Raffet ou pour Hanriot ? as-tu dit du mal de Robespierre ou du tribunal révolutionnaire ? Combien as-tu dénoncé de modérés, de nobles ou de prêtres dans ta section ? » Voilà quel était le cercle ordinaire des demandes, qui, au surplus, ne se faisaient que pour la forme ; car une fois les listes arrêtées, ceux qui y étaient signalés avec la croix fatale étaient bien sûrs d'être égorgés.

Un des prisonniers qui a excité le plus d'intérêt est l'auteur du poëme des *Mois,* Roucher. Il passait le temps à former la jeunesse d'un de ses enfants, nommé Émile, et cette occupation charmait les ennuis de sa captivité. Le jour qu'il reçut son acte d'accusation, il prévit bien le triste sort qui l'attendait ; il renvoya son fils, à qui il donna son portrait pour le remettre à son épouse. Cet envoi était accompagné du quatrain suivant, adressé à sa femme et à ses enfants :

> Ne vous étonnez pas, objets charmants et doux,
> Si quelque air de tristesse obscurcit mon visage ;
> Lorsqu'un savant crayon[1] dessinait cette image,
> On dressait l'échafaud, et je pensais à vous.

[1] Celui de Leroy, élève du peintre Suvée.

LE POËTE ROUCHER A SAINT-LAZARE.

Roucher, dont parle l'auteur anonyme de la relation que nous venons de reproduire, s'était fait remarquer dans le premier mouvement de la Révolution d'abord par son ardeur pour le triomphe des idées nouvelles et bientôt après par la fermeté de ses principes et par sa résistance aux doctrines subversives qui devaient compromettre l'œuvre de 1789. Invité comme président de sa section à assister à une fête patriotique en l'honneur des soldats qui avaient causé la mort de l'héroïque Desilles : « J'accepte, citoyens, leur avait-il répondu, mais à la condition que le buste de Desilles sera porté en triomphe par les soldats de Châteauvieux, afin que tout Paris étonné contemple l'assassiné porté par ses assassins. » Roucher fut le promoteur de la formation du club de la Sainte-Chapelle, qui s'éleva contre le club des Jacobins à l'époque des élections à l'Assemblée législative. Il osa lutter avec Danton lui-même, qui, dit la *Biographie universelle*, l'aurait écrasé si l'on ne fût accouru. La Terreur ne pouvait oublier un tel homme. Vainement il évita de se montrer dans les réunions publiques, s'absorbant dans l'étude de la botanique, dans le soin de l'éducation de ses enfants. Des mandats d'amener furent lancés contre lui. Il parvint à se cacher pendant quelques mois chez des amis; puis, trouvant cette vie d'angoisses pire que la mort, il sortit tout à coup de sa retraite. On s'empara de lui. L'intervention du jurisconsulte Guyot-Desherbiers lui fit rendre une liberté dont il ne jouit que peu de jours. Le 4 octobre 1793, on vint le chercher au milieu de la nuit; il n'aurait pu se sauver sans compromettre son ami; il préféra se laisser conduire à Sainte-Pélagie... C'est là qu'il resta sept mois, employant les loisirs de sa captivité à sa correspondance adressée à sa femme, une demoiselle Hachette, descendante de l'héroïne de ce nom, et à sa fille, âgée de dix-sept ans, dont il avait dirigé l'éducation avec la plus tendre sollicitude. Il travaillait à la révision de sa traduction du traité de Smith, *De la richesse des nations*, à la traduction en vers des *Saisons* de Thompson, lorsqu'il fut transféré de Sainte-Pélagie à Saint-Lazare. Là, il reçut une bien douce consolation ; on lui accorda de prendre auprès de lui son fils Émile, âgé de huit ans. On trouvera plus loin des détails sur sa captivité fournis par lui-même. Nous nous bornerons à dire que Roucher reçut l'avis, le 26 juillet 1794, que son nom était sur les listes des détenus qui allaient être appelés devant le tribunal révolutionnaire. Cette nouvelle ne lui laissa aucun doute sur le sort qui l'attendait ; il renvoya son fils à sa femme, brûla ses papiers inutiles, recueillit les lettres de sa fille qu'il remit aux mains d'un ami sûr. Le 7 août, il paraissait à onze heures du matin devant le tribunal, et à cinq heures du soir il n'existait plus. Il avait été jugé coupable d'avoir formé une conspiration contre les comités, la Convention, la République, et il fut exécuté le dernier de ses trente-sept compagnons d'infortune, comme chef de la conspiration.

On peut lire dans le procès de Fouquier-Tinville des détails intéressants sur cette prétendue conspiration de Saint-Lazare. M. Campardon en a retracé l'histoire dans son excellent livre, *le Tribunal révolutionnaire de Paris*, édition in-octavo.

A Sainte-Pélagie, ce 12 pluviôse an II (31 janvier 1794),
à trois heures du matin.

Il y a une heure que j'ai été réveillé en sursaut. Grand bruit dans les corridors, grand heurt à toutes les portes. Citoyen un tel ! Citoyen ! par-ci ; citoyen ! par-là. Hé, vite ! hé, vite ! levez-vous ; à Saint-Lazare ! levez-vous ; tenez, par les guichets ; voilà de la lumière ! Je me lève ; j'arrange d'abord mon portefeuille, mon trésor où sont tes lettres, ma chère fille ; je case mes livres dans ma petite malle, j'écris quatre lignes à maman pour l'informer de l'événement ; me voilà prêt enfin. On ouvre. Trois magistrats du peuple, en écharpe, précédés de deux flambeaux résineux et brillant noir, entrent. « Comment t'appelles-tu ? — Roucher. — Es-tu ici depuis longtemps ? — Encore neuf jours, il y aura quatre mois. » Ils cherchent sur trois listes. « Bon, Jean-Antoine Roucher, homme de lettres. — C'est moi. — On va te transférer, prépare-toi. — Je suis prêt. » Ils sortent, vont aux autres cellules; la mienne se referme sur moi, et je puis m'occuper encore agréablement, en attendant cette nocturne translation générale. Je rouvre mon portefeuille, reprends ma lettre et te fais ce récit, qui te rend compte de tous mes instants. On dit que des chariots nous attendent; nous verrons. Arrivés au lieu de notre détention définitive, je reprendrai l'histoire de ma journée.

Une translation de prisonniers de Sainte-Pélagie à Saint-Lazare.

Saint-Lazare. — Ce 19 pluviôse an II (7 février 1794).

Après sept jours de trouble, de désordre, qui ont dû nécessairement suivre une translation aussi brusque, je puis donc, ma chère fille, reprendre notre tant doux commerce épistolaire. D'abord la nudité absolue de notre prison, où nous avons manqué même d'eau pendant près d'une demi-journée; ensuite le chaos inconcevable que formaient autour de trois malheureux tous les objets d'ameublement, de vêtement et de comestibles qui leur arrivaient de Sainte-Pélagie et de chez eux, sur un espace de treize pieds de long et de neuf de large, ne laissaient à l'esprit aucune place pour se retrouver. Il a bien fallu prendre le temps de caser notre chétive provende, de trouver à chaque objet le lieu le moins incommode; en un mot, d'épargner le terrain de toutes les manières, pour en donner le plus possible au mouvement journalier de trois individus. C'est fait! l'ordre et la propreté habitent avec nous. Je ne crois pas qu'il y ait ici beaucoup de chambres aussi nettement rangées que la nôtre, et puis, n'ai-je pas mon cabinet à muraille de papier[1]? Là je suis seul, ne voyant pas mes cochambristes, n'en étant pas vu, recevant sur mon bureau, par un espace libre de deux pieds, la lumière de la fenêtre, les pieds posés sur mon tapis mis

---

[1] Un paravent.

en double, et les jambes enveloppées du couvre-pied d'indienne mouchetée. J'ai presque l'air d'un Sybarite, et je ne suis pourtant qu'un pauvre républicain, ami de l'étude et grand ennemi du froid. Ovide a dit, je crois : *Ingenium sæpe mala movent :*

> Le malheur quelquefois éveille le génie.

Oh! il a grandement raison, à mon sens, pour le génie de l'arrangement. L'aisance aime à s'étendre et ne se trouve jamais assez au large; l'infortune a l'art de se resserrer et sait encore parfois trouver un peu d'espace de reste. Si les leçons du passé n'étaient pas ordinairement perdues pour notre avenir, les grands terriens qui sont ici se feraient pour les jours de leur liberté un riche fonds de pensées, qui ajouterait à leurs jouissances futures. Quand on a vu combien peu il faut pour les vrais besoins de la vie, on peut, on doit reconnaître la vérité de ce mot : Oh, que de nécessités inutiles! Quoi qu'il en soit, je veux reprendre l'histoire de notre translation au point où je l'avais laissée. Cet événement de ma vie me sera éternellement présent, s'il est vrai qu'après la mort il y ait pour nous une existence continuée.

« L'appel va commencer! » s'écrie l'officier municipal. A ce mot, je prends mon portefeuille sous le bras, je jette sur ma tête embéguinée de ma coiffe de nuit ce vieux chapeau dont la poussière, la crasse et les trous sont à l'ordre du jour, et enveloppé de ma houppelande, je sors de ma cellule, dont je ferme les verrous. Ce ne fut pas sans lui donner un regret. Je sais ce que je quitte, me disais-je, et j'ignore ce que je vais chercher. Cet excellent voisin était seul et tristement debout, auprès du poêle, sur sa porte. Je l'embrasse, lui remets le petit billet par lequel j'annonçais à maman notre translation; et après avoir reçu l'assurance de ce brave homme que mon petit mot serait envoyé de très-bonne heure à son adresse, je vais me réunir aux soixante-dix-neuf détenus qu'on allait transférer. Ils étaient tous en tumulte, mêlés, confondus, empilés dans la partie de ce long et étroit corridor qu'éclairaient d'une lumière lugubre la lampe attachée au-dessus de la porte et deux flambeaux de résine allumés qu'on voyait brûler au delà des barreaux du premier guichet, d'où l'œil enfile la longueur du corridor. « Citoyens, reprend le magistrat du peuple décoré de son écharpe, que chacun de vous, au fur et à mesure que je l'appellerai, aille se ranger les uns d'un côté, les autres de l'autre, le long des murailles du corridor, les deux premiers près de la porte, et ainsi de suite. Silence! silence! » On se tait, l'appel commence; vingt individus sont à leur place. J. A. Roucher est appelé le vingt et unième, et le voilà déjà plaqué contre le mur. M*** me suit; il était triste, rêveur. Je cherche à l'égayer. « Voilà, lui dis-je, le bon pasteur qui compte son bétail. » Le bétail reconnu, on nous ordonne de filer, de deux en deux, par huitaine, du corridor, entre les deux guichets, où l'on nous compte encore. « En voilà huit pour le sûr », disent les guichetiers numéroteurs; et l'on nous ouvre le deuxième guichet, donnant sur la cour. Là, j'aperçois le citoyen Bouchotte debout, triste, et nous regardant passer. « Adieu, citoyen concierge! Grand merci du ton honnête et doux que vous avez toujours eu avec moi! » En lui parlant ainsi, je lui tends la main, il me tend la sienne que je presse, et je suis mes compagnons. Nous voilà arrivés au dernier guichet, donnant sur la rue. On nous compte encore, et nous franchissons le seuil de notre premier enfer, pour en aller chercher un second.

Ici, je ne saurais peindre le genre de pensées et de sentiments que produisit en moi la vue de la scène qui, à la lueur de deux ou trois flambeaux ténébreux (il était cinq heures environ du matin), se déployait devant nous jusqu'aux deux bouts de la rue de la Clef. C'était une espèce de charrette ou de chariot vide auquel étaient attachés quatre chevaux, précédé de deux autres qui avaient déjà leur charge et suivis de sept autres qui attendaient la leur. Une chaise branlante nous sert de marchepied pour monter sur ce char de sinistre augure. M*** me suit. B*** suit M***. J'aide à B***, chargé de soixante années et plus, à monter sans danger. Nulle chaise, nulle planche pour nous asseoir. Quelques brins de paille mouillée et salie par l'épais brouillard qui tombait, jonchent cette infâme voiture. Il faut s'asseoir sur les ridelles et prendre soin de se plier en deux, l'un vers l'autre, de peur que le moindre choc ne nous jette à la renverse. Un garde, brave sans-culotte, monte en neuvième, et l'on crie aux conducteurs : Avancez. Les deux premiers chariots s'ébranlent; le nôtre roule aussi. Nous laissons la place libre au quatrième, et au bout de dix pas tout le cortége supérieur s'arrête. Nous voilà en face d'une rue qui donne dans celle de la Clef, exposés au froid du matin, au brouillard et au vent qui souffle. Je me tourne vers Sainte-Pélagie, pour connaître l'extérieur du manoir que je laisse; car je n'avais pas pu l'examiner dans la triste nuit où l'on m'avait incarcéré, il y a aujourd'hui quatre mois. Je vois à loisir cette masse énorme de murailles exhaussées que percent à peine quelques ouvertures rares, basses et étroites, enfoncées encore au-dessous du pavé. Tel serait, me dis-je, le frontispice de l'enfer; voilà bien qui l'annonce. Cependant quelques gendarmes à cheval tenaient à la main des flambeaux, allaient, venaient et nous donnaient, sur le terrain incliné de cette rue étroite, la facilité de découvrir toute l'étendue de la procession affreuse qui se préparait. Après que chaque chariot était rempli, nous avancions de quelques pas, pour nous arrêter encore, jusqu'à ce qu'enfin nous voilà tous hors de Sainte-Pélagie sur nos voitures rangées à la file. Elles roulent ensemble. Nous tournons dans la rue Copeau, à droite, pour aller prendre la rue Saint-Victor. Arrivés devant la rue Neuve-Saint-Étienne, je me rappelle les jours de la belle saison où, tous les matins, ma chère Minette et moi, nous nous rendions avec tant de plaisir, par ce même chemin, à nos agréables leçons de botanique. J'étais libre alors, j'étais heureux; ma fille était avec moi, et nous respirions ensemble l'air pur et bienfaisant du Jardin des plantes. Aujourd'hui je suis captif, je ne vois plus ma fille, et je sors de l'air infect d'une prison de quatre mois, pour aller respirer à une lieue des miens une atmosphère peut-être non moins infecte. J'avoue, ma chère Minette, que cette pensée me donna un sentiment pénible, déchirant; mes yeux s'humectèrent de quelques larmes. Je m'affaiblissais....., je m'en aperçois; à l'instant j'appelle toute ma philosophie, pour te chasser de ma pensée. Mais, arrivé dans la rue Saint-Victor, mon esprit, avec une rapidité inconcevable, me présente toutes les circonstances de ma vie qui ont laissé dans ma mémoire l'image de cette rue. Devant la maison de Perrin : C'est là, me disais-je, que pendant deux jours d'alarmes publiques, mes enfants, ma femme et moi, nous sommes venus chercher un asile. Un peu plus bas, je me dis : Ici, dans les premiers jours de mon arrivée à Paris, il y a trente années, je me laissai conduire à la promesse d'une foire amusante, et je ne trouvai que des baraques à pain d'épice. Plus bas encore : J'étais là, dans le cabriolet de Saigner, pour aller ensemble au Coudray, voir les miens, et le heurt d'une voiture brisa la nôtre. En face de la rue des Noyers, je porte les yeux vers l'endroit où est située notre maison : elles dorment peut-être en ce moment; si près d'elles et ne pouvoir les embrasser! Cependant les ridelles m'incommodaient autant que la posture gênante que j'avais, et qui me brisait en deux; je prends le parti de me tenir debout. D'abord je m'attache d'une main au collet de M*** et de l'autre à celui de B***. Bientôt après, je me tiens ferme sur mes jambes et ne quitte plus cette attitude. Nous avançons; la nuit s'éclaircissait insensiblement. Les rues sont déjà fréquentées; les yeux des passants s'attachent sur nous. Je les observe à mon tour, et je ne découvre rien que de la curiosité. En effet, n'est-ce pas une chose curieuse que quatre-vingts prisonniers détenus comme suspects, conduits par cinq ou six gendarmes seulement, qui, sans fers, sans liens, se laissent ainsi mener, comme des agneaux, où l'on veut et comme l'on veut, sans se plaindre, sans nulle intention de s'échapper, dociles à la loi parce qu'elle est la loi, et la respectant dans ses rigueurs? Si jamais l'histoire se charge de tracer ce tableau, on aura peine à croire la vérité de ce récit, ou plutôt on dira : Non, ils ne méritaient pas, ces infortunés, la qualification dont on les a flétris.

Dans la rue Saint-Martin (il était déjà jour), une vieille revendeuse de fruits, accroupie contre une borne, nous a salués d'un mot que le genre de nos voitures lui a dû inspirer, aussi bien que la vue de nos gendarmes à cheval et tenant toujours leurs flambeaux allumés. « Qu'on les f.... tous à la guillotine, tous à la guillotine! » Grand merci, ma bonne, il serait possible d'être patriote, républicaine et pourtant moins féroce.

Enfin voilà le grand jour, sept heures et un quart sonnent. Nous arrivons à Saint-Lazare. Le premier guichet s'ouvre pour nous recevoir. Au delà du second, le même officier municipal, un grand papier à la main, fait un dernier appel. Nulle tête ne manque. Nous défilons sous ses yeux, l'un après l'autre. Enfin voilà le bétail parqué, et la claie d'entrée déjà fermée bien et dûment sur nous. Une immense pièce, servant jadis de réfectoire et ayant au moins soixante à soixante-dix pas de longueur, nous reçoit tous. Là, nous restons l'espace d'une heure, nous parlant les uns aux autres, en tumulte, du nouveau genre de triomphe qu'on nous a fait savourer longuement, durant toute la traversée de Paris. On nous annonce enfin qu'il faut quitter le rez-de-chaussée et monter au troisième, où nos logements nous attendent. Un premier guichet s'ouvre; nous voilà dans un grand escalier. Au-dessus de trente marches, au premier étage, trois guichets; au second étage, trois guichets; au troisième étage, encore trois guichets. Tu vois, ma chère Minette, que l'art a épuisé son génie pour espacer sur notre route les instruments de l'esclavage, de peur sans doute que nous oubliassions la captivité. Il est bon en effet de frapper toujours par les yeux l'imagination des malheureux, ne fût-ce que pour la tenir en haleine. Il ne faut pas que l'infortune chôme. Jamais artiste n'atteignit mieux son but. Parvenus au troisième étage, un long, large et lugubre corridor, bien éclairé, nouvellement blanchi, se présente à nous. Toutes les chambres sont ouvertes, et un chiffre tracé à la craie sur toutes les portes indique le nombre des détenus que chaque logement doit contenir. Le chiffre 1 n'est écrit nulle part; 2 est très-rare; celui de 3 est le plus souvent répété; 4, 6, 7 se voient par-ci par-là. Aucun de ces derniers, me dis-je, ne sera le mien. Je vais, je reviens, je cherche; mais Chabroud s'était déjà emparé d'une chambre à trois, à grand air, à belle vue, donnant sur la cour intérieure, le jardin, la ville et la campagne. Je m'attache à lui, M*** s'attache à nous; notre demeure est fixée. C'est celle, ma chère Minette, d'où je t'écris, et que je ne quitterai jamais que pour sortir de Saint-Lazare.

On t'a bien informée, ma chère Minette; point de barreaux aux fenêtres, mais de belles et grandes croisées. Point de verrous aux portes, mais des serrures intérieures dont on a la libre disposition. Point d'heures fixes de retraite, mais liberté de voisiner toute la nuit, dans le même corridor; durant tout le jour, communication permise entre tous les étages, et dans peu jouissance d'une grande et vaste cour qu'on bat en ce moment, et qu'on sable. Je m'arrête ici; ma lettre est déjà bien longue. Mais je n'ai voulu négliger aucune circonstance, persuadé que ta tendresse pour moi trouverait à toutes le même intérêt. Adieu! Bonjour! je t'embrasse.

Vous avez vu sans doute la longue lettre que j'ai écrite à ma fille, pour la mettre en confidence de tout ce que j'ai pensé, senti et vu dans la journée du 12 pluviôse. Je crois que tous ces détails ne sont point sans intérêt en eux-mêmes. Peut-être aussi devais-je les fixer, de peur que le temps n'en diminuât chez moi l'impression. Mais ce dont je suis bien sûr, c'est de la part que votre amitié pour moi aura prise à cette lecture. Je désire que vous n'ignoriez pas ce que mes lettres prochaines doivent contenir. Nous allons au spectacle chercher le plaisir de la terreur, de la pitié, souvent pour des faits supposés, et toujours pour des actions qui se sont passées loin de nous; l'époque des révolutions sociales est bien plus féconde et plus riche en événements faits pour intéresser les contemporains, surtout quand ils voient la liberté publique s'élever du milieu des ruines du malheur.

Réponse de sa fille.

Que je vous remercie, mon cher papa, de votre détail sur ce triste et mémorable voyage! Avant de l'avoir lu, je vous avais suivi, au sortir de Sainte-Pélagie jusqu'à l'entrée de Saint-Lazare, le long de toutes ces rues. J'avais admiré votre courage devant celle où habitent cette mère, cette fille, cet enfant, ces amis. C'est là que j'ai eu la preuve que ce n'est pas en vain que l'homme pense, médite et emploie des années à se former de bonne heure une âme et une tête pour les circonstances malheureuses et les grands événements. Il vient, oui, il vient tôt ou tard ce jour où il recueille et fait recueillir autour de lui les fruits de son travail. Je vois en lui un riche d'une rare espèce. Non-seulement il sait faire usage pour son bonheur propre des biens qu'il a su acquérir; mais là, autour de lui, où sont amassés un grand nombre de malheureux qui, soit qu'ils n'en aient pas les moyens ou la volonté, sont restés dans l'indigence, il fait sans cesse l'aumône à tous. Qu'ils sont donc heureux ces paresseux d'esprit, de fermeté, de courage, de raison, de philosophie en un mot, de trouver sur leur route de grands travailleurs en ce genre! On ne m'ôterait pas de l'idée que votre commerce renforce bien des faibles. Eh! ne l'éprouvons-nous pas chaque jour, maman et moi? C'est vous qui nous soutenez; c'est du fond de votre prison que vous nous apprenez à supporter le malheur et toute l'horreur de son cortége.

Roucher à sa fille.

Ce 25 pluviôse (13 février) an II, à huit heures du soir.

Comme je crois qu'un jour tu seras bien aise d'avoir en main des mémoires authentiques du temps qui court, je vais continuer le récit que je t'ai commencé.

Tandis que nous étions ici, dans notre corridor Germinal, à crier la faim, la soif, le froid et la fatigue, nous entendons le bruit d'un grand nombre de chariots à la suite les uns des autres, dans cette même cour où nous étions descendus nous-mêmes quelques jours auparavant. On court aux fenêtres, on regarde, et l'on voit un renfort de malheureux destinés à gémir avec nous. D'où viennent-ils? Des Madelonnettes. Ils ont traversé tout Paris, le long des anciens boulevards; ils ont vu, comme nous, sur leur route, des visages immobiles. Était-ce d'indifférence? était-ce d'effroi? Vaste champ ouvert aux conjectures. Les voilà ces hommes suspects, répandus parmi nous, et choisissant leur demeure dans les chambres dont les Pélagiens n'avaient pas voulu.

Ils étaient à peine casés qu'un nouveau cortége arrive. Oh! pour ceux-là, ils présentent un spectacle bien plus affligeant. Liés deux à deux, par le corps et par les bras, aux ridelles de leurs chariots, ils ont tous l'apparence de grands criminels. C'est ainsi qu'on traite les voleurs, les assassins, les incendiaires. Le sont-ils? Ils descendent; on en fait le triage. Les uns, fléau de la société par leurs forfaits, sont jetés pêle-mêle sur la paille, au rez-de-chaussée; les autres, ci-devant nobles, ci-devant prêtres, viennent se joindre à nous. J'en reconnais plusieurs qui avaient précédemment habité à Sainte-Pélagie : je leur serre la main, je les embrasse; je leur demande l'histoire de leur translation; la voici telle que je l'ai recueillie de leur bouche.

On les a d'abord réunis tous dans le vaisseau qui servait autrefois d'église. Là, ils attendirent ce qu'on allait ordonner d'eux, car on ne leur avait pas dit qu'ils dussent être transférés. Tandis qu'ils se livraient ainsi au cours de leur imagination remplie du souvenir du fameux 2 septembre, des gendarmes à cheval, le sabre à la main, entrent; l'officier tire de sa ceinture deux pistolets qu'il arme. Bientôt, soit d'autres gendarmes, soit des guichetiers, apparient les malheureux par le moyen d'une corde. Au fur et à mesure que les détenus sont ainsi accouplés, on les emmène dans la cour, on les place sur des chariots où d'autres cordes les attachent. Voilà tous les chariots chargés, qui traversent toutes les cours. Arrivés à la grande porte extérieure, le convoi aperçoit une vingtaine d'hommes à figures peu rassurantes. Sont-ils là à dessein? sont-ils là par hasard? Chacun se le demande, et libre à chacun de répondre suivant le tour de son imagination. Ces curieux, ou vrais ou prétendus, suivent, accompagnent le cortége, qui marche vers Paris. Ils ne seraient pas autrement s'il y avait un projet à mettre à exécution, et qu'ils attendissent le signal convenu. Heureusement point de signal. S'il devait y en avoir un, qui donc l'a fait manquer? Devine qui pourra, ou parle qui saura. Mais enfin, à la barrière, ces beaux suivants cessent de faire suite. Un instant après, on ne les voit plus. Mais c'est en plein jour qu'on montre à tout Paris, dans la plus longue traversée, des prisonniers dont un très-grand nombre sont souillés des crimes que la société, dans tous les gouvernements, dévoue à la mort. Tout Paris saura donc que Saint-Lazare est une des grandes sentines de la République.

Quoi qu'il en soit, le jour s'écoule, la nuit arrive, et un grand nombre d'entre nous la passent dans un dénûment absolu de matelas, de lits, de couvertures.

Cependant, au rez-de-chaussée, ces hommes qu'en termes de prison on appelle pailleux, parce que, selon une autre expression du même genre, on les gerbe, ces hommes travaillent des pieds, des mains à percer les murs, à mettre le feu aux boiseries de la grande pièce où ils sont déposés. Ils s'ouvrent une issue, et quelques-uns parviennent à s'échapper à la barbe des sentinelles qu'ils trompent. On s'aperçoit enfin de leur évasion; grand bruit! grand tumulte! On court après eux, on parvient à les arrêter presque tous; on éteint d'autre part l'incendie, et le lendemain on répand parmi le peuple, à la commune, que Saint-Lazare est entré en insurrection. Nulle distinction n'est faite des personnes dans ce beau narré. Midi sonne, la garde montante arrive; le commandant général est dans la cour aussi. Les deux gardes s'y rangent en bataille. Hanriot les harangue, et son éloquence s'applique à nous désigner tous comme des hommes ennemis de la patrie. « Ils tenteront, dit-il, de s'échapper encore, eh bien, je vais vous faire distribuer des cartouches, des balles; au moindre mouvement, tirez! donnez-leur la mort, car la mort les attend. » Nous étions aux fenêtres, nous entendions distinctement la voix du général, et tu peux aisément, ma chère fille, te figurer l'effet de ce discours sur les auditeurs prisonniers. Le plus profond silence régnait. Peut-être Hanriot en fut-il effrayé, car amendant tout à coup la généralité de sa proposition, il ajouta qu'il pouvait y avoir parmi tous ces scélérats quelques patriotes victimes de l'erreur ou de la haine, mais que ces vrais républicains savaient endurer sans se plaindre des rigueurs passagères, et faire à l'affermissement de la liberté publique le sacrifice de leur liberté individuelle. Oh! il avait grandement raison, le commandant général. Oui, il y en a parmi nous de ces hommes de bien, et même en grand nombre. Je m'honore d'être de cette classe; la loi le veut, je courbe la tête, et je te déclare que les portes de Saint-Lazare s'ouvriraient à l'instant devant nous contre le vœu du législateur, que je n'en profiterais pas. L'autorité me captive; il faut que l'autorité me délivre, sinon j'achève ma vie loin de toi.

Voilà, ma chère fille, le récit fidèle de ce que j'ai vu de mes yeux et entendu de mes oreilles. Je me trompe; une circonstance essentielle y manque, je l'avais totalement oubliée; mais on vient de me la rappeler, et je répare mon omission. N'oublie jamais qu'on sembla prendre à tâche de faire arrêter longtemps les transférés de Bicêtre dans tous les lieux de leur route où se trouve la plus grande affluence de peuple; environ une demi-heure à la place Maubert, autant devant la rue qui mène droit au marché des Innocents; autant encore dans la rue Saint-Martin, près du marché de ce nom. Si ce fut là un effet du hasard, avoue que le génie du mal ne combine pas plus savamment ses projets infernaux, quand il veut s'assurer du succès.

Roucher à sa fille.

Ce 26 germinal (15 avril) an II, à sept heures du matin.

Sans doute il est dur de se voir emprisonné comme suspect et même anticivique, quand on a appelé de tous ses vœux et servi de toutes ses facultés la régénération de son pays par la liberté. Il est dur de voir l'injustice de cet emprisonnement se prolonger au delà de six mois, dans un âge où six mois sont une portion considérable de la vie. Il est dur de voir se reculer sans cesse, même pour l'espérance, le terme d'une pareille captivité. Mais il est horrible d'éprouver, presque tous les dix jours, des alternatives de rigueur, un resserrement fiévreux et pour ainsi dire intermittent de chaînes, sans savoir jamais, à la fin d'un jour, quel sera le régime de sévérité du lendemain.

Telle est, ma chère Minette, notre condition à Saint-Lazare depuis que les prisons ont été accusées et convaincues de conspiration contre l'existence de l'Assemblée nationale. Les hommes nés scélérats le sont partout, dans les fers comme en liberté, et une fois qu'ils sont entrés dans la voie du crime, il faut qu'ils aillent toujours devant eux, jusqu'au moment où ils rencontrent l'échafaud.

Il paraît que ce fut à Sainte-Pélagie, dans le corridor que j'habitais, la deuxième porte au-dessus de la mienne, que fut ourdie la première trame de ce projet entre Ronsin, Pereyra et Défieux. Ils complotaient à côté de nous, et nous l'ignorions. S'ils eussent réussi, Minette n'aurait plus de père aujourd'hui. Les deux premiers ne m'avaient point oublié dans leur table de proscription. Je n'avais jamais parlé à ces garnements; peut-être même le son de ma voix leur était inconnu, et ils m'avaient accablé à deux reprises de grosses et sales injures, si toutefois l'homme de bien, l'homme vertueux, peut se croire injurié par d'aussi viles créatures. Cependant, comme ils travaillaient dans le mystère et dans les ténèbres, le régime de Sainte-Pélagie resta toujours le même, à peu de chose près. Les communications des maris et des pères avec leurs femmes et leurs enfants ne cessèrent jamais pour ceux qui, comme moi, n'écrivaient et ne recevaient que les expressions d'une douleur prudente et d'une tendresse toujours respectable. Nous arrivâmes à Saint-Lazare, et le complot ayant pris alors plus de vie et s'approchant de l'action, fut connu du comité de salut public. Dès lors la surveillance, la sévérité et la rigueur nous environnèrent tous et pesèrent indistinctement sur les coupables et les innocents. On avait accordé aux nôtres quelques permissions pour nous voir, on les a supprimées. On vous laissait approcher dans la cour, jusque sous nos fenêtres; ces approches ont été défendues. Vous pouviez encore nous apercevoir de loin en vous plaçant sur le seuil de la deuxième grande porte qui restait ouverte; la deuxième grande porte a été fermée, on n'en ouvre plus qu'à moitié une espèce de guichet qu'on rejette à l'instant que les commissionnaires intérieurs sont passés. Ces commissionnaires nous apportaient eux mêmes dans nos corridors, jusque dans nos chambres, les paniers qu'on leur avait remis pour nous; on leur a ordonné de les déposer au guichet du premier, où nous sommes obligés d'aller les attendre pour les porter nous-mêmes. Nous pouvions du moins écrire à nos amis, à nos parents, tout ce que nous sentions pour eux d'attachement, de tendresse, de reconnaissance; la reconnaissance est défendue, la tendresse est proscrite comme inutile, et l'attachement ne peut se manifester que d'une manière vague, et dans l'espace de quelques mots. Ma dernière décadienne n'a pu obtenir le timbre du greffe auquel je l'avais présentée. Le concierge a été effrayé de ces huit pages mêlées de prose et de vers, qui sont bien loin de tout projet, de toute pensée de conspiration.

Ce 30 germinal (19 avril) an 11, à dix heures du matin.

Quel beau jour de printemps que celui d'hier, ma chère fille! Tout le ciel de la rue des Noyers en a profité. Mes deux anges, *e la madre ed il bambino*, ont pris leur essor vers le Muséum d'histoire naturelle, en sorte que c'était un paradis dans un autre; car vous saurez, soit dit en passant, mademoiselle, que, dans le langage des Orientaux, paradis et jardin c'est la même chose. Mais tandis que vous étiez ainsi, faisant le métier d'abeille, butinant ici une fleur, là une autre,

And strays diligent with th' extracted butin;

moi j'étais ici, jetant les yeux de temps en temps au loin sur la campagne, sur ce mont Valérien qui n'avait pas le plus léger brouillard à sa cime, et je me disais : « Quand pourrai-je courir en liberté partout où la botanique appelle ses fidèles suivants! Les cruels! ils m'empêchent de me livrer avec ma fille à la science la plus aimable et la plus innocente. Un botaniste passionné n'est pas un conspirateur. Que de progrès j'eusse faits, nous eussions faits cette année! Les voies étaient aplanies; nous étions familiarisés avec les premiers éléments; en un mot, nous étions sortis du chaos des principes; nous n'avions plus qu'à aller devant nous. Mais non, ce printemps sera tout à fait perdu pour moi, et cependant, à mon âge, un printemps est bien quelque chose. Combien de mes contemporains ne verront pas le suivant! Et moi-même, le verrai-je? » C'est avec toutes ces pensées teintes en noir que je me suis rendu en imagination auprès de toi, dans le jardin du Muséum. Est-ce que tu ne m'y as pas vu, ma chère Minette? Je te suivais pourtant, et je te murmurais tout bas : Demande celle-ci, prends toi-même celle-là. Toutes ces espèces manquent à notre herbier. Le printemps n'y voit rien qui soit à lui; l'été seul y figure. Tu ne connais pas tous les élans de mon âme vers la liberté, depuis le rajeunissement de la nature. J'ai supporté avec le courage d'un stoïcien la captivité pendant les six mois brumeux, neigeux et pluvieux qui ont passé sur ma tête en prison. Ce même courage ne m'a point abandonné; mais, à mon insu et malgré moi, ma pensée me quitte à tout moment, et quand je la retrouve, c'est au milieu des jardins et des campagnes dont je ne jouis pas, moi qui m'étais tant promis d'en jouir; et pour m'entretenir encore dans cette disposition d'âme, moitié pénible, moitié agréable, le hasard a fait que ce moment de l'année se rencontre avec la traduction de cette partie de l'été où Thompson, avec un charme inexprimable, une mélancolie philosophique, peint les délices de la promenade. Qu'on a bien raison de dire que les couleurs, ou du moins les nuances des objets, varient selon la position de celui qui les regarde! J'avais lu plusieurs fois ce morceau, et il ne m'avait laissé qu'une impression ordinaire. Hier matin, je le traduisais, et je ne pouvais me rassasier de le lire, de m'en pénétrer, et je regrettais de ne pouvoir pas réaliser avec toi cette tant douce vie, dans des courses botaniques, soit autour de Paris, soit à Montfort, où nous nous étions promis d'aller herboriser cette année.

Roucher à une amie.

Faisons notre devoir et laissons faire aux dieux.

Vous ne saisissez pas la vérité, ma bonne amie, et vous êtes loin de me rendre justice, lorsque vous croyez que ma situation habituelle m'est plus pénible qu'à tous ceux qui tiennent à moi. Oh! non, certainement; moitié nature, moitié philosophie, je suis ici comme ailleurs, calme, paisible, étranger au chagrin, aux réflexions tristes; excepté quelques instants où j'ai senti la privation de la jouissance des beaux jours renaissants, et où, comme l'oiseau mis en cage, j'ai regardé au delà de ma clôture ces champs et ces jardins dont je ne jouis pas. Je vous assure que vous êtes plus affectée que moi, pour moi; comptez là-dessus. Je sens enfin la vérité de ce mot de J. J. Rousseau à un magistrat célèbre de son temps : « J'ai cent fois pensé que je ne me trouverais point mal à la Bastille, n'étant tenu à autre chose que de rester là. » Tout ce qu'il y a de vrai, c'est que les jours s'écoulent ici dans le travail et les soins d'un petit ménage, avec une rapidité incroyable. Ils sont courts, passant comme l'oiseau, et me font vieillir sans que je m'aperçoive des pas que je fais dans la vie. Je parierais bien que les heures pour vous sont doublées au moins.

A sa fille.

Ce 21 prairial (9 juin), à cinq heures et demie du matin.

Quel beau ciel! quel temps magnifique je trouve à mon réveil! L'Éternel est donc bien content de la fête qu'on lui a consacrée hier? Il nous la rembourse à lettre vue en superbes journées. Je doute cependant qu'il en agisse ainsi pour récompenser les vers de M. Chénier. As-tu lu son hymne? Il nous est arrivé hier ici, et il n'y a pas fait fortune auprès de ceux qui savent ce qu'est et ce que doit être la poésie rendue à sa première dignité, c'est-à-dire destinée à bénir les bienfaits de la Divinité. Il fallait déployer, dans un si beau sujet, toute la pompe de la nature, et verser toute la sensibilité d'une âme religieuse. Il fallait surtout y faire dominer ce charme, cette onction que Racine a si heureusement répandus dans les chœurs d'*Esther* et d'*Athalie,* mais surtout dans ceux d'*Esther.* Lis-les, ces chœurs, ma chère fille, pour les comparer à l'ouvrage de Chénier, et tu sentiras l'énorme différence que donne au talent un cœur sensible ou froid, une imagination passionnée ou glacée de philosophie. Tu chercherais en vain dans l'hymne une strophe qui approche, même de loin, de ce couplet chanté par une jeune Israélite de ton âge sans doute :

> Hélas ! si jeune encore,
> Par quel crime ai-je pu mériter mon malheur?
> Ma vie à peine a commencé d'éclore,
> Je tomberai comme une fleur
> Qui n'a vu qu'une aurore.

Dans le poëme séculaire qu'Horace fut chargé de composer pour Rome, sous l'empire d'Auguste, et qui fut chanté dans cette grande fête nationale, quel délicieux mélange de tous les tons, de tous les sentiments, l'homme religieux admire et savoure! O dieux, dit-il, donnez des mœurs à l'adolescence; donnez le repos à la vieillesse. Ce seul trait vaut mieux mille fois que tous les cent vers du poëte moderne. Et ailleurs, s'adressant au soleil : O toi, qui, toujours divers et toujours le même, nous rends et nous ôtes la lumière tour à tour, ô soleil, dans ton immense carrière, puisses-tu ne rien voir de plus grand que Rome! Que voilà bien le cri d'une âme pleine d'amour pour sa patrie! Comment ne se trouve-t-il rien de semblable dans les vers de notre poëte législateur?

Roucher à sa femme.

Ce 21 messidor (9 juillet) an II, à onze heures du matin.

Et moi aussi, ma bonne amie, je remarque tous les pas du temps. Voilà le onzième mois commencé depuis neuf ou dix heures. Ne te décourage pas; nous aurons lieu l'un et l'autre de faire encore mémoire de cette triste date. Patience! la liberté est un fruit qui, comme tous les autres, veut du temps pour mûrir. A la vérité, comme je suis en serre chaude, il semble que le temps de la récolte devrait arriver plus vite, mais malheureusement rien n'est hâtif. Il faut donc attendre; ainsi fais-je. Imite-moi.

Émile a eu toutes les peines du monde à endosser la jaquette de fille que tu lui as envoyée, en attendant que le tailleur ait raccommodé tous ses habits. Il se croit dessexualisé. Il se promenait hier matin dans la cour, le front baissé et d'un air honteux, à côté de Chabroud qu'il tenait par le pan de sa redingote. Tous les passants lui disaient : Bonjour, mademoiselle Minette! Et lui disait, *an wise-man :* tout le monde m'insulte.

Dans la liste des accusés jugés le 7 thermidor an II (25 juillet 1794), c'est-à-dire condamnés, figurent en tête ces deux noms :

1° Jean-Antoine Roucher, quarante-huit ans, né à Montpellier, homme de lettres, demeurant à Paris, rue des Noyers, n° 24, section du Panthéon;

2° André Chénier, trente et un ans, né à Constantinople, demeurant rue de Cléry.

La fatalité fit monter, dit-on, dans la même charrette les deux poètes, qui se seraient récité, en se retrouvant, les premiers vers de la scène d'Andromaque :

> Oui, puisque je retrouve un ami si fidèle,
> Ma fortune va prendre une face nouvelle.

Nous ne croyons pas à cette mise en scène théâtrale, qui ne s'accorde ni avec la sensibilité de Chénier ni avec la simplicité forte de Roucher. Nous trouvons dans les notes du poëme de Loizerolles fils, écrit en l'honneur de son père, *la Mort de Loizerolles*, des renseignements à l'exactitude desquels on peut ajouter foi, parce que Loizerolles était en prison au mois de thermidor et qu'il a pu tenir les faits qu'il rapporte des geôliers auxquels les bourreaux racontaient chaque jour ce qu'avaient dit, avant de mourir, les condamnés marquants qui avaient été conduits à la guillotine. On devine si les prisonniers étaient avides de ces détails. Les geôliers, en les communiquant, se donnaient de l'importance à leurs yeux et obtenaient de bonnes gratifications. On a pu, de cette façon, apprendre bien des choses, et nulle part on n'était mieux placé qu'aux prisons pour recueillir et transmettre la tradition verbale.

« Quand on vint chercher le malheureux André Chénier, dit Loizerolles, Suvée, prisonnier comme nous, s'amusait à faire son portrait. Cette peinture, possédée aujourd'hui par M. le marquis de Vérac, est la seule image qui nous reste de lui. C'est à Saint-Lazare qu'il composa pour mademoiselle de Coigny cette ode, *la Jeune Captive*, que peut-être on n'a jamais lue sans attendrissement. La veille du jour où il fut jugé, son père le rassurait encore en lui parlant de ses talents et de ses vertus. « Hélas ! dit-il, M. de Malesherbes aussi avait des vertus. » André Chénier parut au tribunal sans daigner parler et se défendre. Le 7 thermidor (Loizerolles dit par erreur le 8), Chénier monta à six heures du soir dans la charrette des criminels. Dans ces instants où l'amitié n'est jamais plus vivement réclamée, où l'on sent le besoin d'épancher ce cœur qui va cesser de battre, le malheureux jeune homme ne pouvait ni rien recueillir ni rien exprimer des affections qu'il laissait après lui. Peut-être il regardait avec un désespoir stérile ses pâles compagnons de mort ; pas un qu'il connût ; à peine savait-il, dans les victimes qui l'accompagnaient, les noms de MM. de Montalembert, de Créqui, de Montmorency, celui du baron de Trenck, etc..... Mais tout à coup s'ouvrent les portes d'un cachot fermé depuis longtemps, et l'on place à ses côtés, sur le premier banc du char fatal, son ami, son émule, le peintre des *Mois*, l'infortuné Roucher. » Remarquons en passant que ce *cachot qui s'ouvre tout à coup* nous paraît bien une invention de mise en scène, mais le reste peut être vrai. L'imagination des hommes de ce temps-là est toujours, comme l'époque elle-même, tournée au drame et à l'emphase. « Que de regrets ils exprimèrent l'un sur l'autre ! Vous, disait Chénier, un père, un époux adoré, c'est vous qu'on sacrifie ! — Vous, répliquait Roucher, vous, vertueux jeune homme, on vous mène à la mort, brillant de génie et d'espérance ! — Je n'ai rien fait pour la postérité », répondit Chénier. Puis, se frappant le front, on l'entendit ajouter : « *Pourtant, j'avais quelque chose là !* »

LA MAIRIE, LA FORCE ET LE PLESSIS[1].

SOMMAIRE.

Motif de l'arrestation. — Le comité de surveillance du Mont-Blanc. — *La Mairie*, entrepôt général des arrestations; sa malpropreté. — *La Force*. La souricière. Le duc de Villeroy, les Vandenyver, Trenck, Adam Lux; Vergniaud. — La captivité est resserrée. — Communication de la cour des hommes avec celle des femmes au moyen d'un égout. — Trait touchant d'amour filial. — Le narrateur est relâché, puis repris à Neuilly. — Sa translation à la maison d'Égalité, ci-devant collége du *Plessis*. — Cruauté du geôlier. — Régime de la prison. — Le *rapiotage*. — Le Plessis placé sous la surveillance particulière de Fouquier. — Dévouement des femmes. — L'une achète et emporte la tête de son amant guillotiné. — Souffrance des prisonniers. — Émotion produite par le 9 thermidor. — Joie dans les prisons : chansons et danses; galanteries. — Suite des anecdotes sur la maison d'arrêt du Plessis.

Échappé à tous les dangers qui ont menacé mes jours, je veux consacrer quelques veilles à écrire mes souvenirs, donner des larmes aux compagnons que l'échafaud m'a ravis, aux amis que j'ai perdus, et le témoignage de ma juste sensibilité à celle qui a tout fait pour moi, qui m'a constamment servi par ses soins, son zèle, sa tendre amitié, et qui seule a nourri dans mon cœur, pendant la durée de ma captivité, la patience inutile à la douleur, et l'espérance nécessaire au courage. A la lueur de ma lampe, je vais peindre tout ce que j'ai souffert dans la nuit des tombeaux! Je veux descendre encore dans ce séjour d'horreur.

Le 12 septembre 1793, j'apprends qu'une loi ordonne à tous les militaires, démissionnaires et autres, de quitter Paris et de s'en éloigner à vingt lieues. Je me rends au bureau de la guerre pour m'assurer positivement, et savoir si ceux domiciliés sont compris dans la rigueur du décret.

[1] Cette relation a été publiée d'abord dans le *Tableau des prisons*, puis reproduite dans l'*Histoire des prisons* de Nougaret.

J'étais accompagné de cette amie tendre et bienfaisante, qui était loin de prévoir le malheur qui me menaçait. Sans me douter du piége, je me présente sur la foi des traités : à peine avais-je pénétré dans cette caverne qu'une foule de gendarmes m'entoure; des suppôts de police, un essaim de commis bien insolents, à cheveux noirs et luisants, me parlent à la fois, me demandent qui je suis, et ce que je veux. « Il est bien mis, c'est un conspirateur, disait l'un. — Il est grand, il paraît fier, c'est un suspect. » On m'entraîne dans une écurie; un moment après on me dépose dans un cachot.

En vain je réclame, j'invoque les lois, la justice, tout est sourd; des éclats de rire seuls se prolongent sous les voûtes. Je supplie un gendarme d'écouter mes raisons, de faire valoir mes motifs; il est muet : j'interroge sa pitié : il me répond que je l'importune, que nous sommes tous comme ça, qu'on ne peut pas écouter tout le monde, et qu'à mon tour je serai interrogé. Je le suppliai de me faire parler à l'amie qui m'accompagnait; inutiles prières. Mon gendarme crut sûrement que je parlais une langue étrangère. Je ne pus le fléchir. C'est ainsi que je disparus de la société. Je supprimai donc des plaintes vaines, et j'attendais qu'on disposât de mon sort, quand tout à coup la porte s'ouvre, la lumière qui pénètre dans mon cachot me fait apercevoir que je ne suis pas seul, et que trois malheureux m'ont devancé dans cette obscure prison. On nous signifie de nous lever et de marcher : une voiture nous attendait; des gendarmes à cheval nous escortent au comité de surveillance de la section du Mont-Blanc.

Les membres qui le composaient, tous Jacobins renforcés, ordonnèrent qu'on nous surveillât exactement, et qu'on ne nous laissât communiquer avec personne. Ils ajoutèrent que nous ne serions interrogés que le lendemain.

On aura peine à croire tous les genres de vexations et de cruauté qu'on nous fit essuyer. D'abord, fouillés avec une indécence atroce, pas une partie de nos corps n'échappa à leurs recherches : les bijoux furent déclarés suspects et saisis. Ceux qui avaient de l'or étaient des agents de Cobourg, on les en dépouilla; ceux qui avaient des assignats étaient des contre-révolutionnaires, on les leur prit. Ainsi déshabillés et volés, on nous prévint que nous pouvions nous coucher et attendre le lendemain.

Que cette nuit fut longue! que les heures furent lentes! Enfin le soleil parut, et nous ramena le jour et l'espérance; j'aperçus par la fenêtre un jeune homme qui cherchait à découvrir les issues de ma demeure, et parlait à une sentinelle, dont sans doute il fut rebuté, car il s'éloigna.

Les membres du comité s'assemblèrent à dix heures, et sur-le-champ nous fûmes introduits : le moins ignorant nous interpelle dans un mauvais jargon. Chacun exhibe sa carte, décline son nom, sa demeure, et demande raison d'une arrestation aussi arbitraire. L'aréopage révolutionnaire se regarde, délibère, et ordonne de nous conduire à la Mairie [1]. Nous y arrivâmes à huit heures du soir, et sans pouvoir être entendus, nous fûmes déposés dans une longue et étroite chambre, où quatre-vingts malheureux attendaient leur sort. Ils vinrent au-devant de nous, et nous exhortèrent à la patience; le président nous fit un petit discours, en nous engageant à contribuer selon nos facultés au soulagement de ceux de nos compagnons que l'infortune rendait plus à plaindre. Nous les aidâmes de grand cœur du peu qu'on nous avait laissé.

La Mairie était l'entrepôt général des personnes arrêtées sans motifs énoncés. On les laissait dans la gêne la plus dure; sans lit, sans chaise, sur de vieux matelas couverts de vermine. On les oubliait là huit jours; on les transférait ensuite dans une maison d'arrêt. Quand je quittai la mairie, on ne m'aurait pu toucher sur aucune partie du corps sans m'écraser un insecte. Les administrateurs venaient quelquefois visiter les prisonniers, faisaient mille questions, n'écoutaient pas

---

[1] On sait que la Mairie était l'hôtel du premier président au Palais de justice et disposait de tous les bâtiments qui font partie aujourd'hui de la Préfecture de police.

une réponse, recevaient cent mémoires et ne répondaient à aucun. Une mauvaise nourriture nous était fournie aux dépens de l'administration; on mangeait en communauté. Tous les vagabonds arrêtés pendant la nuit augmentaient chaque jour notre société; ils n'y demeuraient pas longtemps. Ceux qui avaient des ressources obtenaient quelques douceurs, en payant largement un concierge avide; il prêtait même de l'argent à ceux qu'il jugeait pouvoir bien le lui rendre. Celui que j'ai connu a été guillotiné; il aimait les assignats, et sa trop grande facilité à mettre de côté des sommes qui ne lui appartenaient pas a causé sa perte : d'ailleurs il n'avait pas l'extérieur rebutant et les façons grossières des geôliers ses confrères; il était complaisant, et souvent, en prenant un salaire plus fort que celui qui lui était dû, il donnait un bon conseil qu'il ne devait pas.

On avait établi à la Mairie une police fraternelle; les matelas étaient roulés le jour, la nuit chacun s'y jetait, quand il y avait place pour tous; dans le cas contraire, à de certaines heures on se relevait pour faire reposer ceux qui avaient veillé, et qui attendaient sur des bancs une surface pour étendre leur corps.

J'ai passé huit jours à la Mairie; je fus transféré à la Force en vertu d'un ordre de police, exécuté par deux gendarmes, les plus insignes coquins qui jamais aient porté l'habit bleu. Ils s'informèrent d'abord si j'avais de l'argent. « D'autres ont été plus pressés, leur dis-je, et ne m'ont rien laissé. » Ils me lièrent alors étroitement et me traînèrent ainsi jusqu'au lieu de mon nouveau domicile, en m'assurant qu'incessamment je voyagerais en sens contraire. Il n'est pas de sots propos, de plates plaisanteries dont la gaieté de ces messieurs ne me régala.

J'arrivai à sept heures du soir à la Force; les geôliers étaient à table, et ne crurent pas devoir se déranger pour un simple suspect. Qu'on le f.... à la souricière, articula une voix forte. Il fallut aller à la souricière.

La souricière est un cachot obscur et incommode, où l'on

dépose les prisonniers jusqu'à leur comparution devant le concierge. On est là, livré à ses tristes réflexions; un baquet au milieu, un pot et de la paille aux deux coins; voilà tout le mobilier. Un malheureux que j'y trouvai m'accueillit avec intérêt, me donna partie de sa litière. Il a été depuis guillotiné dans la prétendue conspiration des Carmes. Au bout de quelques heures on m'apporta du pain, je me réclamai d'un détenu de ma connaissance arrivé de la veille, et comme moi parti de la Mairie; j'observai que j'avais des ressources, que je payerais honnêtement l'humanité de ceux qui pourraient me procurer un lit et quelques aliments; que depuis dix-huit jours ne m'étant pas déshabillé, j'avais besoin de repos. Le citoyen Valois, grand monsieur bien planté, ayant des façons tout à fait aimables, d'un ton vraiment imposant, me dit de le suivre; je pris congé de mon compagnon, escorté de deux chiens monstrueux, je fléchis la tête sous dix portes de fer, et traversai ces cours fatales, où tant de victimes innocentes avaient péri dans les massacres des 2 et 3 septembre.

On me signala, et je fus placé dans le département de la police; le chien de garde vint me flairer, dès lors je fus sous sa responsabilité, et vainement j'aurais cherché à fuir. Je l'ai vu ramener par le poignet, et sans lui faire de mal, un prisonnier qui s'était caché, et qui s'était un moment soustrait à sa vigilance [1].

La chambre neuve me fut offerte, cette désignation me prévint. Mais quelle fut ma surprise en voyant ce dégoûtant

---

[1] Un Bostonien avait été amené à la Force; on lui citait l'instinct de cet animal, et la certitude qu'il terrassait l'homme le plus fort. Le chien était monstrueux. « Qu'on l'excite et qu'on me le lance, » dit l'Américain. Ils prennent du champ : le chien, stimulé par son maître, se précipite, saisit au collet le Bostonien qui, ferme sur pieds, résiste au premier choc, passe adroitement un doigt dans la gueule de l'animal, la lui sépare, et saisissant vigoureusement la mâchoire inférieure et la supérieure allait déchirer la tête du chien si son maître n'eût demandé grâce. La gueule séparée, l'animal perdit sa force et son mouvement; ses jambes s'allongèrent sans la moindre résistance. (*Note du narrateur.*)

local! c'était cependant le moins affreux. Quatre murailles bien noires, sur lesquelles l'ennui et la douleur gravèrent de sévères maximes, et l'ineptie barbouilla de dégoûtantes images. Une fenêtre grillée et barrée, huit grabats, un baquet pour recevoir tous les besoins de la nuit, et une chaise pour le repos du jour. Six infortunés reposaient : le bruit de mon entrée, mon installation faite aux aboiements de deux dogues, au cliquetis d'un trousseau de clefs, réveillèrent tout le monde. Ces malheureux étaient arrivés depuis peu, et cette demeure leur était aussi étrangère qu'à moi. Ils goûtaient un premier sommeil que je me reprochai de troubler. J'ai su par la suite combien il est affreux d'être réveillé, quand le corps, affaissé par tous les genres de fatigue, se livre enfin à un sommeil nécessaire. Le lendemain je fis connaissance avec tous mes voisins de lit et de chambre. Francœur, ancien directeur de l'Opéra, par sa gaieté naturelle, l'honnêteté de ses manières, attira bientôt ma confiance : il ignorait le motif de ses malheurs, je lui racontai le prétexte des miens. Son fils, sur nos frontières, garantissait notre liberté naissante; rien ne put protéger celle de son père.

Ne pouvant compter sur aucune espèce de justice, je cherchai à adoucir la rigueur de ma position. On pouvait encore écrire à ses parents et les voir. Le troisième jour de mon arrivée à la Force, ma sœur et mon amie vinrent me demander; timides et tremblantes, elles m'attendaient dans une cage de fer qui servait de parloir. Une voix de Stentor fait résonner mon nom; je m'élance et me trouve dans leurs bras. Un gros butor de porte-clefs était présent, il bâillait et s'étendit sur le seul banc, nous restâmes debout. Elles ne me dissimulèrent pas la peine qu'elles auraient à me faire obtenir justice, et se préparant à toute espèce de sacrifices, elles m'exhortèrent au courage.

La loi du 17 septembre venait de paraître; chaque jour amenait à la Force un grand nombre de personnes suspectes. Les brigands révolutionnaires peuplaient les prisons; leur armée ravageait les campagnes; le viol, le brigandage, l'assassinat étaient partout à l'ordre du jour. Le ci-devant duc de Villeroy, le plus nul des hommes et le plus circonspect, fut une des premières victimes; ses domestiques en pleurs l'accompagnèrent et ne le quittèrent que quand les verrous se furent tirés sur lui. Personne n'avait fait plus de dons à la nation : sommes immenses, chevaux, équipages, il avait tout offert à son pays! Ses gens avaient l'ordre de ne plus le servir, de faire exactement leur service dans la garde nationale; à ces conditions, ils étaient par lui nourris, logés et vêtus. Il était riche, il faisait le bien, il fut à l'échafaud. La famille Vandenyver vint ensuite. Un vieillard respectable, banquier fameux par ses richesses et sa probité, périt avec ses deux fils. Un triste pressentiment de ses malheurs et de sa destinée occupait mes noires rêveries et souvent troublait mon sommeil; il couchait à côté de moi : vingt fois, dans l'horreur de mes songes, je l'ai vu sur l'échafaud; me réveillant agité, je le trouvais encore reposant, sans crainte et sans alarmes. Ils restèrent peu de temps à la Force, et suivirent à la mort la fameuse du Barry.

Le fils de Sombreuil arriva, escorté de trente gendarmes. Vingt ans, des maîtresses, le goût des plaisirs que la jeunesse entraîne, et l'éloignement politique des affaires, que nécessitent la dissipation et la chasse, n'ont pu le garantir du sort des conspirateurs. Une femme adorable et tendrement adorée venait le voir quelquefois; elle le trouva un jour dans un accès de fièvre affreux : à la hâte, elle dépouille les habits de son sexe, se couvre de ceux de son amant, s'attache au chevet de son lit, et lui donne ses soins. Elle y resta trois jours et trois nuits.

Achille du Châtelet vint nous montrer sa belle figure et ses jambes maltraitées par le sort des combats; à l'attaque de Gand, il avait perdu un mollet d'un coup de feu; il perdit la vie à l'infirmerie, où il s'empoisonna.

Brochet de Saint-Prés, maître des requêtes, esprit fin et méchant; Custines fils, intéressant et instruit; Charost-Béthune, jeune écervelé, sans esprit et sans moyens; Gamache, phraseur insipide; Lévis-Mirepoix, constituant; d'Espagnac, immoral abbé, grand calculateur; Gusman, Espagnol, scélérat déterminé; Lamarelle père et fils; Bochard de Saron, grand astronome; Ménard de Chousy; Fleury; Duval de Beaumontel; de Bruges, constituant, se succédèrent rapidement dans les fers et à la mort. Le baron de Trenck, cet aventurier célèbre, échappé des fers d'un roi, vint en chercher en France. En nous publiant ses folies, il fut témoin des nôtres : il est mort dans la prétendue conspiration de la maison Lazare, où il fut transféré de la Force. Cinquante années de malheurs et vingt-cinq de misère n'ont pu garantir sa vieillesse d'une fin tragique. C'était d'ailleurs un fort mince personnage que ce baron fameux, sale, malhonnête, ignorant et menteur.

Adam Lux, remarquable par son caractère de député de la ville de Mayence et son amour pour l'étonnante Charlotte Corday, vit venir la mort avec la tranquillité la plus stoïque. Il causait avec nous sur le danger des passions et le défaut de jugement, qui toujours entraîne au delà du but une âme neuve et ardente, lorsqu'on l'appela pour lui remettre son acte d'accusation; il le lut avec sang-froid et le mit dans sa poche en haussant les épaules. « Voilà mon arrêt de mort, nous dit-il. Ce tissu d'absurdités conduit à l'échafaud le représentant d'une ville qui m'envoyait pour se donner à vous. Je finis à vingt-huit ans une vie misérable! Mais dites à ceux qui vous parleront de moi que si j'ai mérité la mort, ce n'est pas au milieu des Français que je devais la recevoir, et que j'en ai vu l'approche avec calme et mépris. » Il passa la nuit à écrire, et le matin déjeuna avec appétit, donna son manteau à un malheureux prisonnier, et partit pour le tribunal à neuf heures; à trois heures il n'était plus.

Vergniaud, l'homme le plus éloquent, et Valazé, le plus froidement déterminé, nous quittèrent pour aller à la Conciergerie. « Si on nous permet de parler, nous nous reverrons, nous dirent-ils en partant; sinon, adieu pour toujours. »

On décréta que la conscience des jurés était suffisamment éclairée, ils périrent sans être entendus.

Le tableau sans cesse renaissant des malheureux qui arrivaient et de ceux qui nous quittaient nous expliquait assez l'énigme de l'avenir. La mort était le mot. Linguet, sans cesse raisonnant, cessa d'être raisonnable; il attendait sa liberté promise, quand on lui annonça qu'il était destiné au tribunal. Kersaint ne pouvant l'éviter, s'y préparait avec courage.

Nos jours s'écoulaient tristement vers le sombre avenir. Il fallait vaquer aux devoirs du ménage, faire nos lits, balayer, assister aux différents appels, obéir à ces féroces geôliers, sourire à leurs cruelles inepties, payer largement le plus léger de leurs services, et recevoir souvent leurs dégoûtantes accolades. Le soir, à l'heure de la retraite, chacun rentrait chez soi; deux chiens, dont j'ai parlé plus haut, couraient les corridors pour presser les paresseux; on faisait résonner les barreaux pour s'assurer d'eux. Comptés comme d'imbéciles moutons, trois portes de fer se fermaient jusqu'au lendemain matin.

Le comité de salut public commençait à cimenter sa puissance; celui de sûreté générale fit rendre un décret par lequel aucun détenu ne pouvait plus voir ni ses parents ni ses amis. Tout prit un aspect de terreur; les guichetiers, retroussant leurs manches, armés de gros bâtons, se promenaient au milieu de nous, et rappelant les massacres dont ils avaient été témoins, ils semblaient présager ceux que l'on avait à craindre. La consternation devint générale : l'espérance s'éloigna; les émissaires du tyran parcouraient les prisons et désignaient les victimes; la mort planait sur toutes les têtes; le plus coupable était celui qui avait le plus d'ennemis acharnés, ou contre lui le plus de fripons en crédit. Le nommé Calon et son fils, dénoncés par le plus insigne scélérat, furent aussi des premières victimes.

Maillard, ce président sanguinaire du tribunal dressé dans les guichets de la Force, venait souvent reconnaître et compter ses victimes; il les suivait ordinairement jusqu'à l'échafaud, et, avec son collègue Héron, allait sur la place de la Révolution voir tomber les têtes qu'ils avaient dévouées. Le greffe ne désemplissait plus ni jour ni nuit : à tout moment il arrivait quelque infortuné. La vieillesse des deux Brancas, leurs vertus bienfaisantes; la résignation tranquille du vieux maréchal de Mouchy; les qualités heureuses des deux frères Sabatier, unis d'une amitié touchante et rare; l'opinion publique en faveur du respectable Périgord; Villeminot, gendre du banquier Vandenyver, courant les comités pour servir son père; Quartermen, Écossais, descendant d'une des quatre familles qui soutinrent glorieusement la constitution de leur pays, réduit à la misère, vint vivre d'aumônes dans les fers. Cazo, président au parlement de Bordeaux; quarante citoyens de la section du Muséum, artisans, ouvriers, généraux et soldats, tous vinrent habiter nos cachots. Les militaires destitués nous arrivaient en foule; leur sein couvert de cicatrices honorables, leur sang versé pour la patrie, ne purent les garantir de l'inquisition exercée par les représentants auprès des armées.

C'est alors que les soixante-treize députés sacrifiés aux vues ambitieuses des idoles du jour vinrent augmenter le nombre des victimes de la tyrannie.

Plus notre position devenait affreuse, plus on redoublait de rigueur pour river nos chaînes et nous abreuver de douleur, plus nos parents, nos amis étaient ingénieux à nous procurer quelques consolations. Tendres écrits, serments d'être fidèles, de secourir le malheur, de n'abandonner jamais la nature et l'innocence, vous surpreniez la vigilance de nos féroces gardiens[1]. Dans le pli d'un mouchoir, dans le bec d'un pigeon, dans l'ourlet d'une cravate, vous nous portiez paroles d'amour, de tranquillité et d'espérance.

[1] La citoyenne Beau, concierge de la Force, a seule conservé ces formes d'humanité, si désirables dans ceux préposés à la garde du malheur. Je doute que personne ait eu à s'en plaindre, mais ses subalternes la surveillant l'obligèrent quelquefois à des devoirs rigoureux. (*Note du narrateur.*)

La cour où pendant la triste durée des jours nous pouvions respirer un peu d'air et beaucoup d'ennui, était séparée par un seul mur du département occupé par les femmes. Un égout était la seule communication possible. C'est là que se rendait tous les matins et chaque soir le petit Foucaud, fils de la citoyenne Kolly, condamnée à mort, et qui depuis a subi son jugement. Ce pieux enfant, qui, à peine à son adolescence, connaissait déjà toutes les misères de la vie, s'agenouillait devant cet égout infect, et la bouche collée sur le trou, échangeait les sentiments de son cœur contre ceux de sa mère! C'est là que son plus jeune frère, âgé de trois ans, le seul compagnon de ses derniers moments, beau comme l'Amour, intéressant comme le malheur, venait lui dire : « Maman a moins pleuré cette nuit, un peu reposé, et te souhaite le bonjour; c'est Lolo qui t'aime bien, qui te dit cela. » Enfin c'est par cet égout que cette malheureuse allant à la mort, lui remit sa longue chevelure, comme le seul héritage qu'elle pouvait lui laisser, en l'exhortant à faire réclamer son corps, ainsi que la loi le lui permettait, pour le réunir aux mânes de son époux et de son ami, qui périrent le même jour [1].

Mes amis parvinrent enfin à faire connaître toute l'injustice de ma détention : les portes de fer s'ouvrirent, les guichets se haussèrent, je recouvrai ma liberté. Je rentrai dans le monde. Tout était changé, les mœurs et le costume. Les carmagnoles, les bonnets rouges, remplaçaient les habits, les chapeaux, comme le crime remplaçait la vertu, et la terreur le repos. Des insensés, au nom du peuple, couraient les rues, couverts de chapes et d'aumusses. Les dépouilles de ses temples traînées dans la boue, ses ministres à l'échafaud, ses tyrans en triomphe, ses représentants fidèles réduits à errer d'asile en asile, à craindre de reparaître et sous leurs toits domestiques, et sur leurs chaises au sénat : tel était mon pays

---

[1] Les citoyens Kolly et Beauvoir, exécutés sur la place du Carrousel. (*Note de l'auteur.*)

LA MAIRIE, LA FORCE ET LE PLESSIS.

quand je sortis des cachots! Hélas! je ne sortis des portes de la mort que pour rentrer bientôt dans le séjour de l'infortune. Mon destin était de vivre dans les prisons.

L'auteur de cette relation raconte que peu de temps après la promulgation de la loi de prairial, il fut arrêté à Neuilly en même temps que cent treize personnes déclarées suspectes d'avoir voulu corrompre les jeunes gens de l'école de Mars campés dans la plaine des Sablons. Après vingt jours de perplexité et de souffrances, des chariots vinrent à Neuilly prendre les suspects pour les transporter dans une des prisons de Paris. Nous rendons la parole au malheureux prisonnier, *issu*, dit-il, *d'une race proscrite, persécutée!*

Notre départ fut affreux; des enfants arrachés du sein de leur mère et remis sans pitié aux premières mains qui s'offrirent; jetés sur des tombereaux sans banquettes, sans toile pour nous garantir à la fois du soleil brûlant et des outrages de la populace trompée, c'est ainsi qu'à travers les huées, les menaces, les imprécations de la multitude qu'un cortége aussi nombreux attirait sur notre passage, nous fûmes amenés à Paris. Nous entendions des gens apostés crier que nous étions des brigands de la Vendée, qu'on allait fusiller au Champ de Mars.

Cependant l'aspect d'une foule d'enfants en bas âge, de jeunes femmes encore parées[1], de vieillards; une réunion qui offrait à la fois l'innocence et les grâces, paraissait au peuple, curieux et surpris, un enlèvement bien extraordinaire; et quoi que Barère eût fait pour nous peindre sous ces traits à la tribune de la Convention, en nous désignant comme des monstres, comme des bêtes fauves dont on avait fait une battue, on avait peine à reconnaître des coupables sur des visages où régnaient le calme et la dignité. Nous

---

[1] Ayant été arrêtés à trois heures après midi, nous avons gardé longtemps les mêmes vêtements sans pouvoir les changer. (*Note de l'auteur.*)

arrivâmes à deux heures sur la place de la Révolution, sans que pendant la route nous eussions pu nous procurer un peu d'eau pour étancher la soif la plus dévorante : le soleil pesait à pic sur nos têtes. On nous arrêta devant le lieu des exécutions journalières, pour nous faire contempler à loisir les carreaux que tant de sang avait arrosés, et que le nôtre devait rougir encore. Cette barbare affectation de faire respirer les chevaux n'obtint de nous que le sourire de l'indignation : je ne vis pas un visage s'altérer, et certes, sans faiblesse, on peut concevoir quelque émotion.

Nous continuâmes notre route par les quais; enfin, après vingt-quatre heures de douleurs et d'outrages, nous fûmes déposés dans la maison d'arrêt de l'Égalité, autrefois le collége du Plessis. Nous espérions trouver dans notre nouvelle demeure le repos et les égards que prescrit l'humanité. Hélas! nous nous trompions; nous n'y rencontrâmes que barbarie et férocité. Le geôlier de cette prison n'est qu'un premier bourreau : je le signale ici aux autorités chargées de poursuivre les scélérats et de corriger les coquins. Jamais homme ne poussa si loin l'impudence et la cruauté. Fripon tant que durait le jour, le soir féroce, quand, au nom de Fouquier-Tinville, on venait lui demander les quarante victimes que journellement on envoyait à la mort. Tout lui était égal, l'un ou l'autre, le militaire ou le chanoine : selon lui, on devait s'expliquer au tribunal, et Dieu sait si jamais il en revint un seul de ceux que l'erreur y porta. Un petit messager de l'accusateur public, dont je regrette de ne pouvoir consigner ici le nom, affreux comme le cœur de son maître, venait tous les jours, avec une longue liste, enlever les victimes désignées; elles partaient dans des voitures couvertes, passaient la nuit à la Conciergerie, à neuf heures du matin paraissaient devant les juges, à cinq allaient au supplice. Une femme cependant parut au tribunal et revint au milieu de nous.

La citoyenne d'Argouges n'eut jamais de frère; on lui remit son acte d'accusation, portant qu'elle avait entretenu des correspondances avec son frère émigré. On la tourna dans tous les sens, pour lui persuader qu'elle en avait un en Allemagne. « Hélas! dit-elle, je n'en eus jamais; la nature m'a refusé cette consolation. — Tu insultes à la majesté du peuple, lui répond Fouquier; ton frère est émigré, voilà sa propre lettre sous les yeux des jurés : tu logeais avec lui en tel endroit, telle rue, tel numéro. — Je n'occupai jamais les logements qu'on me désigne. Une erreur va causer ma mort; je n'eus jamais de frère, et je recommande mon innocence à la vertu des citoyens qui m'écoutent. » Le peuple fit entendre un mouvement de pitié; on la renvoya. En la voyant revenir, chacun se précipite au-devant d'elle; c'était un phénomène. Sa femme de chambre, livrée à la douleur la plus amère depuis qu'on l'avait séparée de sa maîtresse, s'élança dans ses bras et faisait éclater sa joie.

Au moment de notre entrée au Plessis, les prisonniers respiraient dans la cour; ils sortaient de table. Tout à coup l'affreux signal de rentrer se fait entendre; les portes se ferment, la grille s'ouvre, et quinze tombereaux vomissent cent quatorze malheureux. La curiosité fixait tout le monde aux fenêtres; au travers de quinze cents barreaux, on voyait autant de figures livides et velues. On ne peut s'imaginer l'horreur de ce tableau. Chacun nous questionnait à la fois. « Oh! que nous vous plaignons, citoyens! nous disait-on. Cette maison est affreuse; c'est ici que Fouquier rassemble ses victimes : soyez discrets, ne parlez à personne; si vous avez de l'argent, des bijoux, cachez-les. On prend tout; on ne vous laisse que le désespoir. »

A peine descendus des chariots, on nous sépare; ce fut un coup terrible pour l'amitié et la tendresse : les familles divisées, les larmes coulèrent. On nous déposa à la *souricière;* elle ne put suffire; on eut recours aux cachots. L'espace était si étroit, si court, qu'assis par terre nous ne pouvions y contenir; il fallut donc rester debout. En vain demandâmes-nous des logements, on n'avait garde de nous en donner. En arrivant au Plessis, il faut faire un petit séminaire de torture, et cela pour la plus grande fortune du concierge ; dans la souricière on vit à ses frais et dépens ; cependant, du jour de votre entrée, l'administration de police paye trois livres par chaque individu pour la nourriture commune, où vous n'êtes souvent appelé que le troisième ; cette friponnerie augmente considérablement le casuel de la geôle, qui d'ailleurs dîme sur toutes les fournitures faites par les autres fripons, ses agents. Nous payâmes vingt-sept livres un canard et quatre bouteilles de vin.

A force d'instances, on nous permit de coucher dans la cour, pour, du moins, pouvoir nous étendre. La nuit précédente, nous l'avions passée sur l'herbe des tombeaux ; nous passâmes celle-là sur les pavés pointus d'une cour bien sale, disputant la surface de nos corps à tous les verres cassés et au fumier que le concierge Hali laissait amasser de toutes parts.

Pendant la terrible durée d'une nuit aussi longue, plusieurs traits méritent d'être connus : ils ont touché mon cœur ; ils intéresseront le vôtre, hommes sensibles qui lirez cet écrit ; la plupart peut-être auront souffert autant que moi.

Un père avait auprès de lui un fils âgé de quatorze ans ; cet enfant, plein de candeur et de grâce, succombant sous le poids de ses peines, avait enfin trouvé le sommeil, ce doux réparateur de nos misères. Il faisait froid, et il n'opposait à la fraîcheur de la nuit qu'une veste légère. Cet enfant se ramassait, se pelotonnait, se pressait contre son père. Celui-ci fixe cet être innocent ; une larme tombe de ses yeux paternels, et sa redingote, dont il se dépouille à la hâte, couvre avec précaution les membres délicats de son fils, qui reposa.

Un gendarme avait reçu d'une femme un médaillon et des cheveux ; la crainte qu'on ne lui ravît des bijoux aussi chers à son cœur la détermina à interroger la pitié d'un soldat et à lui confier ces gages. A l'instant où nous sommes débarrassés d'une partie de nos avides surveillants, que l'ivresse éloignait de l'attention ordinaire qu'ils donnent à tout ce qui se passe auprès d'eux, le gendarme se glisse doucement, radoucit sa voix rauque et dure, appelle la femme qui lui a remis un portrait précieux. Elle paraît, veut récompenser sa probité. « Non, madame, répond cet honnête citoyen, je trouve un plaisir trop pur à vous rendre en secret ce qui peut alléger vos peines, et je serais malheureux si je n'étais pas quelquefois utile à l'infortune; prenez, et je m'éloigne. » Le concierge faisant sa revue, découvre cet homme charitable, le rudoie, l'invective, croit apercevoir une conspiration et veut la dénoncer. Le gendarme réplique avec force; la querelle s'engage : les gardiens accourent; les chiens aboient; on entoure le gendarme, qui, pour se dégager, tire son sabre; mais, bientôt assailli, il succombe, et le cachot fut son partage.

Les femmes furent les premières à passer au *rapiotage*[1]. Cette expression technique a besoin de développement. A l'instant où l'on se propose de sortir un prisonnier de la souricière et de le rendre à ses nouveaux compagnons, il est fouillé, volé; on ne lui laisse que son mouchoir. Boucles, couteaux, ciseaux, argent, assignats, or et bijoux, tout est pris; vous vous trouvez nu et dépouillé. Ce brigandage s'appelle rapioter. Les femmes offraient à la brutalité des geôliers tout ce qui pouvait éveiller leurs féroces désirs et leurs dégoûtants propos; les plus jeunes furent déshabillées, fouillées; la cupidité satisfaite, la lubricité s'éveilla, et ces infortunées, les yeux baissés, tremblantes, éplorées devant ces bandits, ne pouvaient cacher à leurs yeux étonnés ce que la pudeur même dérobe à l'amour trop heureux ! La vertu

---

[1] Est-il croyable qu'un gouvernement ait ordonné et souffert quinze mois de semblables horreurs ! Une femme debout devant un coquin, déshabillée par lui, pour s'assurer si elle ne cache pas quelques assignats ou ne dérobe pas quelques-uns de ses bijoux ! Cet affreux brigandage a fait la fortune de ces monstres. Le misérable Hali repose dans les alcôves les plus somptueuses, sous des lambris dorés, foule les tapis de Turquie, s'assoit sur le lampas, et répète sa sotte figure devant les glaces les plus belles. (*Note de l'auteur.*)

alors était à l'ordre du jour, et la multitude célébrait l'Être suprême, Robespierre et la guillotine.

Le lendemain, les hommes passèrent aussi au rapiotage ; on ne nous laissa que cent sous ; l'excédant fut mis de côté. On nous installa dans des chambres déjà complètes. « Un lit de sangle se place partout », nous dit-on. Les chaleurs étaient excessives ; les maladies pestilentielles, dont bientôt quelques personnes furent victimes, commençaient à joindre leurs ravages à celui des bourreaux.

Les fenêtres avaient été diminuées d'ouverture ; pour voir ou respirer, il fallait monter sur des chaises, encore travaillait-on à nous placer des abat-jour. Le Plessis, autrefois l'école de l'enfance, était alors celle du malheur et de la mort. La plupart des prisonniers y avaient passé cette première jeunesse qui ne connaît que les peines légères de ses jeux contrariés ou de ses goûts astreints. Dans cette même cour où ils avaient exercé une gaieté folâtre, compagne de nos premiers ans, ils attendaient un acte d'accusation. On ne descendait qu'à l'heure du repas ; trois heures de promenade, vingt et une de cachot. Voilà comme nos moments s'écoulaient, jusqu'à celui où tout s'arrête, où la folie et la sagesse, l'amour et l'espérance ne comptent plus de lendemain. — Le Plessis était la prison la plus dure de Paris ; elle était administrée par Fouquier-Tinville, et immédiatement sous sa discipline ; on était gouverné avec la plus sévère barbarie ; on n'en sortait ordinairement que pour aller à la mort. Un de mes compagnons, d'un jugement froid et d'une conception ardente, que je consultais sur la manière de me faire rendre justice, me prit la main et me dit à l'oreille : « Nous sommes dans un tombeau ; gardons-nous d'en soulever la pierre ; mais creusons dessous. » Ce prisonnier se sauva la nuit même ; mais il fut ressaisi et plus resserré.

Nous n'avions pu encore reposer un instant ; sous différents prétextes, on nous refusait des draps. Le concierge, au fait du sort qui nous était préparé, nous regardait déjà avec ce mépris dont les hommes durs et sanguinaires honorent les derniers moments de la vertu malheureuse. La seconde nuit de notre arrivée, on nous réveilla tous à minuit; des voix sépulcrales se font entendre : « Tous les prisonniers de Neuilly au tribunal; allons, qu'on s'habille; point de paquets, ils n'en ont pas besoin », criait-on dans les corridors. Pères, enfants, amis et frères se réunissent, déplorent leur sort, et se résignent à mourir. Peu d'heures leur sont comptées; ils sont innocents et l'échafaud se dresse. Les voitures n'arrivaient pas; quelle horrible attente! Des femmes faibles et timides s'affligeaient d'une position aussi douloureuse et si peu méritée. « Ah! laissez-moi tarir mes pleurs, nous disait une citoyenne, j'en dois l'hommage à la nature et à l'amour. J'appartiens encore à mes enfants, à mon époux; tout à l'heure, je serai à moi, toute à l'honneur, et je saurai mourir. » Quelques-uns songeaient à réclamer la justice du peuple, à lui tracer le tableau de tous les crimes qu'on exerçait en son nom. La plupart, absorbés dans les réflexions sévères que présente le moment où l'on va cesser d'être, s'arrachaient à tous les sentiments, qui alors se réunissent avec tant de charmes, pour arriver au néant sans regrets et sans faiblesse. Des enfants en bas âge, pressant leur mère, voulant se confondre, s'identifier, pour n'offrir qu'une vie en présentant trois têtes! Des malheureux écrivant leurs dernières volontés, et cherchant des hommes sensibles qui, à l'abri d'un pareil sort, pussent un jour remettre ces écrits à une amante adorée, à une mère respectée, à une épouse chérie.

Le jour parut, et avec lui un premier rayon d'espérance. Les voitures commandées pour venir nous prendre avaient été au Luxembourg, et en avaient ramené quatre-vingts malheureux qui périrent. Le greffier avait fait sa liste sur celle de cette maison, qui, d'ailleurs, devait avoir lieu le lendemain. Cette erreur nous a sauvé la vie. Le comité de sûreté générale, craignant qu'un aussi grand nombre de malheureux, sacrifiés avec tant d'éclat, d'impudence et de précipitation, n'inspirât au peuple de la commisération et des remords, donna contre-ordre; il fut décidé que nous serions assassinés dans les conjurations de prisons. On nous annonça que nous pouvions être tranquilles, qu'il n'y avait plus de translation à craindre pour le moment. On nous donna des draps, et enfin nous reposâmes. Les furies lâchèrent leur proie.

La nourriture était détestable; rien ne pouvait parvenir du dehors. Un mauvais vin nous était vendu fort cher; c'était le bénéfice des gardiens. A trois heures, on dressait au milieu de la cour une longue table mal fixée, on y rangeait cent assiettes malpropres, on la couvrait de trois plats dégoûtants. Il fallait déchirer la viande avec les doigts; privés de couteaux, nos seuls meubles utiles étaient un pot, un couvert de buis, une coupe. Quand les ongles par leur longueur devenaient incommodes, le gardien vous prêtait des ciseaux, et ne vous quittait pas que cette toilette ne fût achevée. Un barbier venait tous les jours raser et friser ceux qui en avaient besoin. Le même bassin, le même savon, le même rasoir servaient aux galeux, aux teigneux, aux dartreux; il en coûtait cinq sous.

Un malheureux perruquier, qui depuis un an courait les prisons, avait eu l'adresse de soustraire un rasoir au rapiotage des geôliers; il s'en servait journellement pour ceux qui le payaient bien. Il avait une sentinelle pour le temps qu'il opérait; son rasoir était sa fortune et lui rapportait beaucoup. Il en avait refusé cent écus. Car malgré la vigilance des guichetiers, les assignats passaient dans les paquets de linge, dans les semelles des souliers, et je n'ose dire où, quand mademoiselle Beaulieu voulait bien s'en charger.

Il fallait vaquer aux devoirs du ménage; comme dans toutes les prisons, faire les lits, balayer, charrier les baquets, chercher l'eau. La fontaine était dans le bâtiment des femmes; c'était la corvée que chacun désirait. On pouvait au passage voir sa femme, ses enfants, sa sœur, s'étreindre douloureusement et se recommander du courage.

Le concierge s'aperçut que l'eau était le prétexte de voyages fréquents dans le département des femmes; il défendit que personne, à l'avenir, fût chercher l'eau nécessaire; il fit former un aqueduc pour nous la conduire. Ce cruel Hali ne savait qu'imaginer pour tourmenter et nuire. Son cousin, grand sommelier de la maison, insolent et fripon, faisait transférer à Bicêtre ceux qui trouvaient son vin mauvais ou trop faible. Le cuisinier, qui avait le même pouvoir, employait la même ressource quand on lui représentait que ses viandes étaient gâtées, couvertes de vermine; que le salé qu'il donnait n'était que de la chair de guillotinés [1].

Si la durée des jours était affreuse au Plessis; si, fatigués du soleil brûlant qui pesait sur nos têtes, dans une cour étroite et pavée où trois heures de promenade nous réunissaient, nous désirions le soir, pour faire place aux femmes et respirer le vent frais qui annonce la nuit, alors un bruit terrible se faisait entendre; deux chariots, précédés d'un messager de mort, annonçaient que quarante de nous n'avaient plus que peu de moments à vivre. L'oiseau de proie criait quarante fois; autant de victimes se présentaient, nous disaient adieu, confiaient à notre mémoire leurs dernières paroles, à nos cœurs leurs derniers gages, pour être remis à leurs parents, à leurs amis. « Dites-leur du moins que nous sommes morts avec courage et en pensant à eux! » Telles étaient leurs dernières recommandations [2].

---

[1] Hali appelait cela un plat de ci-devant et riait aux éclats. Il est certain que la police d'alors ordonna cette horrible ressource. (*Note de l'auteur.*)

[2] J'étais dernièrement dans une maison dont autrefois la maîtresse fut heureuse et opulente; un mauvais feu nous réunissait auprès d'un foyer mal échauffé et plus mal éclairé encore. On annonce un étranger, un homme qui sort de la maison des Carmes, où il est resté un an. « Un prisonnier qui longtemps partagea avec moi l'horreur d'une longue captivité, nous dit-il, et dont les soins généreux adoucirent ma misère, a confié à ma reconnaissance et à mon zèle ces gages infortunés de son amour pour sa mère : je viens vous les remettre, citoyenne; un jour, je l'espère, je viendrai acquitter ma dette particulière. » Cette malheureuse mère, à un souvenir si cher, pousse un cri, tombe. Une longue chevelure se déroule dans ses doigts : c'était celle de son fils! Une lettre y était attachée; cet infortuné ignorait les motifs de son sort et marchait au trépas! Il la conju-

C'est par l'appareil des échafauds et de la mort que nous nous disposions au sommeil. Le même compagnon qui la veille était notre voisin, qui reposait à nos côtés, avec qui nous partagions nos frugales ressources, descendu dans la tombe, déchirait les entrailles d'un père ou d'une amante. Vingt-quatre heures d'ennui et de désespoir, tel était l'avenir de tous les prisonniers du Plessis, quand ils avaient échappé à la translation du soir. Quelquefois même le matin, on venait chercher ceux qu'on avait oubliés la veille.

On ne laissait jamais pénétrer les journaux à deux pas de la rue; nous n'avions aucun commerce avec les vivants. Notre correspondance permise était la seule demande de linge; aucune consolation ne passait le seuil de notre tombeau; on recopiait chez le concierge les billets que nous recevions, où l'on en effaçait les lignes de tendresse que nous traçait l'amitié.

Quelques jours avant le 10 thermidor, trois personnages célèbres dans les conspirations de Saint-Lazare, des Carmes, du Luxembourg, vinrent au Plessis [1]. On les devina bientôt, et chacun s'en méfia. Inutiles détours, précautions infructueuses! ces monstres parcouraient les chambres, demandaient les noms; les listes se formaient; elles étaient à leur perfection, quand la Providence renversa le tyran et ouvrit les cachots. Ils ne purent dissimuler leur rage. Le sang de l'innocence allait être respecté, les cachots s'ouvrir, pour rendre à la société des êtres intéressants, qui depuis six mois étaient abandonnés de la nature entière. C'était une contre-révolution. Dans les premiers moments du 10 thermidor, ces scélérats, par leurs discours et leur conduite approuvés par le concierge, comprimaient encore la joie que nous ressentions d'un événement aussi mémorable. Mal instruits, craignant de nous livrer à d'infidèles rapports, nous cachions nos transports et dissimulions notre espérance; l'opinion

rait de partager avec ses sœurs les tristes dépouilles de sa jeunesse et de parler quelquefois de lui dans leur dernier entretien. (*Note de l'auteur.*)

[1] Les nommés Joubert, Manini et Coqueri. (*Idem.*)

s'étant formée, notre allégresse éclata, leur insolence fut muette; ils devinrent rampants et nous prenaient à témoin de leur conduite et de leurs généreux procédés. L'arrogance de leurs discours avait un jour indigné quelques prisonniers peu endurants; ils demandèrent un commissaire de police pour faire leur plainte, recevoir leur dénonciation. Le commissaire vint, les témoins et les déposants furent entendus; le surlendemain, déposants et témoins furent renfermés à Bicêtre. C'était après le 10 thermidor.

Une aventure piquante nous donna la mesure de ces hommes. Ils étaient ivres et se prirent de querelle; on les entoure, on les excite; à force d'aveux et de franchise, chacun veut terrasser son adversaire; il s'ensuit que tous ont dénoncé une foule de victimes innocentes, qu'ils ont été les agents et les dénonciateurs de ces prétendues conspirations des prisons; qu'ils ont abusé et joui de toutes les femmes qui ont voulu se soustraire à la mort en se prostituant à leur lubricité; et malgré tant de sacrifices, la plupart ont été sacrifiées.

En dépit du service exact des gardiens, quelques journaux passaient. Quelquefois ils coûtaient fort cher. Ce que Feuillant vendait deux sous, nous l'achetions vingt-cinq livres. L'article du tribunal était toujours l'objet de notre sollicitude et de notre curiosité. Tous les jours soixante victimes, parmi lesquelles nous retrouvions nos infortunés compagnons.

Un colonel de hussards, fils d'un marchand de drap de Besançon, jeune homme d'une belle figure, vigoureusement constitué, cinq pieds cinq pouces, œil noir, jambe nerveuse, nez aquilin, est appelé le 6 thermidor pour aller au tribunal; il descend fièrement, prend gaiement congé de tout le monde, va chercher les officiers de son corps, avec lesquels on l'avait envoyé à Paris. Ne les trouvant pas auprès de la fatale charrette, il refuse d'y monter, assure que c'est une erreur, et que puisque ses camarades ne sont pas avertis, il ne peut pas être appelé. Un gendarme insiste, ce jeune homme le repousse vigoureusement; d'autres s'approchent, il les terrasse¹; il en impose si fortement au reste, qu'on se décide à faire partir les voitures déjà pleines, et à ordonner qu'on le mît au cachot en attendant qu'on vînt le rechercher. Il y fut oublié trois jours; le 10 thermidor lui rendit la vie et la liberté.

Les administrateurs de police venaient journellement visiter la maison, se faire rendre compte de l'esprit qui y régnait, insultaient froidement aux malheureux prisonniers, et ne sortaient jamais sans ordonner un traitement plus barbare !

On se résignait tranquillement, et on attendait la fin de la décade, espérant que son successeur serait plus humain. Le successeur arrivait : mêmes formes, même individu, même bourreau.

Depuis mon entrée dans cette prison, je n'avais voulu informer de mon sort aucun de mes amis; craignant de les compromettre, j'endurais mes douloureuses privations et la plus affreuse indigence; enfin je crus pouvoir m'adresser à un dont le patriotisme connu assurait l'existence, et dont les entours protégeaient le repos. Je me flattais qu'il volerait à mon secours, et que me devant quelque argent, il acquitterait à la fois une dette envers la reconnaissance et l'amitié. Je n'obtins qu'un refus.

La Révolution a mis à découvert le côté faible des hommes : égoïstes, craintifs ou dissimulés, ils ont toujours marché de profil, recherchant les hommes en place, les sacrifiant à leur chute. Les femmes au contraire ont retrempé leurs âmes dans le désordre commun; elles ont tout bravé pour donner consolation à l'infortune et asile à la proscription. J'ai vu une femme suivre à l'échafaud l'amant le plus tendrement aimé. Elle accompagna ses tristes dépouilles jusqu'au lieu où l'on devait les ensevelir. Là, elle flatte la cupidité du fossoyeur, si on veut lui remettre la tête qu'elle réclame. « Des yeux bleus où régnait l'amour, et que la mort vient d'éteindre; la plus belle chevelure blonde, les grâces

---

¹ Il fut assez heureux pour trouver près de la charrette un long bâton ferré dont il se servit merveilleusement. (*Note de l'auteur.*)

de la jeunesse flétries par le malheur! voilà l'image de celui que je viens chercher; cent louis sont la récompense, c'est le prix que je mets à votre service. » La tête est promise. On vint en tremblant la prendre dans le suaire le plus beau. L'amour ne veut confier qu'à lui seul ses transports et ses projets; mais la nature ne put partager son délire. Cette infortunée ne peut résister aux combats qu'elle éprouve, elle tombe au coin de la rue Saint-Florentin, et son dépôt et son secret paraissent aux yeux effrayés des voisins et des passants. Elle fut conduite au comité révolutionnaire de la section des Champs-Élysées.

Parmi les victimes qu'on venait journellement enlever au Plessis, la citoyenne Grimaldi, par son courage et sa noble fierté, fut celle qui nous laissa les plus douloureux souvenirs. Elle refusa de lire son acte d'accusation; pas la plus légère émotion n'altéra ses traits; elle distribua aux indigents qu'elle soulageait habituellement tout l'argent qui lui restait, embrassa sa femme de chambre, et se sépara de nous comme après une longue route on quitte des compagnons de voyage dont la société nous fut utile et douce.

La citoyenne L.... C.... dormait auprès de ses enfants en bas âge, qu'on lui avait permis de garder auprès d'elle, quand à minuit les portes s'ouvrent avec fracas, et des voix sinistres font entendre son nom. Éperdue, elle prend pour un songe l'image de la mort qu'on lui présente, au milieu des intéressantes créatures qui lui doivent le jour. Elle s'élance de leurs bras, présente leurs grâces naïves comme l'emblème de son innocence, veut attendrir ses bourreaux par le spectacle séduisant d'une mère éplorée. « Aujourd'hui huit ans, leur dit-elle, je donnai la vie à ces jumeaux; déjà votre rage a assassiné leur père; vous ne voulez donc plus laisser sur cette terre sanglante que des scélérats et des orphelins, des cendres et des cabanes? » On l'enleva sans lui donner même le temps de s'habiller; elle ne revint pas.

Le tribunal acquittait parfois quelques pauvres étrangers ou quelques malheureux des faubourgs; ils revenaient triomphants chercher leur sac, s'enivrer avec les gardiens, et nous vanter l'équité des juges et des jurés.

La petite vérole avait atteint plusieurs personnes; en vain demandait-on au concierge un médecin, des soins et un hospice. Tout était inutile. « Vous m'ennuyez, répondait-il, je n'ai pas le temps; vous m'étourdissez, j'ai mille affaires, les administrateurs sont au greffe. » Ils y venaient en effet souvent, boire le vin qu'on envoyait aux prisonniers [1]. Ce petit Hali était plus despote dans son fauteuil que l'empereur du Mogol sur son trône d'ivoire. Le jeune Carillon, au bout de trois jours de maladie, mourut sans secours dans les bras de son père; la citoyenne Déréo paya aussi le fatal tribut à l'humanité; la fièvre et la misère terminèrent ses jours. Une autre, atteinte de la même maladie, dans un premier accès, se précipita du haut des toits, pour terminer plus tôt ses peines, et tomba à nos pieds morte et brisée. Un ancien capitaine de cavalerie, moribond sur son grabat, ne pouvant obtenir aucun soulagement, aucun remède, eut le courage de se traîner en chemise jusque dans la cour, pour effrayer par son aspect la pitié du concierge; il en fut encore rebuté, jeté dans cet état déplorable sur un mauvais matelas, au fond d'un cachot où il mourut. Ce cadavre y était oublié, quand des prisonniers arrivant de Normandie furent amenés au Plessis; des femmes nourrissant leurs enfants furent mises dans cet horrible lieu, et parcourant leur sombre demeure, rencontrent ce corps inanimé; leur sang se glace, elles reculent épouvantées; l'intérieur de ce cachot n'offre plus qu'un sol jonché de malheureux!

Le 8 thermidor, on vint demander le nommé Vermantois, chanoine de Chartres; personne ne parut, personne n'avait été chanoine. Il me faut un chanoine, répétait sans cesse l'envoyé de Fouquier. Enfin, après mille recherches,

---

[1] Hali arrêtait tout ce qui lui convenait : vin, pâtés, volailles, linge, etc. Il faisait démarquer sur-le-champ les chemises et les mouchoirs. Il en avait volé pour plus de six cents livres au citoyen Bonnard, qui, l'ayant poursuivi depuis, en a obtenu un remboursement de trois cents livres. (*Note de l'auteur.*)

on découvre un particulier du nom de Courlet-Vermantois, mais autrefois militaire, fils d'un conseiller de Dijon. On lui remet l'acte d'accusation du chanoine : il n'eut jamais rien de commun avec aucune cathédrale; n'importe, on l'emmène pour s'expliquer avec l'accusateur public : il fut exécuté le lendemain.

Nous étions dans le plus morne abattement, quand le tocsin se fit entendre; la cloche funèbre faisait retentir ses sons redoublés. Aux armes! criait-on de toutes parts. On se rappelle les affreuses boucheries des 2 et 3 septembre. On convint de défendre sa vie et de la vendre cher aux assassins. Nous ignorions absolument le prétexte des rassemblements; depuis plusieurs jours, les défenses étaient devenues plus rigoureuses, rien ne nous était parvenu du dehors, les commissaires mêmes n'entraient plus. On avait élevé un mur transversal qui, coupant la cour en deux parties égales, laissait place pour les échafauds dans l'une et pour les victimes dans l'autre. Ce projet avait été adopté par les comités du gouvernement, qui, d'abord séparés par leurs prétentions et leurs craintes particulières, avaient été réunis pour ne s'occuper que d'un intérêt commun et marcher de concert à un but déterminé. Ce but n'était autre chose que le massacre des prisons, celui de la majeure partie des représentants du peuple, l'arrestation ou la fuite du reste. Les députés épargnés, ceux en mission, nécessairement se seraient réunis aux deux comités triomphants, et ce peu d'hommes se fussent emparés de l'autorité suprême.

Dans l'ignorance totale des mouvements qui se faisaient entendre, abandonnés de nos gardiens, que la frayeur avait éloignés, nous convînmes que la prudence réglerait nos mesures, mais que la valeur et le désespoir nous feraient raison des bourreaux. Il fut décidé qu'au premier signal de danger nous nous armerions des bois de nos lits; que réunis dans la cour, nous placerions au milieu de nous nos femmes, nos enfants; qu'un mur de matelas, porté par les hommes les plus forts, nous garantirait des premiers coups, et qu'ainsi nous chargerions les assassins. Le tocsin redoublait; les cris du peuple, les tambours, la traînée des canons, ajoutaient à la terreur que notre position inspirait. Quel parti triomphera? que deviendront les prisonniers? et nos enfants seront-ils massacrés? Il faut nous défendre, périr avec courage!.Voilà quel fut l'entretien de toute la nuit.

Enfin le jour parut et ne fut jamais plus désiré; une proclamation nous annonça la victoire et le triomphe de la vertu. Nous fîmes éclater notre joie; on s'embrassait, comme, après un combat opiniâtre, de rang en rang on retrouve ses amis. Au maintien embarrassé des geôliers, à leurs nouvelles prévenances, nous aurions pu tout augurer; mais tant de piéges nous avaient été tendus, qu'il était encore prudent de taire ce qu'il eût été si doux d'avouer! Enfin la voix forte de Saint-Hurugue retentit du fond de son cachot, et nous apprit que Robespierre, Lebas, Couthon et Saint-Just, mis hors la loi, devaient porter leur tête criminelle sur un échafaud déjà prêt. Sa fenêtre donnait sur quelques maisons du voisinage, dont les habitants montèrent sur les toits, et, par leurs signes, nous annoncèrent le succès des événements, et ce que nous devions attendre d'un aussi beau jour.

C'était un étrange spectacle que celui de ces hommes sensibles, de ces femmes compatissantes, qui, du haut des cheminées, des mansardes, des gouttières, nous envoyaient la consolation et l'espérance. Saint-Hurugue ne garda plus de ménagement, il traita en prisonnier cruellement ulcéré tous les individus attachés à la faction qui venait de succomber, et qui nous arrivaient en foule.

Le 10 thermidor vit fléchir la rigoureuse sévérité des gardiens; on ouvrit nos chambres de bonne heure; tout le monde se précipita vers le département des femmes, pour leur porter des nouvelles de paix, d'espérance et de bonheur.

Tout prit, à cette époque, un aspect différent. Le concierge flûta sa voix, sa femme miella la sienne. Tous les fripons se radoucirent; les secrets furent ouverts. Chaque représentant qui comptait un ami malheureux venait l'arracher aux horreurs du tombeau. Le premier qui sortit fut un nommé Lafond, qui, pour ne pas avoir avoué la retraite de son père, pourrissait au secret depuis six mois. En sortant, ses premiers regards se reposèrent sur une foule de jolies détenues, qui furent au-devant de lui au cri redoublé de : Vive la Convention ! Il promit de s'occuper de ses compagnons d'infortune, et obtint effectivement la liberté de plusieurs.

Rendu à l'espérance, je chantai l'amour. La romance suivante, que j'avais faite en me disposant à la mort, fit mon bonheur dans les premiers jours de ma nouvelle vie :

ROMANCE.

Air du vaudeville de *l'Officier de fortune*.

Un tendre amant, belle Clémence,
Du sort éprouve la rigueur ;
Il porte chaîne de constance
Et porte chaîne de malheur ;
A son cœur douleur bien amère
Et nuit et jour se fait sentir ;
Car loin de toi tout est misère,
Quand près de toi tout fut plaisir.

Le souvenir de tendre amie
Parfois allége sa douleur ;
Pensers, doux moments de la vie,
C'est éloigner chagrin, malheur ;
Songer toujours à sa maîtresse,
Se rappeler serment, soupir,
C'est le bonheur de la tendresse,
Que le malheur ne peut ravir.

A grand combat perdre la vie,
En défendant honneur, beauté,
C'est beau trépas, digne d'envie ;
Mieux vaut perdre la liberté.
L'honneur apprit à son enfance,
Preux devoirs, aimer et souffrir ;
Si tu lui gardes souvenance,
Dame ! content il peut mourir.

Les hommes et les femmes se réunissaient à la promenade. Tout devint riant, aimable; la toilette des hommes devint plus propre, celle des femmes plus recherchée. La sécurité remplaça la terreur. Le repos succéda aux alarmes, les vers aux pétitions. Les bons déjeuners se donnaient, se rendaient; tout le monde y prenait part. Le Plessis n'était plus qu'une maison immense réunissant une nombreuse famille.

Alors les jeunes gens s'aperçurent que Nathalie de la Borde au maintien le plus décent joignait la figure la plus enchanteresse. Le 10 thermidor, elle parut avec l'éclat de cette fleur timide, qui, pour briller encore, ouvre son calice aux premiers rayons du jour. Les vers sont enfants du bonheur, ou la ressource du délire; je ne pus résister au plaisir de lui faire connaître qu'un malheureux, dont les peines avaient été grandes, ne commençait à s'en distraire qu'en apprenant à l'aimer. Je lui adressai les deux couplets suivants, au nom de mon amoureux compagnon. Ah! combien j'aurais désiré la rendre sensible et l'intéresser au sort de mon ami!

COUPLETS.

Air : *Il pleut, il pleut, bergère.*

L'avenir se prépare
Pour embellir nos jours.
Le passé se répare,
Rappelons les amours.
Échappé du naufrage,
Un malheureux Français
Offre au ciel un hommage,
Ses vœux à tes attraits.

Pardonne, Nathalie,
Son téméraire amour;
La rose fait envie
Au matin d'un beau jour.

Laisse l'indifférence
Au séjour du malheur :
Le bonheur ne commence
Qu'où finit la rigueur.

Sophie de Magny, à la tournure la plus belle joignant l'œil le plus doux, s'entendit bientôt dire qu'elle était jolie. On remarquait la langueur touchante de la jeune Barbantane, et surtout l'amabilité de sa sœur, madame de Vassy. Aglaé de Bail lutinait tout le monde. Maurille, les mains dans un tablier, promenait une taille élégante. Depont, timide, paraissait avec le soir; les Grâces sont compagnes les deux Titon ne la quittaient jamais. Avec la nuit descendait la spirituelle et paresseuse Saint-Haon. La dernière veuve du dernier Buffon, oubliant ses peines, rêvait les plaisirs. Desmarets de Beaurains, belle, brune et malheureuse, se livrait à ses douloureux regrets. La bonne Montansier nous donnait les nouvelles, et quelques poissardes la bonne aventure. Je dois un tribut de respect et d'admiration à la ci-devant duchesse de Duras, bonne, douce, compatissante; elle a tout souffert, et souffre encore les privations nécessaires, les douleurs renaissantes enfantées par les malheurs et les chagrins. Sa vertu est au-dessus de tout éloge, et sa résignation de tout modèle.

Le Plessis n'était plus une prison; la porte était cependant toujours assiégée par une foule de personnes, que souvent les sentinelles, par un petit reste de robespierrisme, rudoyaient cruellement, quand, au travers des guichets ou même au-dessous, elles cherchaient à découvrir un parent, un ami, dont elles étaient privées depuis longtemps. J'ai vu les plus jolis visages braver la puanteur des égouts pour dire à un père, à un époux, combien ils étaient aimés, désirés dans leur famille, et les instruire des démarches qu'on faisait en leur faveur.

C'est à travers un de ces aqueducs pestilentiels que j'entendis un jour prononcer mon nom, et une voix douce et tremblante appeler un ami. Je n'éprouvai de ma vie une sensation plus douce. Hélas! depuis ma captivité, j'étais abandonné de la nature entière. Cet ange tutélaire, amie sans faiblesse, bienfaisante sans intérêt, n'avait deviné mes malheurs que par mon silence, et croyant encore pouvoir les adoucir, accourait du fond de sa retraite. Elle reçut avec l'eau infecte que charriait l'égout, les larmes d'attendrissement et de reconnaissance que m'arrachaient ses bontés. Oh! jamais, non, jamais je n'oublierai mon égout. Chaque jour y ramenait l'amitié, et c'est par lui que la consolation et l'espérance entrèrent dans mon cœur.

Les comités venaient d'être renouvelés; on pouvait sans effroi approcher du lieu de leurs séances et solliciter pour les malheureux. La voix de l'opprimé commençait à s'y faire entendre. Les oreilles farouches des anciens membres et commis se familiarisaient enfin avec les mots humanité et justice.

Alors les bons habitants de Neuilly, que la terreur longtemps avait comprimés, se rappelèrent qu'on avait arraché à leur commune, à l'asile qu'ils avaient offert à la proscription, cent quatorze individus de tout sexe, de tout âge, de tout état; ils s'ingénièrent pour leur être utiles et les rendre à la liberté. Tous les habitants vinrent nous réclamer; les chariots et les brandons vinrent nous prendre; mais des formes, des lenteurs prolongèrent notre captivité; on voulut nous rendre justice avec précaution. On avait fait le mal avec tant de zèle! La municipalité fut interrogée, et un moment l'arbitre de notre liberté. Les officiers municipaux ne voulurent rien faire en notre faveur. Le seul agent national sut être honnête homme, et, suivi de deux membres du comité de surveillance, vint au comité de sûreté générale avouer notre innocence. Nous fûmes enfin rendus à la liberté.

Suite des anecdotes sur la maison d'arrêt du Plessis.

Cet ancien collége était devenu, pour ainsi dire, l'entrepôt général de la Conciergerie; on y versait, dans le temps du triumvirat, une multitude de victimes de tout âge et de tout sexe, que les cachots de la Conciergerie ne pouvaient contenir; et cependant on faisait sortir tous les jours de cette dernière prison un grand nombre de victimes, pour les envoyer à la boucherie. Le Plessis était aussi le rendez-vous des accusés des départements, qui y arrivaient en foule, de sorte que la maison ne fut plus assez grande pour contenir les personnes qu'on y faisait refluer; on fut obligé de percer les murs qui touchaient à l'ancien collége de Louis-le-Grand, et ces deux édifices ne formèrent plus qu'une seule et même Bastille.

Les femmes habitaient les bâtiments du Plessis; elles étaient renfermées dans des greniers; on les apercevait à travers des lucarnes presque entièrement bouchées. On leur accordait une heure par jour pour respirer l'air dans la cour. C'était un spectacle déchirant de voir de jeunes personnes intéressantes par leurs grâces et leur beauté, des enfants en bas âge qui étaient élevés au milieu des larmes et du désespoir et qui n'avaient pour toute nourriture que du pain et de l'eau; car souvent leur mère infortunée n'était pas en état de se procurer quelques mets que vendait bien cher un avide traiteur.

Dans les bâtiments de l'ancien collége de Louis le Grand étaient les hommes; ceux qui sortaient de la Conciergerie bénissaient presque leur destinée, puisqu'au moins ils trouvaient dans leur nouvelle demeure un lit pour se reposer, et ils n'étaient pas entassés, comme dans l'autre maison, sur une paille pourrie que l'on renouvelait fort rarement.

Les portes du Plessis n'étaient point assiégées, comme celles de la Conciergerie, par une horde sanguinaire de femmes qui faisaient retentir aux oreilles des malheureux détenus le cri horrible : *A la guillotine!* et leur annonçaient, en vomissant les plus sales injures, le triste sort qui les attendait.

Toutes ces horreurs n'existaient pas dans cette prison; mais les agents de la tyrannie avaient su ménager aux prisonniers un autre genre de souffrances. En entrant, on les mettait dans une espèce de boyau, où ils restaient debout quelquefois dix heures entières, en attendant qu'il plût au guichetier de venir faire l'appel et de les envoyer dans un endroit particulier où ils étaient préliminairement fouillés avant de communiquer avec les autres détenus. Cette opération ne se faisait que trois jours après l'entrée de chaque nouveau prisonnier. On procédait alors à une visite très-rigoureuse ; les assignats excédant cinquante livres étaient enlevés; couteau, fourchette, boucles, tout disparaissait. J'ai vu un pauvre sans-culotte posséder une cuiller de fer, qu'il n'aurait pas cédée pour un très-grand prix, et qu'il baisait avec attendrissement; c'était tout son trésor. Il avait eu l'art de la soustraire aux yeux de tous les Argus. Il l'avait aplatie et avait eu la patience d'en faire un couteau bien tranchant, en l'aiguisant sur un pavé.

Une nuée de guichetiers circulaient perpétuellement dans la prison, pour épier les actions, les paroles, les regards et même la pensée des détenus. Ils n'avaient pas précisément l'aspect dur et farouche des guichetiers de la Conciergerie; c'étaient simplement d'anciens laquais qui n'étaient encore qu'à leur noviciat, et qui néanmoins avaient conservé la morgue et l'insolence des maîtres qu'ils avaient quittés.

Malheur à ceux dont la santé subissait des altérations; la maladie les dévorait. Peu ont pu échapper, et cependant on avait ordre de transporter les malades à l'hospice de l'Évêché; mais on aimait mieux laisser périr des malheureux que de les secourir. J'ai vu un officier de cavalerie qui demandait depuis trois jours à être transféré et qui fut trouvé mort dans son lit sans avoir reçu la moindre visite.

On avait répandu dans le public que le Plessis ne renfermaît que de grands conspirateurs, et dévoués à une mort certaine ; c'étaient, pour la plus grande partie, de vrais sans-culottes, d'intègres cultivateurs, qui ne concevaient pas même l'idée d'une conspiration. On y comptait aussi des jeunes gens qui avaient fait leurs études dans ce collége, sous le despotisme des prêtres, et qui en sortant étaient bien loin de penser qu'ils y reviendraient encore faire un cours de patience sous un despotisme plus dur. Ils se rappelaient les plaisirs de leur enfance, et le jeu de balle auquel ils s'étaient exercés autrefois servait à tempérer l'ennui de leur captivité.

Les mesures de sûreté générale avaient été prises contre eux avec une sagacité admirable. Ici, des portes énormes, de pesants verrous ; plus loin, des fenêtres surchargées de barreaux bien épais et croisés en tout sens, où le jour avait peine à pénétrer.

Toute communication extérieure était interdite ; les papiers publics et les nouvelles étaient consignés au guichet. Cependant on parvint à avoir connaissance du décret qui déclarait que la France reconnaissait l'Être suprême et l'immortalité de l'âme. « On va donc aussi reconnaître la justice et l'humanité, se disait chaque prisonnier ; notre sort va changer, on va nous rendre une liberté si injustement ravie. Nous pourrons célébrer avec nos frères la fête qui se prépare ; nous pourrons encore les serrer dans nos bras, et ce jour sera le plus beau de notre vie. »

Erreur funeste ! la fête est célébrée, et les massacres, loin de diminuer, continuaient dans une progression croissante, jusqu'au jour du supplice de Robespierre.

Avant la révolution du 10 thermidor, personne ne se couchait sans être poursuivi par la crainte de recevoir pendant la nuit son *extrait mortuaire* ; c'était ainsi qu'on appelait l'acte d'accusation d'après lequel on paraissait le lendemain au tribunal.

DIALOGUE DES MORTS.

LES PRISONNIERS DE LA FORCE.

Nous n'avons qu'un pas à faire pour descendre des prisons dans les enfers. Franchissons ce passage, afin de compléter par l'entretien des morts le tableau que nous devons aux souvenirs et aux relations des vivants.

Dans un dialogue dont l'auteur des DIALOGUES DES MORTS DE LA RÉVOLUTION, publiés à l'époque des procès de Carrier et de Delacroix, suppose que Custines fils et Basseville sont les interlocuteurs, nous trouvons quelques renseignements que cet auteur, qui avait signé le *Club infernal* du pseudonyme de *Pilpay*, a recueillis sur les prisonniers de la Force pendant son séjour dans cette maison.

.... CUSTINES. Nous avions pour concierge à la Force une femme supérieure à son état, humaine, sensible, disposée à secourir de tout son pouvoir les malheureux soumis à son inspection. La citoyenne *Baut* a obtenu, par une conduite sage et toujours soutenue, l'estime même des égorgeurs et la reconnaissance de tous ses prisonniers; mais les autres prisons n'ont pas eu le même avantage : il faut en voir le détail dans l'*Almanach des prisons*.

BASSEVILLE. Parmi nos compagnons d'infortune, vous aviez sûrement quelques personnes de ma connaissance?

CUSTINES. C'est possible. Je voyais peu de monde, je vivais retiré dans ma chambre au milieu de mes livres : la mort de mon père servait de prétexte à cette retraite, et mes compagnons se firent tous un devoir religieux d'en respecter la cause. Je me promenais deux heures le matin, deux heures le soir, causant peu, observant beaucoup. Ces hautes murailles grossièrement charbonnées de gibets et de vers mélancoliques, ces verrous énormes, ces guichetiers ivrognes, ces infortunés qui dansaient sur les bords d'un

LES PRISONNIERS DE LA FORCE. 455

volcan, ces jeux de barre, de ballon, de galoche, au milieu des espions et des bourreaux : tout cela prêtait infiniment aux méditations profondes et m'inspirait une sorte de rêverie douce, à laquelle je me livrais sans réserve. Cependant je connaissais à peu près tous ceux qui marquaient dans la prison : je vais vous les nommer.

Jacques Lemaire, ci-devant greffier du conseil ; esprit fin, malin observateur.

Pierre Rocquart, capitaine au régiment de Vivarais ; joueur, spadassin délié.

Antoine-François Chaselon, avocat ; visant à la folie.

Maximilien Rosset de Fleury, enfant prodigue, vrai chenapan (guillotiné).

Charles-Dominique Bertrand, d'une société douce.

Jean-Baptiste Bertrand, écolier, fils du ministre de la marine.

Chevalier Bertrand, joueur intrépide.

Alexandre Crève-Cœur, insolent et rampant.

Les deux *Brancas,* vieux, cassés, et tenant à tous les préjugés de leur caste.

Poujaud, fermier général ; raisonneur à perte de vue.

Mouchy (maréchal), toujours haut, malgré les leçons de l'infortune (guillotiné).

Linguet, non moins connu par l'aridité de son cœur que par l'excellence de son esprit (guillotiné).

Nicolas le Hurepoix, conseiller au Châtelet, ennuyeux et tranquille (condamné à la déportation).

BASSEVILLE. Tous les malheureux condamnés à la déportation n'ont-ils pas été noyés par ordre de Carrier?

CUSTINES. Non ; ceux de Paris étaient transférés à Bicêtre.

Pierre le Muet, figure d'écureuil.

Nortbert Conflans, soupçonné d'avoir voulu enlever le Roi ; pauvre hère.

Miranda, né au Pérou, habitant de l'univers, général français, aventurier romanesque.

Pierre Aublay, vieillard vert, avare, entêté; père d'une fille très-intéressante.

Pierre Doucet, officier de marine marchande; bon convive, mauvaise tête.

Jean-François Bérard, maquignon d'affaires obscures.

L'abbé *Guitry*, parasite et comédien.

Jean-Pierre Gallais, homme de lettres; observateur difficile et froid.

Béthune-Charost fils, cerveau brûlé (guillotiné).

Talleyrand-Périgord, ci-devant commandant en Languedoc; plein d'honneur.

Mirepoix-Lévis, constituant; avare dégoûtant (guillotiné).

Michel Gamache, vivant d'expédients (guillotiné).

Denis Morin, homme d'affaires de la du Barry (guillotiné).

Adam Lux, député de Mayenne; caractère exalté, amoureux de Charlotte Corday (guillotiné).

Vincent de Lorme, du Mont-de-Piété; nauséabond.

Ville-Harnois, maître des requêtes; mœurs antiques.

Saint-Roman, conseiller au parlement; chroniqueur de basse-cour (guillotiné).

Edme Fauvelet, chef d'un encan national; patriote ardent et fou.

Gonchon, figure révolutionnaire; cœur droit.

Guiraut, célèbre aux Jacobins; buveur de sang.

Duval, chanoine du Mans; espèce de furet à toute chasse.

François Brisolier, girouette à tout vent.

De Malitourne, bénédictin; fameux solliciteur de procès au parlement de Paris.

Alexandre Brion de Saint-Cyr, maître des comptes; froid et compassé.

Jean-Baptiste Saint-Cernin, inspecteur des manufactures de Charleville.

François Paulmier, intrigant, d'une belle figure (guillotiné).

Jean de l'Huis, maréchal de camp, bon officier.

Auguste-Louis Reubell, soi-disant marquis.

Daché, officier de marine, généralement estimé.

Nicolas Brisseau, procureur au Parlement; Harpagon très-ridicule.

Jean-Baptiste Duval de Beaumontel, lieutenant-colonel cassé (guillotiné).

Louis Basset de la Marelle, président du grand conseil; figure ouverte (guillotiné).

Son fils, bête et joli danseur (guillotiné).

Emmanuel-Jean-Marie Langlois de Villepaille, écuyer cavalcadour, fils naturel et vivant portrait de Louis XV, procureur général des plaisirs de la Force.

André-Marie Guzman, Espagnol; tête forte et pensante, manouvrier de révolution (guillotiné).

Basseville. N'est-ce pas ce même Guzman qui fut un des principaux acteurs de la révolution du 31 mai?

Custines. Lui-même. S'il avait été ou cru, ou secondé, la révolution du 31 mai eût pris une autre tournure : il eût fait sauter la Convention.

Jean Ménard de Chousy, figure étrangère, esprit facile, naissance équivoque (guillotiné).

Charles Paris, d'abord valet de chambre, puis proxénète, puis courtier d'affaires.

Rivarol (Chevalier), ayant toute la fatuité de son frère, sans en avoir ni les grâces ni l'esprit.

Ledoux, architecte, ne rêvant et ne parlant que de colonnes aux cinq douzièmes.

Ferrière-Sauvebœuf, cachant fort bien, sous une écorce de bavardage, un peu d'intrigues subalternes.

Moutonet, employé dans les charrois; d'un commerce sûr et agréable.

Baune, chef des charrois; formes hollandaises, caractère français (guillotiné).

L'abbé *d'Espagnac*, un des plus forts calculateurs du siècle; immoral (guillotiné).

Du Couédic, penseur systématique, pédant solitaire, révolutionnaire par boutades.

Botterel de la Bretonnière, chanoine de Vannes; costume sale, mœurs douces.

Laveau, juge du tribunal du 17 août; rire fin, figure fausse.

Després, *Sabattier*, administrateurs de la Compagnie des Indes; deux frères liés d'une amitié touchante et rare.

Château-Briant, jeune homme épuisé (guillotiné).

Bochard de Saron, président du parlement de Paris; simple dans ses mœurs, très-savant en astronomie (guillotiné).

Boutibonne, adjoint à la commission de la guerre; de l'esprit et de la probité.

Taillaisson, conseiller au parlement de Toulouse; joueur et boiteux.

Vandeniver père et fils, connus dans toute l'Europe par l'excellence de leur papier et en France par l'abondance de leurs bienfaits (guillotinés).

Chancourt, intendant du ci-devant duc de Montmorency; homme faible et tripotier (guillotiné).

Thomasini, deux frères portugais; du bon sens.

Thouard, receveur général des finances; jeune homme sans esprit et très-amoureux de sa femme (guillotiné).

Trenonet, receveur général des finances; des habitudes tranquilles.

Titon fils, excellent convive, figure franche et ouverte.

Buscher, Flamand, chevalier d'industrie, galopin diplomatique.

Boutray, payeur de rentes; figure patriarcale, tête faible.

Balagny, ci-devant portemanteau du Roi; homme cassant et nerveux.

Volney, constituant, homme de lettres, marchant sur la même ligne, parlant sur le même ton, suivant la même idée.

Grouvelle, durement honnête homme.

Guillaume, général divisionnaire, bon mathématicien.

O'-Moran, général divisionnaire, bon soldat (guillotiné).

Chancel, général divisionnaire; ennuyeux conteur de ses prouesses (guillotiné).

Latouche, ci-devant chancelier du duc d'Orléans; belle figure, conduite adroite, ayant toujours joué de bonheur.

Janville, le complaisant de tout le monde (guillotiné).

Montaran, intendant des finances; faisant du bien.

Bacon de la Chevallerie, jouissant d'une réputation équivoque du côté de la probité, mais non du côté de l'esprit.

Le baron de Trenck, gourmand, espion, aventurier sans esprit (guillotiné).

Les deux *Montigny*, officiers de la marine marchande; se livrant fort peu.

Saint-Chamond, ayant encore des restes de son antique beauté.

La Freté, receveur des finances; fat.

Vergniaud, parleur aimable et politique inexcusable (guillotiné).

Valazé, penseur solitaire (poignardé).

Kersaint, fier matamore (guillotiné).

Dussaux radote.

Salmon tremble.

Mercier végète.

Laurençot joue à la galoche.

Blade s'impatiente et se foule un nerf.

Royer dit son bréviaire.

Olivier Gérente se prend à toutes les branches.

Aubry recorde ses faits militaires.

Faure allume sa pipe.

Lamarre ne s'embarrasse de rien.

BASSEVILLE. Ces treize derniers sont des députés de la Convention.

CUSTINES. C'est vrai; j'étais lié avec les trois premiers.

Vigier, taillé en Hercule.

Laclos, auteur des *Liaisons dangereuses;* figure basse, esprit infernal.

Les deux *Thélusson*, amis des beaux-arts.

Vilmenau, ami du repos.

Francœur, ami de tout le monde.

Langlois, œil vif, taille courte, esprit net, cœur excellent.

Ricard, négociant, parlant peu et mangeant toujours.

Lacroix, généalogiste, farceur sans gaieté, conteur sans vérité.

Dangé, administrateur de police, ci-devant frotteur; insolent coquin (guillotiné).

Voilà ceux que j'ai remarqués, et dans leur nombre vous voyez qu'il y en a eu une partie de guillotinés; l'autre eût suivi, sans la catastrophe du 9 thermidor.

BASSEVILLE. C'étaient ces infortunés que les journaux vendus au parti sanguinaire appelaient des scélérats, des conspirateurs, des contre-révolutionnaires, etc.

LES JOURNALISTES ET LES PAMPHLETS
DE LA RÉACTION THERMIDORIENNE.

DIALOGUE ENTRE MADAME ROLAND, SULEAU, D'ORLÉANS
ET PHÉLIPPEAUX.

Le petit volume du *Dialogue des morts* est fort rare. La difficulté de se le procurer nous décide à en extraire encore un dialogue, bien que celui-ci ait beaucoup moins de rapport avec notre sujet que le précédent; mais il renferme sur les écrits, sur les journalistes du temps, dont un bon nombre fut incarcéré, des renseignements qu'on chercherait vainement ailleurs.

.... Madame Roland. Voilà un très-joli miroir, monsieur, qu'est-ce que ça vaut?

Suleau. Ce miroir, madame, est impayable. En France comme en enfer, vous chercheriez en vain son pareil. Une coquette peut y voir sa vanité presque aussitôt que sa parure; un sot, sa sottise en même temps que son importance. Bien des femmes y voient plus de beauté que de modestie, bien des hommes plus d'ambition des places que d'amour de la patrie.

Phélipeaux. Le voilà qui commence.

Suleau. Oui, je commence, et sans préambule. Ce n'est pas avec vous autres républicains qu'il faut user de précautions. Vous avez tant répété que vous ne connaissiez ni les convenances de société, ni les égards de la prudence, lorsqu'il s'agissait de vos devoirs, que de brusquer les formules et de dédaigner l'usage c'est vous servir dans votre genre, c'est *aller au pas*. Je franchirai donc tous les intermédiaires, je nommerai les choses par leur nom : j'appellerai un chat un chat, et Barère un fripon. Tant pis pour ceux qui se reconnaîtront dans mon miroir. Est-ce ma faute à moi si cette glace trop fidèle représente *Billaud* sous les traits d'un tigre, *Barère* sous ceux d'un renard, *Collot* sous la forme d'un orang-outang, *Vadier* sous celle d'un porc-épic? Voyez la *Ménagerie des Jacobins*. Je n'invente pas, je ne suis que le démonstrateur des merveilles de mon miroir.

Ce miroir, madame, est l'écueil de toutes les réputations, le scandale de tous les patriotes, et le désespoir de tous les charlatans. C'est en s'y regardant l'autre soir que *Robert Lindet*, qui se croyait sauvé du naufrage de l'ancien comité de salut public, et à qui on a fait, on ne sait trop pourquoi, une réputation d'esprit et de probité, s'est aperçu qu'il avait des yeux de lynx, des oreilles d'âne, et un pied de nez, ce qui lui composait un des plus drôles de masques de la Révolution, comme dit *Edme Petit*, député de l'Aisne et membre du comité d'instruction publique.

Un jour, *Legendre, Tallien, Lecointre, Fréron* et *Cambon* voulurent, après boire, tenter l'aventure du miroir, et ils se convainquirent :

Le premier, qu'il tenait son courage de la nature, ses principes des circonstances, son patriotisme de Danton, ses idées de tout le monde ;

Le second, qu'il marchait entre deux écueils également dangereux : entre l'anarchie, qui le regrette, et l'aristocratie, qui l'appelle. Le pas est glissant ; il n'a qu'à bien se tenir ;

Le troisième, que son caractère prévoyant, soucieux, austère, opiniâtre, l'avait rendu propre à se faire l'instrument d'un parti pour en désespérer un autre ;

Le quatrième, que son esprit facile, ouvert, léger, inconstant, changeant volontiers d'amis, de maîtresses, de sociétés, de lieux et d'opinions, lui assurait plutôt les triomphes du boudoir que des succès à la tribune.

PHÉLIPEAUX. Ils ne se sont pas vantés de la découverte.

SULEAU. Vous savez, madame, combien chacun est habile à faire le point de liaison qui unit ses passions à une vertu, chacun veut rapprocher d'une qualité le défaut naturel de son caractère. Ainsi le brutal *Montaut* s'honorait de sa franchise, le lâche *Randon* vantait sa prudence, l'Harpagon *Vadier* citait son économie, l'équivoque *Thuriot* prétendait au rôle de conciliateur, l'hypocrite *Dupin* citait son modeste pot-au-feu, le verbeux *Fourcroy* se croyait orateur..... Tous ces gens-là, et beaucoup d'autres, sont venus ce matin dans ma boutique; ils ont consulté le miroir, et leur masque est tombé.

La glace n'en est pas moins bonne, madame, et quoique mainte fille qui passe pour vierge, et maint voleur qui passe pour bon patriote, ne s'y voient pas tels, cela n'empêche pas que la glace de mon miroir ne soit admirable.

MADAME ROLAND. Je le prends, mais je tremble de m'y regarder; je crains qu'il ne me montre plus de défauts que je ne me soucie d'en voir.

SULEAU. Ne craignez rien, madame; à la vanité près, qui fait le tort et souvent le charme de votre sexe, vous pouvez impunément regarder dans mon miroir; vous y verrez une femme aimable, à qui on l'a dit mille fois sans lui faire tourner la tête, une femme célèbre par son esprit, et qui, *à la barre de la Convention, força, par les grâces de son éloquence, ses plus acharnés ennemis à se taire et à l'admirer.*

D'ORLÉANS. Mais quel est, je vous prie, l'usage de ce petit extrait de bijou que j'aperçois là?

SULEAU. Cette petite boîte, monsieur, je puis d'abord vous dire que c'est une très-grande curiosité; car c'est bien la plus petite boîte qu'on ait jamais vue.

D'ORLÉANS. Sur ce pied-là, vous feriez mieux de l'appeler une très-petite curiosité.

SULEAU. Vous pensez juste, monsieur; cependant, toute petite qu'elle est, cette boîte peut aisément contenir la probité de nos marchands, la bonne foi de nos administrateurs, le civisme de nos citoyens, l'expérience de nos vieux commis et la tendre humanité de nos financiers. Essayez, monsieur, et tâchez de mesurer avec ses dimensions le génie des poëtes révolutionnaires, le charme des spectacles patriotiques, la modestie des agents nationaux et la contrition des Jacobins, et je parie la boîte, que vous la trouverez beaucoup trop grande.

Ce n'est pas tout, monsieur, le fond de cette boîte, ouvrage précieux du grand *Merlin*, est un vrai moule à métamorphoses.

Ce matin, *Dugazon* croyait y voir un excellent comédien et le rival de *Préville;* il n'y vit qu'une charge ridicule, un vieil histrion recrépi, un fiacre de cabriolet, un turlupin fort peu comique. *Talma*, votre grand *Talma*, ne s'imaginait-il pas être le *Roscius* moderne, en comparaison de qui *Baron*, *Garrick*, *le Kain* et *Larive* n'étaient que de très-petits garçons; eh bien, en sortant de jouer *Timoléon*, il voulut consulter la boîte à *Merlin;* il y fut pris comme les autres; il n'y vit qu'un froid énergumène, qui crie, qui hurle et qui roule des yeux effrayants.

Chénier, en consultant la boîte, fut tout surpris de trouver ses pièces à la glace. *Sylvain Maréchal* vit les siennes traînées dans la boue.

On cherchait depuis longtemps un thermomètre moral; cette boîte, monsieur, ne pourrait-elle pas en servir, puisqu'elle peut sonder les profondeurs de l'amour-propre, mesurer les affections de l'âme, développer les sentiments du cœur? Avec cette boîte, j'analyse sans difficulté la moralité de nos juges, je démasque sans pitié l'imposture de nos patriotes, j'humilie sans scrupule l'insolence de cette foule de commis ignares, ramassés dans les mauvais lieux, et par *Cambon*, *Barère* et *Normandie*. Quel cas *Platon*, *Épicure*, *Montaigne*, *Addison* et *la Bruyère* n'eussent-ils pas fait d'une pareille boîte?

Je sais que *la Harpe*, tour à tour esclave et républicain, selon le vent, tour à tour détracteur et partisan du nouveau régime, selon le danger, n'aimera pas une boîte perfide, qui a révélé ses faiblesses, ses jalousies, sa sécheresse et sa vanité; mais qu'importe le jugement de *la Harpe?*

Target l'aimera-t-il davantage, lui dont elle a publié la

complicité avec le comité révolutionnaire de l'Homme-Armé? En vérité, *Target* n'avait pas besoin de cette nouvelle forfanterie pour être honni de toute la France. L'ineffaçable ridicule de ses fausses couches et l'insolente bêtise qu'il mit à son refus de défendre Louis XVI l'avaient déjà placé au-dessous de son ami *Charendon*.

Garat, jadis plat valet des grands qui lui donnaient et lui promettaient des pensions, aujourd'hui protecteur insolent des sans-culottes qui caressent sa vanité; *Garat,* successivement législateur, journaliste, ministre de la justice, commissaire d'instruction et professeur normal, mais toujours plat dans sa conduite, équivoque dans ses opinions, entortillé dans son style, *Garat.....* Vous le connaissez, monseigneur?

D'Orléans. Oui, beaucoup.

Suleau. Eh bien! ce *Garat* m'a fait offrir le portefeuille que vous lui donnâtes le 8 mars 1793, si je voulais briser cette boîte trop véridique.....

Madame Roland. Comment avez-vous reçu cette offre?

Suleau. Je ne daignai seulement pas lui répondre.

D'Orléans. Mais enfin quel prix mettez-vous à cette boîte?

Suleau. Elle est sans prix, monsieur, pour tout le monde; mais comme il faut vendre, elle est de dix-sept louis pour vous.

Phélipeaux [1]. Voici une fort belle lunette; je pense, citoyen, que cela doit être amusant à la campagne.

Suleau. Oui; c'est la chose du monde la plus réjouissante en ville comme en campagne; car telle est la nature de ce verre, que si vous regardez par le bout A B, vous agrandissez les objets, vous les rapprochez de vous, vous les discernez clairement..... Pardon, citoyen, si je prétends vous apprendre une chose que vous croyez savoir aussi bien que moi... Mais tournez de l'autre côté, regardez le bout C B,

---

[1] Nous reproduisons l'orthographe des noms propres telle qu'elle est donnée par les auteurs, bien qu'elle soit souvent défectueuse. *Phélipeaux* est ici pour *Philippeaux*. Ces fautes dans l'orthographe des noms se rencontrent parfois jusque sur le titre des ouvrages qui se trouvent signés de ces noms.

et voyez comme les objets sont diminués, éloignés, rendus imperceptibles.

C'est par ce bout, citoyen, que nous examinons nos défauts, que nous caressons nos vices, que nous découvrons nos sottises; mais si nous voulons juger celles des autres, il faut avoir soin de retourner la lunette. Avec quel plaisir nous contemplons l'orgueil de nos rivaux et la bêtise de nos ennemis! Regardez, citoyen; faites-en l'essai vous-même, lorgnez par ce bout dénigrant mes confrères, anciens et modernes, les journalistes qui se promènent dans le jardin.

PHÉLIPEAUX, l'œil appuyé sur la lunette : j'aperçois *Méhé, l'ami des citoyens*, qui confond sans cesse ses opinions avec les principes, et qui prend son humeur morose pour du zèle patriotique;

Dussault, l'orateur du peuple, dont les éloquentes déclamations et les répétitions adroites n'ont pas peu contribué à la chute des Jacobins, mais qui, de ce triomphe partagé, n'a pas reçu le droit exclusif de distribuer des brevets de libellisme et d'aristocratie à qui refuse de marcher sous ses superbes bannières. *Dussault* devrait être plus sobre de petites calomnies, quand il a tout à redouter de la médisance.

MADAME ROLAND. *Dussault* ne rédigeait-il pas la *Correspondance politique* lorsque les fermiers généraux furent légalement assassinés?

SULEAU. Oui, madame.

MADAME ROLAND, froidement. Cela suffit.

PHÉLIPEAUX continue : Je vois l'abbé *Poncelin*, propriétaire de trois ou quatre journaux, et particulièrement du *Courrier républicain*, rédigé par *Beaulieu*, lequel renferme depuis un mois quelques morceaux de politique bien frappés, pour faire oublier qu'il n'était sous le tyran que le copiste exact de ses flagorneurs et le nomenclateur fidèle de ses assassinats.

Turbat, rédacteur de la *Petite Feuille de Paris*, dans laquelle on retrouve le même esprit, les mêmes épigrammes, la même politique qui amusait jadis la cour et la ville.

Bérard, propriétaire et quelquefois corédacteur du *Bulletin républicain*, sans couleur et sans vertu comme l'auteur.

Leriche, un des rédacteurs du *Messager du soir* ou *Gazette générale de l'Europe*, la seule feuille du soir qui ait du mérite et du style.

Gracchus Babeuf, tribun du peuple, charlatan de place, écrivain téméraire, patriote ardent.

Dusaulchoy, rédacteur de la *Fusée volante*, ci-devant du *Contre-Poison*, courant après l'épigramme et l'esprit.

Lagarde, rédacteur du journal de *Perlet*, vrai caméléon, toujours rampant, qui a su résister aux orages, et gagner par sa persévérante marche tout ce que les autres ont perdu.

Chas, rédacteur du *Postillon des Armées*, qui porte le nom de *Crétot*. Ce *Crétot* a su se faire trois ou quatre réputations, sans pouvoir arriver à celle d'honnête homme.

Ducray-Dumesnil, qui néglige les *Petites Affiches* pour de petits romans bien niais et de petites comédies bien patriotiques, qui lui assurent une petite réputation bien équivoque.

Mithais, rédacteur du *Thélégraphe politique*, consacré à venger les cendres des Jacobins.

PHÉLIPEAUX reprend sa lorgnette : J'aperçois *Lachapelle*, un des rédacteurs du *Moniteur*, la plus volumineuse compilation des travers de l'esprit humain. Je conçois que nos neveux aimeront à y retrouver les éloquentes diatribes de *Mirabeau*, les amplifications de *Brissot*, les fureurs de *Marat*, et jusqu'aux hypocrites discours de *Robespierre*; mais qui s'embarrassera, dans cinquante ans, des carmagnoles de *Barère*, des vociférations de *Gaston*, des frénésies de *Duhem*? qui voudra se donner la peine de chercher une idée politique, noyée dans un océan de mots, et renfermée dans vingt-cinq volumes de sottises [1] ?

---

[1] Cette ruade ne sauvera point à l'auteur le titre de jacobin, dont il a servi le parti, comme on sait, dans le *Bulletin national* et dans le *Club infernal*; mais les jacobins le vengeront en lui faisant couper le cou, si jamais ils peuvent se ressaisir du fatal couperet. (*Note de l'auteur.*)

Charles Duval, rédacteur du *Républicain* ou *Journal des Hommes libres*. Si la liberté n'avait jamais eu d'autre organe, elle n'aurait ni autant d'ennemis, ni autant de partisans.

Audoin, collaborateur et propriétaire du *Journal universel*, où l'on trouve des injures sans esprit et des dénonciations sans preuves.

Bassal, ci-devant curé de Versailles, rédacteur du *Journal de Paris*, qui ne se soutient plus aujourd'hui que par son nom.

Fortier l'aîné, imprimeur et propriétaire de la *Correspondance politique*, jadis fort bien faite, lorsque *Dussault* et *Nicole* la rédigeaient, mais qui ne renferme plus aujourd'hui que des nouvelles de la veille et des lambeaux de brochures, qu'on ne se donne pas la peine de citer.

Nicole, rédacteur du *Courrier universel* ou *Écho de Paris*, où l'on reconnait la plume exercée d'un ancien écrivain périodique et le style prudent d'un homme corrigé par le malheur.

Joubert, propriétaire et rédacteur de l'*Auditeur national*, girouette à tout vent.

Salaville, rédacteur des *Annales patriotiques*. Il a eu au moins le courage du silence pendant la tyrannie.

Rouhier, rédacteur des *Annales de la République*; esprit des autres journaux.

Prévot de Saint-Lucien, rédacteur de la *Vedette*; ennuyeux protée; malheur à qui a suivi ses variations.

David, rédacteur du *Journal des lois*, signé *Galetti*, qui n'a pas toujours eu l'intérêt qu'on y trouve aujourd'hui.

Richer-Serizy, rédacteur de l'*Accusateur public*, qui sera intéressant s'il tient tout ce qu'il promet.

PHÉLIPEAUX. Mais ne voit-on que des journalistes dans cette lunette?

SULEAU. Pardonnez-moi, citoyen; on y voit tout ce qu'on veut y voir : c'est avec cette lunette que je découvre, sans bouger d'ici, les loges de Paris et les bêtes curieuses qu'elles renferment. Ces bourgeoises citoyennes, qui négligent leur ménage pour aller siffler dans les tribunes ce qu'elles n'entendent pas; ces instituteurs d'écoles primaires, qui enseignent la géométrie, l'histoire, la géographie, la tactique militaire, l'hydraulique, et ne savent pas lire; ces jeunes élèves de Saint-Martin, habillés de bleu et de rouge, qui servent d'estafettes à *Léonard Bourdon;* ces élégants en pantalon serré, qui mâchent une ariette en se balançant sur leurs reins cassés; ces gardes nationaux qui, plus exigeants, plus insolents, plus injustes que les sbires de l'ancienne ferme, oublient qu'ils exercent une autorité éphémère, souvent arbitraire, qu'on exercera le lendemain contre eux; ces enfants de Mars qui vont dépenser dans un jour, chez *Méo,* le fruit d'une campagne de six mois; ces commis de la guerre ou des finances qui brûlent les poêles lorsque les honnêtes citoyens meurent de froid; ces administrateurs ignorants ou imprévoyants qui coupent les bois de Boulogne et de Vincennes; ces charlatans de place..... Je ne finirais pas, citoyen, si je vous racontais toutes les découvertes de ma lorgnette, tous les moyens de bannir l'ennui, tous les secrets de s'amuser sans s'afficher, tous les ressorts même de l'égoïsme, je ne néglige rien pour nourrir dans mes pratiques le besoin d'avoir recours à ma lunette.

PHÉLIPEAUX. Combien vaut-elle, citoyen?

SULEAU. Nous ferons un échange; vous me donnerez la quatrième édition de votre *Mémoire posthume*, et je vous donnerai ma lunette.

MADAME ROLAND. Non pas moi, monsieur. Avant de sortir, je veux parcourir les nouveautés de *Suleau*, dont les *déclamations* ne m'ennuient pas encore.

SULEAU. Voyez, madame; ce sont des *dictionnaires*, des *pamphlets*, des *ouvrages philosophiques.* Prenez et lisez.

MADAME ROLAND prend une brochure intitulée *Dictionnaire inutile.* Ce titre au moins est modeste, si l'ouvrage ne vaut rien.

SULEAU. Pardon, madame; ce dictionnaire n'est pas mauvais. L'enjouement et la malignité y remplacent l'exactitude des définitions grammaticales ; mais pour cent *Beauzée*, nous n'avons pas deux *Lucien*.

Tandis que *Phélipeaux* parcourt les *Crimes des comités*, par *Lecointre*, et que *Philippe d'Orléans* cause avec des filles, Madame Roland lit tout haut :

Arbre de la liberté. On n'a jamais trop connu le rapport qu'il y avait entre un arbre desséché, garni de rubans et surmonté d'un bonnet rouge, et la liberté, dont nous avons fait notre unique divinité : c'est égal. Cet arbre, devenu son emblème, n'en a pas moins obtenu nos hommages et notre culte le plus religieux. Plus redoutable que ne le furent jamais l'image de Néron, la botte de Charles XII et le bonnet de Gesler, il fut un temps où le regarder de travers, le toucher irrévérencieusement, l'abattre, étaient des crimes capitaux et des arrêts de mort. Au reste, c'est le troisième arbre célèbre dans l'histoire des folies humaines.

Bonnet rouge. Fut la coiffure révolutionnaire des patriotes, des Jacobins, des présidents de section, des juges, des guichetiers, de tous les polissons qui trouvaient fort commode de rencontrer, sous ce bonnet mystagogique, les talents de toutes les places, et l'impunité de tous les crimes.

Brissotins. Partisans de *Brissot*. C'était un des trente sobriquets inventés, sous la tyrannie de *Robespierre*, pour signaler les modérés et les amis des lois. Et, en vérité, *Brissot*, le plus faible des hommes, le plus indiscret des amis, était non plus destiné à faire un chef de parti que *Marat* à faire un dieu.

Phélipeaux. Celui que je tiens et que je parcours mérite la plus sérieuse attention : *Les crimes des anciens membres des comités de salut public et de sûreté générale*, par *Laurent Lecointre*. C'est un traité de mathématiques qu'il faut avoir le courage de lire, et dans lequel l'histoire ira puiser des matériaux authentiques..... Suivons les nouveautés..... *Fragments pour servir à l'histoire de la Convention*, par *J. J. Dusault.*

Suleau. La partie biographique de ce pamphlet est encore

plus remplie d'erreurs que d'esprit; la partie historique est étranglée et trop scandaleusement sacrifiée à l'envie de paraître tenir la balance égale entre les deux grandes sections de la Convention.

PHÉLIPEAUX. *Causes secrètes et Continuation des causes secrètes de la révolution du 9 thermidor*, par *Villate*.

SULEAU. Une sorte de vigueur dans le trait, des anecdotes peu connues, de l'humeur et des vengeances personnelles, composent cet ouvrage, qu'on lit avec plaisir, sans pouvoir en estimer l'auteur.

PHÉLIPEAUX. *Les Paradoxes, ou Cinquième dialogue des morts de la Révolution*, par l'auteur du *Club infernal*.

SULEAU. Des idées qui paraissent hardies, et qui ne sont que vraies; des opinions qu'on regardera comme aristocratiques, et qui ne sont que sages; des projets qu'on traitera d'insensés et qui ne sont que précoces; voilà ce qui distingue avantageusement cet opuscule, qu'un journaliste a eu le courage de traiter de *libelle*.

PHÉLIPEAUX. *Le Procès du 31 mai ou la Défense des soixante et onze représentants*, par *Michel-Edme Petit*, député de l'Aisne.

SULEAU. On est fâché qu'un homme qui écrit avec cette force et cette justesse n'écrive pas plus souvent.

PHÉLIPEAUX. *Le Spectateur français pendant la Révolution*, par *Delacroix*.

SULEAU. Cet ouvrage, sans plan, sans méthode et sans énergie, comme tous ceux de l'auteur, serait resté dans la classe des ouvrages médiocres, sans la soudaine dénonciation qu'en a faite Duhem, qui passe pour l'avoir commandé. Mais que cette étrange dénonciation n'ait été qu'un jeu pour détourner l'attention publique, ou qu'elle ait été, en effet, le produit d'un grand zèle patriotique, toujours est-il vrai qu'en l'accueillant avec cette âpreté, et en décrétant l'auteur de prise de corps, la Convention s'est reportée au 8 thermidor, et s'est montrée l'émule de *Robespierre* plutôt que l'amie des principes.

Phélipeaux. *Étrennes aux amateurs du bon vieux temps.*

Suleau. Le seul mérite de ce pamphlet est d'avoir osé laissé percer trop crûment des vœux pour le retour des rois et des prêtres. *Quod Deus omen avertat.*

Phélipeaux. *Mémoire posthume de Phélipeaux.*

Suleau. Les morts ne font point de compliments.

Phélipeaux. Ils savent dire et entendre la vérité.

Suleau. Eh bien! ce mémoire est lourd, diffus et souvent niais. Le seul mérite que j'y trouve, c'est le courage de la vérité, et le seul intérêt qu'il inspire se trouve tiré du sort infortuné de son auteur.

Phélipeaux. Vous n'êtes pas flatteur. *Almanach des prisons,* par *Leriche.*

Suleau. Ouvrage de circonstance, que le public a dévoré avec d'autant plus d'avidité qu'il était affamé d'anecdotes et depuis longtemps sevré de lectures.

Phélipeaux. *Tableau des prisons de Paris sous la tyrannie de Robespierre,* par *Riouffe.*

Suleau. C'est ce qu'on a de mieux écrit et de mieux pensé dans ce genre.

Phélipeaux. *Éléments de morale républicaine,* par *Durosoy et de Laurent.*

Suleau. Je suis las de répéter que l'ostentation républicaine n'a produit que des phrases parasites, des lieux communs et de la crème fouettée.

Phélipeaux. *Du Tribunal révolutionnaire,* par *J. B. Sirey.*

Suleau. L'auteur connaît parfaitement la jurisprudence et les abus de ce tribunal assassin, qu'il appelle sans hésiter un instrument de tyrannie essentiellement dévoué au vouloir d'un parti dominateur. On regrette que le style d'un pareil ouvrage, au lieu de glacer l'âme des lecteurs, ne brûle pas le papier.

Phélipeaux. *La Vérité sur la faction d'Orléans* ou *Discours de Jean-Baptiste Louvet sur la conspiration du 10 mars* 1793.

Suleau. C'est une vieillerie qu'on a revêtue d'une couverture neuve et passablement bête ; le discours, au reste, ne l'est pas, et n'avait nullement besoin d'un titre subsidiaire pour réussir.

Phélipeaux. *Tableau des persécutions que Barère a fait éprouver à Dubois-Crancé pendant quinze mois.*

Suleau. C'est un récit assez maigre de petites horreurs commises par de grands scélérats.

Phélipeaux. *Plaidoyer dans le procès du comité révolutionnaire de Nantes*, par le citoyen *Villenave*.

Suleau. Moins fastueux, mais bien plus éloquent que celui de *Tronçon-Ducoudray*, ce tableau de la ville de Nantes pendant la tyrannie est tracé de main de maître.

Phélipeaux. *Des commissions et des comités.*

Suleau. L'auteur, homme d'esprit, n'a pas eu celui de cacher le bout de l'oreille.

Phélipeaux. *Guerre de la Vendée,* par *Lequinio.*

Suleau. Pourquoi l'appareil de la philanthropie, quand on a le courage de répéter deux fois cette phrase homicide : « Si la population qui reste dans la Vendée n'était que de » trente ou quarante mille âmes, le plus court sans doute, » pour finir cette guerre, serait de tout égorger ». Pages 22 et 232. Certes, *Carrier* ne parlait pas encore si hardiment. Du reste, l'auteur reste froid au milieu des horreurs qu'il raconte.

Phélipeaux. *Réponses de Barère et de Billaud aux inculpations de Lecointre.*

Suleau. Ces deux mémoires apologétiques ont paru à huit jours d'intervalle ; celui de Barère n'a pas même le mérite de ses *Carmagnoles* d'un style léger ; celui de Billaud est encore plus lourd, et aucun des deux n'a osé entamer la question qui les met à la gêne.

Phélipeaux. *Histoire de la conjuration de Maximilien Robespierre,* par *Montjoie.*

Suleau. Cet ouvrage, imprimé à Lausanne, n'est point encore publié à Paris : je doute qu'il y fasse fortune, quoiqu'on y trouve d'importantes leçons et de grandes vérités ;

mais l'auteur était trop loin de la scène pour en juger les acteurs, et ses jugements ressemblent aux anciennes modes de la province.

Phélipeaux. *Laflotte à ses concitoyens.*

Suleau. Ceux qui ne connaissent pas l'auteur de cette affiche se sauveront de l'ennui en courant; ceux qui le connaissent ne pourront le sauver du mépris après l'avoir lu. Ce *Laflotte*, réfugié chez une ci-devant ambassadrice, est un de ces mille insectes venimeux qui ont piqué, mordu et empoisonné pendant le règne des assassins, et qui n'ont rien de mieux à faire pendant celui des lois que de se renfermer dans leur obscure chrysalide, s'ils ne veulent pas être écrasés sous le poids de la justice.

TABLE

DES NOMS DES PERSONNES

MENTIONNÉES ET CARACTÉRISÉES DANS LES RELATIONS
QUE REPRODUIT CET OUVRAGE [1].

Agouges (madame d'), 432.
Amans, 257, 263.
Amelot, 261.
Aublay (Pierre), 456.
Aubry, 459.
Audoin, 468.
Audoin (madame), 350.
Audot, 7 et 26 et suiv.
Ayen (duchesse d'), 226.
Aymerie, 367, 369.
Azincourt (d'), 274.

Babeuf, 467.
Bacon de la Chevallerie, 459.
Bail (Aglaé de), 449.
Bailly, 106, 166.
Balagny, 458.
Barbantane (mademoiselle de), 449.
Barère, 462.
Barnave, 196.
Barrassin, 197 et suiv.
Barré, 108.
Bascher, 458.
Bassal, 468.
Basseville, 454.
Batz (baron de), 220.
Baune, 457.
Bazire, 218, 247 et suiv., 368.
Bazire (M. et madame), 323 et suiv.
Beau (madame), 429, 454.
Beau, concierge, 96.
Beaufort (madame de), 333, 358, 371.

Beauharnais (madame de), 375.
Beaulieu, 191 et suiv., 466.
Beaumarchais (Caron de), 30 et suiv.
Beausire, 256.
Beauvoir (de), 374.
Béchard de Saron, 458.
Benoît (l'administrateur), 353 et suiv., 363.
Benoît (mouchard), 257, 266.
Benoît, 235 et suiv., 248 et suiv., 253.
Béranger (femme Dubois [2]), 115, 261 et suiv.
Bérard, 456, 467.
Bernard, 57 et suiv.
Bertrand, 457.
Bertrand, guichetier, 13.
Béthizy, 339.
Beugnot, 168 et suiv.
Beysser, 112.
Billaud, 462.
Biron (duc de), 166, 202.
Biron (duchesse de), 110.
Biquet, 294.
Blade, 459.
Blaisel (du), 349, 367.
Bocquart (Pierre), 455.
Boivin, 278.
Boisguyon, 105.
Botterel, 458.
Bourdon (Léonard), 469.
Boutibonne, 458.
Boutray, 458.

---

[1] Nous avons pensé qu'il était inutile de reproduire les noms qui ne sont que cités dans le cours de l'ouvrage sans la mention d'une circonstance ou d'une appréciation ayant un intérêt quelconque pour la biographie ou la connaissance du caractère du personnage.

[2] Elle s'appelait Charlotte-Hyacinthe Tardieu de Melézy, femme Dubois-Béranger.

BOYENVAL, 213 et suiv., 256 et suiv., 259, 265.
BOYER, 459.
BRANCAS (les de), 429, 455.
BROCHET DE SAINT-PRÉS, 426.
BRICHET, 249.
BRISOLIER, 456.
BRISSEAU, 457.
BRISSOT, 470.
BROGLIE (de), 359 et suiv.
BUFFON (madame de), 449.
BUSSEY, 275.

CAHIER, 282.
CAMBON, 462.
CAMBON (le président), 391.
CAZOTTE, 10.
CERNIN (Saint-), 456.
CHABOT, 218, 247 et suiv., 268.
CHABROUD, 418.
CHALGRIN (madame), 125.
CHAMOND (Saint-), 459.
CHANCEL, 449.
CHANTEREINE, 10.
CHAPT-RASTIGNAC (l'abbé), 12.
CHAROST-BÉTHUNE, 427.
CHAROST-BÉTHUNE fils, 456.
CHASSELON (A.-F.), 455.
CHATEAUBRIAND, 458.
CHATEAUGIRON (madame de), 368.
CHAUCOURT, 458.
CHAUMETTE, 217 et suiv., 242 et suiv.
CHÉNIER, 416, 418, 419.
CHÉNIER (J.-M.), 464.
CLAVIÈRE, 103.
CLOOTZ (An.), 118.
COITTANT, 285 et suiv., 290, 317, 372, 374.
COLLOT-D'HERBOIS, 209, 462.
COMPÈRE (Pierre), 46.
CONFLANS, 455.
COQUET (madame), 360.
CORTEY, 380.
COUSIN, 242.
COUSTARD, 203.
CRÉTAT, 467.
CRÈVE-COEUR, 455.
CROISELLE (madame), 374.

CUBIÈRES (chevalier de), 47.
CUNY, 295 et suiv.
CUSTINES fils, 426.
CUSTINES, 454.
CYR (de Saint-), 456.

DANCÉ, 460.
DANGER, 258.
DANTON, 116, 218, 246 et suiv., 337.
DAVID, 468.
DEDAR (madame), 298, 310.
DÉFONTAINE, 17.
DELAUNAY, 218, 247.
DEMESMÈRES (madame), 350.
DEPONT (madame), 449.
DESMARETS DE BEAURAINS (madame), 449.
DESMOULINS (Camille), 116, 219, 246 et suiv.
DESPRÉS, 458.
DESTOURNELLES, 374.
DEVIENNE (madame), 303.
DILLON, 192, 247, 248.
DOUCET, 456.
DU BARRY (madame), 201.
DUCHATEL, 84 et suiv.
DU CHATELET (Achille), 426.
DU CHATELET (le duc), 186, 195, 197, 201.
DUCHÉ, 457.
DUCHEMIN, 277.
DUCLOS, 391, 392 et suiv.
DUCOS, 97, 99 et suiv., 160.
DU COUEDIC, 458.
DUCOURNEAU, 127, 155 et suiv.
DUCRAY-DUMÉNIL, 467.
DU CROSNE, 294, 302.
DUGAZON, 464.
DUMOUTIER, 360.
DUPAUMIER, 394 et suiv.
DUPIN, 463.
DUPLAIX (les), 381 et suiv.
DUPONTET, 279, 290, 292, 335.
DURAS (duchesse de), 449.
DURUET, 328.
DUSSAULCHOY, 467.
DUSSAULT, 466.
DUSSAUX, 459.

TABLE DES NOMS.

Duval, 456
Duval (Charles), 468.

Églé, 187.
Émard, 15.
Émery (l'abbé), 6, 190, 195.
Espagnac (l'abbé d'), 427, 457.
Évrard, 305.

Fabre d'Églantine, 118, 218, 247, 336.
Faure, 459.
Fauvelet, 456.
Fénelon (abbé de), 260.
Ferrière-Sauveboeuf, 457.
Flavigny (comtesse de), 391.
Fleury, 274.
Fleury, 303.
Florian, 365.
Fonfrède, 99 et suiv.
Fortier (l'aîné), 468.
Foucard, 430.
Fougeret (de), 343, 350, 359, 368.
Fougeret (les dames), 293.
Fouquier-Tinville, 220.
Fourcroi, 463.
Francoeur, 425, 460.
Fréron, 462.
Frey (les frères), 327, 336.

Gallais, 456.
Gamache, 357 et suiv., 456.
Garat, 465.
Gaston, 209.
Gasville (madame), 369.
Gérente, 459.
Gesvres (duc de), 212 et suiv., 245.
Gibé, 39.
Girey-Dupré, 104 et suiv.
Gosnay, 164 et suiv., 204 et suiv.
Gonchon, 456.
Grammont (les), 238, 240.
Grandpré, 177, 294.
Grappin, 282 et suiv., 317 et suiv., 342.
Grouette (Pepin de), 393 et suiv.
Grouvelle, 458.

Gudin, 39.
Guiard, 222, 226, 253 et suiv., 264 et suiv.
Guillaume, 458.
Guiraut, 456.
Guitry, 456.
Guzman, 457.

Haly, 286.
Hanriot, 264, 411.
Haon (madame de Saint-), 449.
Hébert, 238, 326.
Hérault de Séchelles, 219, 247.
Hermann, 398.
Héron, 429.
Hesse (le prince Charles de), 269.
Hilaire (Saint-), 275.
Huis (Jean de l'), 456.
Hurepoix (Nicolas de), 455.
Hurugue (Saint-), 446.
Huyet, 309.

Janville, 459.
Joubert, 468.
Journiac (Saint-Méard), 7 et suiv.
Jousseau, 308.
Julien, 258, 267.

Kalmer, 241.
Kersaint, 428, 459.
Kolly (madame), 430.

Laborde, 277, 294.
Laborde (Nathalie de), 448.
Laboureau, 329.
Labretèche, 306.
La Chabeaussière (madame), 307, 311, 312 et suiv., 351, 361, 365.
Lachapelle, 467.
Laclos, 459.
Lacroix, 219, 246 et suiv., 460.
Lafarre, 297.
Laflotte, 248, 474.
La Freté, 459.
Lagarde, 467.
La Harpe, 464.
Lamarelle, 260.
Lamarre, 459.

TABLE DES NOMS.

LAMBISE (de), 346.
LAMOURETTE, 166.
LANGLOIS, 460.
LAPALU, 239 et suiv., 260.
LAPAGNE, 127.
LA ROCHE-DU-MAINE, 214 et suiv., 246.
LAROQUE, 203.
LATOUCHE, 459.
LAURENÇOT, 459.
LAVAL-MONTMORENCY, 304.
LAVEAU, 458.
LAVIOLETTE (madame), 125, 153.
LAVOISIER, 300.
LECOINTRE, 462.
LEDOUX, 457.
LEGENDRE, 462.
LEMAIRE (Jacques), 455.
LEMUET, 456.
LENAIN, 249, 257, 267.
LENFANT (l'abbé), 12.
LEQUINIO, 473.
LEREYDE, 225.
LERICHE, 467, 472.
LESAGE, 203.
LHUILLIER, 243 et suiv.
LINDET (Robert), 462.
LINGUET, 428, 455.
LOGETTE, 278.
LORME (V. de), 456.
LUBIN, 49, 57, 69.
LUX (Adam), 427, 456.

MAGNY (Chouart de), 299.
MAGNY (Sophie de), 449.
MAILLARD, 428.
MAILLÉ, 18, 391, 396.
MAILLET (madame), 396.
MALESHERBES, 113, 339 et suiv.
MALEZI (madame), 312, 314 et suiv., 351.
MALÉZY (comtesse de), 115.
MALITOURNE, 456.
MANINI, 390, 392 et suiv.
MANUEL, 165.
MARCHENA, 186.
MARELLE (de la), 457.
MARGUE, 23.
MARIE-ANTOINETTE, 199 et suiv.

MARINO, 213 et suiv., 236 et suiv., 272 et suiv., 279 et suiv., 379.
MAUGER, 151.
MAURILLE (madame), 449.
MAUSSABRÉ, 14.
MÉHÉ, 466.
MERCIER, 459.
MEUNIER, 258.
MINIÈRE (mesdemoiselles), 368.
MIROMESNIL (Hue de), 353.
MITUAIS, 467.
MIRANDA, 455.
MIREPOIX-LÉVY, 456.
MOLÉ-CHAMPLATREUX, 261.
MOMORO, 330 et suiv.
MOMORO (madame), 326, 329, 332, 354.
MONCLAR, 124.
MONTANSIER (madame), 449.
MONTARAN, 459.
MONTAUD, 462.
MONTIGNY, 459.
MONTJOIE, 473.
MONTJOURDAIN (Nicolas), 158, 207.
MORELLET, 42 et suiv.
MOSSION (de), 195.
MOUCHY (le maréchal et la maréchale de), 268, 455.
MOUTONET, 457.

NICOLAÏ (M. de), 208.
NICOLAÏ (M. de), 342.
NICOLE, 468.
NOAILLES (duchesse de), 226, 259.
NOIRET, 334 et suiv.

O'HARA, 223, 250.
OLIVA (la d'), 256.
O'MORAN, 459.
ORLÉANS (duc d'), 202 et suiv., 463.
ORMESSON (madame d'), 236.

PALMALEONI, 325 et suiv.
PAMPIN, 91 et suiv.
PARIS, 68, 69, 162 et suiv.
PARIS, 457.
PARISAU, 251.
PAULMIER, 456.
PAYNE (Thomas), 246.

PÉRIGNY, 285.
PÉRIGORD (TALLEYRAND), 456.
PETIT (Michel-Edme), 462, 471.
PETIT, 353.
PHILIPPEAUX, 247, 461 et suiv.
POISSONNIER, 345.
PONCELIN, 466.
PONS (marquis de), 380.
POUJAUD, 455.
PRÉVOT DE SAINT-LUCIEN, 468.

RANDON, 463.
RÉAL, 246, 266 et suiv.
REDING, 10.
REWBEL, 457.
RICART, 460.
RICHARD (le concierge) et sa femme, 143.
RICHARD (madame), 200.
RICHER-SERIZY, 468.
RIOUFFE, 70 et suiv.
RIVAROL, 457.
RIVIÈRE, 206.
ROBESPIERRE, 232.
ROLAND (madame), 101 et suiv., 461 et suiv.
ROMAN (Saint-), 456.
RONSIN, 330 et suiv., 412.
ROSAMBEAU (mesdames), 369.
ROSAMBEAU, 338.
ROUCHER, 398 et suiv.
ROUHIER, 468.

SALAVILLE, 468.
SALMON, 459.
SAVARD, 238.
SIMIANE (madame de), 335.
SIMON, 219.
SIREY (J. B.), 472.
SOMBREUIL, 299, 317 et suiv., 342 et suiv., 368.
SOMBREUIL fils (de), 426.
STRAALE, 210.
SULEAU, 461 et suiv.
SUMÉ, 397.

TAILLASSON, 458.
TALLIEN, 462.
TARGET, 464.
TALMA, 464.
TASSIN, 208.
THELASSON, 460.
THIERRY (docteur), 179.
THOMASSINI, 458.
THOUADD, 458.
THOURET, 193.
THURIOT, 463.
TITON, 458.
TREILHARD, 155.
TRENCK (baron de), 427, 459.
TURBAT, 466.

VADIER, 462, 463.
VALAZÉ, 98, 459.
VALETTE (marquis de la), 354.
VALOIS, 424.
VANDENYVER (les), 426, 458.
VANHOVE, 278.
VASSY (madame de), 449.
VAUBERTRAND, 271 et suiv.
VAUCHELET, 258, 263, 266, 267.
VAUCRESSON (madame), 327.
VAUVINEUX (Potin de), 312.
VERGNIAUD, 98, 427, 459.
VERMANTOIS (Coulet-), 445.
VERNER, 397.
VIALARD, 30 et suiv., 65.
VIGÉE, 288, 291, 309, 310, 316, 357, 360, 362, 371, 376.
VIGIER, 459.
VILLE-HARNOIS, 456.
VILLEMENAU, 460.
VILLENAVE, 473.
VILLEPAILLE (de), 457.
VILLEROY (le duc de), 426.
VINCENT, 237.
VOLNEY, 458.

WICHTERITZ, 217, 232, 250 et suiv., 263.
WIRBACH, 288.

TABLE DES MATIÈRES.

INTRODUCTION. . . . . Pages i-xxx
LES PRISONS DE PARIS AVANT LA RÉVOLUTION. (Extrait d'un
    manuscrit inédit. 1
LES MASSACRES DE SEPTEMBRE A L'ABBAYE.
MON AGONIE DE TRENTE-HUIT HEURES, PAR JOURGNIAC SAINT-MÉARD. . . 7
Arrivée des voitures de victimes à l'Abbaye. — Les massacres. — Cazotte
    sauvé par sa fille. — Un officier blessé arraché de son lit. — Dernière
    prière de l'abbé Lenfant. — Observations sur la manière la moins dou-
    loureuse de se faire massacrer. — Maussabré fou de terreur. — Jour-
    gniac se fait un protecteur. Il en obtient une bouteille de vin. — Il
    comparait au guichet devant le tribunal septembriseur. — Sa défense
    courageuse. — Ses juges. — Il est acquitté et reconduit chez lui. . . 9
QUELQUES SOUVENIRS DE M. AUDOT. 26
CARON DE BEAUMARCHAIS. 30
LA MORALITÉ DE BEAUMARCHAIS. (Documents inédits.) 31
LA VISITE DOMICILIAIRE CHEZ CARON DE BEAUMARCHAIS. 34
LA COMMUNE DE PARIS, PAR MORELLET. 42
Importance du certificat de civisme. — Difficultés pour l'obtenir. — L'abbé
    Morellet à l'hôtel de ville. — Tableau du conseil de la commune. —
    Les tricoteuses, le défilé des sections; les chants patriotiques. — Serment
    des déserteurs autrichiens. — Interrogatoire de Morellet dénoncé par
    Dorat-Cubières et ajourné. — Portrait des commissaires chargés de
    l'interroger. — Visite au juge Vialard, ancien coiffeur de dames. —
    Morellet présente sa défense et reçoit les condoléances du coiffeur. —
    Visite au président Lubin, le boucher. — Visite au prêtre défroqué
    Bernard et à sa prêtresse. — Morellet se rend encore à l'hôtel de ville;
    inutilité de cette démarche. — Visite au professeur Paris, un des com-
    missaires. — Quatrième démarche inutile de Morellet à l'hôtel de ville.
    — Les bonnets rouges. — Les hymnes patriotiques. — Discours de
    Vialard contre les mises en liberté. — On décide que les anciens certifi-
    cats de civisme seront visés. — Effrayé par la perspective d'un refus,
    Morellet prend le parti de ne plus rien demander et de se faire oublier
    jusqu'à la fin de la Terreur. — Destinée des chefs de la commune. 43
LE BARON RIOUFFE, d'après des documents inédits. 70

TABLE DES MATIÈRES.

MÉMOIRES D'UN DÉTENU POUR SERVIR A L'HISTOIRE DE LA TYRANNIE DE ROBESPIERRE.

État de la France. — Danger de l'accusation de fédéralisme. — Oppression des départements. — Riouffe et Marchéna sont traduits devant les représentants à la Réole. — Duchâtel. — Riouffe se fait enchaîner. — Son séjour dans la prison de la Réole. — Transport à Paris. — Incidents de voyage. — Arrivée à la Conciergerie. — Cachot où Riouffe est enfermé avec des assassins et des voleurs. — Cynisme de Pampin. — Entretien des voleurs. — Leurs théories. — Fabrication de faux assignats même au fond des cachots. — Souffrances de Riouffe. — L'intervention de Ducos le fait enfin sortir du cachot. — Les Girondins à la Conciergerie : Vergniaud, Valazé, Fonfrède et Ducos. — Leur mort. — La prison des femmes : Madame Roland. — Clavière : son suicide. — Intrépidité de Girey Dupré ; il brave ses juges. — Boisguyon. — Bailly. — Le tribunal révolutionnaire ; sa cruauté ; insolence de toute la valetaille judiciaire de l'époque pour les condamnés. — Tableau de la Conciergerie pendant la Terreur. — Femmes de tout rang et de tout âge condamnées au supplice. — Souvenirs qu'elles ont laissés dans l'âme du prisonnier. — La marquise de Bois-Bérenger, la comtesse de Malézi, etc. — Danton et ses amis. — Mots de Danton. 80

COMPLÉMENT DES MÉMOIRES DE RIOUFFE 119

LA CONCIERGERIE. — Explication des gravures relatives à la Conciergerie qui accompagnent cet ouvrage : Un cachot ; — une chambre de pistole ; — le préau des femmes ; — cachots de la grande salle ogivale, dite d'Héloïse et Abailard. — La rue de Paris. — Légende explicative du plan de la Conciergerie. 136

LA CONCIERGERIE.

Description de la Conciergerie. — Le concierge Richard et sa femme. — *Allumez le Miston!* — *La Souricière.* — La pistole et les pailleux. — Le côté *des douze.* — Les amours au parloir. — Les chambres des femmes condamnées à mort. — Le chien *Ravage.* — L'infirmerie. — Frénésie d'épouvante de Marat-Mauger. — Madame Laviolette dénoncée par son mari. — Les chansons de Pierre Ducourneau. — La romance de Montjourdain. — Le pot-pourri de Ducos. 141

BEUGNOT A LA CONCIERGERIE 168

Arrivée à la Conciergerie. — Le greffe ; — l'arrière-greffe. — Les condamnés à mort. — Beugnot enfermé dans un cachot avec un parricide et un escroc. — Il entre à l'infirmerie. — Description de cette partie de la prison. — Le docteur Thierry. — Le légiste angevin. — Les Girondins. — Les femmes et la galanterie. — Le préau. — Étranges détails. — Histoire d'une fille publique ; héroïsme de son royalisme et de sa mort. 174

BEAULIEU A LA CONCIERGERIE ET AU LUXEMBOURG. 191

Les détenus du Luxembourg accusés de conspiration : Dillon, Thouret. — Le séjour de la Conciergerie : les cachots. — Les prêtres de la chambre de Beaulieu. — Barnave. — La lâcheté du duc du Châtelet. — Le vo-

482   TABLE DES MATIÈRES.

leur Barrassin, valet de chambre de Marie-Antoinette : le cachot de la Reine. — La mort bravée par les condamnés : le duc de Biron, le duc d'Orléans; leur attitude en allant au supplice. — Histoire du jeune Gosnay, qui préfère la guillotine à l'amour d'une belle personne. — Beaulieu est transféré de la Conciergerie au Luxembourg : ton qui règne dans cette prison; l'urbanité française. — Peu à peu, les rigueurs de la captivité s'aggravent. — Humanité touchante du geôlier Straale. — Dévouement des femmes. — Les espions au Luxembourg; anecdotes relatives à l'un d'eux, Boyenval; la dame peintre. — Le marquis de la Roche du Maine et le duc de Gèvres. — Impudence de l'administrateur de police Marino. — Le savetier Wittcheritz. — Chaumette. — Chabot. — Danton et Lacroix. — Camille Desmoulins. — Hérault de Séchelles. — Le baron de Batz. — Le régime du Luxembourg avant le 9 thermidor; les duchesses de Noailles et d'Ayen. — Les détenus privés de toute communication avec le dehors. — Le 9 thermidor : comment ce jour-là le savetier Wittcheritz a failli donner la victoire à Robespierre. 192

LE LUXEMBOURG.

TABLEAU DU LUXEMBOURG FAIT PAR UN SUSPECT ARRÊTÉ EN FRIMAIRE AN II.

Aspect de la Conciergerie au mois d'octobre 1793. — Bonté du concierge Benoît. — Aventures galantes. — Distinction des classes. — Le carnivore Vincent, ami d'Hébert. — Les comédiens Grammont. — Cruauté de Lapalu; ses accès de fureur. — Le juif Kalmer; sa gourmandise. — Arrivée de Chaumette. — Sa douceur en prison; explications qu'il donne sur sa conduite. — Tartufe-Lhuillier. — Danton, Lacroix, Philippeaux, Camille Desmoulins, Dillon; leur attitude, leurs propos. — Arrestation du concierge Benoît, à la grande joie de Brichet. — L'administrateur de police Wilcheritz; plaisanteries que lui font les prisonniers. — Le concierge Guyard; sa dureté. — Prétendue conspiration du Luxembourg; épouvante des prisonniers; générosité des femmes. — Les dénonciateurs : Beausire, le mari de la d'Oliva, Boyenval, Benoît, Amans, etc. — Les cent soixante-sept victimes. — L'abbé de Fénelon. — Mademoiselle de Bois-Bérenger; son admirable charité. — Souffrances et privations des prisonniers. — La révolution du 9 thermidor; inquiétudes du concierge et des délateurs; leur châtiment. — Mise en liberté. 234

LES MADELONNETTES.

Arrivée des prisonniers. — Humanité du concierge Vaubertrand. — Description de la prison. — Dureté des administrateurs et particulièrement de Marino. — Gentillesse de Vaubertrand fils. — Le chevalier de Bussey. — Les dénonciateurs et les espions. — Prétentions nobiliaires; traits de générosité. — Les riches prisonniers nourrissent les pauvres. — *La chambre de la Montagne.* — Les curés transférés à Bicêtre. — Les visites. — Les adieux des prisonniers envoyés à Port-Libre. . . . 270

MAISON D'ARRÊT DE PORT-LIBRE, COMMUNÉMENT APPELÉE LA BOURBE. 285

TABLE DES MATIÈRES. 483

MAISON D'ARRÊT DES CARMES.

Transfèrement d'une partie des détenus de Port-Libre à la maison d'arrêt des Carmes.................... 372

PÉLAGIE.

Rigueurs de la captivité pour les détenus de Sainte-Pélagie. — Utilité des *sonnettes*. — Le club des cellules inventé par Marino. — Familiarité de l'épicier Cortey envers une princesse. — Arrivée des complices de Robespierre. — La famille Duplaix. — Madame Duplaix se pend dans sa prison.................... 377

SAINT-LAZARE.

FAITS HISTORIQUES ET ANECDOTES SUR LA MAISON D'ARRÊT DE SAINT-LAZARE.

Le régime de la prison de Saint-Lazare. — Conspiration imaginée par Manini, qui coûte la vie à quatre-vingts personnes. — Fouquier-Tinville et les dénonciateurs à la buvette. — L'inspecteur Dupaumier. — Rigueurs de la détention à partir de floréal............ 388

AUTRE RELATION SUR SAINT-LAZARE.................. 397

LE POÈTE ROUCHER A SAINT-LAZARE............ 399

LA MAIRIE, LA FORCE ET LE PLESSIS.

Motif de l'arrestation. — Le comité de surveillance du Mont-Blanc. — *La Mairie*, entrepôt général des arrestations; sa malpropreté. — *La Force*. La souricière. Le duc de Villeroy, les Vandenyver, Trenck, Adam Lux, Vergniaud. — La captivité est resserrée. — Communication de la cour des hommes avec celle des femmes au moyen d'un égout. — Trait touchant d'amour filial. — Le narrateur est relâché, puis repris à Neuilly. — Sa translation à la maison d'Égalité, ci-devant collége du *Plessis*. — Cruauté du geôlier. — Régime de la prison. — Le *rapiotage*. — Le Plessis placé sous la surveillance particulière de Fouquier. — Dévouement des femmes. — L'une achète et emporte la tête de son amant guillotiné. — Souffrance des prisonniers. — Émotion produite par le 9 thermidor. — Joie dans les prisons : chansons et danses; galanteries. — Suite des anecdotes sur la maison d'arrêt du Plessis. 420

DIALOGUE DES MORTS. — Les prisonniers de la Force..... 454

LES JOURNALISTES ET LES PAMPHLETS DE LA RÉACTION THERMIDORIENNE.

Dialogue entre Madame Roland, Suleau, d'Orléans et Phélipeaux. 461

TABLE DES GRAVURES.

	Pages
Le Châtelet.	5
Salle dite des Girondins.	101
Un cachot de la Conciergerie.	136
L'ancien préau des femmes à la Conciergerie.	137
Les cachots.	139
Une chambre dite de pistole.	139
Plan de la Conciergerie.	139
La rue de Paris.	139
Cachot de la reine Marie-Antoinette à la Conciergerie.	200
Les Madelonnettes.	270
Petite Force.	423

www.ingramcontent.com/pod-product-compliance
Lightning Source LLC
Chambersburg PA
CBHW051357230426
43669CB00011B/1677